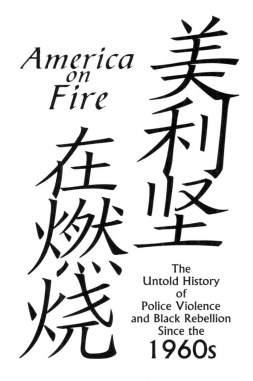

America
on
Fire

美利坚在燃烧

The
Untold History
of
Police Violence
and Black Rebellion
Since the
1960s

20世纪60年代以来的
警察暴力与黑人反抗

Elizabeth Hinton

[美] 伊丽莎白·欣顿
——— 著

胡位钧————译

上海人民出版社

本书赞誉

才华横溢的政治历史学家伊丽莎白·欣顿在《美利坚在燃烧》一书中，对 20 世纪 60 年代直至 21 世纪最初十年蔓延于美国的警察暴力和社区暴力的毁灭性循环进行了独到的描述。凭借颇具启发性的证据，欣顿认为自 20 世纪 60 年代以来的数十年应当被理解为一个几乎从未停顿的黑人反抗的时代，是一种政治模式，是一段任何试图理解美国的国家状况以及未来道路的人都必须了解的历史。

——吉尔·莱波雷（Jill Lepore），《这些真相：一部美国史》
（*These Truths: A History of the United States*）作者

在这部饱含力量、令人大开眼界的著作中，欣顿重塑了我们对于当前种族正义斗争的起源的理解……。没有什么比这部著作更具时代性了。

——埃里克·方纳 (Eric Foner)，普利策奖得主，
《火热的审判》(*The Fiery Trial*）作者

感谢欣顿对美国的种族主义、美国的反抗以及美国的暴力之间的联系进行了真正精湛的编年史研究。所有读过这部著作的人最终都会了解人们走上街头的深层政治意义。

——希瑟·安·汤普森（Heather Ann Thompson），
普利策奖得主，《血在水中》（*Blood in the Water*）作者

欣顿是当代研究监禁国家的顶尖历史学家，她揭示了民权运动和黑人

权力运动之后所发生的几乎已被人遗忘的警察镇压、狂暴抗命和无视调查委员会建议的历史……。《美利坚在燃烧》揭开了美国警察改革、黑人抗争和"城市危机"的层层面纱，引发了人们对于这个时代的反抗之火是否不同于以往的紧迫质疑。

——布兰登·特里（Brandon M. Terry），

哈佛大学非洲和非洲裔美国人研究教授

如果你想了解发生在 2020 年的大规模反种族主义抗议活动，请放下那些空话连篇的有关种族治愈的书籍，请阅读《美利坚在燃烧》，在这里欣顿对自 1967 年以来席卷整个美国的城市反抗进行了精彩描述。

——罗宾·凯利（Robin D. G. Kelley），《自由之梦：黑人的激进想象》

（ *Freedom Dreams: The Black Radical Imagination* ）和

《塞隆尼斯·蒙克：一个美国原著民的生平与时代》

（ *Thelonious Monk: The Life and Times of an American Original* ）作者

深入的分析、犀利的文笔，如果你想了解隐藏在"黑人的命也是命"运动背后的历史，欣顿这部精彩绝伦的新著是必读之作。正如《美利坚在燃烧》所表明的，过去半个世纪的城市骚乱并非孤立或非理性事件，而是对系统性种族主义和结构性不平等的持续反抗的组成部分。这场斗争持续到今天。

——凯文·克鲁泽（Kevin M. Kruse），普林斯顿大学历史学教授

引人入胜。欣顿富有激情地为黑人的反抗进行辩护，将之视为黑人对于政治的真实表达，将之视为黑人对于改变自身生存环境的一种渴望……。欣顿的写作具有无与伦比的道德纯粹性和道德目标，这也再次表明她是我们这个时代最重要的历史学家和思想家之一。

——基昂加–雅马赫塔·泰勒（Keeanga-Yamahtta Taylor），

《从"黑人的命也是命"到黑人解放》

（ *From #BlackLivesMatter to Black Liberation* ）作者

《美利坚在燃烧》是一部有关被历史所忽视的人的著作，他们的愤怒无法赢来正义。意义非凡且令人深省，这部著作讲述了人们是如何在民权运动之后的时代告诉这个国家他们有权获得自由。

——雷金纳德·贝茨（Reginald Dwayne Betts），

《重罪犯》（*Felon*）作者

这部著作肯定让许多政策制定者和读者感到不舒服，但颇为重要的是，欣顿引导我们理解了黑人反抗的目的性、战略性，以及它最终将为这个国家的进步所必需。

——小亨利·路易斯·盖茨（Henry Louis Gates, Jr.），

《黑人教堂》（*The Black Church*）作者

献给詹姆斯·马修斯（James Matthews）、利昂·梅班（Leon Mebane）、威利·格兰姆斯（Willie Grimes）、查尔斯·斯科特（Charles Scott）、亚瑟·麦克达菲（Arthur McDuffie）、蒂莫西·托马斯（Timothy Thomas），以及他们的家人

目 录

导　论

　　1960 年 2 月初，一个寒冷的星期一，在北卡罗来纳州格林斯伯勒（Greensboro）的伍尔沃斯超市（Woolworth's）内，约瑟夫·麦克尼尔（Joseph McNeil）、富兰克林·麦凯恩（Franklin McCain）、小埃泽尔·布莱尔（Ezell Blair Jr.）和戴维·里士满（David Richmond）坐在专为白人提供服务的午餐柜前。服务员拒绝为这几名年轻人点餐，建议他们改叫外卖。这 4 名来自北卡罗来纳农工州立大学（North Carolina A&T）的学生坐着没动。店长出面请其离开，他们仍然坐着没动。一名警察应声赶到，他用警棍敲着手掌，意在恐吓这几个年轻人。超市经理最终决定门店停业一天。因为停业，学生们无法在此继续开展反吉姆·克劳法[*]的行动。不过，到了第二天，又有 12 名黑人学生再次坐到午餐柜前。2 月 3 日，星期三，50 余名黑人学生和 3 名白人学生发动了静坐示威活动。

　　抗议的消息迅速传开，静坐示威活动很快延伸至全美 55 个城市和 13 个州。至 4 月，已有超过五万名学生参与。经由年轻人的谋划和组织，静坐示威活动最终促使大学生非暴力协调委员会（Student Nonviolent Coordinating Committee）成立，并由两名活动人士约翰·刘易斯（John Lewis）和斯托克利·卡迈克尔（Stokely Carmichael）负责委员会的日常运作。刘易斯是田纳西州菲斯克大学（Fisk）的一名学生，他参与了位于

---

[*]　"吉姆·克劳"源于 1832 年的音乐剧《蹦跳的吉姆·克劳》（*Jump Jim Crow*），该剧意在讽刺民粹主义倡导者、美国第 7 任总统安德鲁·杰克逊（Andrew Jackson）的民粹主义政策。吉姆·克劳是剧中的黑人主角，此后"吉姆·克劳"成为"黑人"的代名词。美国南方一些州的立法机构在 19 世纪末至 20 世纪初颁布了一系列旨在对黑人实施种族隔离的法律，这些法律被统称为"吉姆·克劳法"（Jim Crow laws）。这些法律直至 1965 年才得以废止。——译者注

该州纳什维尔（Nashville）的静坐示威活动，此后，他还将在 1961 年夏天的自由乘车运动（Freedom Rides）和 1963 年的华盛顿大游行中发表演讲。卡迈克尔此时尚是一名高中生，他将在 1966 年位于密西西比州格林伍德（Greenwood）的大学生非暴力协调委员会的集会上喊出"黑人权力"（Black Power）并因此闻名全美。刘易斯、卡迈克尔以及其他数以万计的美国年轻黑人携手向世人表明，他们这一代人甘愿为自由和平等献出生命。黑人的静坐示威活动始于格林斯伯勒，而此类活动此后不断地为种族正义运动提供动力和支持。[1]

格林斯伯勒的学生参与非暴力抗议活动，他们要求实现完全而彻底的种族融合，要求赋予黑人投票权，要求获得平等的教育和体面的工作机会，要求实现平等保护从而免遭白人至上恐怖主义的侵害，并要求永久终结警察施加于黑人的暴行。这些要求所反映的目标与范围更加广泛的民权运动的中心目标别无二致。直至 20 世纪 60 年代末，北卡罗来纳农工州立大学的黑人学生们仍然在为实现上述目标而不断地发起抗议，但其所采用的方式却已转为破坏财物和袭击警察，他们不是朝着执法人员所在的方向开枪，就是出于自卫而险些要了警察的命。1969 年 5 月，在位于格林斯伯勒的詹姆斯·达德利高中（James B. Dudley High School），黑人学生为反抗被施加的武断专横的惩戒措施而发动了一系列抗议活动。他们遭到了警察的逮捕、施暴和催泪瓦斯的攻击。随后，北卡罗来纳农工州立大学的大学生加入高中生的防御阵营。在当地警察与黑人高中生和大学生的对抗中，当局出动国民警卫队进入农工州立大学的校园，暴力与镇压由此升级，并最终导致该校二年级学生威利·格兰姆斯被杀。

在通往 1964 年《民权法》（Civil Rights Act of 1964）和 1965 年《投票权法》（Voting Rights Act of 1965）的道路上，格林斯伯勒是举足轻重的一站。然而，直至 20 世纪 60 年代末，这个城市依然持续地充斥着暴力。不过，就暴力而言，并非仅有格林斯伯勒一地。在 1964 年至 1972 年间，特别是 1968 年至 1972 年间，美国陷入了自内战以来规模最大的国内暴力浪潮：在此 8 年间，美国每一个主要城市的市中心都遭到了纵火焚烧。暴力不仅爆发于哈勒姆（Harlem）、沃茨（Watts）等典型的黑人聚居区，而且在底特律（Detroit）和华盛顿特区（Washington, D. C.）等黑人占人口多数的城市蔓延。暴力发生在北卡罗来纳州的格林斯伯勒、印第安纳州的加里（Gary）、华盛顿州的西雅图（Seattle）以及从北卡罗来纳州横贯华盛顿州的无数城市：其中，每一座城市——无论其规模大小——的黑人居民都生活在与白人隔离并处于不平等的境况中。无论是在美国的北方还是南方、东部还是西部、铁锈带*还是阳光带†，都不断地爆发黑人向警察投掷石块和玻璃瓶、向警察开枪、砸碎商店和建筑物的窗户、投掷自制燃烧瓶、抢劫当地商铺的事件。诸如此类人们通常所说的"骚乱"（riots）——或是如左翼人士所说的"内乱"（civil disturbances）——造成了数亿美元的财产损失。尤为直接的是，这些事件改变了许多人的生活：从生意被毁的店主、失去十几岁儿子的父母，直至受伤或是被杀的消防员和警察，不一而足。自此之后，美国人便生活在一个在一定程度上是由 20 世纪 60 年代以及 70 年代初期的极端暴力所塑造的国度及国家文化之中。

　　20 世纪 60 年代的暴力浪潮余波犹存，并常常表现为群体暴力（mass violence），而所有美国人都见证了这些暴力：1980 年的迈阿密（Miami），1992 年的洛杉矶（Los Angeles），2001 年的辛辛那提（Cincinnati），以及近年来发生在密苏里州的弗格森（Ferguson）、马里兰州的巴尔的摩（Baltimore）、明尼苏达州的明尼阿波利斯（Minneapolis）的暴力事件。美国城市中的黑人更加频繁和强烈地感受到 20 世纪六七十年代暴力浪潮的持久影响，当局打着"向犯罪宣战"‡（War on Crime）的旗号不断地推行所谓

---

*　铁锈带（rust belt）：指美国东北部五大湖区一带的传统工业区，亦泛指所有陷于工业衰退的地区。——译者注

†　阳光带（Sunbelt）：指加利福尼亚州以及美国南部的高科技和新经济地区。——译者注

‡　"向犯罪宣战"（War on Crime）：1965 年 3 月 8 日，时任美国总统林登·约翰逊颁布全国性"向犯罪宣战"政策。该政策不仅旨在打击犯罪行为，而且要求根除导致犯罪的社会和经济因素。警察和执法部门被要求监控"贫困、种族对抗、家庭破裂以及年轻人的躁动"等社区问题，警察因而涌入街区和所谓"问题社区"，并常常导致黑人因为轻微的违法行为甚至莫须有的罪名而被逮捕、定罪、甚至杀害。研究表明，此项政策在打击和控制犯罪行为方面没有取得任何成效。——译者注

新警务措施，诸如有辱尊严的截停和搜身、驱散社区集会、身穿警服的持枪警察在资源不足的公立学校走廊巡逻等。新警务措施将群体暴力视为一种普通的犯罪行为而进行压制，但颇为讽刺的是，其所采用的措施让随之而来的"骚乱"不可避免。这些警务措施直至今天仍在实施。

为了应对20世纪六七十年代的群体暴力，美国警界激荡起一股要求严刑峻法的声音，由此所导致的是两个结果：一是囚犯的大量增加，二是习惯性地将此群体暴力称为"骚乱"。实际上，在所谓"骚乱"的习惯性语义的背后，其所隐藏的是更深层次的现实。本书的核心论点认为，将20世纪六七十年代的群体暴力称为骚乱实属用词不当。在政客的花言巧语、媒体的负面报道以及相关学术研究的影响下，美国人已经习惯于将所发生的所有群体暴力——从1964年的哈勒姆区到2020年的明尼阿波利斯——都视为"骚乱"：即便是最为正面的看法，也认为这些暴力事件极不明智；至于最为负面的看法，则认为它们毫无意义，甚至是失去理智的产物。无论基于何种看法，这些事件都被认为不具有任何政治动机或政治内涵。当然，富有同情心的自由主义者一直相信——现在依然相信——在此暴力的背后蕴藏着愤怒与不满，而此愤怒与不满有其一定的正当性。不过，即便如此，自由主义者也往往得出结论，认为这些"骚乱"是一种病态的冲动，它源于无意识生成而无法控制的情绪。在上述观点看来，"骚乱"最终将适得其反：暴力只会疏远盟友，并加深人们对于黑人的反感。一定程度上与之相对立的是"法律与秩序"的支持者所持的观点，这些人遍布于各个政治派系，他们认为"骚乱"只能被视为一种群体犯罪事件，除此之外别无他物。

在应对20世纪60年代所发生的第一次城市"骚乱"时，林登·约翰逊总统所采用的就是后一种观点。在联邦调查局发布了有关1964年夏季——席卷了全美8座城市——的暴力事件的调查报告后，约翰逊宣称："这些骚乱——以及我们城市中的其他犯罪和青少年犯罪问题——彼此密切相关。"他说，"每一场骚乱都始于一个单一事件，并在随之而来的某些暴徒和惯犯的挑唆下不断激化和恶化。"三年后，在1967年史无前例的底特律暴力事件尚在进行时，约翰逊向全国发表电视讲话。他宣称："美国人没有权利抢劫商店，没有权利烧毁建筑物，没有权利从屋顶向外开枪，所有这一切都是犯罪。"[2] 底特律的暴力事件最终导致 40 多人死亡，1 000 人受伤，至少 7 200 人被捕，数百座建筑物被毁。

20 世纪 60 年代给人一种印象，即黑人是一切"骚乱"的根源。然而，美国历史上的大多数群体犯罪事件（mass criminality）都源于白人自警团体（vigilantes）。自警团体的成员往往对种族融合怀有敌意，往往在当地警察的支持下聚合成为一股四处巡视的暴徒，往往滥用私刑以伸张其自以为是的"正义"。吉姆·克劳法的时代就是一个骚乱的时代：1908 年 8 月，一群滥用私刑的暴徒袭击了伊利诺伊州斯普林菲尔德（Springfield）的黑人社区 *，暴徒的人数多达 5 000 人，许多人甚至来自外地。他们肆意捣毁黑人店铺，将黑人赶出自己的房屋，并当场处决了两名黑人男子。此后的 1917 年，东圣路易斯（East St. Louis）的一群暴徒逼迫黑人战时工厂 † 的工人们及其家人作出选择：要么被活活烧死，要么被乱枪打死。这一事件堪称 20 世纪最为血腥的骚乱之一。[3] 随着第一次世界大战期间及战后越来越多的黑人逃离种族隔离主义分子不断制造恐怖的南方而寻求免遭白人暴徒侵扰的安全之地，白人至上主义者所主导的群体暴力也不断加剧并蔓延至美国的北部、中西部和西部。白人自警团体向黑人施加暴力已成为一种方式和手段，其目的旨在监控黑人的活动并限制其获得工作和休闲的机会，限制其获得选举权，以及限制其踏入政治领域。

美国黑人——其中许多人是第一次世界大战的退伍军人——在 1919 年的所谓"红色夏天"（Red Summer）行使了自卫的权利。芝加哥和华盛顿特区的白人居民和黑人居民在街道上相互厮杀；而在其他城市，针对黑

---

* 书中 Black community 具有两层含义：一是指称美国种族隔离时期将黑人隔离于白人社会之外的黑人聚居区，二是指称黑人群体。前者指物，后者指人。为了避免译本语词纷杂，一律将 Black community 译为黑人社区。——译者注

† 黑人战时工厂（Black wartime factory）：此处"战时"是指第一次世界大战（1914—1918 年）。——译者注

人的屠杀仍在继续。在阿肯色州菲利普斯县（Phillips County）的农村社区，当身为佃农的黑人们试图组建农会时，他们遭到白人"紧急民防团"（emergency posses）的镇压，至少 200 名黑人惨遭杀害。两年后，在俄克拉荷马州的塔尔萨（Tulsa）又有大约 200 名黑人死于屠杀，而屠杀他们的是人数多达 2 000 人的男性白人，后者中的一些人听命于县政府的授意并在其大力支持下实施了针对布莱克·格林伍德（Black Greenwood）社区的种种暴行。到第二次世界大战期间，美国各大城市再次燃起"种族骚乱"，其中最糟糕的莫过于 1943 年的底特律——联邦政府不得不向该地派驻军队以遏制街头战火。[4]

　　唯有当白人不再是这个国家的城市骚乱背后的推动者，也唯有当黑人不再采取集体暴力的方式反抗剥削和镇压他们的制度时，"骚乱"才可以被百分之百地视为一种犯罪和毫无意义的行为。对于"骚乱"，白人当权者主要以"法律与秩序"予以回应。随着地方警察承接了此前由白人暴徒所承担的功能，当局设定了城市暴力及其相关条款。

　　在约翰逊总统和一些人看来，骚乱与犯罪是黑人社区所患的同一种疾病的两种症状，而唯有增设更多的警察才能治愈这种疾病。1965 年 8 月，洛杉矶爆发黑人反抗事件；同年 12 月，麦科恩委员会（McCone Commission）针对洛杉矶的沃茨反抗事件提交报告，其中断言："每一场骚乱都是我们的城市中心所患疾病的一个症状。"在沃茨反抗事件得到平息的 8 天之后，加利福尼亚州的州长埃德蒙·"帕特"·布朗（Edmond G. "Pat" Brown）成立了"骚乱"调查委员会，并任命中央情报局前局长约翰·麦科恩（John A. McCone）担任委员会主席。委员会所得出的结论与 1965 年 3 月莫伊尼汉（Daniel Patrick Moynihan）在《黑人家庭：国家行动案例研究》（*The Negro Family: The Case for National Action*）中的著名结论相呼应，认为正是"正在瓦解"的黑人家庭导致了上述"疾病"，也正是黑人家庭令其子女陷入"失败的螺旋"，并使其下一代注定以作奸犯科和仰赖社会福利为生。"在他们（黑人）所聚居的城市中心，法律和秩序只是勉强得以维持；他们往往身处生存条件的边缘，失业和无所事事导致其深感绝望，而汇聚而成的群体暴力则暂时缓解了他们的不适。"[5] 由于人们倾向于认为暴力往往是由贫民区的市井无赖所引燃，并往往将犯罪分子、年轻人、无一技之长之人以及失业者视为"疾病"之源，认为只是这样一群人参与了纵火和抢劫，而其所作所为旨在寻求短暂的刺激并以此暂时忘却其沉闷无望的生活。人们在对"疾病"进行诸如此类的诊断时，他们聚焦于黑人个体和群体的病理，并以此证明当局让警察来治疗这种疾病的决定正当而且合理。然而，值得注意的是，美国政府几乎从未以同样的诊断方式探寻白人恐怖主义的病理。

上述观点并未过时，直至今天依旧甚嚣尘上。然而，这些观点在当时是错误的，如今依然是谬误。面对自 20 世纪 60 年代一直延续至今的美国城市骚乱，唯一正确的理解是将其视为一种反叛*。这些反叛事件并非如人们所说的是犯罪浪潮的突然爆发，而是经年累月的持久叛乱（insurgency）。暴力是针对种族主义所呈现的某个具体事件——即约翰逊总统所说的"单一事件"——的回应，这种回应几乎总是以与警察相对抗的方式呈现在公众眼前。然而，对于这些成千上万的美国黑人参与其中的集体暴力来说，其所反抗的不仅是警察的暴行，而且是一个更加庞大的体制，正是这个体制巩固了施加于一代又一代的黑人的不平等和暴力。约翰逊总统及其官员深信黑人的反抗旨在攻击美国的既有制度，而并不认为这些反抗只是在呼吁美国的既有制度应当将黑人纳入其中。当参与"骚乱"的"流氓"试图向其吐露苦楚时，他们嗤之以鼻，并拒绝承认参与"骚乱"的"流氓"所伸张的诉求与 20 世纪 60 年代参与格林斯伯勒静坐示威运动的大学生几乎——即便不完全——如出一辙。

近年来，一些学者在研究 20 世纪下半叶的黑人社区是如何应对美国政

---

* 本书的一个核心观点是将 20 世纪 60 年代以来的美国城市骚乱视为一种反叛（rebellions），而非通常所说的骚乱（riots）。考虑到这一时期的黑人骚乱并不具备中文意义的反叛所含有的组织性、军事性和相对明确的政治目标之意，因此，本译本将 rebellion 译为"反抗"。——译者注

府的犯罪控制计划时提出了一个观点，即事实上正是美国的黑人提出了在其街道、学校和住宅区增设警力的要求。这个观点所讲述的是"黑人中沉默的大多数"的故事，而黑人反抗的历史则揭示了这个故事的另一个——或可被称为动态——的层面，并将新的故事角色呈现在公众眼前。[6] 在黑人中产阶级、黑人政治领袖、黑人神职人员中，确有一部分人加入了"法律与秩序"支持者的行列，但与此同时，也有许许多多的黑人集体抵制将黑人社区视为打击目标的"向犯罪宣战"政策。这些抵制者的名字不曾出现在传统意义上的民权组织的档案中，他们中的许多人甚至在当时尚未达到投票年龄。就历史上的自由运动而言，其获得成功的一个重要的要素在于黑人将暴力活动转变为往往由黑人牧师所领导，并因扎根于黑人教会而得以持久开展的抗议活动。在后民权时代 * 的初期，许多黑人领袖都以威胁发动或是发动集体暴力的方式要求实现体制变革，同时以集体暴力为后盾要求实现黑人社区对其自身资源的控制。

　　当黑豹党 †、黑人解放军 ‡、地下气象组织 §，以及其他倡导革命的组织将其目标定位于瓦解资本主义和推翻美国政府时，立足于黑人社区的黑人反抗力量不断向当局提出诉求，要求其在就业、住房、教育、执法等方面提供救济，改变现行秩序，改变黑人被其所在城市和国家视为二等公民的事实。人们常常将遐迩闻名的激进组织视为这一时期政治暴力的唯一来源，这一

---

* 后民权时代（post-civil rights period）：通常是指美国国会在通过 1964 年《民权法》、1965 年《投票权法》以及 1968 年《公平住房法》（Fair Housing Act of 1968）等旨在结束美国的种族隔离和歧视制度的一系列法律之后所开启的一个历史时期。——译者注

† 黑豹党（Black Panther Party）：1966 年成立的一个由非洲裔美国人所组成的黑人民族主义政党，其宗旨是促进美国黑人民权，强调黑人拥有使用武力正当防卫的权利，该党于 1982 年解散。——译者注

‡ 黑人解放军（Black Liberation Army）：活跃于 1970 年至 1981 年的一个地下黑人民族主义军事组织，主张以军事斗争的手段夺取美国黑人的民族自决权。该组织开展了一系列爆炸、暗杀、绑架、抢劫和越狱活动，随着其主要成员被捕以及一些重要人物或是死于狱中或是流亡海外，该组织已几近于瓦解。——译者注

§ 地下气象组织（Weather Underground Organization）：又称地下气象员，是由一个被称为"民主社会学生会"的反越战组织所分裂出来的极左派激进组织，其宗旨是秘密开展暴力革命以推翻美国政府。该组织在 20 世纪 70 年代开展了一系列针对美国政府的炸弹袭击和破坏财产的行动，并策划了多起暴动和劫狱事件，于 1977 年解散。——译者注

假设倒是有助于防止人们将黑人反抗视为与激进组织所从事的政治暴力有关联而又有所不同的政治暴力类型——前者的规模更大、更加持久并深深地扎根于黑人社区。黑人的反抗无异于向全美传达了一个信号，即无论是20世纪60年代中期由民权改革、"向贫穷宣战"（War on Poverty）等推行的机会均等和自助，还是如今依然正在进行的非暴力抗议活动，它们都不足以解决美国的种族不平等问题，不足以应对种族不平等所呈现的无数表现形式及其引发的恶果。这个国家需要进一步变革。

1967年7月，约翰逊总统针对底特律的暴力事件发表演讲，他承认："就当前所发生的事件而言，唯一真正和长期的解决方案是从各个层面对绝望和暴力得以滋生的条件进行打击。"[7] 这番话似乎显现出他倾向于将社会政策视为消弭暴力的手段，而其实际作为却是越来越多地将警察的执法作为应对黑人反抗的权宜之计。保守派赞同自第二次世界大战结束后一直持续至彼时的主张，即警方应当以强硬手段回应黑人的抗议活动；而对于许多自由主义者来说，他们深感随着民权立法的推出，以及工作培训、补习教育、社区行动项目等政策的推行，黑人反抗的强度和频率反而有增无减，因而从20世纪60年代后半叶开始，这批人也逐渐采取了与约翰逊总统相似的立场。然而，满脑子都是"反抗"的约翰逊和其他自由主义者从未认真地反思一个问题，即联邦政府在"向贫穷宣战"的一年之后所发起的"向犯罪宣战"是否加剧了暴力？相反，他们接受了扩张执法部门、加大执法力度的主张，即将针对有色人种社区进行监控、在有色人种社区部署充分军事化*的警察，以及以培训和科技力量提升警察的专业化视为处理"种族关系"的最佳方案。权宜之计就此成为长期的现实。

以更多的警察应对黑人的反抗，这一决策并非唯一方案。1968年年初，经济机会办公室（Office of Economic Opportunity）主任萨金特·史瑞弗（Sargent Shriver）向约翰逊总统提交了一份备忘录，其中指出："尽

---

* 此处的军事化（militarized）包含两层意思：一是指警察使用了军队的武器装备，二是指警察以军队对付敌人的方式对待本国人民。——译者注

管反抗具有破坏性，但我唯一的解读是将反抗视为一种可怕的呐喊，即黑人希望能够平等地分享公民参与的成果——获得把握和掌控自己命运的机会。"史瑞弗的观察和所提出的合乎逻辑的补救措施最终由约翰逊政府的国家内乱咨询委员会（National Advisory Commission on Civil Disorders）——又称克纳委员会（Kerner Commission）——通过广播向全美听众宣告，而克纳委员会也为从整体上取代不断升级的警务和惩戒措施提供了一个替代方案——只是该方案从未得以实施。克纳委员会在 1968 年 2 月发布了一份最终报告（这份报告出版后一跃成为全美平装畅销书），报告对联邦政策的制定者和全国发出警告，宣称如果再不对贫困的黑人社区进行大规模社会投资，黑人的反抗和"白人的报复"将不断地让种族间的不平等得以固化，并使之成为美国人生活的一个永久特征。[8]

对于史瑞弗等官员以及克纳委员会的警告，联邦政策制定者置若罔闻，他们也从未真心诚意地听取当事社区的居民所提出的意见，而这些意见向政客、记者和研究者解释了如何防止反抗事件的再度发生。他们的这种反应既不是出于疏忽大意，也不是出于认知上的盲点，而是他们的手头有着各种备选方案。然而，他们所采取的这些方案——一次又一次地——充其量只是弄巧成拙，甚至最终造成严重伤害。

1967 年夏天人们迎来了暴力的高峰，自此直至 1968 年 4 月马丁·路德·金（Martin Luther King Jr.）遇刺后爆发了 137 起各自构成独立事件的暴力事件，这波暴力的浪潮才渐渐趋缓。尽管已是常态的黑人反抗事件此后依旧持续发生，但公众对于黑人反抗的记忆却基本上只停留在 1968 年。在 1968 年 5 月至 1972 年 12 月的数年间，美国大约 960 个处于种族隔离状态的黑人社区目睹了 1 949 次各自构成独立事件的黑人反抗事件，其中绝大多数发生在被当时的记者和学者所忽视的中小城市。在此期间，黑人居民所卷入的大多数暴力冲突都是由例行性日常警务活动所引发，并导致大约 4 万人被捕，1 万多人受伤，至少 220 人被杀。以上数字尚不涉及这一时期所发生的数百起监狱暴动，后者包括 1971 年 8 月圣昆廷（San

Quentin）的狱警杀害革命偶像乔治·杰克逊（George Jackson）所引发的抗议以及数周后震惊全美的阿提卡（Attica）监狱暴动。[9]

如今，1968 年之后所发生的第二波黑人反抗浪潮已不为人所知，而较之更加不为人所知的是墨西哥裔美国人和波多黎各人的反抗事件：他们同样转向以暴力手段要求争取平等的权利、改善不平等的生存条件，以及挑战当时正不断成型的犯罪控制机制。尽管本书聚焦于种族隔离状态下黑人社区的政治暴力，但不可忽视的是在马丁·路德·金遇刺之后，拉丁裔居民制造了至少 200 起反抗事件，其中大多数事件发生在东北部的波多黎各人社区（仅新泽西州就发生了 21 起）。尽管墨西哥裔美国人通常不会被视为黑人，但波多黎各人社区则往往被视为黑人社区。[10]

1968 年 6 月，约翰逊总统签署 1968 年《综合犯罪控制和安全街道法》（*Omnibus Crime Control and Safe Streets Act of 1968*）并使之正式生效，随之爆发了 1 000 多个黑人社区、墨西哥裔人社区和波多黎各人社区深陷其中的投掷石块、纵火和打砸窗户事件。这些事件发生在马丁·路德·金遇刺之后，如今已不甚为人所知。1965 年 3 月，在向国会提交《投票权法》一个星期之后，约翰逊总统发出了"向犯罪宣战"的号召，包括号召以前所未有的力度为地方执法部门提供资助。此时美国正在海外发动越南战争，联邦政策制定者于是顺便建立了一条管道将海外战场上多余的武器和军事技术送往地方执法部门，以此镇压国内的政治激进主义和黑人反抗浪潮。

美国城市政府的官员们充分利用了这批送上门来的联邦资源。从 1965 年开展"向犯罪宣战"到 1968 年签署《综合犯罪控制和安全街道法》，联邦政府共拨款 2 060 万美元以便在警察部门推行 359 个各自独立的现代化项目。诸如为各城市的警察提供防暴训练，配备 AR15s 和 M4 卡宾枪等军用武器以及钢盔、三英尺警棍、面罩、装甲车、双向无线电、催泪弹等警械，并提供相应的技术支持，即便是极小的城市也不例外。与此同时，联邦政府也为一些开销不大、旨在改善警察与黑人社区关系的项目提供资助。1967 年，尚未从 1965 年的沃茨暴力事件的创伤中恢复的洛杉矶警察局获得了一笔金额位居全美第二的联邦拨款以及一架直升机。[11] 作为约翰逊总统所说的"第一道防线"，警察无疑应当充分准备以便应对国内的敌人。

长期以来，黑人社区一直饱受警察的针对性监控、频繁盘查、大规模逮捕、非法搜查，以及彻头彻尾的警察暴行之苦，而在 1968 年《综合犯罪控制和安全街道法》——可谓"向犯罪宣战"政策的最极端的产物——实施之后，无论是诸如纽约等大城市、凤凰城等中等城市，还是诸如爱荷华州的滑铁卢等小城市，处于种族隔离状态下的低收入黑人社区都迎来了配备着武器库的警察部门的派员巡逻。1968 年《综合犯罪控制和安全街道法》——外加用于控制犯罪的 4 亿美元（约等于如今 30 亿美元）的支出——让城市中看似容易引起反抗的区域密布警察。截至 1970 年，联邦政策制定者已为地方执法部门配置了价值大约 4 000 万美元（约等于如今 3 亿美元）的军用级装备。[12]

无论是在 1965 年的洛杉矶、1967 年的底特律和纽瓦克，还是在 1968 年的华盛顿特区，美国的国民警卫队都出现在其反抗现场，而出现军人的身影往往令反抗事件更加耸人听闻。不过，经由 1968 年《综合犯罪控制和安全街道法》的授权，地方执法当局已经能够自行处理反抗。即便出现数百名青少年向警察投掷石块和玻璃瓶并导致警车窗户被毁，也不再需要调遣国民警卫队来应对。

警察部门拥有了自我处置的能力，这一点有助于解释为什么 1968 年至 1972 年的第二波反抗浪潮往往不为人所知：黑人的反抗被限制于当地，其所造成的影响也被限缩于局部。人们在描绘这一时期时往往聚焦于国家整体以及——特别是东海岸——大型都市市中心的发展。然而，也正是在这一时期，在美国的平原地带、中部地区、衰落的工业带以及南方等鲜为外人所知的城镇，却一波又一波地涌现黑人反抗的浪潮，这些事件为我们开启了新的研究路径，从而得以更加全面地描摹美国的社会关系以及种族主义和不平等的轮廓外观。[13]

这是一段严酷的历史。这段历史之所以如此重要，是因为 20 世纪 60

年代末和 70 年代初的黑人反抗事件已在很大程度上遭到遗忘，而尽管遭到遗忘，这段历史却有助于我们充分理解美国城市黑人为争取自由而进行的斗争，充分理解这个国家对黑人及其斗争所实施的镇压与暴力，充分理解这一切直至我们当下所处的时代依然如是。

就 20 世纪 60 年代末和 70 年代初的黑人反抗事件而言，其领导者是一群高中年龄——甚至还有年仅 10 岁和 12 岁——的年轻人。就其年龄而言，在格林斯伯勒发动静坐示威的四名北卡罗来纳农工州立大学的学生堪称他们的前辈。然而，此时已是 20 世纪 60 年代末，反抗的年轻人已经明白他们的前辈功败垂成。回首民权运动的鼎盛时期，看看眼下的生存状况，再想想警察就在公园的一角盯着自己，他们于是再度反抗。

黑人反抗的浪潮发端于 20 世纪 60 年代末和 70 年代初并一直持续至今，这一浪潮驱使我们重新对静坐示威活动以及整个民权运动的成就进行思考。第二次重建时期（Second Reconstruction）曾向人民许下承诺，宣称要兑现因美国内战及其恶劣影响而未能兑现的承诺，即整合美国社会并将完全公民权扩大至长期被剥夺公民权的人。这场运动让美国黑人拥有了接受教育、可去任何一个商店购物、可去任何一家餐馆就餐以及参与投票的权利，让黑人中产阶级的形成得以成为可能，也让一度公然叫嚣的种族主义话语不再被美国的公共话语所接受。然而，尽管第二次重建运动取得了种种成就，但并未因此完全确保大多数黑人的基本需求得到满足，更加值得注意的是"向犯罪宣战"的政策及其所推行的新的社会控制措施事实上抵消了这些政策。在伊利诺伊州的开罗市，牧师查尔斯·科恩（Charles Koen）是宣扬黑人武装自卫和社区自我控制的积极分子，他说："投票权不能当饭吃，不能当衣穿，也不能当房子住。"[14] 他和其他许多黑人所主张的不是更多的非暴力，而是更多的暴力。

无论是科恩还是在种族隔离状态下的城市社区领导黑人反抗的新生代，他们都曾在自己的童年目睹了民权运动的蓬勃开展，并在一个宣扬黑人权力的时代来临时步入成年。其中，黑豹党特别值得一提，它为黑人的抵制运动提供了新的剧本。[15] 黑豹党将警察蔑称为"白皮猪"，这一称谓常常在黑人反抗时大声喊出，或是在其日常生活中喃喃提及。长期以来，黑人流行文化一直将反抗警察视为英雄壮举。马丁·路德·金以及其他民权英雄贬斥警察的合法性，而黑豹党以及其他激进组织则至少让美国的黑人以及其他有色人种中的年轻人确信应当与警察暴力对抗。

人们很难想象那些向警察投掷石块或是抢劫当地商铺的儿童和青少年能够成为政治人物，这一偏见对于如何书写黑人反抗的历史影响至深。即使是致力于抵制系统性种族主义的学者和活动家，也并不愿意认真地看待黑人反抗的政治性质，而之所以如此，其部分原因在于这些反抗事件几乎从未以宣言或声明的方式说明其政治意图。不过，如果一场集体行动是以改变政府的利益偏好为目的，它就应当被视为具有政治性。[16] 与非暴力性质的直接行动（direct action）一样——其渊源可以追溯至圣雄甘地等人，暴力性质的反抗为有色人种提供了一种手段，使其得以在面对剥削、政治排斥和刑事定罪时表现团结。非暴力与暴力是两种不同的传统，却都在持续地为争取种族正义的斗争奠定基础。不过，黑人的人生经历中充满了暴力，这也让针对暴力的暴力反抗以及由此所助长的暴力政治变得不可避免。

本书聚焦于以暴力方式参与政治反抗的普通民众，并认真地对待和看待他们的不满。本书分为两个部分。第一部分聚焦于1968年至1972年黑人反抗的历史中的严酷时期，由此揭示在推行"向犯罪宣战"政策的初期、在面对不断膨胀的警察权力时，黑人所开展的如今已基本上遭人遗忘的抵抗，并着重阐明黑人抗议活动在后民权时代初期所发生的演变。这个部分以美国二线城市为背景——其在争取种族正义的斗争中常常遭人忽视——探讨警察暴力与黑人反抗的基本模式，检视了白人至上主义与黑人武装自卫的政治理念，并围绕若干黑人反抗事件频发的地区，对所在的公屋项目社区和公立学校的状况进行了分析。这个部分所援引的资料大多来自伦贝格暴力研究中心（Lemberg Center for the Study of Violence），该中心成立于约翰·肯尼迪总统遇刺之后，其工作主要是从地方新闻中收集剪报，对发生暴力事件的当地居民进行访谈，并对 1967 年至 1973 年间的各种数据进行分析。这些资料以往不对公众开放，如今只对一小部分研究人员开放，它们构成了本书资料的主要来源之一。第一部分的章节对政客和官员们为何无力解释和解决全国范围内的暴力事件进行了剖析。

第二部分旨在揭示 1968 年至 1972 年的黑人反抗浪潮对过去 40 年间所发生的大规模政治暴力事件——这些事件被全美电视台广为播报——产生了何种影响。这些事件包括 1980 年的迈阿密反抗、1992 年的洛杉矶反抗，以及 2001 年的反抗，其中任何一起事件都源于警察的暴行，都在更多地要求实现"法律和秩序"，都表现为全副武装的警察与居民的对峙和冲突，而后者对一个更加庞大体制——压迫制度——心怀怨愤。将这些事件置于 1968 年至 1972 年的黑人反抗的背景下检视，既有助于我们重新理解这些事件何以爆发，又有助于我们厘清这一事实，即这些事件是开创于 20 世纪 60 年代后期的历史趋势的呈现。不过，这个时期与 1968 年至 1972 年的峥嵘岁月还是有所不同，两者之间的差异给予我们如下启示：在过去 40 年间，暴力——尤其是迈阿密和洛杉矶——达到了前所未有的规模，但与 20 世纪六七十年代的暴力相比，过去 40 年间的黑人反抗所针对的不再是日常的警务活动，而是警察暴力的一种特殊情形——警察杀人。这一转变同时表明了无论现状多么令人痛苦，黑人都已然被迫接受。至少就此而言，我们可以认为国家和地方当局赢得了"向犯罪宣战"的胜利。

跨越地区和跨越时代的黑人反抗的历史表明了一个基本现实：警察暴力促成了社区暴力。这一现实长期遭到政策制定者以及为其提供咨询意见的学者的忽视——直至今天依然如此。美国政府已将源于纳税人的数十亿美元的款项投入"向犯罪宣战"和毒品战争等运动以及监狱系统之中。然而，这个国家的领导人并没有致力于问题的根源，反而进一步加深了针对整个黑人社区的有罪推定，并促使黑人的反抗不得不一直延续。黑人反抗有着悠久的历史，显然也将拥有未来。几个世纪以来，美国的白人一直普遍忧心于黑人在暴力中崛起。奴隶主害怕他们的财产——黑人——以逃跑的方式保护自己，同时也害怕遭到奴役的黑人针对其白人主子实施血腥报复。奴隶巡逻（slave patrols）是美国第一个以白人平民为基础的、有组织的执法系统，其职责是突袭奴隶的住处，驱散集会，在种植园和城镇的周围开展巡逻，并以诸如此类的方式压制可能发生的暴动。[17] 对有色人种实施监视和社会控制并以此维系社会秩序一度成为美国警务活动的基本逻辑。

基于《独立宣言》，我们可以认为被奴役的黑人有理由对奴役他们的力量实施反抗。正如《独立宣言》的主要作者托马斯·杰斐逊所理解的，"每当我想到上帝是公正的，我就为我的国家而战栗：不能让上帝的公正永远沉睡"。杰斐逊从 1781 年开始写作《弗吉尼亚笔记》，他在书中记录了对于一场即将到来的"形势转变"的观察——奴隶们"从尘土中崛起"，并希望奴隶们的"彻底解放"是"基于其主人的同意而非通过消灭其主人"而得以实现。[18]

黑人反抗是一个自我实现的预言：只要这个国家继续以其暴力维护种族等级制度，黑人的反抗就将成为一个持续存在的威胁。在《独立宣言》问世的大约 180 年后，林登·约翰逊总统在马丁·路德·金遇刺后引用杰斐逊的话评述"反抗"，他说："你还能期待什么？我不知道我们为什么如此惊讶。当你用脚踩住一个人的脖子，踩了三百年后放他起来，他会怎么做？他会挣脱你的控制。"[19] 种族等级制度、不平等和暴力是美国最古老的故事。接下来我们所要讲述的是这一故事的最新篇章，而此篇章上可追溯至这个国家诞生之时。

注　释

1. 有关格林斯伯勒等地静坐示威运动的论述可参见 Clayborne Carson, *In Struggle: SNCC and the Black Awakening of the 1960s* (Cambridge, MA: Harvard University Press, 1981); William Henry Chafe, *Civilities and Civil Rights: Greensboro, North Carolina, and the Black Struggle for Freedom* (New York: Oxford University Press, 1981); Manning Marable, *Race, Reform, and Rebellion: The Second Reconstruction in Black America, 1945—1982* (Jackson: University Press of Mississippi, 1984); Christopher W. Schmidt, *The Sit-Ins: Protest and Legal Changes in the Civil Rights Era* (Chicago: University of Chicago Press, 2018)。

2. "Statement by the President Upon Making Public an FBI Report on Recent Urban

Riots, September 26, 1964," Lyndon Baines Johnson Presidential Library (hereafter LBJPL) Folder "Statements of LBJ September 26, 1964—September 28, 1964," Box 122; Lyndon B. Johnson, "July 27, 1967 Speech to the Nation on Civil Disorders," https://millercenter. org/the-presidency/presidential-speeches/july-27-1967-speech-nationcivil-disorders; Bill Simmons, "Detroit Holds Only 150 of 7200 Taken in Riot," *Washington Post*, August 29, 1967, pg. A4; "Buildings Damaged by Detroit Riot Put at 450," *Wall Street Journal*, August 3, 1967, pg. 9; Bill McGraw, "A Quick Guide to the 1967 Detroit Riot," *The Center for Michigan Bridge Magazine*, March 11, 2016, https://www.mlive.com/news/detroit/2016/03/a_quick_guide_to_the_1967_detr.html.

　　3. 有关 1917 年东圣路易斯反抗的论述可参见 Harper Barnes, *Never Been a Time: The 1917 Race Riot That Sparked the Civil Rights Movement* (New York: Walker & Company, 2008); Charles Lumpkins, *American Pogrom: The East St. Louis Race Riot and Black Politics* (Athens: Ohio University Press, 2008); Elliott M. Rudwick, *Race Riot at East St. Louis* (Carbon: Southern Illinois University Press, 1964); Ida B. Wells, *The East St. Louis Massacre: The Greatest Outrage of the Century* (independently published 2020; originally published 1917)。有关 1917 年东圣路易斯反抗之前所发生的数起反抗可参见 Brian Butler, *An Undergrowth of Folly: Public Order, Race Anxiety, and the 1903 Evansville, Indiana Riot* (New York: Garland, 2000); David Fort Godshalk, *A Night of Violence: The Houston Riot of 1917* (Baton Rouge: Louisiana State University Press, 1976); Robert V. Haynes, *A Night of Violence: The Houston Riot of 1917* (Baton Rouge: Louisiana State University Press, 1976)。

　　4. 有关 1919 年"红色夏天"的论述可参见 Barbara Foley, *Spectres of 1919: Class and Nation in the Making of the New Negro* (Urbana: University of Illinois Press, 2003); Cameron McWhirter, *Red Summer: The Summer of 1919 and the Awakening of Black America* (New York: Henry Holt & Co., 2011); William Tuttle, *Race Riot: Chicago in the Red Summer of 1919* (New York: Atheneum, 1970); Jan Voogd, *Race Riots and Resistance: The Red Summer of 1919* (New York: Peter Lang, 2008); Robert Whitaker, *On the Laps of Gods: The Red Summer of 1919 and the Struggle for Justice That Remade a Nation* (New York: Crown Publishers, 2008)。有关塔尔萨屠杀事件可参见 Alfred L. Brophy, *Reconstructing the Dreamland: The Tulsa Riot of 1921: Race, Reparations, and Reconciliation* (New York: Oxford University Press, 2003); James S. Hirsch, *Riot and Remembrance: The Tulsa Race Riot and Its Legacy* (New York: Houghton Mifflin, 2008); Scott Ellsworth, *Death in a Promised Land: The Tulsa Race Riot of 1921* (Baton Rouge: Louisiana State University Press, 1992); Randy Krehbiel, *Tulsa 1921: Reporting a Massacre* (Norman: University of Oklahoma Press, 2019); Tim Madigan, *The Burning: The Tulsa Race Massacre of 1921* (New York: St. Martin's Griffin, 2003)。有关第二次世界大战期间所发生的反抗可参见 Dominic J. Capeci and Martha Wilkerson, *Layered Violence: The Detroit Rioters of 1943* (Oxford: University of Mississippi Press, 1991); Robin D. G. Kelley, *Race Rebels: Culture, Politics, and the Black Working Class* (New York: The Free Press, 1994); Charles River Editors, *Zoot Suit Riots: The History of the Racial Attacks in Los Angeles During World War II* (CreateSpace Independent Publishing Platform, 2016); Gerald Van Dusen, *Detroit's Sojourner Truth Housing Riot of 1942: Prelude to the Race Riot of 1943* (Charleston, SC:

The History Press, 2020)。另 可 参 见 Ann Collins, *All Hell Broke Loose: American Race Riots from the Progressive Era through World War II* (Santa Barbara, CA: Praeger, 2012); Victoria Wolcott, *Race, Riots, and Roller Coasters: The Struggle Over Segregated Recreation in America* (Philadelphia: University of Pennsylvania Press, 2012)。

5. James Upton, "The Politics of Urban Violence: Critiques and Proposals," *Journal of Black Studies* 15, no. 3, (1985): 243—258, pg. 245; Robert M. Fogelson, *Violence as Protest: A Study of Riots and Ghettos* (New York: Anchor Press, 1971), 28; California Governor's Commission on the Los Angeles Riots, *Violence in the City—An End or a Beginning?: A Report by the Governor's Commission on the Los Angeles Riots* (Sacramento: State of California, 1965), 6, 3. 有关将反抗视为一种疾病或机会主义行径的论述，可参见 Edward Banfield, *The Unheavenly City: The Nature and Future of Our Urban Crisis* (Boston: Little, Brown & Co., 1970); Banfield, "Rioting Mainly for Fun and Profit," in *Metropolitan Enigma*, ed. James Q. Wilson (Cambridge, MA: Harvard University Press, 1968); Eugene Methvin, *The Riot Makers: The Technology of Social Demolition* (New York: Arlington House, 1970)。

6. 在其著作《黑人中沉默的大多数》（*Black Silent Majority*, Cambridge, MA: Harvard University Press, 2015）中，政治学者迈克尔·贾文·福特纳（Michael Javen Fortner）认为正是哈莱姆地区的居民提出了厉行"向犯罪宣战"并提高量刑标准的呼声，也正是其呼声最终促使纽约市在 1973 年实施《洛克菲勒毒品法》（*Rockefeller Drug Laws*）。福特纳认为哈莱姆地区居民的呼声应当被视为推动大规模监禁政策的核心力量。在他看来，在这一时期的哈莱姆以及其他城市的黑人聚居区，黑人居民们纷纷站出来谴责他们中的"瘾君子"，并要求以严刑峻法惩处和清除这些人，这个"黑人中沉默的大多数"（就其所提供的证据而言，发出这些沉默的声音主要是黑人神职人员和黑人中产阶级）将严厉地打击和惩戒犯罪视为高于一切——包括公民权利、反歧视和反警察暴行——的第一要务。另可参见 Fortner, "The Carceral State and the Crucible of Black Politics: An Urban History of the Rockefeller Drug Laws," *Studies in American Political Development* 27, no. 1 (2013)。小詹姆斯·福尔曼（James Forman Jr.）深刻地描绘了黑人活动人士及其组织是如何被动员起来以支持"向犯罪宣战"以及提高量刑标准的政策，相关论述可参见 *Locking Up Our Own: Crime and Punishment in Black America* (New York: Farrar, Straus and Giroux, 2017)。另 可 参 见 Forman, "Racial Critiques of Mass Incarceration: Beyond the New Jim Crow," *NYU Law Review* 87, no. 1 (2012)。

7. Lyndon B. Johnson, "July 27, 1967 Speech to the Nation on Civil Disorders," https://millercenter.org/the-presidency/presidential-speeches/july-27-1967-speech-nationcivil-disorders.

8. 萨金特·施莱弗的上述言论可参见 Gareth Davies, *From Opportunity to Entitlement: The Transformation and Decline of Great Society Liberalism* (Lawrence: University Press of Kansas, 1999), 191; Otto Kerner et al., *Report of the National Advisory Commission on Civil Disorders* (Washington, DC: US Government Printing Office, 1968), 160, 162, 159, 319。

9. 有关马丁·路德·金遇刺后美国各地——特别是华盛顿特区一带——的反抗及其所引发的后果，可参见 Clay Risen, A Nation on Fire: America in the Wake of the

King Assassination (Hoboken, NJ: Wiley & Sons, 2009)。此处数据是在克里斯蒂安·达文波特教授及其研究团队——密歇根大学政治学中心激进信息研究项目组（https://radicalinformationproject.weebly.com/uprisingsdisturbancesriots.html）——基于伦贝格暴力研究中心的资料所进行的统计基础上汇编而成。2016 年夏天，达文波特及其团队对存放在项目组中的大约 30 箱伦贝格研究中心档案——伦贝格中心的研究人员记录了数千起暴力事件——进行了定量研究。这批档案目前已向公众开放，大部分保存于布兰迪斯大学（Brandeis University）的罗伯特·法伯大学档案和特殊收藏部（Robert D. Farber University Archives & Special Collections Department），但截至本书发稿，仍有数箱档案滞留在激进信息项目组。相关研究可参见 "Civil Disturbances," with Adrian Arellano, Kiela Crabtree and Christian Davenport, December 28, 2020（权利归达文波特所有的手稿草稿）; "Riot Codebook"（权利归作者所有）。有关这一时期的囚犯反抗及其相关运动，可参见 Dan Berger, *Captive Nation: Black Prison Organizing in the Civil Rights Era* (Chapel Hill: University of North Carolina Press, 2014); Berger and Toussaint Losier, *Rethinking the American Prison Movement* (New York: Routledge, 2018); Losier, "Against 'Law and Order' Lockup: The 1970 NYC Jail Rebellions," *Race & Class* 59, no.1 (2017): 3—35; Heather Ann Thompson, *Blood in the Water: The Attica Prison Uprising of 1971 and Its Legacy* (New York: Pantheon Books, 2016)。

10. 无数州和地方官员加入了联邦政策制定者和联邦官员的行列，与之一同制定新的、专门针对年轻的黑人男性的惩戒措施。然而，低收入有色人种社区所遭受的警察暴力与日俱增，居民们处于普遍的失业状态，他们住房老旧，在获取教育资源等方面陷于整体不平等的境况之中。白人和拉丁裔美国人都在刻意忽略或淡化这段历史，所谓"墨西哥人不会参与反抗，因为我们只会忙于工作"的观点更是将黑人的暴力抗争视为仅仅与美国黑人相关的非理性和病态行为。不过，波多黎各人、墨西哥裔美国人和其他拉丁裔社区的反抗却显现出暴力抗争是更加宏大的政治动态的一部分，它源于有色人种居民们的共同不满，并提请我们注意存在于美国执法和刑事法律制度中的固有歧视。即使每一个地区在不同的历史条件下所呈现的不平等的轮廓有所不同，美国种族主义的事实也还是为不同的地区留下了一种共同的可能性，即处于社会边缘的群体将起来反抗并摧毁不平等的制度结构。"Riot Codebook"; Natalie Delgadillo, "The Forgotten History of Latino Riots," *Bloomberg CityLab*, April 11, 2017, https://www.bloomberg.com/news/articles/2017-04-11/mappingthe-history-of-latino-urban-riots; Aaron Fountain, "Riot Shaming by Latinos Needs to Stop," Latino Rebels, September 26, 2016, https://www.latinorebels.com/2016/09/26/riot-shaming-by-latinos-needs-to-stop/.

11. Stuart Schrader, *Badges without Borders: How Global Counterinsurgency Transformed American Policing* (Berkeley: University of California Press, 2019), 137; "Project Sky Knight: A Demonstration in Aerial Surveillance and Crime Control," Box 26, Egil Krogh Collection, Richard Nixon Presidential Library (hereafter RNPL); "Administrative History of the DOJ," LBJPL Folder "Administrative History of the DOJ," Box 3, Lyndon Baines Johnson Administrative History of the Department of Justice, vol. 4, pt. 5 and Va.

12. Schrader, 197; Lyndon B. Johnson, "Statement by the President Upon Signing the Omnibus Crime Control and Safe Streets Act of 1968," https://www.presidency.ucsb.edu/documents/statement-the-president-upon-signing-theomnibus-crime-control-and-safe-streets-

act-1968; Omnibus Crime Control and Safe Streets Act of 1968, Pub. L. No. 90—351, 82 Stat. 197 (1968).

13. 这一时期有关黑人反抗的历史文献大多聚焦于大城市，几个值得注意的例外可参见 Ashley Howard, "Prairie Fires: Urban Rebellions as Black Working Class Politics in Three Midwestern Cities" (unpublished dissertation, University of Illinois 2012); Peter B. Levy, *The Great Uprising: Race Riots in Urban American during the 1960s* (New York: Cambridge University Press, 2018), and Thomas J. Sugrue and Andrew P. Goodman, "Plainfield Burning: Black Rebellion in the Suburban North," *Journal of Urban History* 33, no. 4 (2007): 568—601。

14. Charles Koen, *My Story of the Cairo Struggle* (master's thesis, Union for Experimenting Colleges and Universities, Cincinnati, OH, 1980), slide presentation 6 (165).

15. 此处我从夸梅·安东尼·阿皮亚（Kwame Anthony Appiah）的论述中汲取了灵感，即人的身份部分地是由其对于行为的设定以及行为模型所构筑，人们基于行为的设定和模型塑造有关自我的概念，制定行动计划和行为规范，实施评估判断，以及建立归属感。相关论述可参见 *The Ethics of Identity* (Princeton, NJ: Princeton University Press, 2005)。

16. 此处我对于"政治性"的理解源于罗宾·凯利（Robin D. G. Kelley）对詹姆斯·斯科特（James C. Scott）所作的评论。有关"下层政治"（infrapolitics）的讨论可参见 Kelley, "'We Are Not What We Seem': Rethinking Black Working-Class Opposition in the Jim Crow South," *Journal of American History* 80, no. 1 (1993): 75—112。另可参见 Michael George Hanchard, *Party/Politics Horizons in Black Political Thought* (New York: Oxford University Press, 2006)，以及 Charles Tilly and Sidney Tarrow, *Contentious Politics*, 2nd ed. (New York: Oxford University Press, 2015)。

17. 有关美国早期历史以及战前的奴隶巡逻和执法制度，可参见 Sally E. Hadden, *Slave Patrols: Law and Violence in Virginia and the Carolinas* (Cambridge, MA: Harvard University Press, 2003); Dennis C. Rousey, *Policing the Southern City: New Orleans, 1805—1889* (Baton Rouge: Louisiana State University Press, 1996); Philip J. Schwarz, *Twice Condemned: Slaves and Criminal Laws of Virginia, 1705—1865* (Baton Rouge: Louisiana State University Press, 1988); Samuel Walker, *Popular Justice: A History of American Criminal Justice* (New York: Oxford University Press, 1998)。

18. Thomas Jefferson, *Notes on the State of Virginia* (1781), Query XVIII: Manners, https://teachingamericanhistory.org/library/document/notes-on-the-state-of-virginia-queryxviii-manners/.

19. 林登·约翰逊的上述言论可参见 Kyle Longley, "Our Leaders Can Look to Lyndon Johnson to See How to Minimize Damage Today," *Washington Post*, May 31, 2020, https://www.washingtonpost.com/outlook/2020/05/31/our-leaders-can-look-lyndon-johnson-see-how-minimize-damage-today/; 以及 Josh Israel, "How Lyndon Johnson Responded to Baltimore's Last Riots," *Think Progress*, April 28, 2015, https://archive.thinkprogress.org/how-lyndon-johnson-responded-to-baltimores-last-riots-f3c0378909c/。

第一部分　起　源

第一章　暴力循环

卡弗兰切斯（Carver Ranches）的居民没有人行道，没有消防栓，没有下水道；不过，他们有警察，而警察就在他们的街道上巡逻。从20世纪40年代后期开始，来自迈阿密的美国黑人和来自巴哈马的黑人移民率先在佛罗里达州的布劳沃德县（Broward County）建立了这个占地300英亩的黑人聚居区，并以著名科学家乔治·华盛顿·卡佛（George Washington Carver）的名字为其命名。1969年8月，一个星期六的午夜时分，一些十几岁的孩子——他们是在卡弗兰切斯市出生的第一代人——正在闲逛。此时，布劳沃德县的副警长 * 开车经过此处，其中的一个孩子向警车投掷了石块。这一小小的挑衅之举激起了超出常规的暴力回应。这名副警长停下车，跨出车门，冲向投掷石块的孩子并一把抓住他的衬衫，然后将其扔到汽车的后座上。这个男孩的朋友们不愿让他因为这小小的冒犯之举而被县警察带走。他们拉开后座的车门并将男孩拉了出来，而这名副警长则再次将他拖了回去。几个来回之后，孩子们占了上风，投掷石块的孩子一溜烟地隐藏到越来越多的围观人群中。因为寡不敌众，这名副警长呼叫支援。当邻近这一地区的三个警察局的警察赶到时，有人向警察开了五枪，但并未击中任何人。治安官将此事件称为"近乎反叛"[1]。

20世纪60年代末和70年代初的黑人反抗事件通常发生于执法部门——往往是以暴力手段——对人们日常的常规活动（例如一群孩子在街

---

* 警长（sheriff），又称行政司法官，通常由州法设立职位并经由辖区（通常为县）选民选举产生。副警长（sheriff's deputy），又称行政司法官助理，是警长所任命的警察。警察（police），主要集中于大城市，是城市警察局所雇用的警察。——译者注

头玩耍）进行干预之时。当警察显然是无缘无故地来到黑人社区，或是对原本应当由黑人社区内部解决的事务（例如朋友或家人之间发生纠纷）进行干预时，反抗就会随之爆发；当在黑人社区执法的警察适用了几乎永远不适用于白人社区的法律（例如聚会不得超出一定人数或是行为举止不得犹如"可疑人物"）时，反抗就会随之爆发；当警察不是以对待白人居民的方式对待少数族裔居民（例如白人青少年可以在公园喝酒，而墨西哥裔青少年一旦如此就会遭到逮捕）时，反抗就会随之爆发。在 1969 年 8 月发生于伊利诺伊州迪凯特（Decatur）的一起反抗中，一名投掷石块的黑人少年说："只要不来麻烦我们，他们就不会有麻烦。"这句话是对一个显而易见的问题所作出的直接反应。当人们的日常生活遭到警察干预时，反抗就在所难免，甚至往往只是看到警察过来而意识到自己有可能遭到逮捕、殴打甚至杀害时，就足以促使黑人作出暴力反应。当人们一而再、再而三地看到警察武断专横或是毫无必要地以过激手段干预人们的日常生活时，他们所不断累积的唯有挫败感，并因此导致先发制人的暴力反应。

　　这就是暴力的"循环"，是过度警务与黑人反抗的循环，是警察暴力与社区暴力的循环。这个循环有助于我们理解 20 世纪 60 年代末和 70 年代初处于种族隔离状态下的低收入美国黑人社区、墨西哥裔社区和波多黎各人社区的城市生活。这个循环发生在全美各地的每一座城市，其中一些城市小得甚至从未被任何有关这个时代的标准阐释所提及。然而，恰恰是在这些二线城市，"向犯罪宣战"的政策得以以最持久和最具影响力的方式开展，并因此更加有助于固化种族不平等，有助于这个国家踏上大规模监禁之路。尽管每一场反抗都有其特定的人和起因，但其间的广泛相似性却依然值得我们特别关注。

　　从 1964 年《民权法》获得通过到 1968 年马丁·路德·金遭到暗杀，其间的 4 年是集体暴力频发的特殊时期，而这一时期所发生的暴力事件也往往是由警察逮捕黑人所引发的。不过，1964 年的哈勒姆事件是一个特例：引发这场持续了 6 个夜晚的反抗事件的是纽约市的一名警察杀死了一名 15 岁的黑人男孩。在颁布了具有里程碑意义的《民权法》的两个星期之后，哈勒姆的反抗事件开启了林登·约翰逊总统任期内的一个"漫长而炎热的夏天"。1965 年的沃茨反抗和 1967 年的纽瓦克反抗都源于警察逮捕开车的黑人，是人们对于这种逮捕所作出的反应。同年，警方对于底特律一家地下酒吧的突袭也以一场被约翰逊称为"我们历史上最糟糕的"暴力事件而告终。1968 年春天，在马丁·路德·金于 4 月 4 日遭到谋杀之后，全美一百多个城市爆发了反抗。由马丁·路德·金之死所带来的集体悲伤、愤怒和幻灭成为主流民权运动及其所强调的非暴力的转折点：此后，许多人都认为主流民权运动所奉行的斗争策略无法为美国黑人争取到真正的自由，它甚至不能保护其最耀眼的倡导者免受种族主义暴力的戕害。在马丁·路德·金遇刺后不久，黑豹党领导人埃尔德里奇·克利弗（Eldridge Cleaver）在《非暴力安魂曲》"Requiem for Nonviolence"一文中写道：谋杀马丁·路德·金是"美国白人对于任何和解的希望以及任何以和平和非暴力的方式作出改变的希望所作出的最终否定"。在克利弗看来，美国黑人"获得他们有权获得和应当获得的东西的唯一途径就是以暴制暴"[2]。

　　马丁·路德·金遇刺所引发的暴力事件同样成为警务活动的一个转折点。马丁·路德·金去世后的第二天，约翰逊调动联邦军队进入美国的首都、芝加哥、巴尔的摩以及密苏里州的堪萨斯城（Kansas City）。在马丁·路德·金遇刺所引发的反抗开始大约两周之后，在与芝加哥市的市长理查德·戴利（Richard Daley）的电话交谈中，约翰逊承认"我不知道如何处理这些事情"。不过，这位总统接着说："但我知道一件事：我们必须用肌肉和韧性来对付他们。"约翰逊总统相信，联邦军队的对外征战及其所拥有的超过 2 万名士兵足以让这个国家在自内战以来最大规模的国内暴力浪潮中"保持相当良好的状态"[3]。在此后的 1992 年，位于洛杉矶的安吉利斯（Angeles）爆发反抗，约翰逊总统调遣联邦军队镇压了参与反抗的黑人。就此而言，事态之所以得到平息，并不是因为美国公民所应享有的公民权利得到了关注，而是因为美国警察的专业化发展，其源头便是约翰逊政府着手制定了防暴培训计划，并为地方警察部门配备军用级武器。

　　在 20 世纪 60 年代末的数年间，黑人反抗事件往往是由警方针对普通民众的警务活动所引发的。诸如此类的警务活动包括：1966 年 7 月，警察在奥马哈（Omaha）驱散人群；1967 年，警察在位于密苏里州堪萨斯城的一个公园内逮捕一名贩卖走私酒的黑人；同年，在明尼阿波利斯的黑人青少年与萨克拉曼多（Sacramento）的黑人青少年发生争斗时，警察出面予以阻止。不过，在马丁·路德·金遭到暗杀后，警察成了一项更加宏大的任务——"向犯罪宣战"——的排头兵，他们开始以较以往任何时候都多的资源和人员开展警务活动。联邦政府对地方警察部门的拨款在 1964 年是零，此后陡然增长至 1965 年的 1 000 万美元、1966 年的 2 060 万美元、1968 年的 6 300 万美元、1969 年的 1 亿美元，以及 1970 年的 3 亿美元；五年内共增长了 2 900%。[4] 约翰逊总统的 1968 年《综合犯罪控制和安全街道法》推动了防暴武器的生产并被越来越多地配置到全美各地的警察部门。最初获得联邦拨款及其武器配置的是拥有大量黑人人口的主要大都市——包括华盛顿特区、底特律、洛杉矶——的中心区域，随后，较小城市的政府和警察部门也获得鼓励而日趋大胆。作为约翰逊总统所宣称的"伟大社会"的压舱石，1968 年《综合犯罪控制和安全街道法》打破了美国以往 200 年的历史传统，联邦政府开始直接对州和地方各级执法和刑事司法部门施加影响。为了应对 20 世纪 60 年代的暴力反抗，美国的警务活动急剧扩张，而正是这种扩张开启了卡弗兰切斯市、迪凯特市等较小城市的暴力循环。

　　约翰逊总统所倡导的新国家战略的前提，是预先阻止反抗事件的发生，找到和逮捕潜在的暴徒和违法犯罪分子。联邦执法官员想当然地认为"更多的警察和更频繁的巡逻能够有效和大幅度地阻止犯罪"，并认为"更多的警察和更频繁的巡逻能够更多和更加快捷地执行逮捕，从而让违法犯罪分子难以行动和难以逃跑，并由此起到威慑作用"。[5] 以"肌肉和韧性"预先阻止反抗事件的发生越来越多地成为对抗失序的主导策略，尽管这一策略始终未能实现其预期目标。

国家战略定下了基调，即便没有得到联邦资金资助的地区也按照这个调门行事。对于全美各地的黑人社区来说，警务活动开始变得越来越具有攻击性和侵扰性。警方常常声称他们基于某个线索而开展行动，报纸也随之论证警察所开展行动的正当性，并为其何以在黑人社区开展提供辩护。然而，居民却有不同看法。迪凯特市一名向警察投掷石块的人说："警察？他们是来这儿找我们麻烦的。"[6]问题的关键在于警察突然现身于黑人社区。那个投掷石块的人及其朋友——以及美国其他城市有过类似行为的人——都认为警察的突然现身更有可能给黑人带来伤害，而非保护。正因为如此，警务活动的被执行人常常拒绝服从警察的命令并进行反击，他们投掷石块，与警察搏斗以试图拒捕。

对于单独一个或是几个警察来说，这是一场注定失败的斗争，他们只能被迫撤退并等待增援。所谓增援，往往是防暴警察以及邻近城市的警察或是州警前来支援，而州长也往往基于反抗事件的规模以及所在城市的大小决定是否调遣国民警卫队给予增援。然而，在执法人员撤离事发地（如果只是暂时离开）后，尽管也有一些居民随之散场，但还有一些居民转而开始攻占当地的商铺和建筑物，他们打破窗户并从商店拿走食物、衣服、轮胎和音响设备。诸如此类的行径被警察局的局长们称为"打了就跑"。一旦这类事件爆发，其参与者的人数往往多于警察的人数，他们相较于警察更加灵活，往往能够瞬间逃脱并越过栅栏和垃圾箱溜回家或是消失在他们熟悉的小巷。警方派出更多警力，而反抗的规模也相应扩大。暴力常常不断升级并持续一至两天，直至暴力之火自行燃尽或是有足够多的参与者被警察逮捕。

反抗事件本身并不能将其直接原因明晰地传达给政府和警局官员。在佛罗里达州向警察投掷石块的事件发生数周之后，卡弗兰切斯市有人向警察开枪，官方对此"没有任何解释"。在印第安纳州的韦恩堡市发生暴力反抗事件之后，该市市长说："我们不知道反抗为何发生。"无独有偶，在俄亥俄州的哥伦布市发生反抗之后，该市的警察局也对导致爆发反抗的原因"无法确定"。在泽西城的市长看来，这些事件纯属"没有目的或没有意义的愚蠢而任意妄为的暴力"，而宾夕法尼亚州的约克市当局则宣称致使该市发生持续四个夜晚的反抗的唯一原因是"反抗的参与者们无事可做"[7]。官员们认为诸如此类的暴力事件没有原因、没有意图。在紧随着马丁·路德·金遇刺而发生的反抗事件中，黑人与棕色人种参与者认为自己没有理由遭到警察监管，当警察无缘无故地突然出现在不该出现的地方时，他们的反抗也就随之发生。

当警察接到报警而试图对打架斗殴的居民进行干预时，最常遭遇的情形便是原本打成一团的对手放下分歧，转而对付共同的敌人——试图阻止他们争斗的警察。1968 年 8 月，就在新的学年开始之际，在韦恩堡市东南部黑人聚居区处于种族隔离状态下的孩子们常常聚集的麦卡洛克娱乐中心（McCulloch Recreation Center），十几个黑人青少年发起了一场暴力反抗事件。一天晚上大约 11 点钟左右，公园管理部门的一名管理人员闯入这群青少年中（"声称发生了争斗"）并要求其离开。这群青少年非但没有听从，反而弯腰从娱乐中心的草坪上捡起石块并向其投掷。1969 年 6 月，在印第安纳波利斯市的主要黑人社区之一洛克菲尔德花园公寓（Lockefield Gardens Apartments），两名警察试图制止一场斗殴，却引发了持续两个夜晚的暴力反抗。一个由 20 人所组成的团伙袭击了警察，导致一名警察丢失了佩枪、警棍和警徽，警民双方各有人受轻伤，而随后人群越聚越多，并向过往的汽车投掷石块。1970 年 8 月中旬，俄亥俄州的阿克伦市有两名少女在一家奶昔店附近打架，警察试图阻止时遭到围观者投掷石块，事件持续了数个小时，一名警察被石块击中。[8]

当居民发生争斗而警察前来制止时，居民们并不认为警察是和平与保护的代言人。1968 年《综合犯罪控制和安全街道法》鼓励地方警察与被视为目标社区的居民开展互动，以便在暴力活动发生之前发现潜在的犯罪分子或潜在的暴徒；随着这项预防社会反抗的国家战略的实施，警察与黑人居民之间的接触变得更加频繁。韦恩堡、印第安纳波利斯以及阿克伦等城市的警察往往基于良好的意愿而居间调解，他们的目的是避免因为居民之间的争斗而导致进一步的伤害。然而，对于当事居民来说，警察有何意图并不重要。黑人的历史及其苦涩经历告诉他们，警察对其充满敌意，警察带给他们的往往不是和平与保护，更可能是伤害——不是一顿毒打（甚至更糟），就是将其逮捕并送进监狱。

20 世纪 60 年代后期，随着"向犯罪宣战"政策的全面展开，逮捕犯罪分子和潜在的犯罪分子、暴徒和潜在的暴徒成为在被视为目标的社区实施犯罪控制是否"成功"的衡量标准。即便警方没有像在韦恩堡市所发生的那样获悉邻里打架，由于有色人种年轻人常常聚集于公园，公园也就成为警方开展巡逻并实施逮捕的好去处。1968 年 4 月中旬，在其他城市爆发反抗浪潮之后，宾夕法尼亚州约克市的警察部门因为实在找不到借口截停、盘问和逮捕黑人青年，便开始对宾州公园（Penn Common）实施宵禁。黑人儿童和青少年常常在公园聚集，警察警告他们必须在夜间 10 点钟或更早之前离开公园，同时驱赶、骚扰和殴打拒绝服从命令的孩子。一名黑人少年描述了他与女友在 1968 年 7 月上旬的一段经历：当时他们正在公园坐着，一名巡逻警察突然停下来用手电筒照着他们的眼睛，于是黑人少年说："不要拿手电筒照着我的脸，我们并没有妨碍谁。"警察下了车，手里拿着警棍，他要求黑人少年及其女友离开公园，同时用警棍顶着少年的后背，一路推着并监视着他与约会的对象离去。就诸如此类的警察暴行而言，其本身常常引发暴力。这名黑人少年对记者说："我就应该一而再、再而三地忍受下去吗？你又会怎么做？"少年接着说："昨天晚上，我就向警察扔了一个玻璃瓶。"9

7 月 11 日，也就是在警察驱散黑人少年约会的数天之后，约克市警方开始常态化地实施宵禁，并试图在当晚 9 点 15 分将大约 50 名黑人儿童和青少年赶出宾州公园。然而，这一次年轻人拒绝离开。有人质疑道："他们为什么要驱散一群黑人？""聚在公园里有什么错？"随着警察逮捕其中的两人，人群开始向警察扔石块和玻璃瓶。随后，12 名警察开始追逐和驱赶年轻人，其中一名警员违规对空鸣枪，其目的在于恐吓，但这一举动却引发了警察与黑人居民——后者大多是十几至二十几岁的青少年——为期 5 天的暴力冲突。一名记者询问一名男性反抗参与者："为什么约克市的年轻黑人要向警察投掷石块和玻璃瓶？"这名参与者反问道："为什么警察要用警棍打我们的脑袋？"[10] 显然，这是一个暴力的循环，至少在这个年轻人看来如此。

在伊利诺伊州的迪凯特市，十几岁的黑人男孩热衷于在一条自 1964 年以来一直被人用于飙车的路段飙车。1969 年夏天，当飙车比赛开始时，这些黑人男孩往往聚集于邻近的穆勒公园（Mueller Park）。白人青少年自由自在地在该市北部的一条林荫大道上飙车，而警察的常规操作却是来到该市南部的这个公园监视黑人青少年的一举一动。1969 年 8 月 7 日，星期四，有一群示威者聚集于 A&P 商店的门前要求为黑人工人提供就业机会。作为一种回应，警方决定逮捕当晚参与飙车的黑人青少年。在一名年轻的飙车参与者看来，警察对示威抗议活动感到"恼怒"，"所以他们来这儿找碴"。当警察到达飙车现场时，黑人青少年向他们投掷石块，而警方则使用催泪弹驱散人群，并拘留了 9 个人。黑人青少年抗议警察在逮捕过程中过度使用暴力，并为另一场对抗作好准备。他们知道接下来要做什么。第二天晚上 9 点半左右，一名警员开车在黑人社区巡逻时遭到 4 辆汽车的包围，大约 200 人将其团团围住。有人向被困的警车投掷了自制燃烧瓶，但未成功引爆。增援的警察随后向人群发射了催泪弹。[11]

1971 年 6 月，在新墨西哥州阿尔伯克基市（Albuquerque）的罗斯福公园内，15 名美籍墨西哥裔青少年因为未成年饮酒而遭到逮捕，这一事件引发了长达 30 个小时的暴力反抗，并最终以国民警卫队赶来镇压收场。回顾事发当天，当警察来到罗斯福公园时，大约有 500 名墨西哥裔年轻人聚集于此。理查德·摩尔（Richard Moore）是美国墨西哥裔激进组织"黑色贝雷帽"（Black Berets）的司法部长，在他看来，警方"向年轻人施加了强大的压力，而一些年轻人觉得受够了"。"黑色贝雷帽"率领抗议的人群从罗斯福公园出发，他们一路游行至警察总部，并与警方交涉要求释放 15 名被捕的年轻人。在游行的途中，一些人投掷石块打碎了沿路窗户的玻璃。最终，抗议者"出钱缴纳了保释金"使被捕者得以释放，而当他们走出警察局时，反抗事件已经一路燃烧。在短短的一天多一点的时间里，反抗事件造成价值 300 万至 500 万美元的财产损失，并导致 650 人被捕。[12]

黑人居民不仅在警察无缘无故地现身于其社区时有所行动，而且在执法人员行使诸如逮捕等最基本的执法职权时展开反击。1968 年 6 月下旬，就在马丁·路德·金遇刺事件在巴尔的摩市引发长达一个星期的反抗的两个月后，该市发生了三起黑人居民阻碍警察执行逮捕任务的事件。6 月 19 日，一名警员在厄普顿黑人社区（Black Upton neighborhood）的中心地带试图当众——当时人群正在不断聚集——逮捕一名年轻人时，一名妇女抓伤了这名警员的左臂并撸走了他的手表。这名警员随后向这名妇女和围观人群喷射了梅斯毒气，众人散去。此事发生后不到一个星期，在一次妨害治安的逮捕中，一名 15 岁的男孩抓住了一名警员的手臂，从而让嫌疑人乘机溜之大吉。这名警员打了男孩并将其拘留。[13]

第二天晚上大约 11 点半，当警员保罗·卡拉斯卡维兹（Paul Karaskavicz）和诺曼·斯坦普（Norman Stamp）在水库山（Reservoir Hill）试图逮捕涉嫌盗窃的三名嫌疑人时，围观的 12 名青少年冲着他们大喊大叫，其中一名 13 岁的女孩跳上了斯坦普的后背，迫使这名警员放开了两名嫌疑人。眼看着两名男性嫌疑人逃跑，斯坦普抓住这名女孩，而后者踢打、抓挠，甚至用牙齿咬了这名警员。当这个女孩最终因为拒捕而戴上手铐时，她 14 岁的哥哥突然从背后袭击警察。经过一番打斗，她的哥哥也被拘留。与此同时，另一名 14 岁的男孩袭击了卡拉斯卡维兹，从而让第三名涉嫌入室盗窃的嫌疑人逃之夭夭。这三名嫌疑人都是青年男子，均已逃跑，而帮助他们逃跑的几个孩子却进了监狱。[14] 在这些年轻人看来，警察的逮捕行为是不公正的，他们准备自行伸张正义，甚至不惜牺牲自己的自由。

　　诸如此类的被称为以逮捕预防犯罪的非正式运动并未直接在巴尔的摩市引发大范围的暴力反抗，然而在其他城市，仅仅警方的一次逮捕就有可能引发一场有数百人参与的持续集体暴力事件。1970 年 8 月，泽西城的两名巡警因为轻微的交通违规截停一辆汽车，随后，警方宣称大约有 500 名黑人和波多黎各居民汇聚在市中心"向白人宣战"。数个星期后，警方在一场持续 6 个小时的缉毒行动中逮捕了 25 人，而此事在新泽西州的霍博肯（Hoboken）一带引发两个夜晚的反抗。21 岁的路易斯·洛佩兹（Luis Lopez）是当地著名的活动人士，他到达现场抗议警方的大规模逮捕行动，随后被以"干扰警察履行职责"和使用"污言秽语"的罪名逮捕。在此事发生之前，霍博肯警察局就已经盯上了洛佩兹，并对其所从事的政治活动了如指掌。8 月初，洛佩兹曾经在纽瓦克伙同"青年领主党"（Young Lords Party）——这是一个以波多黎各人和其他受压迫群体的社区自决和自治为原则而成立的组织——发起抵制"波多黎各人日"（Puerto Rican day）的游行活动，洛佩兹因此遭到逮捕，并因为伙同其追随者擅自占用（洛佩兹称之为"解放"）霍博肯的两座公寓楼而被法院定罪。社区中的许多人对于警方的执法不以为然，他们希望看到洛佩兹获释。8 月 27 日晚上 7 点半，大约 300 至 400 名被《哈德逊快报》（*Hudson Dispatch*）描述为"愤怒的波多黎各人"包围了市政厅，他们要求释放洛佩兹。与此同时，大约 30 名抗议者坐在华盛顿路和第一大道的交叉路口阻拦交通，他们向警察投掷石块和玻璃瓶，并砸碎了这一带的窗户玻璃。[15]

　　洛佩兹继续在霍博肯一带组织示威活动以抗议警察逮捕波多黎各居民，其后果便是一年之后该地再次爆发暴力反抗事件。事件的起因是 26 岁的路易斯·桑塔纳（Luis Santana）和 24 岁的詹姆·桑塔纳（Jaime Santana）与一名店主产生纠纷，兄弟两人声称后者骗走了他们的电视机，并因为使用危险武器袭击他人的罪名而遭到逮捕。此后，洛佩兹带领一小群激进分子前往警察总部，他们不仅要求释放这一对兄弟，而且要求对两名涉嫌在逮捕过程中使用暴力的警察给予停职处分。就在洛佩兹等人离开后不久，警方宣称接到电话举报，称有人在市政厅外骚扰过往车辆和行人。当警察赶到事发地时，他们遭到了大约 300 人的围攻，人群向他们投掷了罐头、玻璃瓶和砖块。[16] 暴力反抗就此一触即发。随着 1968 年《综合犯罪控制和安全街道法》的颁布和实施，泽西城以及全美许多城市的居民都明确表示：如果对他们的社区宣战，他们随时准备应战。

　　无论是卡弗兰切斯市还是泽西城，只要有人开始向警察投掷石块，警察就会呼叫增援，而随着前来增援的警察不断增多以及带来更加先进的武器以应对黑人的反抗，反抗者的规模及其所造成的破坏规模也相应地不断扩大。当韦恩堡市的公园警察*赶到麦卡洛克娱乐中心为此前遭到攻击的管理人员提供协助时，孩子们转而向警察投掷石块。两名警察遭到压制，只得撤退并等待增援。警察局长阿尔伯特·鲍尔迈斯特（Albert Bauermeister）派出 15 名全副防暴装备的警察前往增援，而当他们赶到现场时，人群已从此前的 10 人扩大到大约 200 人。在随后的对抗中没有人受重伤，但"防暴装备"上满是暴力反抗所致的累累伤痕：警察局新购置的移动犯罪实验车上被砸出数道凹痕，车窗户也被砸碎。驾车的警员说："车顶落下许多石块，听起来像是在敲邦戈鼓。"最终还是催泪弹——至少暂时——驱散了人群。[17]

　　转而再看哥伦布市。当地警察局从 1970 年 6 月的黑人反抗事件中所吸取的教训不是警察介入将引发黑人反抗，而是一旦警察撤退等待支援，就会让年轻的黑人占据优势，而这也就是官员们所说的"从事件发生到警察到位，其间存在破坏性滞后"。6 月 4 日，星期四，52 岁的塞西尔·巴特勒 (Cecil Butler) 与另一名黑人男子发生争斗，警员萨金特·埃德·贝克（Sargent Ed Baker）试图阻止。当巴特勒拔出枪时，警员贝克夺过巴特勒

---

* 美国公园警察（The United States Park Police）：隶属于美国国家公园管理局的联邦执法部门，在美国国家公园管理局所管辖的区域内行使警察职权并同国家公园巡守员（National Park Rangers）共享管辖权。公园警察同时管理美国的公共纪念碑及其相应建筑，并为美国总统和到访贵宾提供安保。——译者注

的枪，并将其逮捕押送至警车。此时，另一辆警车开来撞上了巴特勒，后者被撞倒在地，但伤势并不严重。在目击者看来，这辆警车故意撞倒了巴特勒，由此导致了一场有 50 至 75 名黑人居民参与的"投石狂欢"。等到增援的警察赶来后，贝克才得以在雨点般的石块和玻璃瓶中离开了现场。"战术 B 排和防暴 D 排的警员"花了一个小时抵达现场，而在此期间，"60 至 75 名年轻人"已经打破了几家商店的窗户，并在抢劫了莫里药店（Maury's Drugs）和威尔逊–奥克五金店（Wilson-Oak Hardware）之后溜之大吉。[18]

第二天大约晚上 9 点半，哥伦布市刑警队对威尔逊橡树黑人街区（Black Wilson-Oak neighborhood）的主街道进行突击检查，并逮捕了 19 名涉嫌赌博的黑人。不知是为了炫耀武力还是旨在挑起暴力，当黑人居民看到警察出现在其社区时，他们做出了与前一晚同样——只是情节有些曲折——的反应。当执行突袭检查任务的警察小队离开黑人社区与大部队会合时，据称有 75 名黑人居民沿着街区行走并向过往的汽车和公共汽车投掷石块，同时还砸碎了沿街的窗户玻璃，抢劫了一家由哥伦布市教育委员会经营的超市，并在抢劫了一家被称为陶批二手商品店（Topy's Surplus Store）后将该店付之一炬。接下来便是星期六，哥伦布市警察局为了应对可能延续至当晚的暴力事件，提前调遣了特种战术部队以便"在当晚立即进入事发地区"[19]。警察部门准备了一套平息反抗的战术并试图以此更好地应对黑人反抗，不过，当一切准备就绪时反抗已经结束。

如果没有泽西城战术小队——该队 55 名警察接受了防暴技术培训——的帮助，霍博肯市警察局将在 1970 年 8 月镇压黑人反抗的过程中举步维艰。战术小队与当地已经下班的警员并肩沿着第一大道行进，在实施清场后最终恢复了这一带的秩序。为了预防此后再次发生反抗，警察局迅速成立了社区关系委员会（Community Relations Board）以处理来自社区的要求。社区关系委员会由 6 名警员组成，办公地点位于黑人和波多黎各人社区的一个临街办公室。[20] 约翰逊政府提出了一套控制犯罪的国家战略，而其中的一个关键举措便是在目标有色人种社区创建管辖带。不过，这一举措或许从一开始就遭到误用：创建管辖带的最初目的是避免警察直接进入社区开展巡逻和实施监控，以及避免由此而引发暴力反抗事件，但在实践中，这些设立在临街的管辖带常常成为执勤警员的落脚点，让后者针对黑人社区的巡逻和监控变得更加容易。

霍博肯市警方"相信对于所有人来说一切都很顺利"，至少在随后的一年里没有再次发生反抗。1971 年 9 月的一个星期五晚上，在警方的一次逮捕行动中有 300 人向警察投掷罐头、玻璃瓶和砖块。泽西城警察局、纽约港务局和新泽西州警察局均派员赶往霍博肯以帮助当地警方应对局势。到了星期六上午大约 10 点，75 名全副防暴装备——包括防弹背心、霰弹枪和催泪弹——的警察已经作好了准备，而此时——正如《哈德逊快报》所报道的——"由心怀不满的波多黎各人所组成的抢劫团伙"仍然在四处投掷玻璃瓶和打砸窗户。警察随之开始尽其所能地实施逮捕（两天内总共逮捕了 42 人），并命令参与者离开现场。一名警察向街上的人提议道："回家看电视吧，正在播放一部好片子呢。"[21]

在 1970 年 8 月的反抗中，阿克伦市的执法官员异乎寻常地承认这一点，即警察现身于布莱克伍斯特大道（Black Wooster Avenue）一带只会进一步激发暴力事件。这也就是《阿克伦灯塔报》（*Akron Beacon Journal*）的一名记者所说的"黑人青年只要看到巡逻车和身穿制服的警察，他们就会感到异常愤怒"。8 月 10 日，星期一，阿克伦市警员在制止一起打斗事件时被人持续数小时地投掷石块。星期二，"数伙年轻人"向警察投掷了石块和玻璃瓶，甚至投掷了混凝土块，由此造成数辆汽车严重损坏以及 5 名平民和 1 名警员受伤。到了星期三，反抗终于爆发：1 000 名参与者——其中大部分人只有初中年龄——向警察投掷石块和其他东西。警察在该地区设置了路障，"发出了警告"。20 名警察在街上巡视并发射了 32 枚催泪弹。[22]

在承受了三个夜晚的暴力反抗之后，警方转向采用一项新的策略：既保持警方在该地区强有力的存在，同时尽可能少地让警察出现在反抗参与者的视野中。8 月 13 日，星期四，警方派出了巡逻车巡视周边以遏制反抗，同时派出便衣警察进入已被封锁的反抗区。当然，让穿制服的警察撤出"反抗区"无助于反抗的根本解决，但这一策略显然让暴力不再不断升级。除了一些零星的反抗以及据称有人手持对讲机在街上游荡之外，整个夜晚尽管紧张，却也平安无事。然而，到星期五时，警方似乎放弃了这一策略：在举行了肥皂盒德比（Soap Box Derby）的游行庆典之后，出现了 100 多名警察与不断聚集的黑人居民对峙的局面。当地报纸报道称，随后发生了"黑人青年破坏财产的狂潮"，这些人打碎窗玻璃、打砸汽车、抢劫汽车配件商店和超市、放火焚烧了一家肉店和一辆汽车，并向阿克伦市的公共图书馆投掷了两个自制燃烧瓶——但并未引发火灾。[23] 如果阿克伦市警察局能够贯彻其新的策略，从而让陷入反抗的社区降降温，就可以避免此后所引燃的一系列暴力事件。

在此暴力的循环中，警察往往使用非致命毒气，最常用的是装有氯苯乙酮的警用手榴弹（即催泪瓦斯）或装有邻氯苯亚甲基丙二腈的警用手榴弹（即"超级"催泪瓦斯）。"超级"催泪瓦斯最早出现于 20 世纪 20 年代后期，并因为 60 年代美国军方和执法部门的广泛使用——前者用于越南战争，后者用于打击犯罪——而日益流行。实践表明，这种化学武器既能够在越南战争中有效地对付地下掩体和地道中的越共，又能够在美国国内有效地镇压黑人的反抗。催泪瓦斯在美国海外军事干预行动的使用，是与其在国内的使用息息相关的：截至 1969 年，司法部已促使以低价向地方执法部门出售 7 万多个防毒面具以及越南战争中剩余的军事装备，包括防弹衣、装甲车和军用步枪。[24]

在美国国内使用催泪瓦斯或"超级"催泪瓦斯被视为一种针对反抗的"有节制的"反应，是一种不诉诸暴力而防止暴力的方法。然而，仅仅在沃茨、纽瓦克和底特律的反抗事件中，就有大约 85 名黑人居民遭到警察或国民警卫队的杀害。催泪瓦斯这一所谓非暴力的防暴方法也因此受到批评。然而，尽管克纳委员会在其 1968 年的报告中声称"没有证据证明为警察配备自动步枪、机枪以及其他具有大规模和无差别杀伤力的武器具有任何正当性"，以及"就人口稠密的城市社区而言，这些被设计用来摧毁目标而非实施控制的武器并无用武之地"，但无论是克纳委员会还是不同派系的联邦政策制定者都将催泪瓦斯等化学武器——赤裸裸的暴力替代品——视为"为警察部队提供了一种有效和适当的武器"[25]。如今，催泪瓦斯已在美国警察的武器库中占据了相当大的份额。

作为一种非致命性向人群施压的手段，催泪瓦斯为防暴警察在应对黑人反抗时提供了可替代拔枪或开枪射击的理想技术方案。这种化学武器的效果可谓立竿见影：催泪瓦斯可以让人在 20—60 秒内丧失行动能力，并导致美国陆军手册《军事化学和化学制剂》中所描述的"眼睛极度灼热，伴有剧烈流泪、咳嗽、呼吸困难、胸闷、不由自主地闭眼、皮肤出汗和刺痛、流鼻涕以及头晕目眩"。虽然催泪瓦斯被宣称只会造成短暂伤害，但如今的人们已经知道这种毒气会对肺、肝脏和心脏造成重大损伤。不过，催泪瓦斯依然被用于控制人群，被视为一种避免了以暴力手段实施逮捕或是向人群开枪的人道方式。[26]

自 1968 年以来（至今仍然如此），催泪瓦斯一直是警察在反抗中对付投掷石块的抗议者的最常用手段，而无论其对付的抗议者是几十人、几百人还是更多。当愤怒的人群拒绝服从各自回家的命令时，这种化学物质必定能够令其迈动回家的脚步。不过，催泪瓦斯并不总是能够成功地平息反抗。在迪凯特市发生反抗的第二天晚上，警察用左轮手枪和霰弹枪对空鸣枪以试图驱散现场的 200 名抗议者。人群中有人向警车投掷自制燃烧瓶作为回应，但并未成功引爆。警方用扩音器宣读命令以试图驱散人群，但无济于事。于是，警察使用了催泪瓦斯，使这一带烟雾弥漫，并逮捕了 11人。尽管眼睛发烫、呼吸不畅，但参与反抗的人群还是在夜幕降临之前用石块和砖块击中了几辆警车。[27]

尽管向人群发射催泪弹是为了结束暴力，但其本身却有制造暴力之势。在 1971 年 6 月阿尔伯克基市的反抗中，当数百名青少年在罗斯福公园内向警察投掷石块时，警察对空鸣枪并投掷了催泪瓦斯手榴弹，但随着人群不断聚集并达至千人以上，警察也别无选择而只能撤退。随着警察一路退却，人群中有人推翻并放火焚烧了警车。新墨西哥游骑兵队（New Mexico Rangers）是一个其历史可以追溯至 19 世纪的由白人平民组成的巡逻队，他们的巡逻车也同样遭到了打砸和焚烧。与此同时，反抗的人群还冲进市政厅砸碎了市政委员会的门，并用自制燃烧瓶在屋内点燃了一堆篝火，还在附近的街道放起了鞭炮。当地的警察局位于一幢 9 层建筑的顶楼，楼上的警察向人群投掷催泪瓦斯手榴弹，最终平息了这一地区的反抗。[28] 尽管如此，催泪瓦斯被证明只可能是一种临时性的解决方案。

就在阿尔伯克基市发生反抗后的第二天，一伙"流窜暴徒"沿着城市的主要街道向东行进，一路砸碎窗户玻璃、掀翻汽车并抢劫商店。与此同时，就在不远处的罗斯福公园街对面，大约 200 多名国民警卫队士兵从早晨起一直严阵以待。人们开始朝着国民警卫队的方向投掷石块和自制燃烧瓶。很快就有一辆小卡车载着扬声器出现在街道，一名警员拿着麦克风从车上下来，照着一张纸一遍又一遍地大声念道："立即离开这个区域！你正在违反法律。如果不离开，你将被强制带离。我们无意伤害你，但是，为了保护生命和财产，我们将不得不这样做。"[29] 聚集在罗斯福公园里的人群大声反戗并坚守阵地，而一路之隔的国民警卫队的士兵也沿着马路排成一列：两支队伍相互对峙、准备战斗。

对于 1969 年反抗时期的印第安纳波利斯市来说，只要星期五晚上的投掷石块和投掷自制燃烧瓶的事件无法平息而延烧至星期六，事态就将升级为抢劫和向警察开枪。为了应对星期六晚上可能发生的反抗，警察局派出了 295 名警员在洛克菲尔德花园（Lockefield Gardens）一带巡逻，另外从邻近的县抽调 75 名副警长并安排 100 名州警随时待命。纽鲍尔（Newbauer）服装店位于这一区域的中心地带，此时店前聚集了 150 人，他们打破了店内的安全防护网，砸碎了窗户玻璃并开始抢劫。警察和人群中的狙击枪手彼此向对方射击。有人从洛克菲尔德花园的屋顶向警察开枪，警探艾尔·沃特金斯（Al Watkins）的额头被子弹擦伤，而 22 岁的黑人居民安德鲁·马丁（Andrew Martin）腿部中弹（马丁随后被控拒捕和扰乱治安而在医院的病床上被捕）。狙击枪手最终迫使警察撤出该地区。随后，警方采用了一项来自越南战场的战术：一架直升机飞到洛克菲尔德花园屋顶的上空并用着陆灯照射狙击枪手，迫使后者迅速逃离。反抗结束时，除了沃特金斯之外，另有两名警员受伤。马丁是唯一被子弹击中的平民；至于有多少黑人居民被警察打伤，当地报纸对此并无报道。报纸往往刊登被捕者的姓名、年龄和居住地，却几乎从未对警察打伤黑人居民的事件进行报道。[30]

在警察与黑人居民的暴力循环中，除了警察使用催泪瓦斯这一常见特征之外，另一个常见的特征便是枪手对警察实施狙击。与前一个特征相比，后者在今天更加不为人所知，也更加令人震惊。在发生反抗的过程中，每当民众向警察投掷石块，而前来增援的警察携带防暴棍、头盔、霰弹枪和坐着装甲车——如果当地的警察局配备了装甲车的话——来到"惹麻烦的区域"时，往往会发生枪手狙击警察的事件。这些事件被过度渲染，也常常被所谓美国处于内乱和种族战争的边缘的言论所提及，但就其某些方面而言，枪手对于警察的狙击仅仅是集体暴力的一种表现形式。政策制定者和执法人员深信狙击枪手旨在不分青红皂白地杀死警察，但鉴于死于狙击的警察的人数是如此之少，狙击也就更应当被视为一种恐吓策略。

1969 年 9 月下旬，就在佛罗里达州卡弗兰切斯市的副警长将投掷石块的年轻人送进监狱并因此引发了"近乎反叛"的数个星期后，当地黑人居民开始以对警察实施狙击的方式进行反抗。9 月 25 日，星期四，一群黑人聚集在尤金·"迪诺·琼斯"（Eugene "Dino Jones"）家前院修理一辆汽车。两个白人男孩走过来看了看引擎盖，然后声称汽车中的集流管是他们的。车主柯蒂斯·格林（Curtis Green）声称是他购买了集流管，并有销售单可资佐证。白人男孩于是离开并向警察局报告了"罪行"，随后与一名副警长以及来自邻近的好莱坞（Hollywood）市的一名警员一同前来兴师问罪。23 岁的年轻黑人男子卡罗尔·博勒（Carol Bohler）站在琼斯家的草坪上评论道：
"尽管柯蒂斯有证据证明是他购买了这些零件，但结果又有何不同呢？"警
察最终还是"把他的车拖走了"[31]。正如博勒所说的，警察就是匪徒，他们
仅凭白人男孩的一句话就不顾书面证据抢走格林的车。

　　人群逐渐聚集在琼斯家门外，年轻人开始向警车投掷石块。"我们大
多数人都试图阻止孩子们，"博勒回忆道，"但一些孩子继续向警察投掷石
块。"除了几个人脑袋被警棍打了之外，没有人受重伤。据博勒和其他目击
者称，尽管大部分警察离开了现场，但彭布罗克帕克（Pembroke Park）的
一名警员仍然驻守在这个街区。这名警员下了车，将手臂搁在引擎盖上多
次向琼斯家开枪。"起初我以为是空枪，直到我听到一颗子弹在空中飞过落
在院子里，"博勒说，"我开始担心我的孩子以及琼斯正在照看孩子们的老
祖母。"[32] 博勒的孩子小的只有 9 个月，大的不过 3 岁。

　　两个小时后，也就是大约 10 点钟，枪手们向彭布罗克帕克警察局射出
了点 38 和点 22 口径的子弹和霰弹枪弹，子弹击穿了数辆巡逻车。"你可以
听见子弹射向警察局并在落地后的弹跳声，"警察局服务台的一名警员说，
"射击者将步枪和自动手枪的子弹制作成空尖弹，一切都乱了套。"一百
多名警察赶到现场，其中一些警察是与佛罗里达州的州长克劳德·柯克
（Claude Kirk）乘坐公路巡逻队——绰号"机器怪兽"——的装甲防暴车一
同来的。警长埃德·斯塔克（Ed Stack）宣称该县警察局"展示了武力，让
他们知道我们是认真的"。枪声一直持续到深夜，但没有人受重伤。[33]

　　在某些情况下，数量庞大的警察部队及其所使用的鸣枪警告、发射催
泪瓦斯、开枪还击等手段确实能够成功地压制反抗；但在另外一些情况下，
警方升级对抗手段所导致的只是反抗群体分散为一个个小群体，从而让警
察在其继续施展暴力和破坏财产时更难找到他们。韦恩堡市的《新闻报》
（*Journal Gazette*）就是这样描绘了警察与居民之间不断上演的捉迷藏游戏：
"警察一直忙于追捕四处流窜的年轻黑人团伙，其团伙成员或是步行或是开
车，他们在向汽车车窗和商店投掷石块后迅速消失。"参与反抗的居民始终

能够在警察赶到之前打碎附近的商店门窗，并抢走电视机、音响、威士忌和衣服。在哥伦布市，当"整排"的警察赶到现场时，数分钟前聚集于此的 50 至 75 名年轻的"麻烦制造者"已消失得无影无踪。第二天晚上，有人举报称有 350 人聚集在某地，而当警察派遣神射手登上该地的屋顶并派出巡逻车时，这些人已不见踪影。[34]

　　警察可以以缓和的方式结束暴力的循环，也就是说，警方断然或是逐渐地为冲突降温，而当参与暴乱的民众筋疲力尽时，暴力的循环也就可能随之告一段落。政府部长、社区领袖以及激进的社会活动家常常在参与暴力的民众和警察之间充当不可或缺的中介，他们同样可以制止这一暴力的循环。在阿克伦市，"为民联合服务阵线"（United Services For All）的威利·克拉克（Willie Clark）和当地牧师威利·杰克逊（Willie Jackson）走上街头，他们要求当地的年轻人"守规矩"，同时要求执法部门以同情的态度对待参与反抗的居民——其中许多人的家庭赤贫。"穷人总部"（Poor People's Headquarters）在整个事件中保持全天 24 小时开放，并分发了一份题为"致黑人男子"的传单，劝告"黑人社区的居民不要参与暴力，因为暴力将导致伤害和死亡"，同时要求警方"在面对年轻人违反法律时尽可能地给予其人类应有的爱"。[35] 这些组织及其负责人对暴力参与者的行为不予容忍，但与此同时也对警方以不断升级的暴力对付来自社区的暴力大加挞伐。

　　在印第安纳波利斯市的反抗中，有报道称一名白人记者被一名愤怒的黑人居民殴击了头部，随后有 4 名参与反抗的黑人出面保护这名记者，其中一人还劝阻道："嘿，伙计，放过那家伙，他没什么错。"洛克菲尔德的大十超市（Big 10 Mart）在反抗发生后的第一个夜晚就遭到自制燃烧瓶的攻击，而正如印第安纳波利斯市警察局的副局长雷蒙德·斯特拉坦（Raymond J. Strattan）所盛赞的，洛克菲尔德花园的租户团体负责人——同时也是黑豹党成员——"为安抚众人发挥了积极影响"。该市市长理查德·卢格（Richard G. Lugar）指出，许多黑人居民"在劝阻不断聚集的人群不要聚集方面发挥了重要作用"[36]。就印第安纳波利斯市和许多其他城市的黑人社区居民而言，他们在恢复秩序和防止伤害方面所发挥的功能与警察不相上下。警察旨在执法和恢复秩序，而维持秩序的社区居民希望每个人都能获得安全。

警民之间的暴力循环将结出怎样的恶果？这一点往往因为具体情况的不同而有所差异，并在很大程度上取决于地方当局如何回应黑人的诉求。执法部门的官员倾向于将反抗事件描绘为一种病态反应，他们给反抗的参与者贴上"流氓"的标签，并将暴力活动归咎为"一群麻烦制造者"或是"外部影响"所为。不过，尽管如此，许多城市官员和记者还是试图找出更深层次的原因。反抗的参与者和居民不约而同地强调一点，即总体上是警务策略——尤其是警察对待有色人种年轻人的方式——引发了反抗。一个参与反抗的小伙子告诉《迪凯特评论》（*Decatur Review*）的记者："制造麻烦的是那些年轻的警察，他们拿着枪冲进来就是为了扣动扳机。""他们无非就是要找一个把你推来推去或是扣动扳机的借口，他们来这儿不是冲着这个叫'小子'就是冲着那个叫'小子'。"[37]

这个 10 余岁的小伙子很清楚执法的"双重标准"，而这种认识既源于他自己的经验，也是民权运动和黑人权力运动的影响所致；也就是说，这些运动为他以及其他年轻人提供了一种理解方式，使他们得以理解他们为何受到轻视。迪凯特市的警察对非法飙车的白人青年视若无睹。一名黑人飙车手指责道："就像你所想的那样，他们从未在埃尔多拉多（Eldorado）一带逮捕任何飙车的白人"，"你有没有看到那些白人把车停在免下车购物带或是洗车场？如果是黑人像这样做，警察会立刻冲过去"。"伙计，如果警察将在这儿的时间同样多地用在埃尔多拉多，埃尔多拉多就不会有人飙车了。"如果是黑人与白人一同参与飙车，"得到罚单和遭到逮捕的一定是黑人。这就是为什么白人总是能够逍遥法外"。在这名年轻人看来，解决问题的方式就是"给我们建一条赛车道，不要再来烦我们"[38]。这类飙车从未造成事故，也几乎从未有居民抱怨。结束暴力或许非常容易：给年轻人娱乐的空间，避免警察过度监管。

迪凯特市以及其他城市的反抗开启了人们对于一个长期存在的问题——也就是警察暴行（police brutality）——的讨论。迪凯特市黑人行动协会（Decatur Association for Black Action）的主席贺拉斯·小利文斯顿（Horace B. Livingston Jr.）重申了飙车手的诉求。在他看来，警察常常是"无缘无故"地殴打黑人、"无缘无故"地闯入黑人家中，以及"不分青红皂白和毫无预警地"使用警棍。当黑人居民试图通过正规渠道投诉违规警员时，他们的投诉往往被拒绝受理。然而，当地政界人士在面对上述指责时却公开对警察部门的处理方式表示赞赏，议员查尔斯·加拉格尔（Charles Gallagher）甚至宣称："应该赞扬我们的警员没有做出过度反应。"这无异于一记耳光。"现在，我们知道自己在迪凯特市的位置了，我们处于这个城市的底层，"小利文斯顿告诉记者，"我们将在未来采取相应的行动。"[39]

由于执法部门拒绝受理黑人居民的投诉，迪凯特市当地的人际关系委员会（Human Relations Commission）决定采取措施建立一个回应居民投诉的机制。反抗结束的一个星期之后，委员会成员投票一致决定在该市的社区关系办公室（Community Relations office）设立一条电话热线以记录居民投诉，并对有关警察暴行的指控给予追踪调查。警察部门对此感到愤怒。当地警察局的局长哈罗德·林德斯坦（Harold Lindsten）认为这条热线"毫无必要"，并指责委员会的成员"根据谣言行事"以及"从未受到相应的培训"便来处理此类问题。尽管林德斯坦承认在反抗的两天里"我的办公桌上"出现了一些投诉，但他拒绝就这些投诉向记者表明态度。[40]

有些地方的官员偶尔也会坦率地承认存在警察暴行并承诺将对此采取行动。阿尔伯克基市爆发反抗后的第二天，副州长罗伯特·蒙德拉贡（Robert Mondragon）在罗斯福公园内的一个400人集会上说："我知道我们的阿尔伯克基存在着警察暴行，"但是，"警察的暴行没有得到追究——这是事实。"他在说这番话时，四周能够听到"奇卡诺人有力量"（Chicano

Power）和"我们人民有力量"的口号声。蒙德拉贡和该州的司法部长戴维·诺维尔（David Norvell）承诺将协同市政府各级官员解决民众长期存在的不满情绪。再来看霍博肯市，当地的反抗持续到第二天晚上时，市长、警察局长以及州政府和市政府的官员同波多黎各社区的 5 名社区领袖在泽西城的假日酒店举行了 5 个小时的会议。霍博肯市的检察官杰弗里·高尔金（Geoffrey Gaulkin）同意释放在反抗中被捕的 33 人，并将其交由波多黎各居民所选定的一名律师监管。高尔金向社区领袖承诺对反抗中有关警察暴虐行为的指控进行调查。作为回报，社区领袖承诺将与社区居民一同讨论他们与政府的上述协议，并采取措施预防未来再度发生反抗。[41]

　　黑人居民有时也会在反抗尚未爆发或是在其平息之前讨论反抗的根源所在。在阿克伦市的暴力事件尚在进行时，黑人居民就向市政官员和执法部门提出了申诉，而阿克伦市的市长约翰·巴拉德（John Ballard）也随之召集黑人商人、政府官员、社会服务机构代表等 20 人参加会议，讨论"你们可以做些什么以帮助这些孩子，阻止其继续从事暴力活动"。在如何让年轻人离开街头的问题上，黑人精英几乎提不出任何建议，会议毫无进展，直至——正如《阿克伦灯塔报》所说的——"四名黑人激进分子走进会议室"，会议的讨论基调开始发生变化。[42]

　　激进分子给出了一个答案：社会服务。他们解释道，"黑人青年热衷于娱乐，他们喜爱那些能够为其所理解的乐队、演说和娱乐节目"，因而有必要对在街头扔石块的年轻人进行社会投资。"市长先生，完全可以将用于扔石块的时间用于打篮球。"这些激进分子都是年轻的黑人男子。警察局长哈里·惠登（Harry Whiddon）责问他们为什么会有"无辜的公民被石头砸死"？激进分子解释道，原因在于警察例行性的骚扰，在于黑人青年缺乏篮球场等娱乐设施，在于"200 年来白人的压迫和自身的挫折"，在于黑人无从寻找职业。"今年夏天每个黑人都找不到工作。"[43]

　　激进分子向市长巴拉德及其政府官员提出一个问题：后者将在"反抗"结束后采取怎样的应对措施。"市长先生，我们会被告知可以出入篮球场吗？"巴拉德市长的答复是：耐心等待。市长居高临下且斩钉截铁地说，他没办法"为你或城里的任何人创造奇迹，没有人能够凭借一根魔杖解决问题"，"这需要拟订方案，需要人们在面对生活的残酷现实时的艰苦工作"。市长没有作出任何承诺，也拒绝开展任何协商，但似乎表明可以接受为黑人设立文化娱乐设施的提议。毕竟，这个提议——与其他方案相比——比较省钱，也不会带来破坏性后果。[44]

　　在卡弗兰切斯发生狙击枪击事件的三天之后，当地的房主协会秘书罗比·布雷博伊（Robbie Brayboy）邀请好莱坞、美丽华（Miramar）、彭布罗克帕克等周边城市的政府官员以及布劳沃德县（Broward County）的警长埃德·斯塔克（Ed Stack）参加会议。与会的居民们表达了他们的看法。一个名为艾伦·西尔斯（Ellen Sears）的居民抱怨道，警察是以向"满是孩子的住房"开枪的方式开始其一切行动的。此次会议让布雷博伊和其他人有机会了解居民们所理解的更好的警察保护（没有来自警察的骚扰）、更好的娱乐设施、更好的基本公共服务。"这个国家可以在 10 年内将一个人送上月球，却需要 20 年才能将一根水管送进这个地区，"21 岁的约瑟夫·史密斯（Joseph Smith）说，"当务之急还是好好打理这里吧。"[45]

　　正如詹姆斯·鲍德温（James Baldwin）在 1960 年所观察的，这个暴力的循环始于警察在贫民窟中穿行：这些警察"犹如一支行走在一个充满敌意的国家中的占领军"，而他们的存在——与这种存在相伴的是对于身边的不平等的麻木冷漠——本身就是一种暴力。[46] 警察与年轻的黑人和棕色人种居民之间的任何一次不必要的接触，以及前者对于后者所实施的逮捕都有可能引发一场社区暴力。最初，暴力几乎总是以扔石块的形式出现，而前来增援的警察——他们身穿防暴服并携带由联邦政府资助的高级步枪——也往往以向人群投掷催泪弹作为回应。暴力常常因此而不断升级和加剧，随之而来的便是枪击、狙击、自制燃烧瓶和逮捕。在以这种或是那种方式结束反抗之前，这个暴力的循环可能持续数个夜晚，而在反抗结束之后所要尝试的，通常是探寻导致反抗发生的更深层次的原因，尽管这种探寻不过是浅尝辄止。

　　在 1968 年至 1972 年的数年间，这个暴力的循环在美国大大小小的城市中不断地上演，并为此后数十年的警民关系——确切地说是有色人种社区的居民与警察之间的动态关系——奠定了基础，同时也为所谓"零容忍"和"破窗效应"的警务政策——其政策特色在于以进攻性警务措施手段打击不法行为并以此预防未来可能发生的混乱——奠定了基础。（到 20 世纪 80 年代初期，"破窗效应"理论已成为美国警察执法的指导原则，而届时由政治暴力所导致的事实上的"破窗"已遍布全美各个城市。）到 1972 年之后，黑人的暴力反抗依然持续，尽管其发生的频率已不如马丁·路德·金遇刺后的数年，但暴力的循环依然没有中断，这也进一步表明进攻性警务措施往往引发暴力，特别是当居民在抗议其所遭受的种种不公时更是如此。

　　当警察过于有先见之明地出现在黑人社区时，其往往是引发黑人的反抗。20 世纪 60 年代末和 70 年代初是一个至关重要的时期：在此期间，"向犯罪宣战"政策为警察部门注入资源，并因此促使美国城市的监控、骚扰和暴力事件急剧升级。这一暴力循环中的每个元素都有其独特的起源，有其各自的参与者，有参与双方的各自策略。如果没有逐一了解每个元素，就不可能了解这个反抗的时代及其留下的持久遗产。

注　释

　　1. Robert Nolan, "Carver Ranches Is an Early Black Enclave," *South Florida Sun Sentinel*, 1 Apr 2015, https://www.sun-sentinel.com/local/broward/fl-carver-brow100-20150430-story.html; "Shots Fired at Police Cars," *Fort Lauderdale News*, August 1, 1969, no page given, Lemberg Folder "Carver Ranches August 1-1969."

　　2. Minutes of August 2, 1967 Cabinet Meeting, LBJPL Folder "Cabinet Meeting 8/2/67 [4 of 4]," Box 9, Cabinet Papers; 有关在 1968 年 6 月之前所发生的反抗，可参见 Janet L. Abu-Lughod, *Race, Space, and Riots in Chicago, New York, and Los Angeles* (New York: Oxford University Press, 2007); Jordan T. Camp, *Incarcerating the Crisis: Freedom Struggles and the Rise of the Neoliberal State* (Oakland: University of California Press, 2016); Max Felker-Kantor, *Policing Los Angeles: Race, Resistance, and the Rise of*

the LAPD (Chapel Hill: University of North Carolina Press, 2018); Max Herman, *Fighting in the Streets: Ethnic Succession and Urban Unrest in Twentieth-Century America* (New York: Peter Lang, 2005); Elizabeth Hinton, *From the War on Poverty to the War on Crime: The Making of Mass Incarceration in America* (Cambridge, MA: Harvard University Press, 2016); Sidney Fine, *Violence in the Model City: The Cavanagh Administration, Race Relations, and the Detroit Riot of 1967* (East Lansing: Michigan State University Press, 2007); Dan Georgakas and Mavin Surkin, *Detroit: I Do Mind Dying* (1975; repr., Cambridge, MA: South End Press, 1998); Gerald Horne, *Fire This Time: The Watts Uprising and the 1960s* (Charlottesville: University Press of Virginia, 1995); Otto Kerner et al., *Report of the National Advisory Commission on Civil Disorders*, (Washington, DC: US Government Printing Office, 1968); Peter B. Levy, *The Great Uprising: Race Riots in Urban America During the 1960s* (Cambridge: Cambridge University Press, 2018); Manning Marable, *Race Reform and Rebellion: The Second Reconstruction in Black America, 1945—1982* (Jackson: University Press of Mississippi, 1984), H. Masotti and Don R. Bowen, *Riots and Rebellion: Civil Violence in the Urban Community* (Beverly Hills: Sage Publications, 1968); Malcolm McLaughlin, *The Long, Hot Summer of 1967: Urban Rebellion in America* (New York: Palgrave Macmillan, 2014); Kevin Mumford, *Newark: A History of Race, Rights and Riots in America* (New York: NYU Press, 2007); Alyssa Ribeiro, "'A Period of Turmoil': Pittsburgh's April 1968 Riots and Their Aftermath," *Journal of Urban History* 39 (April 2012): 147—171; Thomas Sugrue, *The Origins of Urban Crisis: Race and Inequality in Postwar Detroit* (Princeton, NJ: Princeton University Press, 1996) and Sugrue, *Sweet Land of Liberty: The Forgotten Struggles for Civil Rights in the North* (New York: Random House, 2008); Heather Ann Thompson, "Understanding Rioting in Postwar America," *Journal of Urban History* 3 (March 2000): 391—402 and *Whose Detroit? Politics, Labor, and Race in a Modern American City* (Ithaca, NY: Cornell University Press, 2004); Eldridge Cleaver, "Requiem for Nonviolence," *Ramparts Magazine* (May 1968): 48—49。

3. Mark Jacob, "Recordings show Daley, LBJ worked to stem 1968 riots," *Chicago Tribune*, March 30, 2010, https://www.chicagotribune.com/news/ct-xpm-2010-03-30-ct-met-daley-lbj-0331-20100330-story.html.

4. "Granting Activity 1965—1966," pg. 42, LBJPL Folder Volume IV, Law Enforcement Assistance Part V, Law Enforcement Assistance—Narrative History [1 of 2], Box 3, LBJ Administrative History, Department of Justice; Congress of the United States, Congressional Budget Office, "Federal Law Enforcement Assistance: Alternative Approaches" (Washington, DC: US Government Printing Office, 1978), 9; US Department of Justice, Office of Justice Programs, "50 Years of Building Solutions, Supporting Communities and Advancing Justice," February 14, 2020, https://www.ojp.gov/ojp50/1968-beginning#:~:text=President%20Lyndon%20Johnson%20signs%20into,grant%2Dmaking%20and%20research%20budget.

5. US Department of Justice, National Institute of Justice, "LEAA 1970: LEAA Activities July 1, 1969 to June 30, 1970," US Department of Justice, 2.

6. Mary Ann O'Connell, "Blacks See Double Standard in Justice," *Decatur Review*, August 12, 1969, no page given, Lemberg Folder, "IL—Decatur, August 7—8, 1969,"

Box 12.

7. Hap Veerkamp and Vickie Varnum, "Police Shot First, Blacks Say," *Hollywood Sun-Tattler*, September 30, 1969, pg. 1; Brian Patterson, "Stores Looted: Rock-Throwing Spree Disrupts East Side," *Columbus Dispatch*, June 5, 1970, pg. 1; "300 Policemen Maintain Peace in JC," *Bayonne Times*, August 11, 1970, no page given, Lemberg Folder, "NJ—Jersey City"; "Negro Youths Harass Area: York Declares Emergency," *Philadelphia Inquirer*, July 16, 1968, pg. 10.

8. Jon Gosser, "Disturbance Erupts, 2 Policemen Injured," Fort Wayne *News-Sentinel*, August 8, 1968, page number illegible, Lemberg Folder, "IN—Fort Wayne, August 7—9, 1968," Box 9; "Looting, Store Burning Follow Melee in Ghetto," *Ann Arbor News*, June 6 1969, no page given, Lemberg; "West Side Violence Subsides," *Akron Beacon Journal*, September 14, 1970, A1; William Kezziah and Donn Gaynor, "Gas Breaks Up 3rd Night of Violence," *Akron Beacon Journal*, August 13, 1970.

9. "Police Harassment Is Blamed for Violence by Black Youth," *York Gazette and York Daily*, July 17, 1968, pg. 1. Lemberg Folder "PA—York," Box 9.

10. Levy 256; "South End Cools Off as Police Get Tough," *York Dispatch*, July 17, 1968, pg. 44, Lemberg Folder "York—Pennsylvania," Box 9; "Police Harassment Is Blamed for Violence by Black Youth."

11. O'Connell, "Blacks See Double Standard in Justice"; "Arrest Three in Decatur Race Disorder," *San Francisco Examiner*, August 10, 1969, no page given, Lemberg Folder "IL—Decatur, August 7—8, 1969," Box 12; Ron Frazier, "Police End 2nd City Disorder," *Decatur Herald & Review*, August 9, 1969, no page given, Lemberg Folder "IL—Decatur, August 7—8, 1969," Box 12; Larry N. Payne, "Police Fire Shots to Disperse Crowd," *Decatur Review*, August 9, 1969, pg. 14.

12. Mark Sanchez, "Park Arrests Touch Off Violence" *New Mexico Daily Lobo*, June 17, 1971, pg. 1.

13. "Police Use Chemical Mace to Rout Crowd, Nab 2," *Baltimore Sun*, June 19, 1968, pg. C2.

14. "Mob Releases Policemen's 3 Suspects," *Baltimore Sun*, June 26, 1968, pg. C32.

15. "300 Policemen Maintain Peace in JC," Bayonne Times, August 11, 1970, no page given, Lemberg Folder "NJ—Jersey City"; "300 Protest Arrest of Activist Leader," *Washington Post* 29 Aug 1970, pg. A3; "Riots Flare in Hoboken; Aftermath of Drug Raid," *Hudson Dispatch*, no citation, Lemberg.

16. Peter La Villa and Peter Weiss, "Riots Hit Hoboken," *Hudson Dispatch*, September 6, 1971, Lemberg Folder "NJ—Hoboken."

17. Gosser, "Disturbance Erupts, 2 Policemen Injured"; "Chief Says Hoodlums Began Street Fight," Fort Wayne *Journal-Gazette*, August 8, 1968, pg. A3.

18. Brian Patterson, "Stores Looted: Rock-Throwing Spree Disrupts East Side," *Columbus Dispatch*, June 5, 1970, pg. 1.

19. Brian Patterson, "350 Disrupt Troubled East Side Community," *Columbus Dispatch*, June 6, 1970, pg. 1.

20. "Riots Flare in Hoboken; Aftermath of Drug Raid"; "300 Protest Arrest of Activist

Leader."

21. La Villa and Weiss, "Riots Hit Hoboken."

22. "West Side Violence Subsides," Akron Beacon-Journal, pg. A1; William Kezziah and Donn Gaynor, "Gas Breaks Up 3rd Night of Violence," *Akron Beacon Journal*, August 13, 1970, no page given, Lemberg Folder "OH—Akron."

23. No date, no paper name given, "More Violence—Police Arrest 13," Lemberg Folder "OH—Akron."

24. Seymour M. Hersh, "Poison Gas in Vietnam," *New York Review of Books*, May 9, 1968; Schrader, 197.

25. Kerner et al., 9, 另可参见 Chapter XII "Control of Disorder"; Schrader, 197。

26. Seymour M. Hersh, "Poison Gas in Vietnam," *New York Review of Books*, May 9, 1968. Maryland State Police with assistance of a Law Enforcement Administration Association (LEAA) grant, funded by the Governor's Commission on Law Enforcement and the Administration of Justice of the State of Maryland, Manual Civil Disturbances, no date given (after 1971); Howard Hu, "Tear Gas—Harassing Agent or Toxic Chemical Weapon?" *Journal of the American Medical Association* 262, no. 5 (August 4, 1989): 660—663.

27. Larry N. Payne, "Police Fire Shots to Disperse Crowd," *Decatur Review*, August 9, 1969, pg. 14.

28. Mark Sanchez, "Park Arrests Touch Off Violence" *New Mexico Daily Lobo*, June 17, 1971, pg. 1.

29. "UNM Reporter Recounts Rioting in Roosevelt Park," *New Mexico Daily Lobo*, June 17, 1971, pg. 2.

30. "Indiana Avenue Sealed Off as Crowds Gather," *Indianapolis Star*, June 7, 1969, pg. 7; "82 Arrested in 2nd Night of Clashes," *Indianapolis News*, June 7, 1969, pg. 3; "Indiana Avenue Sealed Off as Crowds Gather"; La Villa and Weiss, "Riots Hit Hoboken."

31. Veerkamp and Varnum, "Police Shot First, Blacks Say."

32. Ott Cefkin, "Snipers Fire on Pembroke Police," *Pompano Sun-Sentinel*, September 16, 1969, no page given, Lemberg Folder "FL—Pembroke Park September 1969," Box 12.

33. Hap Veerkamp, "Snipers Fire on Police Station, Cars," *Hollywood Sun-Tattler*, September 26, 1969, pg. 1; Cefkin, "Snipers Fire on Pembroke Police."

34. Gosser, "Disturbance Erupts, 2 Policemen Injured"; Jon Gosser, "Vandalism, Looting Cause Arrest of 23," Fort Wayne *News-Sentinel*, August 9, 1968, pg. 1; Brian Patterson, "350 Disrupt Troubled East Side Community," *Columbus Dispatch*, June 6, 1970, pg. 1.

35. "West Side Violence Subsides"; "Ballard Lauds Parents, Youngsters for Peace," *Akron Beacon Journal*, no date, pg. A-1, Lemberg Folder "OH—Akron."

36. "Looting, Store Burning Follow Melee in Ghetto," *Ann Arbor News*, June 6, 1969, no page given, Lemberg Folder, "IN—Indianapolis June 5—6, 1969," Box 12; "Indiana Avenue Sealed Off as Crowds Gather," *Indianapolis Star*, June 7, 1969, pg. 7.

37. Mary Ann O'Connell, "Blacks See Double Standard in Justice."

38. O'Connell, "Blacks See Double Standard in Justice."

39. Lawrence Reh, "Blacks Charge Ogilvie Ordered Police Acts Here," *Decatur Review*, August 12, 1969, no page number. Lemberg Folder "IL—Decatur, August 7—8, 1969," Box 12; "Police Praised for Handling of Disturbances," *Decatur Review*, August 19, 1969, no page given. Lemberg Folder "IL—Decatur, August 7—8, 1969," Box 12; Reh, "Blacks Charge."

40. "Lindsten Sees Complaint Answering as Unneeded," *Decatur Herald*, August 19, 1969, pg. 3.

41. "Officials to Prove 2 Days of Riots in New Mexico," *Washington Post*, June 16, 1971, no page given; "Officials, Puerto Ricans Confer on Ending Hoboken Disturbances," *Washington Post*, September 7, 1971, no page given, Lemberg.

42. "West Side Violence Subsides."

43. "West Side Violence Subsides."

44. "West Side Violence Subsides."

45. Veerkamp and Varnum, "Police Shot First, Blacks Say."

46. James Baldwin, "Fifth Avenue, Uptown," Esquire, July 1960, https://www.esquire.com/news-politics/a3638/fifth-avenue-uptown/.

第二章 公屋项目

站在伊利诺伊州开罗市的密西西比河大堤上，可以纵览金字塔场公屋项目社区（Pyramid Courts housing project）的西侧全景。1969 年 3 月的最后一天，几个白人站在 60 英尺高的大堤上，手里拿着枪，监视着这个只有两个街区长和一个街区宽的社区。金字塔场社区住了 2 000 人——几乎占到该市黑人居民的一半，他们的住所是 20 座木质结构的房屋，这些房屋亟待重新整修。[1] 大堤和社区之间是一个铁路调度场，就在事发当天的晚上，一个铁路工人碰巧在此施工。枪击发生在晚上 10 点左右，社区居民闻声纷纷拿起家里的枪支。一些人冲到屋外开枪射爆了社区的十几盏路灯，此举旨在让袭击者无法看清目标。

被射爆的路灯自此再未得到修复，直至多年后这个社区一到夜间仍旧处于一片漆黑之中。不过，这也无关紧要，因为每到太阳下山之后，居民们就会关掉屋内的电灯，或是在窗户上封上木板，而孩子们就在黑暗中做作业。"没有灯很难学习，"哈里·李·威廉姆斯（Harry Lee Williams）回忆起他在金字塔场住宅项目社区的童年，"而且也确实让我们无法与人交往。"如果周边一带看起来足够安全，威廉姆斯和他的朋友们就会在社区的篮球场打球。他们在月光下练习弹跳投篮，而几个街区外的街灯也影影绰绰地显现出篮筐所在。他们无法看清是否投篮命中，唯一的判断方法就是听篮筐上的链网是否发出响声。"有时我们会争论发出的是什么声音。'投中啦!''不，球只是碰到了链网的前端。'"[2] 1969 年 3 月的那一天发生了枪击，三年后枪击事件彻底结束，在此期间威廉姆斯和他的朋友们——与社区中的其他人一样——学会了随机应变。

　　金字塔场位于开罗市的边缘，这是一片易受洪水侵袭的地区，曾是南北战争后期联邦军队收容南方逃逸奴隶的营地。金字塔场社区与该市的另一个公屋项目——白人的埃尔姆伍德广场（Elmwood Place）住宅项目——均始建于 1939 年；当时，作为罗斯福新政的一个组成部分，联邦住房管理局（Federal Housing Authority）在全美各地大力兴建公屋项目。执掌开罗住房管理局的白人精英打算将这两个住宅项目完全隔离开，并基于人种的不同作相应的命名：一个是"非洲裔居民的金字塔场社区"，另一个是"让白人居民实现美国梦的埃尔姆伍德广场"。管理局选择在第 37 街和第 40 街之间一处宏伟的维多利亚式大厦的拐角处兴建埃尔姆伍德广场，这处大厦让人每每想起南北战争结束后的数十年间开罗市的辉煌：那是一个蒸汽船在密西西比河上往返穿梭的岁月。考虑到城市的脸面，住房管理局偶尔会派维修人员清理埃尔姆伍德广场住宅的外墙，但金字塔场的黑人租户就从未享有这番礼遇。到 20 世纪 60 年代后期，金字塔场的住房已经开始朽烂：管道破损，天花板开裂，到处都是蟑螂和老鼠。黑人租户不得不自己掏钱负担一切维修费用。居民们在不知不觉中饮用了遭到铅污染的自来水。相比之下，白人租户所在的埃尔姆伍德广场条件稍好一些，至少白人不必担心随时可能遭到枪杀。尽管金字塔场和埃尔姆伍德广场所提供的均为低于一般住宅标准的公共住房，但开罗市未能在此类公共住房中寻得安身之地的黑人和白人居民仍然大有人在。自 20 世纪 60 年代以来，该市只建造了 9 座新的房屋，而被拆毁的房屋却有 200 座，所导致的结果是开罗市有45.8% 的居民生活在破旧的房屋中。就 20 世纪六七十年代而言，在伊利诺伊州的所有城市中，开罗市的贫困人口比例一直是排名第一，而低于一般住宅标准的居民人数和失业率分别排名第二和第三。[3]

　　在始于 1967 年 7 月 17 日的反抗中，金字塔场一直是反抗的中心，此时纽瓦克的反抗之火已经平息，而底特律的反抗要到一个星期之后才爆发。冲突的一方是黑人居民，另一方是警察和白人自警团体，双方在自制燃烧瓶和子弹中度过了两天，随后，市长李·斯坦泽（Lee P. Stenzel）召集金字塔场住宅项目的 8 名年轻社区领袖举行了 3 个小时的会议。根据《纽约时报》的报道，在此次会议中"市政府的官员与参与反抗的黑人彼此叫嚷"。此前的夜晚还有 100 名国民警卫队士兵手持 M1 步枪在黑人社区的四周巡逻，而到了白天，年轻的黑人活动家就与市议会的议员以及执法部门、州移民委员会、全国有色人种协进会（National Association for the Advancement of Colored People）、伊利诺伊州人际关系委员会的代表们一同坐进了金字塔场住宅项目行政大楼二楼的一间烟雾缭绕的房间里。[4]

这场反抗是对金字塔场所在城镇的根深蒂固的种族压迫制度的回击：该镇黑人居民约有 3 800 人——约占小镇人口的一半，却被制度性地排斥在政治和经济体制之外。在会议中，30 岁的约翰尼·布兰特利（Johnny Brantley）说道："我们正在与这种歧视———个经济问题——作斗争。""这不涉及黑人的权力，而涉及黑人的生存，" 27 岁的威利·宾厄姆（Willie Bingham）表示："我们需要工作，我们有生活的权利，就像你们一样。"[5] 与会的 8 名黑人社区领袖要求结束警察暴行，要求允许黑人监督市议会、消防局和警察部门的工作，要求开罗市的企事业单位、银行、商店和公共部门向黑人开放就业岗位——而非仅限于向黑人居民提供大门守卫的职位。他们抱怨"黑人住在窝棚中"——该市将近一半的人口居住在一排一排墙壁相连、拥挤闭塞、破败不堪、四周堆满淤泥的房屋中，并要求对整个金字塔场社区给予整修。宾厄姆不无威胁地说："我们将持续斗争直至这里有所改变。"[6]

为了防止发生大范围的破坏事件，市长斯坦泽承诺为黑人居民提供更多工作岗位，承诺从黑人中招聘警察和消防员（开罗市的所有 20 名警员中只有一名是黑人，而在消防员中没有黑人），并承诺在公共部门的招聘中杜绝种族歧视（该市公共部门的所有 55 名员工都是白人）。尽管市长承诺"无论暴力所伤害的对象是谁，我们都要保持和平"，但他对于年轻的社区领袖所提出的要求却有所保留。斯坦泽对媒体说：市政府将"看看我们能做什么以及如何做；不过，该死的，你总不能把你的话塞进别人的嘴里吧"。[7] 社区领袖代表黑人提出了要求，只是所提出的要求太高，也太急迫。

　　会议室里的许多年轻人自 20 世纪 60 年代初以来一直参与开罗市的民权斗争，他们厌倦了等待。大学生非暴力协调委员会的实务工作者（其中就有次年将在华盛顿大游行中发表演讲的约翰·刘易斯）对这些社会活动人士进行了培训，并为开罗市在 1962 年的夏天开展统一行动提供了建议。通过与相邻城市卡本代尔（Carbondale）的地方全国有色人种协进会以及大学生非暴力协调委员会展开合作，时年 16 岁的查尔斯·科恩组织黑人高中生和金字塔场的居民成立了开罗市非暴力自由委员会（Cairo Nonviolent Freedom Committee）。在大学生非暴力协调委员会的指导下，75 名黑人学生在数家餐馆开展了静坐示威活动并设置了纠察警戒线。与他们在南方的同龄人一样，他们同样遭到白人袭击——白人用消防水龙头向他们喷射，甚至持刀将他们刺伤。[8]

　　不久之后，开罗市非暴力自由委员会组织发起了"开放城市行动"（Operation Open City），试图以直接行动的方式打破该市游泳池、溜冰场、青年中心、理发店和教堂中所实行的种族隔离。开罗市警方尽其所能地将年轻的抗议者——包括科恩和刘易斯——送进了监狱。非暴力自由委员会因此改变策略，他们从采取直接行动转变为对拒绝接待黑人顾客的游泳池和溜冰场提起民事诉讼，并最终赢得了这两起官司。科恩和 38 名学生一同前往开罗市的警察比利·西斯尔伍德（Billy Thistlewood）名下的一座溜冰场，此举旨在测试他们在法庭上所取得的胜利是否真正地改变了现实。他们遭到白人男子的袭击——后者用自行车链、铅管和棒球棒殴打他们，科恩等人最终被送进了医院。与此同时，作为被告的游泳池业主也并未在败诉后向黑人开放游泳池，而是干脆关门大吉：他们用木板封住游泳馆的门窗，用混凝土填埋游泳池。这座废弃的游泳场馆俨然如同一座种族主义的纪念碑伫立在开罗市的中心。[9]

　　1962 年的反种族隔离运动至少成功地让开罗市的餐馆和商店不再明目张胆地实行种族隔离，但黑人居民的失业比例以及就业不足比例依然居高不下。1967 年的纵火和枪击事件提供了一个新的契机，让人们得以关注反抗的根源以及各方力量的此消彼长。如果这些抗议活动在五年后首次爆发，其结果就可能有所不同：到那时，开罗市的年轻黑人可能因为新通过的民权保护法以及自身的日益增长的战斗力而对其抗争保持乐观。

在 1967 年的反抗中，时年 21 岁的科恩——度过了抗争和遭人殴打组合而成的高中时代——在金字塔场的会议上大胆地向市长及其地方官员宣称："在座的人有 72 个小时处理当前的紧急情况。"布兰特利（Brantley）随后警告市政府的官员们，如果这座城市没有任何改变，"你们所看到的下一幕就是开罗市犹如罗马在燃烧"[10]。

亚历山大县的警长切斯利·威利斯（Chesley Willis）鼻子哼了一声，回应道："你们能够在你们的人中找到百分之十的支持就不错了。"这名警长认为科恩、布兰特利以及其他激进分子不过是几个敲诈勒索的流氓，认为其所发出的威胁缺乏真正的实力支撑，认为他们不过是以反种族主义的道德说辞为其所实施的暴力辩护。

威利·霍利斯（Willie Hollis）回答道："如果我们的要求不能在 72 小时内得到回应，你就会看到到底有多少人支持我们。"[11]

警长警告道："如果是这样，你也会看到有多少白人极端分子遍布四周。"科恩、霍利斯和其他几个年轻的社区领袖所提出的要求并未得到满足（只是开罗市的零售商协会和商会同意下发通知，建议其成员单位雇用黑人），倒是该市的"白人极端分子"被动员了起来。[12] 1967 年的开罗反抗持续了三天，直至暴力之火自行燃尽才得以平息。紧随其后的是白人居民成立了一个名为"千万人委员会"（Committee of Ten Million）的自警团体，该团体旨在自卫以保护他们的家人、房屋和财产免受燃烧瓶的袭击。这个自警团体逡巡在开罗市的白人与黑人的僵硬分界线上，其中的白人至上主义者每天以各种方式恐吓黑人：他们开车在金字塔场社区的四周巡逻，用步枪指着过路的黑人，并用德国牧羊犬恐吓上学途中的黑人儿童。

此后的两年一直弥漫着一股若有若无的恐怖气氛，直至 1969 年 3 月

31 日事态急剧升级：自警团体的成员向金字塔场社区开枪，而黑人居民也开枪予以还击，双方的交火让夹在中间的铁路调度场职工陷入困境。当警察赶来时，更多的枪声响起，交火持续了 1—3 个小时。开罗市警察局局长卡尔·克拉茨（Carl Clutts）坚称他的白人同胞无人参与这一事件，并宣称枪击是由金字塔场的黑人居民向铁路职工开枪所致。一名目击者证实了官方的说法，声称他在枪击开始前大约 15 分钟"看到一群黑人拿着大小枪支从第十四街的一所学校走出来"。一名黑人男子被捕：他是 25 岁的杰里·哈罗德（Jerry Harrod），报道称他无视警察让他站住的命令，而警察随后从他的外套里搜出了一把步枪。[13] 不过，金字塔场社区的任何人都认为哈罗德以及其他人之所以持有武器，只不过是为了自卫。

　　开罗市的枪击事件一跃成为全国新闻。1969 年 9 月的《时代周刊》以"小埃及的战争"为题报道了开罗市所发生的系列事件。与其他许多同样陷入警民暴力循环的城市不同，开罗市的暴力循环既没有停止，也没有减弱。相反，警察暴行和黑人反抗的循环断断续续地持续了数年直至 1972 年春天。金字塔场社区坑坑洼洼的墙壁和破破烂烂的窗户提醒人们，在白人袭击者和白人警察暗通款曲、此起彼伏的骚扰和袭击面前，这里的居民是多么的脆弱不堪。一名前警司在回忆中提及他的同事曾经说过的一句话——"我们现在去金字塔场，我们应该将那个地方炸为平地"。如果警察不来，他们就留下持枪的白人并任由其为所欲为。[14]

　　白人自警团体既可以从金字塔场西侧的大堤上，也可以从其北部和东部日益增多的被焚烧过的建筑物上向社区居民开枪。开罗市政府周而复始地从晚上 6 点或 7 点钟开始实施宵禁，而宵禁所针对的仅仅是金字塔场社区的居民。此外，伊利诺伊州还派遣了国民警卫队在社区周边巡逻，并为巡逻的士兵配备军用步枪和吉普车以"缓解开罗市的种族紧张局势"。警察甚至用上了伊利诺伊州州长理查德·奥格尔维（Richard Ogilvie）在 1970 年调配给开罗市警察局的装甲车（它被黑人居民戏称为"伟大的恐吓者"），并用装甲车上的机枪向金字塔场社区扫射，而此举的目的是"让随随便便的枪击和无法无天的行为得以平息"。为避免被外面射来的子弹击中，金字塔场的居民有时不得不睡在浴缸里。居民们有时也会开枪还击。枪击事件发生后不久，社区的大约 250 户家庭几乎家家备有枪支。[15]

尽管公共住房在意涵上不乏贬义，但兴建于罗斯福新政或是战后初期的金字塔场以及其他住宅项目确实极大地改善租户们的日常生活。对于美国的许多白人来说，公共住房是其今后在郊外购买自己的房屋的垫脚石，甚至为其生儿育女提供了某种经济上的保障。对于许多黑人家庭来说，公共住房是其唯一体面而又负担得起的住所。就伊利诺伊州的皮奥里亚市（Peoria）而言，国家将曾经安置朝鲜战争退伍军人的临时营房改造成低收入黑人家庭梦寐以求的公共住房。当地的塔夫脱公屋（Taft Homes）具备基本的现代设施，条件远远优于贫民窟而不必像后者那样通过烧木材、煤炭和煤油煮饭烧水。"我和弟弟都很羡慕我们的朋友能够住进塔夫脱公屋，"皮奥里亚的居民约翰·帕克（John Parker）回忆道，"作为孩子，我渴望住在公屋，这样就可以在真正的浴缸里洗澡了。"1957 年，当帕克 15 岁时，他们一家终于搬到了伊利诺斯河边、金字塔场社区以北约 300 英里处的塔夫脱公屋。[16]

不过，到了 20 世纪 60 年代后期，现代生活最初所呈现的光泽早已在金字塔场和塔夫脱公屋等黑人公屋项目中消退。全美任何一个地方的公共房屋都已成为种族隔离与忽视等社会后果的最显著的体现。公共房屋的居民只能送他们的孩子就读于低于一般标准的社区学校，而这些学校所使用的是低于一般标准的娱乐设施。公共房屋的居民在失业和就业不足方面的比例极高，同时面临着警察过度监管和缺乏安全保障等方面的问题。[17] 尽管如此，对于开罗市和全美许多其他城市的低收入黑人租房者来说，可供其使用的房源仍然持续短缺，这使得公共住房成为一系列糟糕的选项中不那么糟糕的选择，或许也是美国的黑人和穷人想要生存的唯一选择。

早在 20 世纪 60 年代中期，警察对于黑人住宅项目的过度监管就已成为城市生活的一个事实，而这种过度监管又在实施"向犯罪宣战"政策的早期阶段不断升级。公屋项目是高贫困率和高犯罪率的"问题地区"，这为执法部门开展监控、巡逻和拘留等警务活动提供了目标。[18] 诸如此类的警务活动是"向犯罪宣战"政策的核心内容，它要求警察持续地围绕贫困黑人所集中的社区——必定也是罪犯或是潜在罪犯集中的区域——开展巡逻。到 20 世纪 60 年代后期，居民们已经厌倦了日复一日地与警察打交道，厌倦了日复一日地与国家武装人员来来往往。执法部门将每天盘查黑人居民视为自己的职责，其所传递的信息很简单：黑人应该习惯于警察出现在他们的下班途中、篮球比赛以及家庭烧烤活动中。

公屋项目的自身条件及其独特设计既促成了与众不同的执法和监管形式，也让反抗的形式别具一格。由于一个住宅项目往往拥有数百乃至数千个租户，因而从警察进入社区的那一刻起，就有大量居民自始至终一直盯着警察的一举一动，这种注视既让在此巡逻的警察更加偏执，也让他们觉得更有理由在此巡逻。芝加哥市的诸如卡布里尼绿地（Cabrini Green）、罗伯特·泰勒公屋（Robert Taylor Homes）等高层住宅让一些居民可以从自家公寓的窗口向警察开枪，而迈阿密市的诸如自由广场（Liberty Square）等一两层楼的住宅项目彼此房屋相连，一排排房屋之间的许多小巷足以让人隐匿行踪。金字塔场的居民将射爆路灯和用木板封住房屋作为必要的防御措施，而在 1968 年 7 月伊利诺伊州的皮奥里亚市，塔夫脱公屋的居民们筑起了路障，并试图以此阻止警察进入他们的社区。同样是这一年的 7 月，在位于加利福尼亚州中央山谷的中等城市斯托克顿市（Stockton），旨在将黑人聚居和隔离起来的塞拉·维斯塔住宅项目（Sierra Vista project）中的黑人居民抓住机会绑架了巡逻至社区体育馆的两名警察：他们在凌晨 1 点刚过时赶来驱散一场聚会。这起绑架事件将 7 月 17 日开场的为期两天的反抗推向了高潮。

警察冲入公屋项目社区并强令正在聚会的黑人租户解散是导致警民对抗的一个常见事由。1969 年 5 月，报道称在洛杉矶北部的帕科伊马市

（Pacoima）有人向警方举报，说是圣费尔南多花园（San Fernando Gardens）住宅项目中的一群人正在聚会。当警方派员到达现场时，一伙人——大约75名青少年——向警察投掷了犹如"弹幕"一般的石块和玻璃瓶。一名警员头部被石块击中。等到警方另派25名警员前来增援时，这伙人早已迅速解散各自回家了。[19]

与上一起事件中的洛杉矶警察相比，斯托克顿市的警察所面对的局面远远没有"各自回家"那么轻松。当警察前来驱散谢拉维斯塔（Sierra Vista）公屋项目社区的一场聚会时，聚会者与警察发生了争执，而争执声又吵醒了邻居，越来越多的居民被吵闹声吸引聚集到屋外，很快便形成了一个群体。两名警察眼看势单力薄，当即呼叫支援。不久就有40多名白人警察——包括副警长和公路巡警——赶到这个黑人住宅项目中的事发现场。不断增强的警力只会让一场聚会转变为抗议活动。警员威尔逊·斯图尔特（Wilson Stewart）用扩音器向众人喊话：除非各自回家，否则，每一个留在屋外的人都将被控非法集会并遭到逮捕。[20] 斯图尔特的威胁适得其反，换来的是谢拉维斯塔的居民向警察投掷石块和玻璃瓶。他们砸碎了警车的挡风玻璃，并袭击了警察——6名警员的脸部遭到割伤或是牙齿被打断。警员约翰·马诺克（John Marnoch）告诉当地记者：有几名男子将他撞倒在地并反复踢踹他的头部和上身，"我的脸和身体就像被蒸汽压路机碾过一样"。斯托克顿的当地报纸《记录报》（Record）没有记录有多少居民受重伤，但提到警方逮捕了11人——都是13岁至23岁的黑人青少年。[21]

在谢拉维斯塔爆发反抗的三个月前，有几个白人青年在斯托克顿黑人聚居区以北与警察发生冲突，他们向警察投掷鸡蛋和石块并随之被拘留。不过，这些年轻人中的绝大多数立即被父母领走而未受到任何指控。至于有着类似行为的黑人（不同的是他们从未向警察投掷鸡蛋），他们中的绝大多数都无力承担被控拒捕和违抗驱散令而必须支付的高达3 000美元的保释金，因此只能在拘留所里度过整个周末。正如当地活动人士拉尔夫·李·怀特（Ralph Lee White）所说："如果做出这类事的是我们黑人，他们就说是一场反抗；如果做出这类事的是他们白人，他们就说只是孩子们的小打小闹。"[22]

第二天，也就是 7 月 18 日，无论警方还是黑人租户都处于高度戒备状态。警方派出更多警员前往谢拉维斯塔抓捕更多在昨晚参与反抗的居民，同时预防发生新的反抗。至于黑人租户们，他们尽力阻止更多的年轻人遭到拘捕。接近傍晚时分，24 岁的警员理查德·"迪克"·哈蒙（Richard "Dick" Harmon）和 25 岁的警员查尔斯·萨金特（Charles M. Sargent）前往谢拉维斯塔执行逮捕任务，逮捕对象是据称参与昨晚反抗的 21 岁黑人青年詹姆斯·琼斯（James D. Jones）。当他们给琼斯戴上手铐并塞进警车时，他们遭到居民们所投掷的玻璃瓶的袭击。[23]

琼斯被关入拘留所后不久，哈蒙接到了警察局调度员的呼叫，说是有人试图闯入谢拉维斯塔体育馆。哈蒙与 24 岁的警员道格·威尔霍特（Doug Wilholt）一同开车前往体育馆进行调查。两名警察刚刚打开体育馆的门，居民们就将他们反锁在里面。绑架警员的消息迅速传开。越来越多的租户从家中跑出来包围体育馆，由此所聚集的人群很快从 50 人扩大到 250 人。在两个多小时的对峙中，人群向体育馆投掷了自制燃烧瓶、石块和玻璃瓶，同时高声叫骂"白皮猪"以及其他一些反警察的口号（斯托克顿市警察局随后表示所谓"白皮猪"意味着警察的"骄傲、正直、胆量"[*]），而此时的威尔霍特和哈蒙只能隔着健身房的窗户对外面的人劝告道："没必要这样吧。"[24]

当地警察局增派了 75 名警员前来增援，而来自邻近的洛迪（Lodi）、曼特卡（Manteca）、特雷西（Tracy）等市镇的 20 名副警长和 12 名公路巡警也到达现场给予支援，直至此时，被困在体育馆里的哈蒙和威尔霍特才被解救出来。伴随着警察撤离社区，谢拉维斯塔住宅项目的居民投掷了 25 个自制燃烧瓶，其中大多落在体育馆的屋顶和墙壁上，也有一些砸

---

[*] 即将"猪"（PIGs）的三个英文字母分别拼写为骄傲（Pride）、正直（Integrity）、胆量（Guts）。——译者注

中了附近一带的汽车和小学。斯托克顿警察局的局长杰克·奥基夫（Jack O'Keefe）要求辖下的县以及本州巡警和缓刑官员（probation officers）打电话给黑人住宅项目的居民，让这些父母劝阻年轻人远离街头。此举似乎奏效。凌晨两点，警察局长撤走了数十名加班警察——他们被临时征调到现场以防事态升级。第二天，当地报纸《记录报》的头版刊登了停泊在路边被居民烧毁的警车照片。[25]

谢拉维斯塔的居民对进攻性警务措施以嘲讽、投掷自制燃烧瓶和绑架警察作为回应。警察局长奥基夫断言谢拉维斯塔的反抗完全出乎意料，并声称"斯托克顿的黑人从未与警察发生争执"。不过，警察部门的所作所为有时着实令黑人居民不安。7月16日，也就是谢拉维斯塔爆发反抗前一天的晚上，由黑人职业活动人士所领导的当地民权组织——黑人团结会议（Black Unity Conference）——向斯托克顿市议会提出了一系列要求。1968年3月，也就是与谢拉维斯塔反抗的爆发相距仅仅5个月之前，克纳委员会发布了一份报告。斯托克顿当地的黑人民权组织在此报告的影响下提出要求，希望黑人在城市的公共支出领域获得更大的发言权，希望以租户巡逻队的形式建立社区公共安全机制，并希望组建申诉委员会以追究施暴警察的责任。[26]

在如火如荼的谢拉维斯塔反抗发生之后，黑人团结会议继续围绕警务议题向市议会陈述立场。该组织的发言人爱德华·戴维斯（Edward Davis）指出："如果警察局长认为他们在黑人社区不存在任何问题，他显然不了解他所在部门的状况。"为了结束谢拉维斯塔不断上演的纵火和打砸窗户的暴力循环，戴维斯宣称："我们希望明确无误地表明一点，如果警察不是以（与警察局长奥基夫）相同的热情追求法律和秩序，不是在避免进一步激起暴力的前提下履行职责，那么，最终将由我们来争取正义。"[27]戴维斯希望他所说的这番话能够让人们注意这样一个事实，即谢拉维斯塔的暴力事件并非黑人犯罪率的莫名爆发所致，其根源在于警察对待黑人居民的方式。

即便警察部门否认谢拉维斯塔的反抗与警民对峙有关，反抗也还是迫使执法当局前所未有地开始倾听社区的声音。7 月 19 日，也就是斯托克顿恢复平静的当晚，警察局长奥基夫与黑人团结会议和谢拉维斯塔住宅项目的热心居民座谈，他接受了后者的提议，即让居民在社区治安中发挥作用。自此之后，警方不再例行性地针对社区实施拦截和搜身，而只是在发生重大刑事案件、事故和火灾时才进入相关的 15 个街区。至于一些不太重要但又容易引发警民冲突的工作——例如劝阻居民聚会和处理打架事件，则交由一支由 17 岁至 25 岁的社区居民所组成的、不持任何武器的社区巡逻队处理。[28]

随着斯托克顿市将部分治安权力转交谢拉维斯塔的居民，警察与社区的关系看似将要迎来重大转机。然而，社区巡逻队的主张并未持久。包括副市长迈克·埃文霍（Mike Evanhoe）在内的三名市议会成员对警察局批准实施将治安权转交社区巡逻队的新举措进行谴责，并将这一举措称为“误判”。市议会议员埃默特·沃德（Emmet E. Ward）辩称，警察局长奥基夫“开创了警察部门拒绝为谢拉维斯塔居民的权利提供保护的危险先例”[29]。这番话的意思是：维护谢拉维斯塔公共安全的唯一方式就是确保警察在社区中的权力，确保警察在保护社区（居民的“自身利益”）的名义下对居民的日常活动（社交聚会和家庭纠纷）进行监管。然而，这种监管并非居民所愿。

斯托克顿市的许多人都认识到警务活动的不断升级将导致意想不到的后果。“这个问题是增发枪支、增设警犬或是增加任何东西所无法解决的，”长期居住该市的白人居民本·帕克斯（Ben Parks）在反抗后的第四天所举行的市议会会议上说，“解决这个问题的唯一方法是爱你的同胞。最好现在就开始，你没有选择。”帕克斯所提出的无疑是一个雄心勃勃的目标，而社区巡逻队的协调员约翰·尼斯比（John Nisby）则提出了实现这一目标的第一个步骤：“如果市议会全体成员与市政府管理层以及警察局长一同前往谢拉维斯塔，同时邀请社区的所有居民——老人、年轻人，但主要是年轻人——一同讨论他们所面临的问题，或许就能在一段时期内消除暴力问题。"[30] 然而，当局不愿投入时间和资源听取社区的心声。最终，市议会和警察局选择恢复原状以维持现有的权力结构和警务政策。武力成为公共安全的主流逻辑，也成为公共政策的主流逻辑。反抗结束后不到一个星期，警方在 7 月 22 日重新恢复其在谢拉维斯塔执行警务活动。

数周后的 1968 年 7 月 29 日，星期一，美国中部皮奥里亚市的塔夫脱公屋居民发动反抗。由于此前的几个月里该社区的年轻人比以往任何时候都更加具有挑衅性，执法部门感到反抗将至。皮奥里亚市的巡警杰克·比克（Jack Beecker）解释道："轮班的警察将大部分时间都花在与不合作的青少年打交道上。"黑人青少年往往以一副无辜的嘴脸挑战警察，并强调他们有权利被告知遭到截停和盘问的理由。"当你叫他们'到这里来'时，他们就会浑身抽搐，嘟哝道：'我什么都没做，你想对我做什么？'"没有任何明确理由地截停和盘问黑人居民的警务策略从一开始就注定走向失败。正如比克所说的："警察与之打交道的任何一个人都可能成为一个问题。"[31]

美国南部新奥尔良（New Orleans）市的警察局负责人路易斯·西尔戈（Louis Sirgo）对警察在黑人住宅项目社区巡逻同样持保留态度。西尔戈和他的警员在巡视位于第九区的心愿住宅项目社区（Desire Projects）——一块 10 英亩的土地上居住着 13 000 名居民——时几乎总是"预感有麻烦"。只要警察进入社区，社区中的这一排房屋与那一排房屋之间所形成的大庭院就令他们暴露无遗，警察因此处于易受攻击的不利地位。西尔戈说："几乎没有哪个星期"警察在例行性地执行逮捕任务时没被砖头和石块砸中，袭击"主要来自年轻人"——规模从 25 人至 50 人不等，而警察对此"无能为力"。在西尔戈看来，他的警察兄弟们应该得到公众的赞扬，"因为在冲进社区抓人时，玻璃瓶和砖块就像雨点般砸在身上，而他们在如此险峻的情况下表现出克制"。正如他所感叹的，警察确实面临"可怕的状况"[32]。警察的镇压与黑人的反抗——这种反抗被外界视为既不可避免也毫无意义——成为一个自我实现的预言。从新奥尔良到皮奥里亚，警察在进入黑人公屋项目社区时总是预感有麻烦，他们也因此几乎肯定遇到麻烦。

　　正如《纽约时报》所报道的，塔夫脱公屋的反抗肇始于"一伙人数在50 上下的年轻人用砖块、玻璃瓶和自制燃烧瓶袭击附近的一家小酒馆"。警察对黑人青少年提出指控，然而，除了一名名叫西丽塔·海因斯（Sirita Hines）的 16 岁怀孕少女之外，其他涉案的人全部溜之大吉。海因斯来自芝加哥，案发时正在塔夫脱公屋探望她的祖母。警方告知海因斯她因为扰乱治安和制造反抗而被捕，而海因斯则告诉警察她没有投掷任何东西。她所说的话无足轻重，警察还是逮捕并粗暴地对待她——这让她腹中的孩子处于极度危险之中，而所有这一切都在越聚越多的人群前发生。与塔夫脱公屋居民的证词相反，警方随后的声明宣称海因斯暴力拒捕。[33]

　　警察逮捕了海因斯和一个黑人男孩，但此举并未遏制暴力；相反，一伙人在途经塔夫脱公屋的主干道——西南亚当斯大街（SW Adams Street）——设置路障，并持续地向过往的汽车和附近建筑物投掷石头和砖块。穿着常规的浅蓝色短袖制服、戴着特制的防暴头盔的 7 名警察冲向这伙人，而当他们接近这个"由 50 人所组成的团伙"时，有人在至少 60 码外向警察开枪。子弹射中了全部 7 名警察以及当地电台的一名新闻播音员。米斯纳（Al Misener）是一名 24 岁的"菜鸟"警员，年龄比开枪向他射击的枪手大不了多少，他的伤势最为严重——躯干、四肢和脸部都受了伤。警方继续开展行动以试图平定塔夫脱公屋的反抗，而此时米斯纳正躺在医院的病床上。他事后回忆道："对我来说，参与这次行动令人兴奋——我感到了肾上腺素的喷涌。"[34]

　　尽管早在事态发展之初皮奥里亚的警方就展现了一定程度的克制而并未以牙还牙，但执法部门随后很快地开始了反击：来自市、县、州的 200名警察迅速团团包围了塔夫脱公屋。警察用随身的左轮手枪打爆路灯以隐蔽位置，这不免让人想到金字塔场社区的居民以同样的方式保护自己免受白人自警团体的伤害。零星的枪声在当晚持续了数个小时。[35]

　　与斯托克顿一样，皮奥里亚市的地方当局与当地居民对于未来的方向有着截然不同的看法。市长罗伯特·伦豪森（Robert Lenhausen）在新闻发布会上说："我们有信心通过相互合作——而非彼此向对方开枪——解决分歧。"他宣布对塔夫脱公屋所有 21 岁以下的居民在黄昏至次日黎明期间实行宵禁（如果如其所言旨在相互合作，这一举措堪称匪夷所思），并宣称"作为公民社会的成员，我们不能擅自执法和滥用私刑"。与其他地方的官员一样，伦豪森显然没有考虑到黑人可能并不认为有必要擅自执法——如果这些法律只是针对而非服务于黑人的话。当然，相互"合作"远非一句口号所能成就，也远非提出几个缺乏资金支持的社会服务项目所能推动，它需要公共政策调整方向并对社会支出作出重大调整。正如一个黑人居民对记者所说："他们可以将成千上万的资金用于向这里派驻军队，用于支付警察的加班费，用于维修反抗所造成的损坏，却没有钱用于预防反抗的发生。"[36]

　　不过，市政府和警察局还是制定了预防反抗的方案——尽管其内容并不充分。在塔夫脱公屋爆发第一次反抗后的两年，皮奥里亚市当局甚至可以吹嘘他们以完全正确的步骤，通过促进相互"合作"解决了"种族关系问题"。当地警察局成立了一个由 2 名警员组成的警察与社区关系小组，领头的是一名黑人警员。此外，一项城市更新计划也在实施之中，该计划旨在解决低收入者的住房短缺问题以及改善正在迅速恶化的公共住房条件。与此同时，作为一项耗资 15 000 美元的城市发展计划的一部分，各类私人团体也致力于为黑人青少年提供职业培训。[37]

　　然而，这些措施并不足以阻止反抗再度发生。1968 年夏天，怀孕女孩西丽塔·海因斯曾经因为遭到警察逮捕而引发了塔夫脱公屋的第一次反抗。她在 1970 年 7 月的第二次反抗中再度处于风口浪尖。海因斯在孩子出生后不久搬进了塔夫脱公屋。她和另一名租户多萝西·约翰逊（Dorothy Johnson）一样拖欠了三个月的房租，而且都没有支付为房屋进行"损坏评估"（市政府疏于管理致使房屋已经损坏）所需缴纳的费用。皮奥里亚住房管理局警告要将海因斯和约翰逊赶出所租房屋。不过，管理局并未自行处理此事，而是叫来警察将海因斯、约翰逊和她们的孩子赶出塔夫脱公屋。[38]

7 月 23 日，星期四凌晨，警察赶来现场驱逐这些妇女。他们敲响两名妇女所在公寓的房门，并逐一向其解释她们将被逐出公屋。警方的报告称他们在海因斯那儿"没有遇到任何麻烦"。她曾经遭到警察虐待，或许因此而心有余悸，再加上有婴儿需要照顾，目前最不应该去地方就是监狱。至于另一名遭到驱逐的租客约翰逊就对警察没那么温顺了，她以不客气的方式表达对其境遇的不满。眼看着自己将遭到逮捕，约翰逊拔出了一把切肉刀指向警察和塔夫脱公屋的经理，而此后不久她就被扔进了看守所（此后的情形表明约翰逊被警察打伤并被送往圣弗朗西斯医院就诊，医生对其是否受伤不予置评，但确认给她注射了止痛针剂）。警察将海因斯和约翰逊公寓里的所有家具和财物全部搬出，这两名妇女只得拖着沙发、床垫、床头柜、成堆的衣服和婴儿床走出塔夫脱公屋。当她们走在人行道和小巷中时，一群居民站在公屋的操场上注视着整个驱逐过程，心中或许谋划着应当如何应对。[39]

在所有的家具被拖出房屋并扔到街上之后，警察们扬长而去。年轻的激进分子开始行动。22 岁的霍勒斯·琼斯（Horace Jones）是"联合阵线"（United Front）——一个年轻人的激进组织——的领导人，他和一群志同道合的激进分子敲掉了被清空的两间公寓门上的新锁。这些年轻人一同将街上的沙发、床垫、床头柜、成堆的衣服和婴儿床再度搬回到海因斯和约翰逊刚刚搬出的公寓。公寓楼外迅速聚集了大约 200 人，他们帮着"联合阵线"的年轻人搬运家具，或是在现场担任警戒。[40] 警方很快得知他们需要再次回到塔夫脱公屋，再次将海因斯和约翰逊的家具从公寓中搬出。警察再次出动，不过，这一次是将家具装进了一辆城市垃圾车。[41]

也正是在此过程中，"联合阵线"的成员和其他年轻居民在约翰逊的公寓前发动反抗，他们向警察投掷石块和玻璃瓶。警方的一名顾问迈克·米姆（Mike Mihm）赶往塔夫脱公屋告知这些"麻烦制造者"涉嫌非法集会。作为回应，居民们砸碎了塔夫脱公屋管理办公室的窗户。6 点刚过，该地区就被成群结队的警察淹没，大约 50 名警察以非法侵入罪的罪名尽可能多地逮捕现场的居民。令警方颇感自豪的是他们逮捕了"联合阵线"的领导人琼斯，并抓到了 20 岁的奥杜邦·沃尔斯（Audobon Walls），后者是一个被称为"FBI 突击队"（FBI Rangers）的南方帮派（South Side）的头目。这个组织被《纽约时报》描述为一个"黑人激进组织"，而在当地报纸的报道中不过是一个由 13 岁至 18 岁青少年所组成的"帮派"。琼斯和沃尔斯一直是皮奥里亚市警察局的眼中钉，他们面临扰乱治安、非法侵入、拒捕等多项指控。[42]

　　反抗一直持续到深夜。伴随着石块飞舞，居民们和警察彼此拳脚相加。随着反抗的升级，每一个可被调用的警员都被呼叫上岗，塔夫脱公屋一带的警力达到 200 人。晚上 10 点 10 分，市长迈克尔·奥布莱恩（E. Michael O'Brien）宣布进入紧急状态：针对 21 岁以下的年轻人实施宵禁，关闭全市所有酒吧，禁止销售汽油（可被用于制造燃烧瓶）直至次日早晨。警察封锁了塔夫脱公屋前的西南亚当斯大街，此举旨在将反抗控制在一定范围之内。不过，诸如此类的措施并未遏制暴力。反抗的参与者集中攻击塔夫脱公屋管理办公室，他们打破窗户、抢劫室内物品、投掷燃烧瓶，并最终令这个办公室在一个半小时内焚毁。消防员在大约 12 名全副防暴装备的警察陪同下前来救火。没有参与反抗而尚未入睡的居民"从自家窗户或是坐在门廊上注视着警察和消防员的一举一动"。尽管宣布实施宵禁，但警方仍然不断收到举报称有人正在购买汽油桶。[43]

　　午夜过后，反抗的参与者化整为零，分成一个个稍小的团体继续展开攻击。此时，反抗已经蔓延到南区的华纳公屋（Warner Homes）和哈里森公屋（Harrison Homes）——这是皮奥里亚市的另外两个实施种族隔离的黑人住宅项目。反抗的人群中除了有人扔石头、砖块和燃烧瓶之外，也有人开始向防暴警察开枪。狙击枪手向一辆警车和华纳公屋附近的两家酒吧开火，致使两名顾客被子弹击伤。报道称共有 12 起枪击事件和 17 起纵火事件，纵火目标多为塔夫脱公屋管理办公室之类的公共财物。警方逮捕了近 30 人，其中包括 6 名少年。第二天晚上，也就是 7 月 24 日星期五，该市南部地区发生了一系列燃烧瓶袭击事件，市长因此再次宣布进入紧急状态。

此次反抗的参与者主要袭击了一部分即将在市政维修中拆除的公屋，当局因此认为损害并不严重。[44]

随着反抗的进行，塔夫脱公屋的居民们将袭击的目标转向了公屋周边的商铺。他们打破了活力咖啡店（Sparky's Cafe）的窗户，随意投掷石头、砖头、西红柿和桃子，并将与塔夫脱公屋同一条街上相距大约一英里的库里美食城（Couri's Food Town）的前窗砸得粉碎。此外，当巡警约瑟夫·沃伦（Joseph P. Whallen）驱车向塔夫脱公屋的方向行进并进入麦克阿瑟街（MacArthur Street）时，有狙击枪手朝着沃伦的方向连开三枪，这一事件不知是否与沃伦是逮捕约翰逊的直接当事人有关。另有报道称，一个由 20 名至 25 名青年所组成团伙将一辆偷来的旅行车推到街上，随后在该车的前排座位上放了一把火。[45]

到了星期六，除了三县城市联盟（Tri-County Urban League）办公室等处的若干起燃烧瓶事件外，反抗已接近尾声。警方最终将狙击枪击事件以及 20 起燃烧瓶袭击事件归咎于"FBI 突击队"所为，并认定后者应当对有 6 人在反抗中受伤负责。超过 50 名黑人居民遭到警方逮捕。[46]

就在反抗看似结束后的第二天，皮奥里亚《星报》（Journal Star）的头版社论使用了一个挑衅性标题："黑人破坏者"。尽管塔夫脱公屋的反抗是黑人遭受社会经济排斥又深陷专横的警务措施之苦的产物，但这篇社论却对此只字不提，而是大肆指责黑人居民的所作所为，并断言黑人的这些行为只会让针对"弱势"社区的投资——其中包括皮奥里亚市的商人为黑人青年设立的恰当职业培训计划——难以为继。这篇社论在其开篇处指出："对于那些呼吁在皮奥里亚市实现种族和谐、理解、合作和和平的人，我们无疑深表同情"，并认为耐心和对话是解决问题的主要方法，但是，倘若对"滥用和破坏"公共住房的人给予"宽容"，则任何改善之举都将"动摇整个公共或私人投资"。[47]

基于上述论点，这篇社论认为反抗是对为居民提供更好的住房发展计划的威胁，因为纳税人和私人投资者都不会支持"建造无法保存和维护，却不可避免地将遭到滥用和破坏的建筑物"。至于一个引发广泛关注的议题，即警方和政界人士对于反抗的"过度反应"——召集数百名警察进入黑人住宅区、宣布城市进入紧急状态和宵禁，社论的评论是"必须采取措施以应对某些黑人革命者和某些黑人帮派的'过度反应'"，并认为正是这些黑人破坏者让发展成为"不可能"。"谁会站出来反对那些破坏服务、住房、学校教育和工作机会的黑人破坏者呢?"[48] 如果不是以黑人为之奋斗的更好的社会服务、更好的学校教育和更多的工作机会反对黑人破坏者，而是代之以更多的警察和更加严厉的警务措施，则这种反对黑人破坏者的方式恰恰是黑人住宅项目中的居民们所反对的。

对于 20 世纪 60 年代美国的许多贫穷黑人来说，公共住房不失为一项福利，但与此同时，这项福利也被许多人视为来自国家的压迫：这种压迫若非直接源于警察，也与警察如影随形。当黑人住宅项目发生反抗时，其暴力通常表现为对住宅项目本身进行攻击。在 1968 年 7 月的反抗中，塔夫脱公屋的居民向管理办公室投掷了自制燃烧瓶。同年 9 月下旬，在位于康涅狄格州的布里奇波特市（Bridgeport）黑东区（Black East Side）一带也发生了类似的袭击事情：晚上 7 点刚过，警察赶到帕尼克神父村住宅项目（Father Panik Village）调查一起年轻人群殴事件，年轻人随之停止了互殴，转而向警察投掷石块，警民之间的暴力循环就此开始。该住宅项目有大约 5 400 人居住，反抗的参与者砸碎了设在住宅项目中的药房、市场和邮件中心的窗户，但并未袭击当地的商铺。此外，他们还砸碎了住宅项目行政楼的窗户，并试图向行政楼的屋顶投掷自制燃烧瓶，只是这个燃烧瓶掉落在一名巡警附近。投掷石块和破坏财产的活动持续了 7 个小时。[49]

对于公屋项目社区的租户以及其他仰赖社会福利的居民来说，无论是来自国家的惩罚还是来自国家的福利都对他们产生了压力，而面对生活中所遭遇的国家暴力——既包括警察的巡逻和监控也包括公屋项目管理部门的不善之举，居民们以拒绝被逐出公屋、向警察投掷石块、打砸公屋项目社区内象征权威的管理办公室等方式予以回应。作为贫困人口集中居住的地区，黑人住宅项目本身就为反抗提供了绝好的理由。肇始于 20 世纪 60 年代的新警务措施将其目标特别指向黑人住宅项目，而其所导致的后果是造就了一个又一个的火药桶。

就 20 世纪 60 年代的大多数黑人住宅项目而言，尽管随着岁月的流逝，其基本状况没有任何改善——甚至变得更糟，但用自制燃烧瓶袭击警察和枪击警察的事件最终还是渐渐走向了平息。不过，直至 60 年代末，伊利诺伊州金字塔场黑人住宅项目以及开罗市的黑人反抗依然没有结束。1969 年 3 月 31 日之所以发生金字塔场枪击事件，其目的在于恐吓并以此迫使"激进的黑人"屈服。然而，该事件产生了相反的效果：在查尔斯·科恩、开罗市当地的全国有色人种协进会主席普雷斯顿·尤因（Preston Ewing）以及其他在 20 世纪 60 年代开创了开罗市自由斗争运动的活动人士的协同努力下，一个新的组织得以创建，并采用了与皮奥里亚市的"联合阵线"（United Front）相同的名称，继续与警察的暴行、系统性种族主义以及与 1967 年的黑人反抗相伴而生的白人暴力活动作斗争。在上述活动人士的倡导下，"联合阵线"采用 60 年代早期部分成功地在开罗市推行种族融合的斗争策略，呼吁在全市范围内抵制所有歧视黑人顾客以及拒绝雇用黑人员工的商店。"联合阵线"的发言人宣称，此举旨在不再让黑人居民"掏钱给白人，从而让他们有钱买子弹射杀黑人"。1969 年 4 月 7 日，抵制运动正式开始。与此同时，抗议者也在开罗市的街头举行了示威游行。抵制运动持续了近三年，并就此成为美国历史上持续时间最长的抗议活动之一。[50] 这又是一个暴力的循环，如此周而复始。自 1969 年的春天直至 20 世纪 70 年代初，示威游行俨然已成为伊利诺伊州开罗市每个星期的例行公事，而来自白人的仇恨势力——例如射向金字塔场黑人居民——的子弹也成为每个夜晚的家常便饭。

注　释

1. Paul Good, *Cairo, Illinois: Racism at Floodtide*, US Commission on Civil Rights,

Clearinghouse Publication no. 44 (October 1973): 58; G. Louis Heath, "Ghost Town Vigilantes: The Racial Pallor of Cairo," *Nation*, December 22, 1959.

2. "Soldier Shot, Fires Set in Cairo," *St. Louis Post-Dispatch*, November 9, 1970, pg. 3; David Maraniss and Neil Henry, "Race 'War' in Cairo: Reconciliation Grows as Memories Recede," *Washington Post*, March 22, 1987, pg. A1.

3. Good, *Cairo, Illinois*, 59; Molly Parker, "Senators Raise Concern About Lead Exposure in Cairo," *Southern Illinoisan*, May 15, 2017, https://thesouthern.com/news/local/acha/senators-raise-concerns-about-lead-exposure-in-cairo-hud-says-water-filters-are-precautionary-and/article_0cc5701a-7791-5ac9-b7c0-ea6364e1b740.html; G. Louis Heath, "Ghost Town Vigilantes: The Racial Pallor of Cairo," *Nation*, December 22, 1959; George Lardner Jr., "Cairo, Ill., at War with Itself," *Washington Post*, September 21, 1969, pg. 3.

4. Donald Janson, "Negroes Demand Action by Cairo, Ill.," *New York Times*, July 21, 1967, pg. 28; Jerome P. Curry, "Negro Youth Leaders Give Cairo 72 Hours to Meet Terms," *St. Louis Post-Dispatch*, July 20, 1967, pg. 3.

5. Curry, "Negro Youth Leaders," pg. 3.

6. Heath, "Ghost Town Vigilantes"; Curry, "Negro Youth Leaders," pg. 3; Janson, "Negroes Demand Action."

7. Lee Winfrey, "The Gun Is King in City of Hate," Detroit Free Press, September 21, 1969, pg. 1; Good, *Cairo, Illinois*; Janson, "Negroes Demand Action."

8. Kerry Pimblott, *Faith in Black Power: Religion, Race, and Resistance in Cairo, Illinois* (Lexington: University of Kentucky Press, 2017), 81—94. 另请参见 Pimblott, "Soul Power: The Black Church and the Black Power Movement in Cairo, Illinois, 1969—1974" (PhD diss., University of Illinois at Urbana-Champaign, 2012), 108。

9. Heath, "Ghost Town Vigilantes.

10. Curry, "Negro Youth Leaders."

11. Janson, "Negroes Demand Action."

12. Janson, "Negroes Demand Action"; Jerome P. Curry, "Cairo Leaders Meet, Believe Race Crisis Has Been Averted," *St. Louis Post-Dispatch*, July 23, 1967, pg. 3.

13. "FBI Probing Black-White Clash in Cairo," *Chicago Daily Defender*, April 2, 1969, pg. 3; "Shots Fired Near Scene of Racial Tension in Cairo," *St. Louis Post-Dispatch*, April 1, 1969, pg. 4C.

14. "Races: War in Little Egypt," *Time*, September 26, 1969, pg. 29; Good, *Cairo, Illinois*, 31.

15. Maraniss and Henry, "Race 'War' in Cairo," A1; Winfrey, "The Gun Is King in City of Hate"; "Cairo, Ill. Beset by Violence," New York *Amsterdam News*, November 28, 1970, pg. 47.

16. "People's Black History, as Seen Through Retired Fire Chief G. John Parker's Eyes," https://www.peoriastory.com/peoriastory/memories-reminiscing/.

17. "Peoria Riot Offers Clues," *Edwardsville Intelligencer*, August 8, 1968, pg. 4; 有关公屋项目的兴起及其随后的恶化状况，可参见 N.D.B. Connolly, *A World More Concrete: Real Estate and the Remaking of Jim Crow South Florida* (Chicago: University of Chicago Press, 2014); David M. P. Freund, *Colored Property: State Policy and White Racial*

Politics in Suburban America (Chicago: University of Chicago Press, 2007); Arnold Hirsch, *Making the Second Ghetto: Race and Housing in Chicago, 1940—1960* (Chicago: University of Chicago Press, 1998); D. Bradford Hunt, *Blueprint for Disaster: The Unraveling of Chicago Public Housing* (Chicago: University of Chicago Press, 2009); Kenneth T. Jackson, *Crabgrass Frontier: The Suburbanization of America* (New York: Oxford University Press, 1985); Douglas S. Massey and Nancy Denton, *American Apartheid: Segregation and the Making of the Underclass* (Cambridge, MA: Harvard University Press, 1993); Richard Rothstein, *The Color of Law: A Forgotten History of How Our Government Segregated America* (New York: Liveright, 2017); Beryl Satter, *Family Properties: Race, Real Estate, and the Exploitation of Black Urban America* (New York: St. Martin's Press, 2009); Thomas Sugrue, *Sweet Land of Liberty: The Forgotten Struggle for Civil Rights in the North* (New York: Random House, 2008); Keeanga-Yamahtta Taylor, *Race For Profit: How Banks and the Real Estate Industry Undermined Black Homeownership* (Chapel Hill: University of North Carolina Press, 2019); Lawrence J. Vale, *Purging the Poorest: Public Housing and the Design Politics of Twice-Cleared Communities* (Chicago: University of Chicago Press, 2013)。

18. Heather Ann Thompson, "Why Mass Incarceration Matters: Rethinking Crisis, Decline, and Transformation in Postwar American History," *Journal of American History* 97, no. 3 (December 2010): 703—758; Elizabeth Hinton, *From the War on Poverty to the War on Crime: The Making of Mass Incarceration in America*, chap. 3 (Cambridge, MA: Harvard University Press, 2016).

19. Timothy Williams, "Poverty, Pride—and Power: In Line for Federal Help, Pacoima Hides Problems Below Neat Surface," *Los Angeles Times*, April 10, 1994, pg. 5; "Melee in Pacoima Ends in Arrests," Los Angeles Sentinel, May 29, 1969, pg. A3.

20. "6 Officers Hurt, 11 Persons Seized in S. Stockton Battle," Stockton *Record*, July 17, 1968, pg. 1.

21. Marnoch quoted in "6 Officers Hurt, 11 Persons Seized in S. Stockton Battle."

22. "Mob Holds 2 Cops, 4 Others in S. Stockton Gym," Stockton Record, July 18, 1968, pg. 1; White quoted in "Police Resume Sierra Vista Rounds; Citizen Patrols Hit," Stockton *Record*, July 23, 1968, pg. 1.

23. "Mob Holds 2 Cops."

24. Doug Wilholt (former Stockton police officer) in discussion with author, April 2017; Jefferson Strickland (former Sierra Vista resident) in discussion with author, March 2017; Alice van Ommeren, *Stockton's Golden Era: An Illustrated History* (San Antonio: HPNBooks, 2015) Chapters 4 & 5; "Mob Holds 2 Cops."

25. "Mob Holds 2 Cops"; "South Stockton Quiets as Citizens Patrol Streets," Stockton *Record*, July 19, 1968, pg. 1.

26. "Black Unity Group Denies Riot Blame," Stockton *Record*, July 19, 1968, pg. 1.

27. "Black Unity Group Denies Riot Blame."

28. Minutes of the Stockton City Council, Vol. 94, June 3, 1968—December 30, 1968, City of Stockton Clerks Office; "South Stockton Quiets as Citizens Patrol Streets," Stockton *Record*, July 19, 1968, pg. 1. 当地的德尔塔社区学院（Delta Community college）的黑人

学生会副主席格洛丽亚·史密斯（Gloria Smith）代表学生会发言，要求结束警察对于黑人社区的"骚扰"。她指称这种骚扰也包括警察截停每辆载有 4 名或更多黑人的汽车，对其进行检查。

29. "Police Resume Sierra Vista Rounds; Citizen Patrols Hit," Stockton *Record*, July 23, 1968, pg. 1.

30. "Police Resume Sierra Vista Rounds."

31. "Peoria Riot Offers Clues," *Edwardsville Intelligencer*, August 8, 1968, pg. 4.

32. Senate Committee on the Judiciary, *Assaults on Law Enforcement Officers: Hearings before the Subcommittee to Investigate the Administration of the Internal Security Act and Other Internal Security Laws*, 91st Cong., 2nd sess. (October 6—9, 1970), 109.

33. "Curfew Imposed in Peoria Melee," *New York Times*, July 31, 1968, pg. 28; "Peoria Riot Offers Clues."

34. "Curfew Imposed in Peoria Melee"; Matt Budel, "Former Peoria Police Officer Reflects on 1968 Riots at the Taft Homes," *Peoria Journal Star,* May 11, 2015, https://www.pjstar.com/article/20150511/NEWS/150519876; "Curfews Cool Off Peoria and Gary," Newsday, July 31, 1968, pg. 27; "Peoria Mayor Urges All to Observe Curfew," *Philadelphia Inquirer*, July 31, 1968, pg. 4.

35. "Peoria Riot Offers Clues"; "Ten Peoria Policemen Fired on by Snipers," *Newsday*, July 30, 1968, pg. 7

36. "Peoria Mayor Urges All"; "Peoria Riot Offers Clues."

37. "Peoria Riot Offers Clues."

38. "2 Wounded, 27 Arrested in Violence," *Peoria Journal Star*, July 24, 1970, no page given, Lemberg Folder, "IL—Peoria," Box 9.

39. "2 Wounded, 27 Arrested in Violence"; "Guard Is Alerted in Peoria Clashes," *New York Times*, July 25, 1970, pg. 11.

40. "Rioting Grips Peoria After Two Evictions," *Chicago Tribune*, July 24, 1970, pg. 5.

41. "2 Wounded, 27 Arrested in Violence."

42. "Guard Is Alerted in Peoria Clashes"; "2 Wounded, 27 Arrested in Violence"; "Two Shot in Peoria Disorders; Firebombs Thrown in New Brunswick," *Washington Post*, July 24, 1970, pg. A4.

43. "Two Shot in Peoria Disorders"; "27 Arrested During Incidents," Peoria *Evening Journal Star*, July 24, 1970, no page given, Lemberg Folder, "IL—Peoria," Box 9; John Barrette and Norm Bain, "Mayor Uses Curfew; 3 Men Shot," Peoria *Morning Journal Star*, July 24, 1970, no page given, Lemberg Folder, "IL—Peoria," Box 9. "Fire, Shooting Hit Peoria Areas After Evictions," Peoria *Evening Journal Star*, July 24, 1970, no page given, Lemberg Folder, "IL—Peoria," Box 9.

44. "Rioting Grips Peoria After Two Evictions," *Chicago Tribune*, July 24, 1970, pg. 5; "Mayor Keeps Lid on Peoria; Six Wounded," *Chicago Tribune*, July 26, 1970, pg. 2; William F. Johnson, "Curfew 3rd Night for City," Peoria *Evening Journal Star*, July 26, 1970 no page given, Lemberg Folder, "IL—Peoria," Box 9.

45. Johnson, "Curfew 3rd Night for City."

46. "Firebomb Incidents Continue on South Side; 6 Men Nabbed," Peoria *Evening*

Journal Star, July 27, 1970, no page given, Lemberg Folder, "IL—Peoria," Box 9.

47. "The Black Saboteurs," Peoria *Journal Star*, July 28, 1970 pg. A-6.

48. "The Black Saboteurs."

49. Lynne Tuohy, "Father Panik Village, Where Dreams Turn to Dust," *Hartford Courant*, August 7, 1994, https://www.courant.com/news/connecticut/hc-xpm-1994-08-07-9408070086-story.html; "Teenagers Stone Cops, Firemen at FPV," *Connecticut Post*, September 24, 1968; "Bridgeport Police Seize 15 in Rioting," *New York Times*, August 8, 1970, pg. 13.

50. "On the Battlefield: Cairo, Illinois," pamphlet prepared as a public service (Concerned Community Coalition of Bloomington-Normal and Community for Social Action):13, 5, Chicago Urban League Records, Box 96, Folder 1057, University of Illinois at Chicago Library, Special Collections; "On the Battlefield," 5; 另可参见 Pimblott, *Faith in Black Power*, 作者对开罗市这一时期的发展以及黑人的抗议活动进行了全面而出色的描述。

第三章　自警团体

　　就 20 世纪 60 年代后期和 70 年代初期的警察暴力与黑人反抗的暴力循环而言，黑人公屋项目社区往往扮演了这一暴力循环的起始点和承载点的角色，为美国的城市反抗提供了一个主要场景。不过，被卷入反抗的并不仅限于反抗的参与者和警察。1967 年 7 月，也就是白人自警团体从俯瞰金字塔场社区的密西西比河大堤向社区开枪并由此在开罗市引发旷日持久的"种族战争"（race war）的近 2 年前，该市北区的圣玛丽公园（St. Mary's Park）发生了 400 余名白人居民的聚集事件。这些人之所以来此聚集，或是因为他们的邻居来此聚集，或是因为一份传单的号召——该传单呼吁召开"白人公民委员会"（White Citizens' Council）的会议以讨论如何"保护您的生命和财产"，或是因为他们（或者他们的父辈）隶属于这个被称为"白人公民委员会"的组织，或是仅仅因为每当黑人扰乱固有秩序时，白人就理所当然地组建自己的武装团体。[1] 开罗市市长李·斯滕泽尔（Lee Stenzel）前往圣玛丽公园劝导聚集的众人，他向人们提及了他在 17 岁时所目睹的猖獗暴力：在 1917 年东圣路易斯市的反抗中，白人屠杀了数以百计的黑人居民。第一次世界大战期间，东圣路易斯的劳动力市场因为军工需求而得以扩大，新兴的军事工业生产吸引了大批来自美国南方的黑人劳动力。对于工业化的美国北部城市的白人来说，他们将黑人的到来视为对其生计的威胁，并为了维持其既有的政治和经济地位而诉诸暴力和恐吓。在州警和当地执法部门的支持下，东圣路易斯市的白人暴徒将乘坐有轨电车的黑人居民拖下车殴打，抢劫和烧毁黑人居民的房屋。这一暴力事件持续了 3 天，而这一事件仅仅是 1919 年"红色夏天"（Red Summer）席卷全

美近 36 个城市——包括 1921 年爆发于塔尔萨——的反黑人暴民暴力活动
（anti-Black mob violence）的前奏。

在东圣路易斯发生白人暴民屠杀事件的半个世纪之后，斯滕泽尔告诉
开罗市正在不断聚集的白人："我看到了屠杀和破坏。"在整个东圣路易斯
市的反抗期间，白人暴徒屠杀了大约 200 名黑人居民，而或许更加令这位
市长感到不安的是，这场反抗造成数百万美元的财产损失。"自从爆发屠
杀事件之后，东圣路易斯就该死地一事无成。如果发生在那儿的事件同样
发生在这里，我们这个城市在未来 25 年内都不会有任何工业发展。"[2] 斯滕
泽尔表示他对于他的白人选民的担忧感同身受，但同时发出警告，称白人
至上主义的暴力已经摧毁了东圣路易斯的未来，而对于无论是黑人工人还
是白人工人都同样面临工作机会短缺的开罗来说，白人——在他说这番话
时——在圣玛丽公园的聚集似乎预示着这座城市正准备迎接与东圣路易斯
相似的命运。

就在斯滕泽尔在 1967 年 7 月向白人发出警告之时，开罗市已在黑人反
抗的烈焰中挣扎了 3 天之久。这起反抗源于 19 岁的黑人士兵罗伯特·亨特
（Robert L. Hunt）不明不白地死于市监狱。警方称亨特用 T 恤上吊自杀，但
在黑人社区的许多居民看来，这个年轻的美国士兵是因开罗市当局的谋杀
而死。当局在黎明到来之前将亨特伤痕累累的尸体送走，据说是做防腐处
理，但此举只是加剧了黑人居民的怀疑。白人的住宅和商店遭人纵火，而
黑人居民则遭到殴打和逮捕。斯滕泽尔向聚集的白人解释，他需要时间处
理当前的局势，因为"黑人的问题由来已久"[3]。黑人与白人从隔离到融合，
这样的转变必然带来成长的痛苦，而这些痛苦是开罗市善良的人们所需要
接受的。斯滕泽尔强调"沟通"，而这对于他的听众来说等于啥也没说。他
的白人听众想要确保的是让这座城市的黑人回到黑人原本待着的地方。他
们想要法律和秩序。

对于圣玛丽公园的白人来说，解决斯滕泽尔所说的"黑人问题"并
不难。他们直接忽略市长，组建了"千万公民委员会"（Committee of Ten

Million）。这是一个自警团体，任务是作出他们的市长似乎不愿意作出的严厉回应。自 20 世纪 50 年代民权运动首次获得突飞猛进以来，这类自警团体一直相互勾连。与对黑人居民滥用私刑、对黑人社区实施恐吓的白人暴徒——美国自重建时期（Reconstruction）直至此后的一个世纪中叶一直不乏此类擅用私刑的暴徒——不同，自警团体这一新兴的白人至上主义团体吸引了温文尔雅的社会阶层。在"千万公民委员会"的创始人中，既有富有、烟不离手的白发律师佩顿·伯布林（Peyton Berbling）——他曾以 70 多岁的高龄担任地区检察官并在 1968 年重返这一职位，也包括开罗市浸信会教堂的牧师拉里·波茨（Larry Potts）、当地小有名气的商人同时也是圣玛丽公园集会的组织者之一的汤姆·马德拉（Tom Madra），以及木材商人鲍勃·坎宁安（Bob Cunningham）。[4] 与在美国南方随处可见的美国公民委员会（Citizens' Councils of America）相似，"千万公民委员会"同样采用恐吓和暴力的方式对抗黑人的自由运动，其所借助的不仅是残暴的力量，而且仰仗着他们所拥有的政治和经济权力。

　　"千万公民委员会"得名于美国前总统艾森豪威尔在 1967 年 8 月为《读者文摘》（Reader's Digest）撰写的一篇文章，该文旨在对那年夏天发生在底特律和纽瓦克的毁灭性大火作出回应。"这些反抗正日益危害我们的国家，我们必须毫不拖延地予以处理，"艾森豪威尔写道，"野蛮的反抗"源于"对某些基本的道德原则的忽视"，而这又反过来表明美国正在"陷入一个无法无天的时代，其最终的归宿只能是无政府状态"。艾森豪威尔在文章的结尾处提出一个建议，"我们需要在这个国家组建一个致力于维护法律与秩序的'千万公民委员会'"，其成员将捍卫"适当的原则"并加入社区团体之中以"致力于打击犯罪和不法行为的祸害"。艾森豪威尔并未明确提及需要白人的暴民暴力（white mob violence），但我们不难看出伯布林以及"千万公民委员会"的其他创始人将艾森豪威尔的话阐释为对于白人暴民暴力的呼唤。[5]

　　"千万公民委员会"迅速在白人居民中组织了一支武装，他们随时准备捍卫自己的家人和财产免遭黑人反抗的侵害。"委员会的目标是提供保护而非进行惩罚，"开罗市商会主席哈里·博伦（Harry Bolen）坚称，"委员会也不具有种族主义色彩，因为我们同样邀请黑人加入这个组织。"[6] 不出所料，这个白人至上主义团体未能吸引到任何一个黑人，但开罗市的几乎每一个白人都满怀热忱地加入其中。自警团体的成员很快因其头戴白色头盔而被非正式地称为"白帽党"，不知这是否是在刻意地向三 K 党所戴的白色兜帽致敬。

白帽党将支持当地警察视为自己的职责，而执法部门的执法者——其中许多人是白帽党成员——也将这个自警团体视为自己人。警长切斯利·威利斯（Chesley Willis）和亚历山大县的验尸官唐纳德·特纳（Donald Turner）为任何一个想要行使警察职权的白人提供授权，以至于开罗市的商人菲利普·马斯登（Phillip D. Marsden）的吹嘘尽人皆知：他"可以让我的狗在这个镇上行使警察职权"。马斯登与 600 名白帽党成员成群结队地在开罗市街头巡逻，他们全副武装地携带了猎枪、步枪、手枪、对讲机和警犬，并开展准军事演习以应对即将到来的与黑人的战争。由于警方允许自警团体公开携带武器和实施逮捕，白帽党——正如伯布林向记者吹嘘的——可以"在开罗市阻止一切人员和货物流动。一旦阻止其流动，他们就不能用燃烧瓶进行攻击了"。白帽党的成员在夜幕降临时开始行动，他们让仍在进行中的警察的骚扰和恐吓变本加厉。他们逡巡在开罗市的黑人社区周围，将猎枪和步枪伸出摇下的车窗，并在汽车的保险杠上贴上"开罗，要么爱它，要么离开"的字幅。[7]

在白帽党的持续威胁下，开罗市的黑人居民仍耐心而平静地等待着市议会兑现其改革警察部门和扩大经济机会的承诺。该市提出申请并成功获得了 75 000 美元的联邦拨款以用于改善警察与社区的关系，不过，这笔钱仅仅使用了 6 500 美元，余下的资金被迫返还给了伊利诺伊州执法委员会（Illinois Law Enforcement Commission）。尽管在 1967 年反抗后的两年间开罗市警察局招纳了几名黑人警员，一个邻里青年团（Neighborhood Youth

Corps）的项目也为失业的黑人青年提供就业机会，但黑人的整体生存状况变化不大。事实上，白帽党所展开的半官方性质的巡逻已经到了无处不在的地步，这让黑人居民对于其所处困境的感觉更加尖锐。由于开罗市执政当局的成员要么是白帽党的成员，要么是其热情的拥趸，因而当局和白人自警团体共同在开罗市营造出了暴力、恐惧和怨恨的氛围。在1969年春天爆发的全面战争中，抵制白人商铺及其老板——他们拿着从黑人身上赚来的钱购买子弹并用于射杀黑人——的抗议者明白无误地表示："白帽党必须滚，因为钱掌握在黑人手中。"[8]

　　白帽党对开罗市黑人社区的控制终于因为一名白人牧师的到来而有所松动。年轻牧师杰拉尔德·蒙特洛伊（Gerald Montroy）1968年8月来到开罗市，他注意到了令人担忧的黑人贫困率问题：开罗市的黑人贫困率是全国平均水平的两倍之多，在伊利诺伊州的所有城市中排名第一。不过，与黑人的极度贫困问题相比，更加困扰蒙特洛伊的是白帽党对于他的骚扰，蒙特洛伊的关注点也逐渐转移到了反黑人的暴力问题上。基于对蒙特洛伊的采访，1969年3月23日的《圣路易斯邮报》（*St. Louis Post-Dispatch*）在其头版发表了《开罗的自警团体》一文。"白帽党正在用暴力让黑人居民'守规矩'，"文章引述蒙特洛伊的话称，"开罗市的黑人居民惧怕白人，他们受到了白人的极度压迫。"放学后的黑人儿童需要有人护送回家，因为沿途的一些白人会站在自家的草坪上挥舞霰弹枪。一名白帽党成员唆使他的德国牧羊犬攻击一名11岁的黑人女孩，据说只是为了吓唬吓唬她。情况正如蒙特洛伊所描述的，"开罗是一个种族炸药桶"[9]。

　　随着白帽党的恐怖行径遭到揭露并被越来越广泛的公众所认知，这个自警团体及其当地的盟友开始发起进攻。开罗市商会将蒙特洛伊神父称作"无礼和不负责任的牧师"，称其恶毒地诽谤开罗市，称其是一个外人，一个煽动黑人并卷入当地白人事务从而在种族与种族之间"挑拨离间"的"麻烦制造者"。与之相比，正如伯布林对《圣路易斯邮报》的记者所说的，白帽党的成员都是"好公民"，至于站在自家草坪上挥舞猎枪并放狗恐吓黑人儿童的白人，他们只是"在一个黑人随意向其窗户投掷石块的地区保护他们所拥有的财产"。自警团体的所作所为被描绘为是针对黑人反抗的合乎逻辑的回应，至少伯布林以及开罗市的许多白人认为如此。白帽党确实是一桩"善举"，圣帕特里克教堂（St. Patrick's Church）的保守派牧师休·基尔弗伊尔（Hugh Kilfoil）辩解道，"我们不能容忍投掷炸弹的激进分子"[10]。

此时，出现了一个与自警团体不同类型的白人团体，他们表达了对于蒙特洛伊以及处于白帽党的统治下的黑人居民的支持。就在蒙特洛伊的指控性言论登上了《圣路易斯邮报》头版的第二天，一个名为"深表关切的神职人员"（the Concerned Clergy）的组织在东圣路易斯市成立。阿尔伯特·祖罗韦斯特（Albert Zuroweste）主教之所以建立这个组织，是因为——正如他所说的——"开罗市的状况让每一个基督徒良心不安"。这个组织给州长及其官员写信，表达了对于自警团体让蒙特洛伊的生命处于危险之中的担忧。仅仅在一个星期之内，这个组织就派出了20名神父和牧师前往开罗市向蒙特洛伊和黑人社区提供支持。基思·戴维斯（Keith Davis）牧师是东圣路易斯市路德教会内城部的牧师，他说他将与"深表关切的神职人员"的其他成员留在开罗，并"尽一切所能确保黑人得以彻底地像公民一样生活，同时确保蒙特洛伊神父可以继续从事神职工作而免遭骚扰和恐吓"[11]。不过，在白人神职人员的外部干预能否带来实际变化的问题上，黑人居民是有所疑虑的。

1969年3月31日，也就是蒙特洛伊的指控登上报纸的8天之后，白帽党成员从密西西比河堤坝上向其西侧的金字塔场社区开枪。枪击的当晚正值"深表关切的神职人员"组织到访圣科伦巴（St. Columba）教区长管区，这正是蒙特洛伊担任主事的古老的黑人教堂，此时黑人居民正冒着生命危险守卫在教堂周围，保卫到访并下榻在内的牧师们。[12] 白帽党或许否认他们是一个自警团体，但是，除了自警团体这一称谓之外，没有更好的名称用于指称这个组织。

　　1969 年的整个夏天白帽党都在恐吓开罗市的黑人居民，与此同时，另一支白人自警团体出现在宾夕法尼亚州约克市的梅森–迪克森线*上。在美国内战后的数十年间，约克市一直作为美国制造业的中心蓬勃发展，许多堪称典范的维多利亚式建筑直至今天依然矗立市内。随着 20 世纪 20 年代大量黑人从南卡罗来纳州——该州堪称三 K 党活动的温床——的艾肯（Aiken）移居约克市，后者的黑人人口翻了一番，移居于此的黑人错误地以为他们就此可以逃脱白人暴力的摧残。1969 年，与"联合阵线"在开罗市的斗争相仿，约克市的黑人居民站出来为捍卫他们的家人和家园而与白人至上主义团体和执法部门展开斗争。约克和开罗都是理论上已实现了种族融合的城市，但这两座城市的许多商店、餐馆以及整个白人社会都对黑人怀有敌意，警察对黑人施暴的事件极为普遍，黑人失业率也达白人的两倍之多。"黑人即便获得了大学学位，也不可能找到技术性的职位，"约克市的一名四处打短工的黑人解释道，"黑人就只能是一个苦力。"无论是约克市还是开罗市的黑人居民，他们都居住在最容易受到洪涝灾害影响的区域，而无法入住公屋项目的黑人只能租住在贫民窟中白人房东的破旧房屋中。[13] 面对街道上的争取就业机会和更好生活条件的示威活动，这两座城市的市长都无动于衷，他们甚至懒得伸手向联邦政府的"向贫穷宣战"基金申请可能有助于解决问题的资金。

　　开罗市和约克市的整体状况与 20 世纪 60 年代末和 70 年代初发生黑人反抗的许多美国城市极为相似，但要论及这两座城市的特色，莫过于当地的执法部门与掌控城市的白人暴力团体之间建立了水乳交融的联盟关系，以及这种联盟关系不同寻常地导致了激烈而持久的暴力。基于当时的人口基数，历史学家彼得·利维（Peter Levy）推测 20 世纪 60 年代后期发生在约克市的或许是"那个时代最严重"的黑人反抗，而开罗市的黑人反抗则相较于其他城市持续的时间更长。开罗市的警长向作为白

---

*　梅森–迪克森线（Mason-Dixon line），是美国宾夕法尼亚州与马里兰州之间的分界线，也是美国内战期间自由州（北）与蓄奴州（南）的分界线。——译者注

帽党成员的成年白人提供授权，而约克市的警察则以自卫和捍卫白人权力的名义向白人帮派——诸如"纽贝里街男孩"（Newberry Street Boys）、"沼泽地人"（Swampers）、"约克林男孩"（Yorklyn Boys）、"吉拉德兄弟"（Girarders）——的年轻成员提供枪支和弹药。这些帮派成员常常聚在一起打棒球、喝酒、与敌对的帮派斗殴以及袭击黑人青年。"哪里有黑人，我们就在哪里揍他们。"一名白人帮派成员回忆道。[14]

从 1968 年的夏天直至 1969 年的秋天，约克市的黑人居民都处在与警察和白人帮派展开零星交战的状态。这一局面肇始于 1968 年 7 月 11 日发生在警察与黑人青少年之间的一次冲突，由此导致了《华盛顿邮报》所描述的"四处流窜的青少年团伙连续 5 个夜晚的反抗"。在这场反抗的第 4 个夜晚，6 名黑人目击者目睹 2 名赤裸上身走路的白人在黑人社区所在的枫树街（Maple Street）向人群开了 4 至 13 枪。警方对此的回应是不做任何调查。由于警察赤裸裸地表明了他们对于白人枪手的偏袒，在随后的一个月里年轻黑人与警察之间的战斗再度重燃。1968 年 8 月 3 日晚上 11 点钟左右，一群黑人孩子聚集在街上，住在街区肉类市场上层公寓的一个名叫切斯特·罗奇（Chester Roach）的 58 岁白人对这群孩子叫嚷着要他们安静，孩子们则以大喊大叫回应。接下来，罗奇拿出弹丸枪和霰弹枪向孩子们开火，10 人被当场射杀，另有 1 人中弹后被送入医院。约克市公共安全总监雅各·侯斯（Jacob Hose）调动全市三分之二的警力全副防暴装备地赶到现场，与之同行的还有在联邦防暴补助金的资助下新增的 2 辆装甲车。[15]

警察没有逮捕射杀黑人孩子的白人，却用武力来对付受害者。"昨天晚上白人无异是在发出声明，无异是在说'我恨你们这些黑鬼，我会杀掉你们'"，一名黑人少年男子宣称，"如果白人想要耍弄枪杆子，请打赌，我一定会还击。"第二天晚上，年龄介于十几岁到二十几岁的一群黑人居民转而采用他们在两周前所使用的策略：向汽车投掷石块。这一次他们还向附近的一家造纸厂以及罗奇所居住的公寓下的肉类市场投掷了自制燃烧瓶。

市长将此称为"一起有预谋的行动"[16]。

　　自民权时代以来，警犬一直被视为以国家为后盾的种族主义暴力的象征物，而约克市当局正是以此彰显手中权力的。约克市市长斯奈德公开将黑人称为"黑鬼"，他喜爱狗，也喜爱 K-9 警队。他常常牵着一只德国牧羊犬穿过约克市的街道，用手中所牵着的——就其本质而言——警察暴力恐吓辖下的黑人居民：此举与白帽党在开罗市的所作所为别无二致。1968 年9 月，白人帮派与黑人学生在一场高中橄榄球赛后发生争斗，K-9 警队抵达现场并放狗撕咬黑人青少年，导致 7 名黑人被送进医院，而白人帮派的成员则无人受伤。警队的策略是显而易见的，也就是——正如《纽约时报》所说的——"警犬仅仅用于对付黑人"[17]。

　　在 1968 年 7 月和 8 月的反抗爆发之后，约克市的黑人和白人居民都在为一场更大规模的战争作准备。一个由 35 名黑人——包括成年人和青少年——所组成的团体创建了"约克城青年"（York City Youth）组织，旨在保卫黑人社区。警察的暴行与白人的帮派活动与日俱增，人们显然对此毫无办法，而城市当局也是无所作为。"对于这样一个白人的权力制度来说，我们正在给他们提供最后的机会，"约克城青年的创始人鲍比·辛普森（Bobby Simpson）说，"我们无惧于死亡。"眼看着黑人激进组织的兴起，约克市的白人开始发动进攻——其情形与开罗市一模一样。塞勒姆广场（Salem Square）是一个将黑人隔绝在外的白人社区，社区的居民们在街上游荡。一名白人对记者说："（我们）手中拿着武器，就看哪个黑人胆敢走出他被封锁的黑人社区。""对于这种状况，警方最好是管一管，如果他们不管，我们就来管。"所谓"这种状况"，是指黑人为争取完全的公民身份和获得警察的平等保护而开展的斗争。然而，在一些白人眼里，他们看到的是"黑人正在试图接管这个国家"。这名受访的白人补充道："我们是不会让他们得逞的。"[18]

　　在持续了一段时间之后，约克市的种族暴力冲突在 1969 年 7 月 17 日达到了顶峰。在此之前，12 岁的黑人少年克利福德·格林（Clifford Green）

因烧伤被送入医院，他声称白人帮派"吉拉德兄弟"的一名成员向他泼洒汽油，并在他身上放火。黑人组织约克城青年的成员试图为被烧伤的黑人孩子报仇，他们四处寻找袭击格林的凶手。"吉拉德兄弟"的首领格雷戈里·内夫（Gregory Neff）迅速通知"纽贝里街男孩"和其他白人帮派，称他们的黑人敌人正在"寻找鲜血"。[19]

此后不久，黑人和白人少年就在市中心"纽贝里街男孩"所在街区的一个游泳池以及纽贝里街（Newberry）和盖伊街（Gay）交会的街角处大打出手，黑人组织"约克城青年"首战告捷：亚瑟·梅瑟史密斯（Arthur Messersmith）声称他被 17 岁的黑人少年塔卡·斯威尼（Taka Nii Sweeney）殴打，而另有一批黑人青少年挺进至纽贝里街男孩的总部——一家门上喷着"白人权力"的翻修过的老雪茄店。黑人青少年将这个总部的门窗砸得粉碎。[20]

在接受警方讯问时，克利福德·格林承认他的烧伤并非白人帮派所为，而是在和朋友玩耍时喝了大量的打火机液，并试图从嘴里喷出火焰所致。也就是说，由格林所引发的暴力冲突实际上源于一个谎言，不过，这一点对于参与暴力的双方来说并不重要。在接下来的两个星期内，暴力从拳脚相加和互扔石块发展到武装帮派之间的交火和纵火，最终导致一名 22 岁的警察和一名 27 岁的黑人母亲死亡。枪击从 17 号夜晚 11 点 40 分开始，当时 20 岁的罗伯特·梅瑟史密斯（Robert Messersmith）——也就是上文亚瑟·梅瑟史密斯的弟弟——发现了可能在前一天晚上殴打了他哥哥的黑人少年斯威尼，于是开枪射击。子弹击中了斯威尼的腹部和 14 岁的约翰·华盛顿（John Washington）的肘部。约翰·史密斯（John Smith）是约克市警察局中为数不多的黑人警员，他在枪击发生之前恰巧和两名受害者说过话并在枪击发生后将他们送到约克市医院。随之而来的处理与罗奇枪击事件一样，警员们即便来到事发现场也没有对"纽贝里街男孩"的任何成员进行调查，自然也没有任何人因为此事被捕。斯威尼在医院躺了数个星期直至枪伤康复。[21]

第二天晚上，黑人开始对途经该市西区的任何一个白人发动袭击，约克市警方则在超过 40 名州警的协助下对此暴力事件予以镇压。一群黑人聚集在佩恩街（Penn）和大学街（College）交会的街角。到了夜晚 10 点 30 分时，一个骑着摩托车的白人背部中枪，警方迅速派出一辆绰号"大艾尔"（Big Al）的装甲卡车到达现场，三名警员现身车上。一旁围观的黑人记得警察在车上向外大喊道："黑鬼，离开街角，赶快回家。"接下来，警察向大约有 25 人的人群开枪。人群中有人开枪还击，几颗子弹穿透装甲车八分之一英寸的钢板，击中警员亨利·沙德（Henry Schaad）的躯干、腿和脚。沙德在两个星期后不治身亡。[22]

作为报复，警察和白人帮派携手向黑人社区发动攻击。一对黑人夫妇报告称，一群警察站在一家工厂的厂房顶上"向发出任何声音或是有任何东西移动的方向开枪"。另有报道称，年仅 3 岁和 8 岁的姐弟两人达里尔·罗杰斯特（Daryl Register）和珍妮特·罗杰斯特（Jeannette Register）在围观一名警员殴打一个黑人时，被警察射出的流弹击中。一个名叫本尼·卡特（Bennie Carter）的男子描述称，一辆警用装甲车冲向聚集在格林街（Green Street）和学院大道（College Avenue）街角处的一群黑人居民，车上的警员大声喊着："你们这群黑混蛋赶快回家！"接着，警察将手中的步枪指向人群。枪声响了，子弹击中了卡特的朋友克拉伦斯·奥斯比（Clarence Ausby）。警察没有为奥斯比叫救护车，而是将他拖上装甲车开到约克市的郊外拳打脚踢。[23]

警察向聚集着的黑人人群和黑人社区开枪，白人组织的袭击目标则显现为个人。自警团体向"约克城青年"的领导人鲍比·辛普森的住宅开枪，枪击时间持续了数分钟。他们也向离群索居地住在纽贝里街一带的一对黑人夫妇家中投掷燃烧瓶，并向冒险进入"纽贝里街男孩"的所谓"地盘"的两名黑人女性开枪。由于频频发生的枪击事件已经导致大约十几名白人和黑人受害，市长斯奈德宣布该市进入紧急状态，州长雷蒙德·谢弗（Raymond P. Shafer）宣布实施宵禁。[24]

白人青年仍被允许自由聚集——尽管这种聚集受到一定限制。6 月 20 日，星期日，当天夜晚"吉拉德兄弟""约克林男孩"和"纽贝里街男孩"的成员打着"保护他们的邻居"的旗号聚集在法夸尔公园（Farquhar Park）。警员查理·罗伯逊（Charlie Robertson）和其他警察随后抵达公园，但并没有遵循相关规定——这些规定被用于驱散聚集在一起的黑人青年——驱散这群白人。警察没有追逐任何人，也没有用警棍打在任何人的身上。相反，这些警察与这群白人团伙一同高呼"白人的权力"和"我们必须团结在一起"。警察一边向这些帮派成员发放子弹，一边恳求他们务必保证不将子弹用于帮派活动。正如"纽贝里街男孩"的一名成员所说，警察让这些白人青少年觉得警察"和我们站在一起"，这些年轻人受到鼓舞，他们公开携带武器并随心所欲地攻击黑人。[25]

就在这股白人至上主义势力聚集在法夸尔公园时——其情形与两年前开罗市圣玛丽公园的白人聚集相似，莉莉·贝勒·艾伦（Lillie Belle Allen）一家人正从电视上观看尼尔·阿姆斯特朗（Neil Armstrong）登上月球后的月球行走。此前，艾伦开车载着她的两个孩子和父母从南卡罗来纳州的艾肯市来到约克市探望她的妹妹海蒂·迪克森（Hattie Dickson）。第二天，全家人去乡下钓鱼，没有注意到城中所发生的暴力冲突。傍晚时分，迪克森开着她的白色凯迪拉克——车上载着她的父母、丈夫以及艾伦——去一家杂货店，他们决定抄近道走纽贝里街，却发现白人武装团伙正在那儿巡逻。迪克森试图掉转车头，她的车却在这个最糟糕的时刻熄火了。这个黑人家庭于是被困在一群白人暴徒之中，而他们被困的街角正是四天前暴力冲突的发生地。艾伦下车打算帮妹妹重新发动凯迪拉克。"别开枪！别开枪！"艾伦恳求着，她的手在空中挥舞。子弹将她击倒。接下来，数十人向汽车开火。艾伦的父亲大叫着"趴下"，他的妻子和另一个女儿紧紧趴在汽车的座椅和地板上。[26]

枪击一直持续到查理·罗伯逊以及另外 3 名警察赶到现场。前一天的夜晚，罗伯逊还与这伙正在向汽车开火的暴徒一同高呼"白人的权力"，而此时他所看到的是迪克森的汽车被子弹打烂，底盘被子弹击穿，车窗近乎粉碎。车上的人除了遭受几处轻伤以及头发里满是玻璃碎片之外，人人都幸存下来——这可真是奇迹。当晚9点30分，艾伦被送进医院，她的胸部右侧被子弹击穿，20分钟后不治身亡。而4天前曾向斯威尼和华盛顿开枪的罗伯特·梅瑟史密斯——传言称他的父亲曾是约克县三K党中的头号人物——吹嘘他将艾伦"撕成了两半"，并称他以其子弹的威力"将她从鞋子里炸了出来"。中弹倒地的艾伦脱落了一只运动鞋，据说梅瑟史密斯将这只运动鞋当成战利品带回了家。[27]

警员罗伯逊信守他对白人帮派成员的承诺，他和处理此案的另一名警察既没有没收武器也没有实施逮捕。约克市警察局在面对遭受白人暴力侵害的黑人受害者时自有一套常规的应对方式，罗伯逊遵循这套方式在艾伦遭到谋杀后将所有的目击者打发回家。当局没有对这起枪击致死事件进行任何调查，而是调遣了600名国民警卫队士兵手持卡宾枪、乘坐吉普车和装甲运兵车为约克市的警察以及前来增援的147名州警提供支援。[28]

在接下来的一个星期里，国民警卫队的士兵协助当地警方对黑人社区实施突袭，其主要目的是搜查居民家中的枪支弹药。警察搜查了潘恩街和大学街黑人社区中的8所房屋，没收了10支步枪、霰弹枪和左轮手枪。他们也搜查了位于纽贝里街的梅瑟史密斯的住所，并在家中找到了一个名副其实的武器库，查获了15支枪——包括12口径的军用步枪和泵动式霰弹枪——以及数百个弹药匣。随着冲突双方至少是被部分地解除了武装，约克市的暴力冲突看似渐渐平息。[29]

与几乎所有经历过反抗的城市不同，约克市最终实现了表面上的和平。2000年，随着白人开始向调查人员讲述20世纪60年代所发生的事件真相——其中包括1963年发生在密西西比州的杀害民权运动领袖梅德加·埃弗斯（Medgar Evers）以及同年在伯明翰教堂炸死4个小女孩的暴力事件，一群在民权时代犯下滔天罪行的臭名昭著的杀人犯被送上了法庭。1999年，约克市的新闻媒体对60年代所发生的反抗进行了系列报道，并以此方式纪念该市反抗 30 周年，与此同时，媒体也对艾伦案和亨利·沙德案迟迟未能得以昭雪提出质疑。随后，地方检察官斯坦·雷伯特（Stan Rebert）启动了大陪审团 * 程序。尘封的案卷重新打开，证人重新接受询问，新的证据得以发现，最终有 10 名白人因被控谋杀艾伦而被捕。这伙人中的大多数都承认有罪，他们以免于监禁为条件出庭作证，指控帮派头目格雷戈里·内夫和罗伯特·梅瑟史密斯。内夫和梅瑟史密斯分别获 4 年半至 10 年的刑期和 9 年至 19 年刑期。两名被指控杀害沙德的黑人凶手利昂·赖特（Leon Wright）和斯蒂芬·弗里兰（Stephen Freeland）也被定罪入刑。[30] 约克市的种族暴力冲突终于等到了正义。然而，前警员查理·罗伯逊虽被指控犯有谋杀罪，却被无罪释放，逍遥法外。罗伯逊在受审时正值其担任约克市市长的第二个任期，在他的整个任期支持他的白人势力如日中天，甚至直抵地方权力体系的最高层。

对于发生在约克、开罗和其他城市的种族暴力冲突，官方和媒体的叙述方式是将一切都归咎为黑人和白人中的一些群体的"无法无天"：双方均为种族主义分子，各自秉持极端观点而相互攻击。另一种叙述方式是简单地认为问题被夸大了，也就是说，他们认为黑人的恐惧并无现实基础可言。正如伊利诺伊州的副州长保罗·西蒙（Paul Simon）所说的，"白帽党或千万公民委员会已成为黑人社区恐惧的根源"，只不过"这种恐惧大部分是毫无道理的"。[31]

1969 年 4 月中旬，副州长西蒙花了两天时间访问伊利诺伊州的开罗市。他与金字塔场社区的母亲、儿童和祖父们交谈，后者向这位副州长叙述了白帽党的所作所为以及 3 月 31 日所发生的事件：自警团在那一天的夜晚向金字塔场开枪，枪击时间长达两个半小时，由此在开罗市揭开了持续

---

* 大陪审团（Grand Jury）：依据《美国宪法》第五条的规定，可能被判处死刑的刑事罪案或是其他重罪必须经由大陪审团决定是否起诉。大陪审团的职责在于受理指控，听取控方证据，决定是否将犯罪嫌疑人交付审判。至于案件的审理以及是否认定有罪，则由小陪审团承担。联邦法院的大陪审团由 16 至 23 人组成，各州法院的大陪审团人数各有不同。——译者注

暴力的序幕。然而，白帽党在西蒙面前将自己装扮成了受害者，其表演令人印象深刻，并最终说服西蒙相信他们与任何袭击黑人的事件无关。西蒙到访开罗的第一天晚上，有人打电话给佩顿·伯布林并向其发出死亡威胁。当晚 11 点钟，副州长被叫到这名白人至上主义者的家中。在此之前，也就是 1968 年 11 月，伯布林因为当选州检察官而辞去了他在白帽党中的职务。他说"两个职务之间可能存在冲突"，但他将立足于新的起点而继续为白帽党的事业服务。当伯布林受到死亡威胁而身陷险境（或者说他希望西蒙相信他身陷险境）时，他让副州长倾听苦衷。两人的交谈时长 1 个小时，西蒙让他相信"金字塔场必定恢复法律和秩序"[32]。

　　地方当局与执法部门的支持只会让开罗市的白帽党——与约克市的白人组织一样——更加肆意妄为。就在西蒙到访开罗后的第一个星期六，也就是 4 月 26 日，伯布林发出搜查令对金字塔场社区的 3 座公寓进行突击搜查以没收枪支和炸药。这项行动是他作为州检察官的精心之举：他特意将搜查时间安排在 4 月的第三个星期六，也就是黑人举办抵制白人店铺的抗议活动的当天。就在这一天，数百人举着诸如"购物不去白人商店，花钱要有利于黑人"之类的标语上街游行，而与此同时警方也突击搜查了金字塔场社区，但并未找到任何武器。当参与抗议活动的居民返回家中时，发现屋内已犹如遭到劫掠，剩下的东西只能拼凑着聊以度日，有些人干脆把家中所剩无几的东西扔掉了事。对于这些敢于挑战白人权力结构的人以及他们的家人来说，给他们留下的只有屈辱。[33]

　　开罗市开始燃烧。在伯布林精心发动突袭行动后的 4 天时间里，这座城市史无前例地发生了 28 起火灾，而火灾所发生的区域主要集中于金字塔场一带，包括圣科伦巴教堂附近的一家酒馆和一幢闲置的建筑物：前者是联合阵线的成员常去的处所，而后者在 1967 年被强行合并前曾经是一所黑人高级中学。断断续续的燃烧瓶袭击事件贯穿了整个 5 月，与之相伴的是将子弹射向警察局、"联合阵线"办公室，以及金字塔场社区。没有任何一方宣称对这些暴力事件负责，双方都认为他们仅仅出于自卫。[34]

　　此时已到 6 月中旬，由于当局没有做出任何像样的干预，枪击和燃烧瓶事件依然没完没了，州执政当局因此决定采取行动叫停白帽党。伊利诺伊州立法机关通过了一项法案，该法案规定废止 1885 年的一部州法，正是后者授权白人居民组建自警团体以抓捕"盗马贼、纵火犯以及其他犯有重罪的罪犯"。由于可能被新的立法所禁止，白帽党正式宣告解散。然而，正如该组织的联合创始人汤姆·马德拉所承诺的："无论州长是否签署这项法案，我们都将继续行动。"[35] 不到一个星期，马德拉就伙同开罗市白人组织中的一些人在圣玛丽公园召集了一场集会，自警团换了一副面孔卷土重来。

　　与白帽党相比，一个更为直接地效仿美国公民委员会的白人团体是所谓"联合公民社区行动组织"（United Citizens for Community Action）。尽管这个团体口口声声称其致力于"社区合作而非镇压"，但其绰号"联合浣熊控制协会"*却表明事实上并非如此。构成联合公民社区行动组织领导层的是前白帽党的一些重要成员，包括伊利诺伊州开罗市国民警卫队的指挥官杰里·莱博（Jerry Lebo）上尉、开罗市新闻与音乐公司的老板卡尔·赫尔特（Carl Helt）、企业主艾伦·莫斯（Allen Moss），以及牧师拉里·波茨（Larry Potts）。卡尔·赫尔特此时刚刚被任命为《三州通讯》（Tri-State Informer）的主编，该报口号为"国家之权利、种族之纯正"，是美国公民委员会宣扬白人至上主义的机关报。拉里·波茨则在 1968 年杀死了一名 73 岁的残疾黑人，波茨声称此人当时正在强奸他的妻子，验尸官陪审团†也因此免除了针对他的所有指控。[36]

　　大多数白帽党成员都摇身一变而成为联合公民社区行动组织的成员。除此之外，开罗市的这个新兴白人自警团体还吸引了 1 000 多名新成员，据报道称，其人数达 2 000 人之多。争取种族平等的黑人常常被冠以"黑

---

*　联合公民社区行动组织（United Citizens for Community Action）的英文简称为 UCCA，有意讽刺者将首字母重新拼写并组合成 United Coon Control Association，可译为"联合浣熊控制协会"。浣熊（coon）是对黑人的蔑称。——译者注

†　验尸官陪审团（coroner's jury）：由验尸官所召集的旨在对死者的死因进行刑事调查的陪审团。——译者注

人种族主义"之名，这类指控已日益成为一种话术，为后民权时代的白人助长仇恨和发展自警团体推波助澜。联合公民社区行动组织也不例外，他们对所谓"黑人种族主义"大加挞伐，同时承诺"在开罗市团结所有负责任的公民，以期找到解决当前问题的方式并为社区的发展设定目标"。它提供了一个远比白帽党的组织原则——"保护你的家园"——更加广阔的愿景。联合公民社区行动组织很快在开罗市以外建立了联系。1969 年秋天，白人至上主义团体的领导人在密西西比州的杰克逊市（Jackson）会晤；随后，联合公民社区行动组织加入规模更大的美国公民委员会所推进的运动中。[37]

尽管主导开罗市的大部分暴力事件都是白人，而且这些事件也主要集中发生在金字塔场黑人社区，但是，许多白人居民却感觉似乎是他们的生命和生活受到了威胁。"对于'联合阵线'在开罗市引燃的 5 个月的暴力浪潮，我们将使用一切必要的力量使其平息。"此话出自鲍勃·坎宁安，一个生意兴隆的木材经销商，白帽党的创始人之一，目前是联合公民社区行动组织的领导人。对于他所说的暴力的最好理解，是将其视为反对白人至上主义的任何形式的挑战——既包括武力自卫，也包括非暴力的示威活动。坎宁安声称"联合阵线"只不过是"6 个黑人流氓和骗子"，除此之外什么也不是。联合公民社区行动组织的头脑们常去马克·吐温咖啡店（Mark Twain Café）品尝鲇鱼和沟通感情，在此工作的一名女性员工向记者分享了她对于这些顾客的所思所想："我真想用机关枪招呼他们，只有一场内战才能结束这一切。"联合公民社区行动组织向它的成员宣称，国家对黑人所作出的微小让步已经让这些黑人获得了太多的权力，而"纳税、守法和负责任的开罗公民"将为捍卫自己的规则而战。[38]

在 20 世纪六七十年代的美国城市中人们秉持一种观念，即所谓黑人和白人中那些"无法无天"的群体都对暴力事件负有责任。事实上，这种观念源于一个基本的假设：假设我们没有任何理由去终结这个将黑人系统性地排斥在就业、体面的住房和教育机会之外的政治和经济体制。这种观念为白人所广泛持有。对于处于严峻的斗争形势中的黑人活动人士来说，白人自警团的存在给其带来了更加严峻的挑战。开罗、约克以及其他城市的黑人活动人士和激进分子因而采取了新的策略和对策：在保卫自己的社区的同时，他们也以向黑人提供衣服、住所、医疗照顾和其他必需品等方式填补种族主义留给社会服务的空白。开罗市的"联合阵线"尤其在上述两个方面都取得了成功，并因此而将民权运动——以非暴力和合法的直接行动挑战种族歧视——的策略，与指导黑人权力运动的两项原则——黑人自决和黑人民族主义——深深地融合在了一起。

"联合阵线"的政治理念源于其对基督教所作的激进式解读。他们的组织徽章——《圣经》上放着一把手枪——将这个时代的黑人权力运动所主张的武装自卫的政治理念与此前一个时代的民权运动的精神基础结合在一起。"联合阵线"的成员克拉伦斯·道希尔（Clarence Dossier）说："枪被用来保护你，而《圣经》为你指明方向。"[39]《圣经》《马太福音》中讲述了将绵羊与山羊分开的寓言，耶稣借此寓言呼吁他的追随者"给饥饿的人食物，给衣不蔽体的人衣服，给无处安身的人住所，给生病的人照顾，给外乡人招待，给身陷囹圄者关怀"。"联合阵线"从耶稣的教导中衍生出它的组织目标。到 1970 年时，联合阵线已与芝加哥的"城市联盟"（Urban League）以及其他同情并为其提供支持的组织建立联系，他们创建了食品供给网络，用卡车向开罗市运送数以吨计的罐头食品、医疗用品、日常用品、衣服和玩具，这些物资均为西尔斯（Sears）公司、罗巴克公司（Roebuck）以及蒙哥马利·沃德（Montgomery Ward）百货公司所捐助。此外，"联合阵线"还向开罗居民提供免费的法律援助服务和（有限的）医疗服务。[40] 他们建立了一个日托中心、一个养猪场、一个制造预制房屋的工厂、一家女装店和一家杂货店，所有这些机构都实行集体所有制原则：所获得的利润与社区分享并以此实现财富的公平分配。查尔斯·科恩是"联合阵线"的创始人，同时长期担任当地民权运动的领袖。他在联合阵线的一次集会上宣称，他们的事业"超越开罗市的范畴"，是一个以社区和合作为基础的全新体系，是一场旨在"取代白人价值体系"——也就是取代资本主义——的更加广泛的运动的组成部分。显然，这个国家不可能为黑人居民提供保护，不可能保障黑人居民的权利，不可能满足黑人居民的基本需求，因此，"一切要靠我们自己"[41]。

在开罗市爆发持续冲突期间，"联合阵线"将其中心工作聚焦于针对白人商人开展抵制活动。由于警察和白人自警团在人数以及所拥有的枪械方面远远优于"联合阵线"，开罗市的黑人所能做的最有力的回应，就是不参与这个城市的经济活动。在短短一年多的时间里，就有 11 个白人的店铺因为黑人的抵制而倒闭，这让原本已是苦苦挣扎的市中心商业圈更加令人沮丧。尽管抵制活动在无须集会和游行的情况下就可以达到目的，但"联合阵线"认为诉诸直接行动可以促进黑人团结，让陷于种族隔离的围困下的黑人感受到力量和爱。游行的队伍行进在大街上，看着市中心倒闭了一家又一家店铺，这让每一个游行活动的参与者都领悟到了他们的集体权力。黑人走在一起，他们共同抵制种族主义和恐怖主义，并公开宣称不再接受旧有的压迫制度。当然，这些店铺的白人业主也以同样强烈的态度拒绝让黑人拥有自由，并因为这种拒绝而赔上了自家的生计。"白人商人心甘情愿地为自己的种族主义而受苦。"这是"联合阵线"的发言人曼克·哈里斯（Manker Harris）的观察所得。[42]

"联合阵线"的星期六游行很快成为开罗市每周一次的重要活动，并主导了这个城市的基本运作。每一场游行都是以圣科伦巴教堂作为起点，在那儿科恩等活动人士与参与游行的居民攀谈。参与者的人数通常是 100 人左右。"我们期待着改变社会的那一天，"科恩说道，"我们要么改变社会，要么死亡，反正终究将有所改变。"当白人在 1969 年 3 月第一次向金字塔场社区开枪时，"一样东西让我们走到了一起"，科恩向人们提起那个历历在目而令人恐惧的时刻，"这样东西就是我们的生活意愿，就是黑人能够走出户外、能够四处走走的意愿"。当黑人社区被动员起来以对抗自身所处的暴力环境时，事情开始发生了变化，"我们开始真正地彼此友爱，开始明白如果我遭到随意枪杀，你就有可能也遭到随意枪杀，我们因此开始守望相助"[43]。所谓为开罗市的黑人提供保护，不仅意味着要在家中备有枪支，要满足他们对于食物、衣服和住所的基本需求，而且意味着要集结集体的力量向秉持种族主义立场的商铺示威，并对其进行抵制。

圣科伦巴教堂前的集会鼓舞了示威的人群，游行的队伍开始沿着市中心的街道向前行进。白人居民或是站在人行道上，或是靠在沿街店铺围观。州警和当地警察在十字路口严阵以待，他们封锁交通以便游行的队伍通过。一辆巡逻警车紧跟着游行的队伍，而满怀敌意的白人居民和沿途的警察也常常将游行的队伍团团围住。尽管如此，"联合阵线"的周六游行每周都如期举行。每当游行的队伍行进在市中心时，联合公民社区行动组织的领导人卡尔·赫尔特都会从他安装在开罗市新闻与音乐公司的扬声器向示威者播放刺耳的噪声。赫尔特有时也会播放一段嘲笑的笑声，或是播放亚拉巴马州前任州长乔治·华莱士的一段演讲。至于木材商人坎宁安，他常常尾随游行的队伍并记下队伍中任何一个人的言论。如果有白人愿意面对面地与黑人交谈，这个白人几乎可以肯定就是坎宁安——他常常大声喊道："你好啊，小子！"在游行过程中，围观的白人孩子会对着游行的队伍大喊大叫，游行队伍中的黑人孩子也会以大喊大叫反击，而他们的父母——"联合阵线"的代表们——则斥责这些孩子（"你怎么回事？回到队伍里！""是她先骂我的，她说我们是一群……""不要说伤害任何人的话。"）[44]

游行的队伍在行进大约 3 英里后又回到圣科伦巴教堂。随后，参与者聚集到教堂，他们鼓掌并在长椅上跺脚。大多数参与者都很年轻，但也不乏一些年长者：例如，一名老年黑人妇女常常坐在靠走道一侧的座椅上，双手挂着手杖，当其他人鼓掌和跺脚时，她的蓝色运动鞋也会在地板上敲打节拍。那天夜晚向金字塔场社区开枪的人，或许就是冷笑着看游行队伍走过的白人中的一员，也正因为如此，许多黑人活动人士在参与了白天的游行示威活动之后，往往抱着枪支入睡。曼克·哈里斯在接受采访时发出警告，如果出现持续的枪击或真正的危险，"我们将予以还击"，"我们不是在和你开玩笑"。[45]

开罗市的白人统治精英也没有开玩笑。"如果有必要杀死他们（黑人），我们就杀死他们，"开罗市市长彼得·托马斯（Peter Thomas）在美国广播公司（ABC）1970年11月的一则新闻采访中说，"在我看来，这是我们解决问题的唯一办法。"[46]当这位市长说出此番言论时，开罗市的种族暴力冲突不仅结束而且已经过去了20个月。这番话即使放在开罗市也是够极端的。长期以来，美国的地方政府与警方一直串通一气，他们联手对社会边缘群体施以暴力。就整个20世纪而言，无论是美国的北部还是南部都遍布了白人自警团杀害美国黑人并向黑人的家庭、商铺和机构投掷炸弹的斑斑血泪。自警团几乎从未为其行为所造成的后果承担责任，因为实施暴力被公认为是一种维护"公共安全"的方式，是当黑人赢得政治和经济权益时重新夺取白人统治权的方式。

到20世纪60年代后期，黑人的反抗时代临近落幕，白人三K党的影响力也日渐式微，但是，白人自警团针对黑人的暴力却以新的形式在美国各地持续上演。1968年8月，马里兰州的索尔兹伯里市（Salisbury）警察局组建了一支216人的志愿者队伍，他们全部是白人，其任务是在发生反抗时为当地的40名警员提供协助；黑人居民对此表示抗议，他们向建筑物投掷燃烧瓶并抢劫了商店。就此而言，索尔兹伯里市旨在控制反抗的政策——它将警察权授予白人平民并以此监控黑人——事实上是引燃了一起反抗。1970年5月，在宾夕法尼亚州阿勒奎帕（Aliquippa）的轧钢厂镇，一名年轻的黑人男子在酒吧前的人行道上与一名白人警员擦肩而过，这场邂逅引爆了"种族之间的公开战争"：在警察训斥了这名黑人之后，一群白人开始围攻这个年轻人，而一旁的警察对此视若无睹，由此所引发的是黑人居民和白人居民各自拿着棒球棒、轮胎链和棍棒在街上互殴。同年6月，密歇根州卡拉马祖市（Kalamazoo）的白人摩托车团伙在开车穿过一个黑人社区时开枪打伤数名居民，作为回应，大约十几名黑人打砸了城内建筑物的窗户并向警察和路人扔石块，这伙人——根据《安阿伯新闻》（*Ann*

Arbor News）的报道——愤怒地叫嚷着"是警察让这个团伙闯进黑人社区的"。1970 年 9 月 18 日，星期五，在北卡罗来纳州的烟草小镇扬西维尔（Yanceyville），白人和黑人在卡斯威尔县市集（Caswell County Fair）爆发冲突，这一事件最终以一名黑人女孩臀部中弹收场。第二天大约 10 点钟，据《夏洛特观察家》（*Charlotte Observer*）报道，"由大约 50 人所组成的黑人团伙"沿着城市的主干道行进，他们一路投掷石块和燃烧瓶，并与警方交火。[47] 警方没有在爆发上述暴力事件的任何一座城市逮捕任何一个与牵连其中的白人公民，即使他们是暴力事件的煽动者和肇事者，也大可逍遥法外。白人可以袭击黑人而无须承担任何后果，而黑人则往往因为自卫和保护自己的社区被定罪和受到惩罚。

不过，就索尔兹伯里、阿勒奎帕、卡拉马祖、扬西维尔等城市而言，无论是其反黑人的暴力组织还是黑人的反抗力度都没有达到开罗市或约克市的规模。尽管在这些城市中警察同样与白人沆瀣一气，同样在白人至上主义者制造恐怖事件时置若罔闻，但与之相比，开罗市的联合公民社区行动组织以及约克市的白人组织的组织性更强，它们拥有重型武装，与当地执法部门的配合更加积极，也更加默契。正是因为如此，发生在开罗和约克这两座城市的暴力事件更为旷日持久，也导致了更加致命的后果。尽管黑人居民认为其在为其生命和社区的安全而战斗，但这依然可归于"种族战争"概念的普遍范畴。开罗市的暴力事件在 1970 年达至顶峰，也正是在这一年，《大西洋》（*Atlantic*）在描述这座城市时称其分裂为"两个武装营地"：一个是白人的，一个是黑人的，"双方都毫无正义可言"。[48]

注　释

1. Kerry Pimblott, *Faith in Black Power: Religion, Race, and Resistance in Cairo, Illinois* (Lexington: University of Kentucky Press, 2017), 100.

2. Paul Good, *Cairo, Illinois: Racism at Floodtide*, US Commission on Civil Rights, Clearinghouse Publication no. 44 (October 1973): 16; "Minneapolis Calls Guard to End Riots: Troops Patrol Area of Racial Violence Dozens of Fires Mark Minneapolis Rioting," *Chicago Tribune*, July 22, 1967, pg. B6.

3. Good, 15; "Minneapolis Calls Guard."

4. Lee Winfrey, "The Gun Is King in City of Hate," *Detroit Free Press*, September 21, 1969, pg. 1.

5. Dwight D. Eisenhower, "We Should Be Ashamed!" *Readers Digest* August 1967, 67—71. Eisenhower used what the philosopher Jason Stanley calls "code words" (i.e., "savage riots," "proper principles") to conceal the connections he was making to Black Americans. See Jason Stanley, *How Propaganda Works* (Princeton, NJ: Princeton University Press, 2016).

6. Good, 17.

7. "Race Hatreds Rend Dying City," Louisville *Courier Journal*, June 26, 1969, pg. A7; Pimblott, "Soul Power: The Black Church and the Black Power Movement in Cairo, Illinois, 1969—1974" (PhD diss., University of Illinois at Urbana—Champaign, 2012), 132; Good, 16.

8. Good, 29, 17; "On the Battlefield: Cairo, Illinois," pamphlet prepared as a public service (Concerned Community Coalition of Bloomington-Normal and Community for Social Action): 13, 5.

9. George Lardner Jr., "Cairo, Ill., at War with Itself," *Washington Post*, September 21, 1969, pg. 3; Good, 17; "Priest Makes Charge: Vigilante Corps in Cairo, Ill.," *St. Louis Post-Dispatch*, March 23, 1969, pg. 1.

10. Good, 17; "Shots Fired Near Scene of Racial Tension in Cairo," *St. Louis Post-Dispatch*, April 1, 1969, pg. 4C; Stephen Darst, "Cairo, Illinois," *Atlantic* 225, no. 3, (1970): 16—25; Robert H. Collins, "Bishop Backs Fr. Montroy's Goals, but Not All of His Methods," *St. Louis Post-Dispatch*, March 25, 1969, pg. 3B; "Priest Makes Charge: Vigilante Corps in Cairo, Ill.," *St. Louis Post-Dispatch*, March 23, 1969, pg. 1.

11. Collins, "Bishop Backs Fr. Montroy's Goals."

12. "Blacks, Whites Trade Shots in Cairo, Ill.," *Los Angeles Times*, April 1, 1969, pg. 19.

13. Peter B. Levy, *The Great Uprising: Race Riots in Urban America During the 1960s* (New York: Cambridge University Press, 2018), 228; "Crispus Attucks Anniversary Special Section," *York Daily Record*, April 2016, https://www.ydr.com/story/news/history/2016/04/01/crispus-attucks-anniversary-specialsection/82475478/; "Police Harassment Is Blamed for Violence by Black Youth," *York Gazette and York Daily*, July 17, 1968, pg. 1; Levy, 235.

14. Levy, 274, 239.

15. "Disorderly Youths Plague York, Pa.," *Washington Post*, June, 17, 1968, no page given, Lemberg Folder "York, Pennsylvania," Box 9; Levy, 235; "Witnesses Say Two White Men Fired Shots at Blacks After Disturbance," *York Gazette and York Daily*, July 16, 1968, pg. 3; "3 Held in York, Pa. as Violence Flares for Second Night," *New York Times* 5 Aug 1968, pg. 31; Levy 257.

16. Levy, 257; "3 Held in York, Pa. as Violence Flares for Second Night," *New York Times*, August 5, 1968, pg. 31.

17. Levy, 238; Stephanie L. Morrow, "Twelve Days of Hell: A Study of Violence, Historical Memory, and Media Coverage of the York, Pennsylvania Race Riots, 1968—

2003" (PhD diss., Temple University, 2016), 91; Levy, 258; 另请参见 Jim Kalish, *The Story of Civil Rights in York, Pennsylvania* (York, PA: York County Audit of Human Rights, 2000)。

18. Levy, 262—263, 277.

19. Levy, 266.

20. Levy, 266.

21. Morrow, 10—11; Levy, 266; "Boy's Fabricated Story of Being Set Afire Touched Off Clashes of Gangs," *York Gazette and York Daily*, July 19, 1969, pg. 1; Lauri Lebo, "York City's Summer of Rage," *York Dispatch*, July 15, 2019, https://www.yorkdispatch.com/story/news/local/2019/07/16/1969-riots-reckoning-decadesafter-yorks-summer-rage/1638562001/; Levy, 267; Morrow, 11—12.

22. Jennifer McManamin, "2 Men Charged in 1969 Killing of York Policeman During Riot," *Baltimore Sun*, October 31, 2001, https://www.baltimoresun.com/news/bs-xpm2001-10-31-0110310291-story.html; Morrow, 12; Levy, 269.

23. Levy 270, 284, 259; "Mike Hoover, the York Riots of 1969," *York Dispatch*, December 4, 2001.

24. Levy, 270—271.

25. Levy, 272.

26. "Murder on Newberry Street," *People Magazine Investigates*, Television Series, Season 3, Episode 9 (January 2019).

27. "Murder on Newberry Street"; Levy, 262; Morrow, 13.

28. Levy, 273; Morrow, 198.

29. Morrow, 186—187; Levy, 274.

30. Rick Lee, Jim Lynch, and Teresa Ann Boeckel, "York Riot Trials: In Henry Schaad Murder, Two Sentenced to State Prison Terms," *York Daily Record*, December 20, 2017.

31. Good, 19.

32. Winfrey, "The Gun Is King in City of Hate"; "Basic Problems Cited in Cairo Unrest," *Southern Illinoisan*, April 20, 1969, pg. 1.

33. Thomas Powers, "Guard, Cops Enforce Tight Cairo Curfew," April 30, 1969 pg. A4; John C. Taylor, "Firebombings, Gunfire Mark Weekend in Cairo," *Southern Illinoisan*, April 28, 1969, pg. 1.

34. Good, 18; "Another Large Fire Hits Cairo," *The Austin American-Statesman*, June 17, 1969, pg. 4; "Cairo A Feudal City: Jackson," *Chicago Daily Defender*, June 19, 1969, pg. 2.

35. Good, 19; "Race Hatreds Rend Dying City."

36. Winfrey, "The Gun Is King in City of Hate"; Good, 33.

37. George Lardner Jr., "Cairo, Ill., at War with Itself," *Washington Post*, September 21, 1969, pg. 3; Good, 18.

38. Darst, "Cairo"; Winfrey, "The Gun Is King in City of Hate"; Lardner Jr., "Cairo."

39. Pimblott, "Soul Power," 199—200.

40. Pimblott, *Faith in Black Power*, 140.

41. Pimblott, *Faith in Black Power*, 139—140, 137; Memorandum to Connie Seals from Dwight Casimere Re: United Front of Cairo, Illinois, no date given (likely December

1969), Chicago Urban League Records, Box 96, Folder 1057, University of Illinois at Chicago Library, Special Collections; "On the Battlefield," 7.

42. "On the Battlefield," 33, 14; Brian Kelly, "Lost in the Past: At the Confluence of Two Rivers," *Chicago Tribune*, July 21, 1985, pg. I10; Heath, "Ghost Town Vigilantes."

43. Quoted in Kathy McKinney, "There Ain't No Love Downtown," in "On the Battlefield."

44. "On the Battlefield," 8—9, 18; Lardner Jr., "Cairo."

45. Lardner Jr., "Cairo"; "On the Battlefield," 12.

46. Duane Lindstrom, "A Decade of Waiting in Cairo: A Report of the Illinois Advisory Committee to the United States Commission on Civil Rights" (June 1975): 12.

47. "216 Enrolled as Deputies in Salisbury," *Washington Post*, August 24, 1968, pg. D1; "Demonstrate in Salisbury," *Washington Star*, August 24, 1968, pg. B3, Lemberg Folder, "MD—Salisbury, August 20, 1968," Box 9; "Aliquippa Riot Ebbs, Parleys on Race Start," *Pittsburgh Courier*, May 30, 1970, pg. 1; "8 Arrested in Rock-Throwing," *Ann Arbor News*, July 17, 1970, no page given, Lemberg Folder "MI—Kalamazoo 7/16/70"; "Blacks Damage Yanceyville Stores," *Charlotte Observer*, September 21, 1970, pg. 1C.

48. Darst, "Cairo."

第四章　狙击枪手

在 1968 年马丁·路德·金遇刺身亡以及 1968 年《综合犯罪控制和安全街道法》颁布实施的双重阴影下，美国黑人的抗争运动将其运动的指导原则从非暴力转向了武装自卫。长期以来，尽管黑人一直——尤其是在 20 世纪三四十年代——通过武装自己来保护家人和社区，但由于此前是非暴力的自由运动居于主导，因而这种转变事实上蛰伏了 10 年之久。在三 K 党的集会曾经吸引 15 000 人参与的北卡罗来纳州的门罗市（Monroe），全国有色人种协进会在二战老兵罗伯特·威廉姆斯（Robert F. Williams）的领导下，组织武装力量对抗白人至上主义者的暴力。1959 年，在陪审团宣判一名强奸黑人妇女的白人无罪释放后，威廉姆斯站在门罗市法院前的台阶上大声嚷道："这里没有法律"，"现在是黑人不得不为自己辩护的时候了，即使诉诸暴力，我们也在所不惜"。威廉姆斯创立了一个名为"黑人卫士"（the Black Guard）的步枪俱乐部，并以此实践其所谓"武装自立"。随着威廉姆斯的追随者越来越多，也随着门罗市日益成为民权运动的斗争舞台，"黑人卫士"遭到了当地白人的暴力压制。一伙由大约数千人所组成的白人暴徒袭击了大约 30 名正在静坐示威的黑人抗议者，导致后者中的许多人身受重伤。[1] 然而，受伤流血的人遭到了警察的逮捕，而参与袭击的暴徒却大摇大摆地站在一旁。威廉姆斯逃到古巴，在那儿主持一个电台节目并主办了一份报纸《十字军》（Crusader），他的节目和报纸在国际上拥有广泛的听众和读者群。

1962 年，威廉姆斯出版了颇具影响力的著作《持枪的黑人》（Negroes with Guns），他在书中解释了何以武装抵抗是抗击白人暴力与压迫的必不可少的手段。"当人们说他们反对黑人'诉诸暴力'时，他们真正的意思是他们反对黑人保护自己。"威廉姆斯在书中写道。[2] 正如他所看到的，每当黑人要求行使宪法第二条修正案所赋予的权利时，白人——从门罗市的三K党直至华盛顿的官员——都倾向于将黑人提出诉求的行为视为一种暴力。

威廉姆斯指出，"将暴力引入美国的种族主义社会制度"的并不是黑人，而是恰恰相反，在这里"暴力已经存在，而且一直存在"。威廉姆斯及其追随者一方面挑战"白人种族主义分子对于暴力的垄断行使"，另一方面强调黑人的尊严以及促进公共安全的必要性。"正如我们在门罗市所展现的，当双方都采用暴力的方式建构规则时，和平就更加容易得到维持。"[3] 由于执法部门和法院未能保护黑人免遭白人自警团的伤害，威廉姆斯因此相信武装自卫是防止事态升级的可予采用的最佳手段。

执法部门、媒体和大部分白人公众都认为黑人武装自卫是一种非法的抗争形式，认为它根植于反白人的种族主义，是对公共安全的破坏。在黑人武装自卫所采用的各种方式中，最为非法也最为可怕的莫过于狙击。那些隐藏在视距范围之外向警察开枪的黑人狙击枪手们，往往被想象为与身处社会边缘的激进分子有瓜葛的精神病患者，他们被认为是20世纪六七十年代活跃在美国街头的真正暴力分子。[4] "狙击"一词所表达的是向警察局、消防站等象征国家权力的设施开枪射击。每当爆发黑人反抗时，狙击的枪声往往构成反抗的背景音乐。在一些黑人居民看来，狙击是一种恐吓警察、迫使其退却的方式，它让警察知道黑人正在准备捍卫自己的社区；而在许多美国白人看来，"黑人狙击枪手"守在屋顶犹如狩猎一般狙击警察（事实上这种情况很少发生）的图像充满了政治意涵，它让白人相信黑人正在全国范围内密谋试图杀死警察。

在对20世纪60年代末和70年代初的黑人反抗作出任何解释之前，我们都需要对"黑人狙击枪手"有所理解，而非遵循白人的想象在将其视为一种现实存在的同时又将其妖魔化。之所以如此，不仅因为"黑人狙击枪手"的形象在21世纪初已让人极为陌生，而且因为黑人狙击枪手的出现——以一种极为重要和极具启发意义的方式——让国家暴力与黑人反抗的暴力循环更加复杂化了，这种暴力循环正是美国 20 世纪六七十年代的时代特征。如果我们深入地理解黑人狙击枪手这一现象，就会发现恰恰是存在于美国的一个更加庞大的体系——反黑人的政治和经济排斥体系——需要对这一时期的暴力事件承担最终责任。至于这一时期的警察，他们中的一些人也成为这个体系及其所导致后果的受害者。

黑人狙击枪手的形象最初出现在 1967 年 7 月的纽瓦克反抗中，当时，武装自卫的呼声在黑人社区日益高涨和激烈。在那一年的"漫长而炎热的夏天"*来临之前，纽瓦克以及全美各地的黑人反抗都还只是以向建筑物和警车投掷燃烧瓶作为高潮，但是，到了夏天，全美各地的大部分反抗都开始卷入枪支。执法人员认为黑人居民正在武装自己并以警察作为袭击目标，他们也开始遭到狙击枪手的伏击。

对黑人狙击枪手的恐惧源于一个更加由来已久的担忧，即在美国内战和第一次世界大战期间所发生的黑人退伍军人的集体暴力。即便到了越南战争期间，黑人退伍军人对于白人的劫掠也并不为奇，而值得一提的是，在反战运动、黑人权力运动、黑人社区以及许多黑人士兵眼中，越南战争就是一场失败的种族主义战争。当局将黑人退伍军人——他们在战争中接受了最新式的军事训练——视为潜在的、危险的仇恨载体，认为他们有能力组织和实施暴力活动。黑人士兵在接受射击训练时，被告知要在世界各地传播自由和民主。就此而言，又是谁在阻止他们运用受训的技能在自己的国家争取自由和民主呢？ 5

黑人狙击枪手开始成为公众关注的焦点。此后不久，死于枪击的警察人数开始激增，这一趋势始于 1969 年，直至整个 70 年代中期始终居高不下。根据联邦调查局所发布的统一犯罪报告，因公殉职的警员在 1962 年是

---

* 漫长而炎热的夏天（Long Hot Summer）：历史上的正式名称为"The long, hot summer of 1967"，是指 1967 年夏天爆发于全美各地的 150 余起种族骚乱事件，其中以底特律骚乱和纽瓦克骚乱的规模和影响为最。——译者注

78 人，1967 年是 76 人，1969 年开始急剧攀升，1974 年达到顶峰：共计132 名警员在这一年被杀。这是一个前所未有的数字，此后也再未被超越。黑人狙击枪手的身影出现在 1967 年的底特律反抗、纽瓦克反抗以及此后一些较小城市的反抗之中。新闻媒体对他们的报道为反抗增添了一抹戏剧性色彩：城市里的黑人反抗被广泛地传播为一场更大规模的黑人民族主义阴谋的组成部分。美国全国广播公司（NBC）的制片人在策划一部有关底特律反抗的电视纪录片时，甚至不着边际地宣称他们采访到了一个"黑人暴徒"团体，并向其询问："你们中的哪一位扮演狙击枪手的角色？"[6] 此时，狙击已成为美国社会的一个新问题，不过，仅仅基于警察的被杀人数尚不足以看出其所引发的真正后果。

狙击问题着实分散了公众对于警察暴行在 1967 年的夏天不断升级的关注。警察认为自己的生命处于前所未有的危险之中，并因此常常认为他们有权在执行公务时无视法律和人权。在 7 月 12 日至 17 日的数天里，警察在纽瓦克杀害了 24 名黑人居民。此后不到一个星期，自 7 月 23 日起底特律又有 33 名黑人居民被杀，他们中的大部分（如果不是全部）死于执法部门和国民警卫队之手。一名国民警卫队的士兵此后解释称："只要看到有人移动，我们就先开枪再说。"[7] 警方通常宣称警员只是从屋顶或窗户向外开枪，但实际上，他们往往漫无目的地开枪甚至疯狂扫射，由此所导致的是并未卷入反抗事件中的黑人居民中弹身亡：他们在与父母同坐家中时被杀，在宵禁后外出捡垃圾时被杀，或是在药店前停下脚步时被执法部门射杀。[8]

伴随着交战状况所具有的不确定性，警察与黑人居民在反抗期间的暴力交流常常陷于与"战争的迷雾"（fog of war）相同的不确定中。对于旨在镇压反对力量的武装力量来说，无论是深陷于越南稻田中的美国士兵还是穿梭于黑人社区中的美国警察，他们往往都对他们的对手将于何地、何时以及如何采取下一步行动一无所知。在黑人反抗的频率和规模达至顶峰的20 世纪 60 年代末和 70 年代初，白人社会所长期营造的对于黑人暴动的病态想象，最终造就了怀疑一切和一切不可预知的社会氛围：白人警察、市政官员以及联邦当局的想象力日渐疯狂。[9]

　　紧随着纽瓦克反抗的爆发，《生活》（*Life*）周刊在其封面报道中宣称，隶属于大学生非暴力协调委员会的一个拥有 50 名成员的狙击小组在对密西西比州的失业佃农实施动员，并在点燃了暴力之火后来到了纽瓦克。撰写这则报道的记者拉塞尔·萨克特（Russell Sackett）解释称，狙击枪手的意图从来都不是无差别地屠杀，而是分散警察的注意力以便让黑人居民有机可乘、实施抢劫。报道称，一名狙击小组成员说道："当警察忙于向建筑物投掷催泪瓦斯以便找出狙击枪手时，我们的人拿到了彩色电视机、冰箱、衣服以及任何他们买不起的东西；是的，他们拿到了。"[10]

　　记者萨克特此后承认这则报道中的部分内容是自己捏造的：这些与他交谈的黑人并没有说自己是狙击枪手，也没有携带任何枪支。尽管如此，这则报道还是迎合了大众对反抗的想象，因此被其他新闻媒体大肆转载并引发广泛讨论。保守派公共知识分子威廉·巴克利（William F. Buckley）在他为《波士顿环球报》（*Boston Globe*）所撰写的全国联合专栏 * 中引用了萨克特的这则报道，并进而宣称所发生的骚乱"关乎公民权利"以及"具有种族主义和政治色彩"。[11] 在巴克利和一些专家看来，黑人狙击枪手是一场邪恶的社会运动的一部分：如果任由这场运动发展，它将最终摧毁美国。

　　黑人狙击枪手真的存在吗？满是弹孔的警车和弹痕累累的建筑物是唯一的物证。不过，也有另外一种说法可资参考。仅以纽瓦克为例，一个不容忽视的事实是：平民的伤亡是在 7 月 14 日国民警卫队抵达该市之后发生的。当国民警卫队抵达纽瓦克时，"年轻而缺乏经验的士兵以为狙击枪手遍布整座城市"。纽瓦克市警察局局长多米尼克·斯皮纳（Dominick Spina）指出："在我看来，大量有关狙击枪手的报道事实上都是国民警卫队的士兵——我不喜欢用这个词——开枪取乐（trigger-happy）所致，他们向任何

发出声响的方向开火，有时甚至不分青红皂白地肆意扫射。"[12]

　　斯皮纳的上述说法表明，正是国民警卫队士兵而非黑人居民才是所谓（过失）狙击事件的主要肇事者，而警察也倾向于在听到枪声后漫无目的地开枪还击，由此常常造成当地警察和国民警卫队之间因为误解而爆发枪战，并因此误伤平民。面对州长所任命的纽瓦克骚乱特别调查委员会，社会活动家和诗人阿米里·巴拉卡（Amiri Baraka）质问道："狙击枪手在哪里？有人看到狙击枪手吗？有人抓到狙击枪手吗？"答案是否定的。纽瓦克的黑人活动家威利·赖特（Willie Wright）认为："所谓黑人狙击枪手，不过是白人编造出来的鬼话"，是州长"和他的'盖世太保'为掩盖他们对于这个城市的屠杀"而制造出来的一个"鬼话"。赖特以及纽瓦克的黑人并未像开罗、约克以及美国其他城市的黑人那样遭遇白人自警团的恐怖主义，但是，纽瓦克反抗期间的警察暴力还是迫使这些黑人拿起了武器。预估国民警卫队将重返纽瓦克，赖特说："我认为城里的每个黑人都应当随身携带或是在家中备有枪支。"正如他所解释的："这只是一个选择问题，选择何处是你的战场、何处是你的归宿。"[13] 赖特代表了新生代的黑人活动家，他们积极响应黑人武装自卫的主张并精心阐释了何谓黑人武装自卫权：大约10年前，威廉姆斯在北卡罗来纳州门罗市法院大楼前的台阶上提出了这一主张，而马尔科姆（Malcolm X）遇刺又进一步凸显了这一主张。

　　对于黑人社区的生存状况，开罗市的联合阵线作出了回应，其方式是帮助这些社区自我武装。查尔斯·科恩以及联合阵线的其他成员认为，自我武装将有助于纠正主流民权运动在其早期所犯下的"错误"。"我们学会了保护自己，"科恩在接受《纽约时报》的记者采访时说，"我们必须自卫，因为没有任何执法机构保护我们。"1969年春，联合阵线建立了一个名为"黑人解放者"（Black Liberators）的武装组织，芝加哥"防卫与正义执事"（Deacons for Defense and Justice）的领导人法茨·克劳福德（Fats Crawford）训练了这支队伍，随后，它就开始了夜间的"生存巡逻"以保护开罗市的黑人社区免遭袭击。[14] 对于科恩、斯托克利·卡迈克尔、休伊·牛顿（Huey Newton）以及"联合阵线"的其他主要激进分子来说，尽管非暴力或许占据了某种道德上的制高点，但在实践中显然归于失败。正如亚洲、拉丁美洲和非洲的被殖民人民所表明的，武装自卫应当成为美国黑人挑战其二等公民身份的手段。与其在越南的所作所为一样，美国政府对他们所认为的实施狙击和"游击战"的敌人进行了镇压。

　　尽管白人对于所谓黑人狙击枪手的恐惧最初是由 1967 年的纽瓦克和底特律反抗所致——也仅仅是暴力的突发所致，但是，随着武装自卫被越来越多地认同为黑人争取自由的斗争手段，狙击——更加清楚和准确地说是枪击——成为黑人反抗事件中的常态。1968 年 9 月在伊利诺伊州的坎卡基（Kankakee），当警察冲入黑人社区试图驱散一个喧闹的家庭聚会时，有人向警员所在的方向开了 5 枪，致使一名警员颈部和肩部受伤。当地警察局局长托马斯·马斯（Thomas Maas）宣称这是一场"有预谋的伏击"。愤怒的人群随后包围了前来调查的警察，在此事件中有 4 名黑人居民被捕。1970 年，弗吉尼亚州罗阿诺克市（Roanoke）的 2 名警察在对一幢房屋——一伙年轻人经常在放学后聚集于此——进行调查时遭到枪击，被打伤的警员向屋内投掷了催泪瓦斯，房内全部 17 名 12 岁至 18 岁的年轻人被控蓄意伤害罪而遭到逮捕。1970 年 10 月下旬，开罗市所发生的可独立成案的袭击事件超过 3 起。在警方和自警团将近 20 个月的不断升级的暴力压制下，一些被描述为"部分成员身穿迷彩服的黑人武装团伙"向警察局射出了数百发子弹。开罗市的警察、副警长以及州警最终击退了 15 名至 18 名袭击者，他们在开罗市的大街上追逐这些袭击者，双方交火。[15]

　　即便狙击枪手的意图是犹如警察所声称的那样杀死或重伤警察，他们也几乎从未实现这个意图。与大多数遭到平民枪击的警察一样，坎卡基、罗阿诺克和开罗市的警员即便受伤，也都只是轻伤。不过，在 20 世纪 60 年代末和 70 年代初的 10 年间，被杀的警察人数还是创下了历史新高：1967 年有 76 名警察殉职，次年增至 86 名，1970 年有 100 名警员丧生，而此后的几年对于警察来说比任何时期都更加危险。执法部门发出请求，要求警方获得协助以便在美国城市与敌人作战。1968 年 7 月，美国警察同业公会（Fraternal Order of Police）主席声称："当警察像水桶里的鱼任人射杀时，是时候该做点什么了。"他进而威胁道：由于"在处理种族暴力时缺乏援助"，警察同业公会将号召 137 000 名警员进行为期 2 天的罢工。[16]

就在越来越多的警察遭到枪杀之时，警方也将更多的警察派往街头巡逻。美国联邦调查局（FBI）的数据表明，在 1963 年至 1971 年的数年间，身穿警服的警员——包括女警员——每一年遭到杀害的人数翻了一番有余。与此同时，美国警察部队的人数也增加了一倍以上。"向犯罪宣战"的政策推动警方不断加大行动力度，而警察暴力与黑人反抗的暴力循环更是导致越来越多的 25 岁以下黑人男子死于警察之手，该数字是同龄死于警察之手的白人和拉丁裔人口的 10 倍。根据美国疾病预防控制中心（CDC）所提供的"历年死亡率简报"（Compressed Mortality File），死于执法人员之手的 25 岁黑人男子的人数在 20 世纪 60 年代末和 70 年代初达到高峰——每年有将近 100 人死于警察之手，而与之相比，在如今 21 世纪的第一个 10 年中，警察枪杀年轻黑人男子的事件是每年大约 35 起；在 1968 年末至 1974 年的数年间，每 4 名遭到警察杀害的人中就有一名是黑人，该比率在此后的 1975 年至 1985 年间降至每 7 人中有一名黑人，今天大约是每 10 人中有一名黑人。（疾病预防控制中心的上述数据——尤其是最近几年的数据——可能存在漏报。警察暴力地图联盟［Mapping Police Violence Consortium］和《华盛顿邮报》的致命性暴力数据库［Fatal Force Database］均表明疾病预防控制中心——作为联邦政府机构——所提供的数据存在严重误差，而美国司法统计局［Bureau of Justice Statistics］也对于存在误差一事予以承认。警察暴力地图联盟的数据表明，仅在 2013 年至 2019 年间，就有 7 627 人遭到警察杀害，其中 1 957 人是黑人，黑人占比高达 25.7%。）[17] 美国其他地区也如 1967 年的纽瓦克一样，警察开枪导致许多并未参与暴力的黑人伤亡，这些受害者只是碰巧在不恰当的时间出现在了不恰当的地方。

警察的致命性枪击事件往往被官员们视为偶发的孤立事件，他们认为这些事件与在黑人社区不断增设警力无关。但与此同时，所谓黑人狙击枪手却被想象为一个全国性现象，这种想象让"法律与秩序"的呼声越来越高，也让官方更加轻易地将后民权时代黑人争取自由的斗争定性为一种刑事犯罪。无论是真相还是想象，黑人狙击枪手都被政策制定者和执法官员视为旨在摧毁美国或是让美国走向内战（如果这还不是内战的话）的恐怖分子。正如《黑人解放报》(*Black Liberation News*) 所观察的，当纽约在 1970 年 2 月发生了一系列伏击警察的事件之后，"在犹如一支白人占领军那样每天在黑人社区巡逻的警察眼中，狙击就相当于一种极为特殊形式的宣战"[18]。有关黑人狙击枪手的想象颠倒了警察暴力与黑人反抗的循环方向：在 20 世纪 60 年代末和 70 年代初的种族冲突中，白人警察被描绘为黑人侵略者手下的无助受害者，被描绘为仅仅因为试图帮助有需要的黑人居民而惨遭黑人狙击枪手的冷血杀害。

随着黑人狙击枪手被想象为正潜伏于美国城市的阴暗角落中伺机以动，白人官员将推动武装自卫的黑人组织所发起的几乎所有活动——从"管好警察"(police the police) 项目到由黑人社区直接发动的抗议活动——都视为与旨在推翻美国政府的革命团体有牵连。由于黑人狙击枪手已被上纲为一个国家安全问题，与此问题有关的各级决策者和官员都选择以更多和更好的装备武装警察：更新的单人盔甲，更新的装甲车，更新和更坚固的警察局大楼，更新和更先进的武器。这一切部分是出于对黑人狙击枪手的恐惧。[19]

在 1968 年至 1972 年，大约有 30% 的反抗事件涉及平民开枪的报道，这个数字不可轻忽。枪击与狙击为警察营造了一股似乎可以无法无天的广泛氛围。在对 1967 年纽瓦克反抗事件中的 25 人死亡一案进行调查之后，大陪审团作出裁决，认定警察和国民警卫队"过度使用枪支"。此外，州长所任命的一个特别委员会也提交报告，宣称"警察所消耗的弹药数量与他们所执行的任务不成比例"。上述状况并不仅限于纽瓦克或是美国的其他主要城市。底特律河下游的英科斯特（Inkster）郊区居住着 3.7 万居民，其中的 40% 是黑人，当地官员试图削弱当地影响力日益壮大的黑人激进运动——其中一些激进分子是现役军人。当一名警员遭到枪杀时，执法部门采取了暴力手段并最终导致一名 15 岁的黑人男孩被杀。[20]

达内尔·斯蒂芬·萨默斯（Darnell Stephen Summers）是英科斯特地方当局长期视为眼中钉的黑人激进分子。1968 年夏天，时年 21 岁的萨默斯从军中休假，他心中怀着某种政治目标回到家中。尽管萨默斯将在秋天前往越南战场，但在休假中的他却创办了一个名为"黑人青年理事会"（Black Youth Council）的组织并拟定了一份三点计划。7 月下旬，"黑人青年理事会"将其三点计划提交英科斯特市议会，并指明这份计划有助于"避免夏季的麻烦"。在市议会综合楼前，萨默斯及其同志当着 100 名支持者的面，将英科斯特当前所处状况称为"紧急状态"，他们呼吁建立一个黑人社区中心，要求在全市范围内对警察骚扰居民的事件进行调查并加以改进，此外，他们还提议改善黑人社区的公园并使之与白人社区的公园处于同一水平。在与议会开会协商期间，26 岁的活动人士图尔汉·刘易斯（Turhan Lewis）站在议会议员的面前从口袋里掏出一颗子弹，他威胁称如果上述要求得不到满足，这座城市就会发生流血冲突。不过，萨默斯回忆道："他们不接受解决问题的钥匙。"[21] 市议会投票一致赞成萨默斯所提出的计划，但只限于设立一个文化中心，即在萨默斯及其组织成员所居住的城市隔离区将一个闲置的娱乐中心调配给"黑人青年理事会"使用。

这一年的 8 月，萨默斯的"黑人青年理事会"在市议会所提供的建筑物内设立了马尔科姆·艾克斯文化中心，其目标旨在强化黑人的社会纽带，并促进黑人社区更多更好地利用当局提供的休闲娱乐设施。他们在墙壁上装饰了代表黑人权力的人物头像，其中包括拉普·布朗（H. Rap Brown）、斯托克利·卡迈克尔以及数年前去世的马尔科姆·艾克斯。马尔科姆是"黑人权力的教父"，他的名字被手绘在文化中心大楼正面的墙壁上。马尔科姆的生活与英科斯特市有着极为重要的联系：他于 1952 年出狱，此后和弟弟威尔弗雷德·利特尔（Wilfred Little）一同住在英科斯特。在福特汽车厂装配汽车以及在加伍德工业集团生产垃圾车的工作期间，他在"伊斯兰民族"组织（Nation of Islam）中的地位不断上升。在他来到英科斯特的短短一年内，马尔科姆被任命为底特律市穆罕默德第一圣殿（Muhammad's Temple No. 1）的助理部长。在此期间，他在他弟弟家中的卧室里写下了他的第一份布道文。1965 年 2 月 14 日，马尔科姆在底特律的福特礼堂（Ford Auditorium）发表了或许是其在世时的最后一次公开演讲，他将"积极而有力的武装自卫"称作对抗从底特律一直蔓延至迪克西（Dixie）的白人至上主义暴力的唯一手段。"我过去住在英科斯特，"马尔科姆说，"你必须穿过迪尔伯恩（Dearborn）才能到达英科斯特，这就好比你必须开车穿越整个密西西比州才能到达迪尔伯恩。"[22] 无论是在迪尔伯恩还是在英科斯特，黑人都在白人自警团体和警察的双重压制下脆弱不堪。

　　英科斯特的四周是百分之百地由白人所居住的郊区，当地的警察部门也是百分之百地由白人组成——他们的实质工作就是将黑人居民拒于白人郊区之外。英科斯特被打造成为一个隔离城市——黑人被隔离其中。这座城市也是深受亨利·福特影响的福特汽车城：在 20 世纪 30 年代的大萧条期间，福特汽车公司为其黑人雇员提供住房并铺设了下水道系统以及供水和供电系统。尽管福特声称其在英科斯特的所作所为是出于人道主义，但他用于建设英科斯特的资金却来自其克扣的黑人员工的工资。对于一些黑人家庭来说，福特公司向其所征收的"税"占其收入的 80%，而这些工人在纳"税"之后工资已所剩无几，基本上只能应付福特在英科斯特所设立的小卖部的花销。福特的小卖部倒是以当地最低的价格销售食品和必需品，但其目的只是要确保每一个人都离不开这些小卖部。正当福特在英科斯特建立类似于城市佃农的制度体系时，与之相邻的迪尔伯恩（亨利·福特一度居住于此并将他的公司总部设立于此）却仍然是种族隔离主义白人的一块飞地。这座城市的座右铭——"让迪尔伯恩保持清洁"——就贴在警车的保险杠上，它所传递的是某种秘而不宣的信息。这些就是马尔科姆·艾克斯在开车穿过迪尔伯恩去底特律的工厂上班时所看到的景象。"如今依然如此吗？"马尔科姆问福特礼堂内的听众。听众回答依然如此。"是啊，你们应当将它纠正。"[23]

就在成立马尔科姆·艾克斯文化中心的数天之后，警方报告称从8月2日起的数个夜晚都发生了投掷石块和燃烧瓶以及狙击枪手的枪击事件。8月7日，市政府派遣一名警员前往马尔科姆·艾克斯文化中心要求萨默斯——原本应当在9月启程——即刻动身前往越南战场，并要求文化中心更改名称并移除标志。似乎一切暴力都源于马尔科姆·艾克斯这一名称。市议会也似乎受到了来自"底特律红队"（Detroit's Red Squad）的压力。所谓"底特律红队"，是成立于1932年的以打击"颠覆性"社会运动为目标的警察情报部门，它在20世纪60年代后期并入联邦调查局的反情报项目组（Counter Intelligence Program），后者的目标是"根除"黑人武装分子。"底特律红队"花费数周调查萨默斯和"黑人青年理事会"，而萨默斯所领导的马尔科姆·艾克斯文化中心拒绝执行当局的指令更换名称。[24]

一天夜晚，两名警员约翰·奈特（John Knight）和托马斯·弗里曼（Thomas Freeman）在英科斯特西南端的黑人社区——马尔科姆·艾克斯文化中心的所在地——巡逻，他们呼叫总部要求对一起投诉进行调查：某人的车辆遭到了狙击枪手的枪击。奈特是英科斯特为数不多的几名黑人警员之一，他登记了一名目击者的证词，随后与他的白人搭档继续开车行进在黑人社区。街道的对面是马尔科姆·艾克斯文化中心，文化中心前停着一辆水星美洲狮（Mercury Cougar）牌汽车，当警车靠近这辆汽车时，他们听到了枪声，而子弹是冲着他们来的。两名警员驾车越过这辆汽车，而车里的人再度向弗里曼和奈特开了两枪，爆裂的弹片击中弗里曼的脸，击中奈特的右手臂和右腹部。弗里曼举枪向水星美洲狮牌汽车还击，但并未击中车内的袭击者，倒是打中了附近一名行人——此时不幸路过此处的21岁的杰拉德·卡尔文·格雷厄姆（Gerald Calvin Graham）——的肩部。警车驶向韦恩县综合医院（Wayne County General Hospital），奈特和弗里曼用警用频道描述了袭击车辆的特征。两名警员深受惊吓，但没有受重伤。[25]

警方只用了 5 分钟就锁定了嫌疑人。尽管奈特和弗里曼将袭击车辆描述为深色（"栗色、黑色或灰色"），但英科斯特市的另外两名警员却在发生枪击的卡莱尔街（Carlyle Street）——马尔科姆·艾克斯文化中心坐落于此——截停了一辆浅绿色的水星美洲狮牌轿车。驾车的是"黑人青年理事会"的成员、曾经拿出一颗子弹向市议会发出威胁的图尔汉·刘易斯：这个年轻人持有一把 0.30 口径的步枪和 1 把手枪，两把枪均已上膛。警方即刻逮捕了刘易斯，并以携带隐藏武器和蓄意谋杀两项罪名对其提起指控。[26]尽管警方似乎找到了狙击枪手，但对刘易斯同谋的搜捕一直持续到深夜。

"底特律红队"的探员们一直在监视萨默斯及"黑人青年理事会"成员，他们也随即加入搜捕行动之中。作为一名训练有素的军人，萨默斯发出了威胁。"底特律红队"的探员罗伯特·冈瑟（Robert Gonser）和弗雷德里克·普里斯比（Frederick Prysby）身穿便衣，开着没有警察标记的警车在这一地区转悠。冈瑟曾在部队服役 12 年，8 个月前入职"底特律红队"。他有 3 个孩子，分别是 3 岁、5 岁和 8 岁。孩子们都不需要冈瑟过分操心，他也因此可以满足从事特殊情报工作的各项要求——包括半夜值班。[27]

8 月 8 日，凌晨 2 点 40 分左右，冈瑟和普里斯比正在沿着中间带服务车道（Middle Belt service drive）向南行驶，此时一辆 1964 年生产的庞蒂亚克·邦纳维尔（Pontiac Bonneville）牌汽车从十字路口径直驶入他们所在的车道。冈瑟驱车避开来车，同时说道："他们有一把步枪。"于是他加快车速，而此时从来车方向传来三声枪响，一颗子弹击中了冈瑟的后背。"我中弹了！我中弹了！"这是冈瑟所说的最后一句话，随后便停止了呼吸。就在这两个星期内，全美有 5 名警察死于狙击枪手之手，冈瑟是其中之一。在冈瑟遭到枪杀后，英科斯特市警察局的局长詹姆斯·菲克（James L. Fyke）援引警方互助协议要求韦恩县以及周边白人城镇——包括韦斯特兰（Westland）、迪尔伯恩和加登城（Garden City）——的警察部门派遣警力抓捕凶手。云集于英科斯特的警员人数迅速翻了两番而增至 100 人，他们配备了步枪和霰弹枪，并有 4 名联邦调查局的特工加入其中。[28]

与此同时，16 岁的赫尔曼·马修斯（Herman Matthews）和他 14 岁的堂弟詹姆斯·马修斯以及另外两个十几岁的孩子正在他们的朋友家过夜，此处距离马尔科姆·艾克斯文化中心大约 10 个街区。由于警察一直在这个街区巡逻，而且时值夜半，4 个少年并未特别意识到警察的存在。大约凌晨 3 点左右，韦斯特兰前来增援的警察驾车驶入马修斯等人所在的房屋附近，此时警用频道正在报道涉嫌枪杀冈瑟的狙击枪手的外貌特征——身穿白色衬衫和深色裤子。当警察看到有"4 个黑人"站在屋前，其中 1 人身穿白色衬衫时，他们认为找到了枪手和共犯。他们试图逮捕这几个夺走了一名警员生命的凶手，于是跳出警车，手里举着步枪。[29]

马修斯等人的本能反应不是向持枪的白人投降，而是逃跑。马修斯及其堂弟冲过朋友家的后院往自家的方向逃跑，而另外两个十几岁的孩子则选择重新回到屋内。在孩子们看来，他们逃跑是因为他们没有做任何错事，而在警员们看来，他们跑是因为他们有罪。赫尔曼·马修斯被垃圾桶绊倒，一名警员上前抓住了他，并用步枪顶着他的头，戴上手铐后搜身，然后将他押上警车。其他警员继续抓捕他的堂弟。在赫尔曼·马修斯即将被送往警察局之前，他听到了枪声。他在警察局内被关押到中午 11 点，没有受到任何指控，也无法打电话给他的父母。[30]

詹姆斯·马修斯试图逃离警察，他独自往家的方向逃跑，并在警察追来时试图在街角找到一个藏身之地。警用频道称这一带正在搜捕"一名有色人种男子，身穿白色 T 恤，携带不明物件"。当警员向詹姆斯逼近时，他为了避免被发现而脱下了白色衬衫，但手电筒还是令黑暗中的他暴露无遗。官方报道称，警员命令詹姆斯站住，同时鸣枪示警。据目击者称，詹姆斯"看到了警察，然后开始逃跑"。警员开了数枪，有 2 颗子弹击中詹姆斯，弹片造成 13 处不同程度的创伤，詹姆斯当即死亡。警方在他身上或附近没有找到任何武器。[31]

当早晨来临时，警方刻不容缓地捣毁了马尔科姆·艾克斯文化中心。

上午 6 点 30 分，一群州警来此收集证据，以期发现文化中心的成员与两起警察枪击事件有关的线索。数小时后，当文化中心的成员赶到时，他们看到布告栏上的玻璃被砸碎，墙壁上代表黑人权力的人物头像也被撕毁。警方拿走了会员名单和其他文件，并安装了窃听设备以便最终获得足以逮捕和起诉萨默斯及其同事的证据。[32] 在警方看来，"黑人青年理事会"纪念马尔科姆，这显然就是在自证他们与暴力事件存在牵连。

在冈瑟和詹姆斯被杀后的不到 24 个小时内，市议会举行了一场特别会议：与会者包括 100 多名黑人居民。亚伦·巴特勒（Aaron Butler）牧师是英科斯特部长联盟（Ministerial Alliance）的主席，他提出了一系列要求——包括所有与枪杀詹姆斯事件有关的警员立即暂停职务。会议中也有人对警方互助协议提出异议，他们反对外地的白人警察进入他们的家园执法。"我们不反对州警察和韦恩县的警察进入英科斯特，"一名居民说，"但是，这些白得犹如百合花一样的白人警察不要将我们团团围住！"这场"充满火药味"的会议持续了一个半小时，最终议会投票一致同意文化中心重新开放并保留马尔科姆·艾克斯的名称。[33]

警方最初拒绝透露与詹姆斯·马修斯被杀有关的任何细节，同时禁止警员和警方管理层对此事发表评论。韦恩县检察官詹姆斯·布里克利（James Brickley）声称："我们不能透露究竟是一名警员、多名警员，还是一名平民开枪打死了这个男孩。"执法部门最终没有公布詹姆斯·马修斯遇害的任何细节。"我认为抓捕一个受到惊吓的小孩不需要开枪，"詹姆斯 23 岁的哥哥乔治·马修斯（George Matthews）说道，"我个人的看法是警方将他当成了替罪羊。"在他看来，警方对于他弟弟的杀害是"将无缘无故地袭击黑人青少年作为一种手段，以便让无疑是长期存在于这个成年世界里的杀戮显得没有那么突兀"。不过，警方和媒体确实是将被杀的詹姆斯视为一个成年人：四名警员报告称看到"黑人男子"，记者也不断在报道中称这些少年为"男人"。这让警方使用致命性武器对付一个少年看起来没有那么残忍，也似乎有些道理。对于詹姆斯·马修斯的家人来说，只有一种方式可以为他伸张正义。"我认为应当以谋杀罪起诉杀害詹姆斯的责任人，这个人或这些人冷酷而有预谋地实施谋杀。就是这么简单。"乔治·马修斯如是宣称。[34]

詹姆斯的父亲霍西·马修斯（Hosie Matthews）向密歇根州民权委员会（Civil Rights Commission）提出申诉，他所得到的回应是地方检察官威廉·卡拉汉（William Callahan）呼吁成立一个由检察官、警察和警长组成的 15 人特别调查小组。毫不奇怪，这个调查小组没有平民参与，也没有执法部门以外的任何利益相关者给予监督。调查小组最终认定警察射杀詹姆斯——一个惊恐地跑向父母家的手无寸铁的男孩——合乎法律。杀戮源于"认错人"：警方形容狙击枪手身穿白色衬衫，而身穿白色衬衫的詹姆斯正好与之相符。[35]

1970 年 8 月，在位于芝加哥的罗伯特·泰勒公屋（Robert Taylor Homes），一伙人向正在该社区巡逻的警察开枪，警察被迫与之发生枪战。在被芝加哥警察局称为"战斗巷"的卡布里尼-格林（Cabrini-Green）公屋项目社区，狙击枪手从六楼的一间公寓射杀了两名负责社区治安的警察。当警察赶到现场搜捕凶手时，警员们遭到了密集的子弹射击。在狙击的枪声最终平息之后，警察搜查了卡布里尼-格林住宅楼内的每一间公寓，他们踢开房门、殴打居民，两个年轻人被打成重伤送进医院。在芝加哥发生上述事件之后，《纽约时报》大胆地宣称："美国的城市似乎已陷入游击战的边缘。"警察在黑人社区遇袭的问题——特别是持续存在的狙击事件——在全美引发了辩论。[36]

芝加哥警方与联邦调查局以及伊利诺伊州库克县警察局的一个战术警队合作，在 1969 年 12 月的一场突袭行动中杀害了黑豹党领导人弗雷德·汉普顿（Fred Hampton）和马克·克拉克（Mark Clark），此事让美国联邦检察官办公室（US Attorney's Office）作为一个执法部门的声誉在许多居民的心中一败涂地。警察向 21 岁的汉普顿、22 岁的克拉克以及黑豹党

的其他成员开了 82 至 89 枪，而遭到射杀的黑豹党成员正在睡觉，仅开了
一枪予以还击。[37] 尽管铁证如山，但当局很快作出结论，认为当时警察身
处不安全的犯罪现场，其开枪是出于自卫。汉普顿和克拉克的家人所聘请
的律师在随后的几个星期内展开调查，黑人社区的许多居民也前往现场观
看汉普顿被子弹撕碎的公寓。"这没什么，不过是北方人的私刑罢了，"一
个年长的黑人妇女如是宣称。[38] 在这名芝加哥妇女以及其他黑人居民看来，
是芝加哥的地方以及州和联邦当局密谋暗杀了汉普顿和克拉克，而当局是
不可能为其行为承担任何责任的。在此之前所发生的暴力事件中，各级执
法部门都明目张胆地摆出残暴而无法无天的行事风格。对于一些居民来说，
以暴制暴是其理所当然的反应。

　　政策制定者注意到了以暴制暴的可能前景。20 世纪 60 年代末和 70
年代初是黑人反抗最为如火如荼的所谓"坩埚岁月"（crucible years），联
邦政府的许多官员和记者都认为黑人青年随时可能发动一场大规模的起
义。1970 年 5 月，白宫特别顾问伦纳德·加门特（Leonard Garment）向尼
克松总统的内政顾问约翰·埃利希曼（John Ehrlichman）提交了一份备忘
录，其中，在对联邦调查局的报告《1970 年的种族暴力展望》（*Outlook for
Racial Violence in 1970*）进行评论时，加门特说："促使我们的城市地区爆
发大规模骚乱和暴力事件的因素是切实存在的，黑人聚居区的紧张局势依
然居高不下。"加门特或许从未考虑过这样一种可能性，即所谓紧张局势是
否有可能是由警察——他们在联邦政府的支持下——不断以进攻性警务措
施加大其在城市地区的巡逻，以及不断增加使用军用级武器所致。与之相
反，他将紧张局势归因于"黑人青年对于当地警察无法平息的敌意"。最
后，加门特重申了联邦调查局的结论，即"所有这些危险的信号都指向美
国将发生种族暴力冲突，而今年出现的此类信号与 1963 年以来的每一年
同样多"。加门特和其他联邦政策的制定者深信年轻的黑人只可能继续从事
"诸如狙击、袭击警察、杀戮、纵火、破坏等暴力行为"，这一观念深刻地
塑造了其未来几年的政策。[39]

1970 年 10 月，也就是在加门特提交备忘录的 5 个月之后，密西西比州参议员詹姆斯·伊斯特兰（James Eastland）召集内部安全小组委员会（Internal Security Subcommittee），对芝加哥的所谓"游击战"中的"执法人员遇袭事件"举行听证会。伊斯特兰声称"这是一场针对警察的战争"。作为参议院司法委员会的主席，伊斯特兰以其坚决反对种族融合而被称为"南方白人的喉舌"。在他看来，反警察的暴力行为——就其本质而言——关乎国家安全，这些致命性暴力行为具有一种"不祥的模式"："这是一股城市游击战的浪潮，它正在威胁和破坏法律与秩序的支柱。"因为警察的职责在于——伊斯特兰引用前总统艾森豪威尔的话——"保护我们免受来自内部的威胁"，也因为狙击枪手针对的主要目标是执法人员，所以，黑人反抗的危害就在于对"文明"社会造成破坏。"每当一名警察死于凶手之手时，我们法律体系的一个组成部分也就随之凋零。"参议员爱德华·格尼（Edward Gurney）如是宣称。[40]

伊斯特兰希望利用芝加哥的暴力事件为一系列法律提案争取支持。他及其共和党同僚提出了一系列立法提案，其中包括由内部安全小组委员会副主席、康涅狄格州参议员托马斯·多德（Thomas J. Dodd）所提议的《预防城市恐怖主义法》（Urban Terrorism Prevention act）。这一系列法案试图为"阻止以警察、消防员和法官为目标的袭击"而授权州和地方政府扩大美国刑法的适用范围，使之可以对行凶者——"基于公职人员的官方身份"而伤害或杀害他们的人——施以新的处罚。这些拟议中的法案将对参与被广泛定义为"城市恐怖行为"的任何人施以更加严厉的惩罚，包括对持有燃烧瓶或炸药的犯罪嫌疑人处以强制性最低刑期。[41] 伊斯特兰等参议员试图以此结束城市的狙击枪手事件，并为正在麻烦不断的黑人社区中苦苦挣扎的警察提供新的保护。尽管这些法案无一获得通过，但国会围绕这些法案的辩论着实表明立法者广泛地支持实施激进的执法政策，并支持联邦政府进一步为城市警察部队提供资金。

尽管在历时 3 天的听证会上提到了地下气象组织、民主社会学生会（Students for a Democratic Society）以及一些反战运动的组织及活动人士，但大多数证词和讨论都集中于黑豹党。共和党参议员理查德·施韦克（Richard Schweiker）——也是上述一项法案的共同发起人——将黑豹党称为"旨在袭击和杀害全美各地的执法人员的国家激进主义阴谋的幕后黑手"。洛杉矶警察局局长埃德·戴维斯（Ed Davis）在听证会上宣称，当地自 1966 年起每年都在夏季为 1965 年的沃茨反抗事件举行纪念活动，在每一场纪念活动中"都有人向警察开冷枪，警察也开枪予以还击"，而所有这一切"都是黑豹党策动的"。在其中一起枪击事件中，两名黑豹党成员死于警察之手。尽管枪击事件的发生地远离纪念活动现场，但在戴维斯的讲述中，纪念活动已"事实上成为一个战场"。戴维斯随即又讲述了另外两名黑豹党成员的故事：他们手持卡宾枪和霰弹枪尾随两名洛杉矶警察并开枪射击，一名警员被子弹击中，受了轻伤；不过，凶手也没讨到便宜，一人被警察还击打死，另一人被扔进监狱。尽管就算是从戴维斯自己的陈述中，也可看出绝大多数死于暴力事件的是黑豹党成员，但他还是说："我心里很清楚，这是一个按照他们自己的方式密谋消灭警察、对警察实施种族灭绝的巨大阴谋。"在听证即将结束时，他重申了自己的核心主张："这是针对警察的有组织的种族灭绝。"[42]

在黑豹党看来，他们是遭受攻击的一方，一年前芝加哥警察屠杀正在公寓睡觉的弗雷德·汉普顿和马克·克拉克就说明了这一点。黑豹党之所以成立，正如其成员所看到的，就是为了保护黑人的生存。在校大学生休伊·牛顿和鲍比·西尔（Bobby Seale）创建了黑豹党，其宗旨最初被确定为"自卫"。1966 年，为了反对加利福尼亚州奥克兰市（Oakland）所实施的"国家批准的暴力"（state-sanctioned violence），黑豹党将其宗旨更改为"反击"。在其所提出的《十点方案》（Ten-Point Program）中，第七点宣称："我们相信可以通过组织黑人自卫团体而致力于保护我们的黑人社区，使之免受种族主义警察的压迫和暴行之苦，并由此最终结束警察施加于我们黑人的暴行。"[43] 黑豹党深受罗伯特·威廉姆斯和马尔科姆·艾克斯的影响，很快成为美国历史上最杰出的基于黑人自卫原则而成立的组织。

黑豹党所采取的具体行动之一是"警察巡逻警戒"（police alert patrol）。1968 年，休伊·牛顿在阿拉米达县监狱（Alameda County Jail）接受采访时解释道："只要我们看到警察对任何居民施暴，我们就前去制止。"奥克兰市的大多数警察都不住在市内，他们在暴行和暴力方面可谓臭名昭著。"只要我们时刻作好准备，警察就不会对任何居民施加暴行，因为我们全副武装。"如果有人被捕并被送往看守所，黑豹党的成员就会一路陪伴并为其筹措保释金。"监管警察"（Policing the police）是黑人自卫的一种方式，它旨在确保黑人居民在与警察遭遇时的人身安全，使其不至于被夺去生命。当黑豹党的成员手持霰弹枪和步枪在一旁围观时，执法警员通常都能够意识到违法施暴终将难以全身而退。随着黑豹党在奥克兰市和其他城市获得了一定程度的权力和影响力，"警察巡逻警戒"成为黑豹党在全美发展组织的重要基石之一：它既是保卫黑人社区的手段，也是征募成员的有力宣传工具。[44]

内布拉斯加州奥马哈市的黑豹党利用警用频道探听警察将在何处实施逮捕。在等待警察的呼叫讯号期间，黑豹党成员往往坐在自家房屋的前廊，腿上放着步枪，腰间插着手枪。当警察开车路过时，黑豹党成员有时会向空中鸣枪示警。[45] 由于他们常常面临执法部门的骚扰，甚至遭遇暴力对待，"警察巡逻警戒"逐渐演变成为一种自保策略。根据黑豹党的估计，其成员在 1968 年和 1969 年遭到逮捕的次数为 739 人次，该组织为其成员以及社区居民总共支付了将近 500 万美元的保释金。[46] 在警察暗杀汉普顿和克拉克之后的三年内，全美各地有 10 名黑豹党成员和 9 名警员在警察的突袭和其他对抗行动中被杀。[47]

尽管黑人活动人士坚称他们是出于自卫，但在政策制定者和官员看来，黑人狙击枪手、黑豹党以及其他"革命者"所代表的是——犹如伊利诺伊州警司詹姆斯·麦奎尔（James T. McGuire）作证时所说的——"有史以来挑战美国执法人员的最强劲的对手"。在描述这些黑人组织时，麦奎尔声称它们是由"相较于美国历史舞台上曾经出现过的任何人都更加狡猾、更加邪恶、更加狂热、更加具有流动性以及——在许多情况下——受过更加良好教育的人"所组成。麦奎尔等人依然确信"屠杀警察"是黑人的一个更大阴谋的一部分，与此同时，却又自相矛盾地将黑人的武装自卫贬斥为一种病态的、缺乏任何合理动机的、盲目的恐怖主义行为。"对于这些精神错乱的人来说，袭击公职人员似乎是解决我们社会中的诸多问题的同义词。"宾夕法尼亚州共和党参议员、城市恐怖主义防止法（Urban Terrorism Prevention act）的共同发起人休·斯科特（Hugh Scott）如是宣称。[48] 这种观念将黑人狙击和武装自卫视为一种精神疾病，它在事实上导致人们无法理解"向犯罪宣战"的警务措施或策略在激发暴力方面究竟扮演了何种角色。

　　正如活动人士所指出的，决策者们和执法部门并不考虑警察是否病态，而是将问题归于黑人的病态心理。辛辛那提地区的汉密尔顿县警察兄弟会（Hamilton County Fraternal Order of Police）主席詹姆斯·弗罗内（James Frone）在作证时宣称："核心问题在于黑人社区以怎样的方式回应警察。"为提升警察在黑人居民心目中的地位，辛辛那提警方尝试了包括改善社区关系、白人警察与黑人警察同车巡逻、培养年轻的黑人警校学员、为有志于成为警察的黑人提供大学学费津贴等"所有各种类型的方案"，但无一奏效。弗罗内认为，问题并不在于个别警察秉持种族主义观念。"自从 18 年前第一次穿上警服以来，我力图公平地对待每一个人，我相信我可以代表我们警察部队，"他郑重地宣称，"我向你保证，在维护种族之间的平衡问题上，问题不是出在警察而是出在黑人社区。"如果说这座城市的执法部门心中是怎么想的，那就是在"种族冲突"最为艰难困苦的时刻，他们在面对黑人居民的持续不断的袭击和骚扰时——就像英科斯特的警察那样——表现出了非凡的克制。[49] 即便不时地有无辜的居民在交火中中弹或是因为"警察认错人"而受害，警方也还是理性地采取了行动、合法地使用了暴力。

在听证会上，来自执法部门的官员威胁称：由于缺乏可用于打击黑人狙击枪手以及与之相伴的革命性社会运动——显然这些运动正在进行——的新的资源和新的立法，警察将被迫出于自卫而使用激进自由裁量权（radical discretion）。作为对于发生在芝加哥卡布里尼-格林公屋项目社区中的"游击战"的回应，警察协会国际大会（International Conference of Police Associations）的 15 万名警察承诺："将团结一致、全力以赴地对这些毫无意义的杀戮进行报复，甚至可以将有组织地或是以其他方式伤害或杀害警察的凶手就地正法。"警察兄弟会主席约翰·哈灵顿（John Harrington）进一步为警察的违法行为进行辩护，他说他甚至提倡警方——"在没有其他办法可以阻止的情况下"——可以直接向抢劫者开枪。哈灵顿在发表上述言论时，由警方枪击所导致的平民误杀和误伤事件的比率已超出了 20 世纪 60 年代中期的水平。[50]

在听证会作证时，加利福尼亚州副检察长查尔斯·奥布莱恩（Charles A. O'Brien）花费大量篇幅讲述了黑人革命者和白人激进分子是如何四处散发炸弹制造说明书以及大量储存武器的令人震惊的故事，随后他谈到了 1966 年吉洛·庞泰科尔沃（Gillo Pontecorvo）执导的电影《阿尔及尔之战》（The Battle of Algiers）——该片描绘了阿尔及利亚独立战争期间发动起义的城市游击队是如何杀害警察的。奥布莱恩宣称电影中的一些情节已成为"我们国土上许多恐怖分子的教科书"。不过，在其总结发言中，奥布莱恩并未理会听证会上人们反复念叨的"法律与秩序"，而是向参议员们提出一个始料未及的建议：

> 解决问题的关键步骤在于不要再让警察成为社会所有弊病的替罪羊，我们无法继续以制定新的刑法的方式解决我们的所有问题。如今的警察承受着政府失败所引发的各种冲击：无论是贫穷、不平等、疾病、无知，还是年轻人对于社会的日益疏离，这些问题都并非由警

察所造成，但是，警察却是政府机构中最常需要直接面对这些问题的部门。警察是那个当系统崩溃时被叫来处理的人，是那个盖子被掀翻后必须捡回盖子的人。我们必须要求政府的其他部门——社会服务部门、教育机构、大学行政部门，公共法律办公室——发挥更多功能。我们花费数十亿美元用于这些部门的运作，我们必须要求这些部门做得更多，承载更多，采取更具开拓性的措施，承担更多的责任。我认为这些部门所作出的回应与我们今天要求警察在面临问题时所作出的回应同样重要。[51]

　　这是白人官员罕见地承认什么是问题的根源，以及如何采取广泛而具有雄心的措施解决问题。即便上述评论依然充斥着黑人邪恶与阴谋的论调，它却代表了一个短暂而与众不同的时刻。奥布莱恩的上述建议直接被国会委员会忽略，从未以任何形式被采纳于这一时期的国内政策中。

　　具有讽刺意味的是，密歇根州英克斯特的马尔科姆·艾克斯社区中心正在做着奥布莱恩希望新的政府政策和计划所须完成的工作：鼓励和增强黑人青年的自主性。与此同时，黑豹党也在为低收入的黑人社区提供广泛的社会服务，其中包括儿童早餐计划、社区健康诊所以及政治教育课程。与之相似的是，开罗市的"联合阵线"正在向贫困的黑人家庭分发食品、衣物和家居用品，同时基于友爱和集体自决的原则将黑人社区组织起来。黑人很容易成为警察暴力和白人暴力的受害者，对此他们心知肚明，而上述所有措施都旨在为黑人的生存提供保障。这些活动从未得到政策制定者和当地官员的认可。当权者一如既往地认为狙击枪手事件以及黑人单纯的武装自卫是更广泛的革命阴谋的一部分，或是认为这是黑人社区病态心理的外在表现。如此根深蒂固的观念让他们唯有进一步升级"向犯罪宣战"的政策，除此之外别无他法。警察暴力和黑人暴乱的恶性循环可以被打破，但打破这种循环的方式绝不是施加更多的暴力。

注 释

1. Robin D. G. Kelley, *Hammer and Hoe: Alabama Communists During the Great Depression*, 25th Anniv. ed. (Chapel Hill: University of North Carolina Press, 2015); Timothy B. Tyson, *Radio Free Dixie: Robert F. Williams and the Roots of Black Power* (Chapel Hill: University of North Carolina Press, 2000); "Negroes with Guns: Rob Williams and Black Power," *Independent Lens*, https://www.pbs.org/independentlens/negroeswithguns/rob.html.

2. Robert F. Williams, *Negroes with Guns* (New York: Marzani and Munsell, 1962), 110.

3. Williams, *Negroes with Guns*.

4. Brandon M. Terry, "Requiem for a Dream: The Problem-Space of Black Power," in Tommie Shelby and Terry, eds. *To Shape a New World: Essays on the Political Philosophy of Martin Luther King Jr.* (Cambridge, MA: Belknap Press, 2018).

5. Equal Justice Initiative, *Lynching in America: Targeting Black Veterans* (Montgomery: Equal Justice Initiative, 2017), https://eji.org/wpcontent/uploads/2019/10/lynching-in-america-targeting-black-veterans-web.pdf.

6. United States Federal Bureau of Investigation, Uniform Crime Report 1967, https://archive.org/stream/uniformcrimerepo1967unit/uniformcrimerepo1967unit_djvu.txt; 1969, https://archive.org/stream/uniformcrimerepo1969unit/uniformcrimerepo1969unit_djvu.txt; 1974, https://archive.org/stream/uniformcrimerepo1974unit/uniformcrimerepo1974unit_djvu.txt; Joseph Strickland, "Detroit Negro Says He Lied on NBC Show About Killing Plot," *Washington Post*, September 29, 1967, pg. A3.

7. 国民警卫队士兵的这番话引自 Gene Roberts, "Troops Battle Detroit Snipers, Firing Machine Guns from Tanks," *New York Times*, July 26, 1967, pg. 1; Homer Bigart, "Newark Riot Deaths at Twenty-One as Negro Sniping Widens," *New York Times*, July 16, 1967, 1。

8. 一名居民在黑暗的公寓内点燃香烟，密歇根州的警察随即向这间公寓开火，致使年仅 4 岁的托尼亚·布兰丁（Tonia Blanding）被射杀身亡。12 岁少年迈克尔·皮尤（Michael Pugh）在宵禁后倾倒自家门前的垃圾时，被驻守在纽瓦克的国民警卫队士兵开枪打死。在纽瓦克反抗事件中，警察接到举报称有人破门闯入位于弗林赫森大道（Frelinghuysen Avenue）的夏普药店（Sharp's Drug Store），5 辆警车迅速赶到现场，此时 24 岁的雷蒙德·霍克（Raymond Hawk）恰巧站在药店门前的十字路口，警察从行驶的警车上向他开枪。参见 Gene Roberts, "Troops Battle Detroit Snipers, Firing Machine Guns from Tanks," *New York Times*, July 26, 1967, pg. 1; "The Newark Tragedy: A Week-Long Inquiry," *Washington Post*, July 24, 1967, pg. A1。

9. 有关"战争的迷雾"的论述，可参见 Carl von Clausewitz, *On War* (New York: Random House, 1943, originally published 1831); Jonathan L. Jackson, *Racial Paranoia: The Unintended Consequences of Political Correctness* (New York: Basic Civitas Books, 2008)。

10. 引自 Russell Sackett, "In a Grim City, a Secret Meeting with the Snipers," *Life Magazine*, July 28, 1967, 28。

11. Ron Porambo, *No Cause for Indictment: An Autopsy of Newark* (New York: Holt,

Rinehart and Winston, 1971), 131. 另请参见 Tom Hayden, Rebellion in Newark: Official Violence and Ghetto Response (New York: Vintage Books, 1967); Kevin Mumford, *Newark: A History of Race, Rights, and Riots* (New York: New York University Press, 2007); William F. Buckley, "Riots, Snipers—And Civil Rights," *The Boston Globe*, July 29, 1967, pg. 7。

12. 引自 John Cunningham, *Newark* (New York: New Jersey Historical Society, 2002), 320。

13. Kimberly Siegal, "Silent No Longer: Voices of the 1967 Newark Race Riots," *College Undergraduate Research Electronic Journal* (July 2006), http://repository. upenn.edu/curej/31; Joseph Sweat, "Black Patrol Looks for Police Abuse," *Austin American-Statesman*, August 1, 1967, pg. 22.

14. J. Anthony Lukas, "Bad Day at Cairo, Ill.," *New York Times*, February 21, 1971, pg. 22; Kerry Pimblott, *Faith in Black Power: Religion, Race, and Resistance in Cairo, Illinois* (Lexington: University of Kentucky Press, 2017), 142—143.

15. "Kankakee Cop Answers Call and Is Shot," *Chicago Tribune*, September 30, 1968, no page given, Lemberg Folder "IL—Kankakee September 28, 1968"; "Kankakee cop hurt by sniper," *Chicago Daily News*, September 30, 1968, pg. 30; "17 Youths Are Jailed in Roanoke," *Richmond Times-Dispatch*, November 28, 1970, 1B; "Armed Negroes Attack Police Station in Cairo, Ill," *New York Times*, October 25, 1970, pg. 30.

16. FBI Uniform Crime Report, 1968; "Detective, Negro Youth Slain in Detroit Suburb," *Washington Post*, August 9, 1968, no page given, Lemberg Folder, "MI—Inkster August 4—8, 1968"; Senate Committee on the Judiciary, *Assaults on Law Enforcement Officers: Hearings before the Subcommittee to Investigate the Administration of the Internal Security Act and Other Internal Security Laws*, 91st Cong., 2nd sess. (October 6—9, 1970), 136; FBI Uniform Crime Reports analyzed by Dan Wang, https://danwang.co/statistics-on-policefatalities/; https://docs.google.com/spreadsheets/d/10r8LCmZjxxKDpMv2SV4B9SW CJxOa0LivJkxT2P vQLJ0/edit#gid=936511667; Congressional Record—Senate August 1, 1968, 24703.

17. Paul Takagi, "A Garrison State in a 'Democratic' Society," in *Readings on Police Use of Deadly Force*, James J. Frye, ed. (New York: The Police Foundation, 1970), 195—212; Ronald H. Beattie, "Police Officer Shootings: A Tactical Evaluation," *The Journal of Criminal Law, Criminology and Police Science* 54 (1963); Joseph Goulden, "The Cops Hit the Jackpot," *Nation*, (November 1970); Ralph Knoohuizen, Richard P. Fahey, and Deborah J. Palmer, "The Police and Their Use of Fatal Force in Chicago," Chicago Law Enforcement Study Group (1972); Centers for Disease Control and Prevention, National Center for Health Statistics, "Compressed Mortality File 1968—2011." http://www.cjcj. org/news/8113; Elle Lett et al., "Racial Inequity in Fatal US Police Shootings, 2015—2020," *Journal of Epidemiology and Community Health* Epub ahead of print (November 23, 2020). http://dx.doi.org/10.1136/jech2020-215097; 有关联邦报告中的错误和误差的讨论，可参见 Carl Bialik, "The Government Finally Has A Realistic Estimate of Killings by Police," *FiveThirtyEight*, December 15, 2016, https://fivethirtyeight.com/features/the-government-finally-has-a-realisticestimate-of-killings-by-police/; "Mapping Police Violence"，相关数据载于 https://mappingpoliceviolence.org/; "Fatal Force"，相关数据

载于 https://www.washingtonpost.com/graphics/investigations/police-shootings-database/。

18. "Black Liberation Front Takes Credit for Harlem Ambush of Cops," *Black Liberation News* 2, no. 2 (February 1970), pg. 1.

19. *Assaults on Law Enforcement: Hearings*, 69.

20. "Riot Codebook"; Arnold Kotz et al., *Firearms, Violence, and Civil Disorders: A Research in Social Problems Study—Prepared for: the National Advisory Commission on Civil Disorders* (Menlo Park: Stanford Research Institute, July 1968), 26, https://www.ncjrs.gov/pdffiles1/Photocopy/11802NCJRS.pdf; Bill Schmidt, "Inquiry Team Named in Inkster Shootings," *Detroit Free Press*, August 11, 1968, pg. 3.

21. "News from Around the Suburbs: Inkster," *Detroit American*, July 22, 1968, pg. 5; Author Interview with Darnell Summers July 28, 2020.

22. Ferruccio Gambino, "The Transgression of a Laborer: Malcolm X in the Wilderness of America," *Radical History Review* (Winter 1993); Malcolm X, "Speech at Ford Auditorium," February 14, 1965, https://www.blackpast.org/african-americanhistory/speeches-african-american-history/1965-malcolm-x-speech-ford-auditorium/.

23. Elizabeth Esch, *The Color Line and the Assembly Line: Managing Race in the Ford Empire* (Berkeley: University of California Press, 2018), see chap. 3; "Racism Charges Return to Dearborn," *New York Times*, January 5, 1997; Malcolm X, "Speech at Ford Auditorium."

24. "Michigan Cop Slain," *Chicago Tribune*, August 9, 1968, no page given, Lemberg Folder "MI—Inkster August 4—8, 1968"; "Inkster Police Quizzed in Death," *Ann Arbor News*, August 9, 1968, no date given, Lemberg Folder "MI—Inkster August 4—8, 1968"; "Michigan Cop Slain," *Chicago Tribune*, August 9, 1968, Lemberg Folder "MI—Inkster August 4—8, 1968."

25. Mary Ann Weston and Bill Schmidt, "Shootings Probed in Inkster," *Detroit Free Press*, no date given, Lemberg Folder "MI—Inkster August 4—8, 1968;" Mary Ann Weston, "Police Cleared in Shooting," *Detroit Free Press* August 17, 1968, pg. 3A.

26. Weston, "Police Cleared in Shooting," 3A.

27. Weston, "Police Cleared in Shooting," 3A; Weston and Schmidt, "Shootings Probed in Inkster."

28. Weston, "Police Cleared in Shooting," 3A; FBI Uniform Crime Report, 1968; "Detective, Negro Youth Slain in Detroit Suburb," *Washington Post*, August 9, 1968; Lemberg Folder "MI—Inkster August 4—8, 1968"; "Michigan Cop Slain," *Chicago Tribune*, August 9, 1968, Lemberg Folder "MI—Inkster August 4—8, 1968."

29. "Detective Slain; Policemen Wounded," *Lansing State Journal*, August 8, 1968, no date given, Lemberg Folder "MI—Inkster August 4—8, 1968"; Mary Ann Weston, "Slain Boy's Kin Accuses Westland Police of Killing," *Detroit Free Press*, no date, no page given, Lemberg Folder "MI—Inkster August 4—8, 1968."

30. Weston, "Slain Boy's Kin."

31. Weston, "Police Cleared in Shooting," 3A.

32. Weston and Schmidt, "Shootings Probed in Inkster"; Manning Marable, "The Sad Case of Darnell Summers," New York *Amsterdam News*, May 14, 1983, pg. 11.

33. Weston and Schmidt, "Shootings Probed in Inkster"; "Inkster Police Quizzed in Death," *Ann Arbor News*, August 9, 1968, no page given, Lemberg Folder "MI—Inkster August 4—8, 1968."

34. Weston, "Slain Boy's Kin."

35. Weston, "Police Cleared in Shooting," 3A.

36. John Kifner, "In the Ghettos of Chicago, Policemen Are Targets," *New York Times*, August 9, 1970, pg. 40.

37. Jeffrey Haas, *The Assassination of Fred Hampton: How the FBI and the Chicago Police Murdered a Black Panther* (Chicago: Chicago Review Press, 2011); Rod Bush, *We Are Not What We Seem: Black Nationalism and the Class Struggle in the American Century*, rev. ed. (New York: New York University Press, 2000); Ward Churchill and Jim Vander Wall, *Agents of Repression: The FBI's Secret Wars against the Black Panther Party and the American Indian Movement* (New York: South End Press, 2001). 有关导致汉普顿和克拉克遭到谋杀的"反谍计划"（COINTELPRO）的详细讨论，可参见 Roy Wilkins and Ramsey Clark, *Search and Destroy: A Report by the Commission on Inquiry into the Black Panthers and Police* (Washington, DC: Metropolitan Applied Research Center, 1973)。

38. Flint Taylor, *Torture Machine: Racism and Police Violence in Chicago* (Chicago: Haymarket Books, 2019); "'Torture Machine' Recounts 50 Years of Fighting Police Misconduct," written by Jay Shefsky, aired April 8, 2019, on WTTW News, https://news.wttw.com/2019/04/08/torture-machine-recounts-50-years-fighting-policemisconduct.

39. May 25, 1970 Memo to John Ehrlichman from Leonard Garment, Box 80, John Dean Files, (RNPL); Nick Kotz and Bob Woodward, "US Adrift in Crime Fight"; Kifner, "In the Ghettos of Chicago," 40.

40. *Assaults on Law Enforcement: Hearings* 2, 160; *Hearings* 2, 160 (statement of Edward Gurney, Senator from FL).

41. *Hearings* 2, 139.

42. *Hearings* 2, 156, (statement of Richard Schweiker, US Senator from PA), 335, 331; Bruce M. Tyler, "The Rise and Decline of the Watts Summer Festival, 1966 to 1986," *American Studies* 31, no. 2 (Fall 1990): 61—81; *Hearings* 2, 156.

43. "Ten Point Program of the Black Panther Party for Self-Defense (October 1966)," in Huey P. Newton, "War Against the Panthers: A Study of Repression in America" (PhD diss., University of California, Santa Cruz, 1980), 141—146.

44. US National Archives, Records of the FBI ca. 1966—1969, "Black Panther," Record identifier 12101, https://www.youtube.com/watch?v=IrZIEMrmVrw&feature=youtu.be. 有关黑豹党在奥克兰市的组织状况，可参见 Donna Murch, *Living for the City: Migration, Education, and the Rise of the Black Panther Party in Oakland, California* (Chapel Hill: University of North Carolina Press, 2010)。

45. *Assaults on Law Enforcement: Hearings* 2, 78.

46. Robin C. Spencer, *The Revolution Has Come: Black Power, Gender, and the Black Panther Party in Oakland* (Berkeley: University of California Press, 2016), 89.

47. *Assaults on Law Enforcement: Hearings* 2, 78; Spencer, *The Revolution Has Come*, 89; Balko, *The Rise of the Warrior Cop: The Militarization of America's Police Forces* (New

York: Public Affairs, 2013), 76.

 48. *Assaults on Law Enforcement: Hearings* 2, 379—380; Hearings 2, 135.

 49. *Hearings* 2, 445; Hearings 2, 109.

 50. *Hearings* 2, 258, 371; Takagi, "A Garrison State."

 51. *Assaults on Law Enforcement: Hearings* 2, 73; Hearings 2, 69—70.

第五章　有毒的树

1960 年，时年 24 岁的克莱伯恩·卡拉汉（Claiborne T. Callahan）成为亚历山大警察局的一名警员，此前他从 20 岁时开始做特技替身演员。如今，卡拉汉已 33 岁，好莱坞的岁月早已远去，他在上午做兼职教练，教人们如何驾驶飞机，在夜晚则以警察的身份在这座城市中形同种族隔离的黑人聚居区阿兰德里亚（Arlandria）巡逻。[1] 身体强壮的卡拉汉认为自己是一个处世公正的警察，尽管有时不免咄咄逼人——特别是在与黑人少年打交道时更是如此。"我想我是有些名声的，"他承认道。卡拉汉相信他使用武力终归是有道理的：如果任由事情自行发展，或是在事态紧张的时刻退缩，"我就无异于是偷了公众的钱，这笔钱是他们付来让我站出来保护他们的"[2]。在卡拉汉看来，有时有点粗鲁不过是一名好警察工作中的一部分。

卡拉汉在其从警生涯的 9 年内卷入多起可疑事件，尽管他从未因此受到任何惩罚。例如，1968 年 5 月，一名 17 岁的黑人少年指控卡拉汉殴打并以"各种形容词"（all kinds of names）辱骂他。卡拉汉在法庭上否认了这一指控，而这名少年却被冠以拒捕的罪名被判处 30 天缓刑。一年半后，卡拉汉又有与前述指控相似的举动，并最终导致这座城市的事态螺旋上升直至引发反抗。他的上级对他大加赞赏。"这些人怕他，不是因为他会伤害他们，而是因为只要违法就会被他抓住，"警队队长埃德加·卡西迪（Edgar Cassidy）在谈到卡拉汉时说，"如果我们有更多像他这样的警察，我们就可以将事情做得更好。"[3] 亚历山大市的精英甚至筹款成立了一个以卡拉汉命名的基金。

预示着反抗即将爆发的事件发生在 1969 年 10 月的第一个星期六。卡拉汉的值班时间照例是下午 4 点钟直至午夜。在换班前的最后几个小时，他被派往爱迪生街（Edison）和戴尔街（Dale）交会的 T 形路口——大约 30 个年轻人聚集于此踢美式足球。街头足球是这一带青少年颇为喜爱的一项周末活动。当卡拉汉到达现场时，时间尚早——还不到 10 点 30 分，但他还是阻止了球赛的进行，并让球员和观众回家。大多数人听从了命令，但 13 岁的达里尔·特纳（Darryl Turner）和他的两个朋友却没有离开。他们与卡拉汉纠缠，特纳建议卡拉汉称呼他们为"黑人"而非"有色崽"。特纳回忆道，卡拉汉说他不理解为什么"当人们称呼有色人种有色时，他们就会如此心烦意乱"。特纳说："我们试图向他解释这是一种尊重或关乎其他什么——我们不知道该怎么说。"卡拉汉责骂了这几个孩子，并再次命令特纳和他的朋友们离开街道。随后，他开车去了一个街区外的麦当劳停车场，他坐在车里待命。这一天的工作即将完成。夜晚已经过去，一切都很顺利，踢足球的孩子们也都遵守了他的命令，没有人挑战他的权威。[4]

尽管美国已正式结束了种族隔离政策，但弗吉尼亚州的亚历山大市——作为曾经从事奴隶贸易的重要港口以及 19 世纪后期两起以私刑处死黑人事件的事发地——仍然沉浸在南方的历史和传统之中。直至今天，这座城市主干道的交会路口仍然伫立着一个南北战争时期南方士兵面向南方的雕像。65 岁的黑人退休铁路工人本杰明·詹姆斯（Benjamin James）依然记得："在当时的阿兰德里亚聚居区，任何一个有色人种都可能因为在天黑后外出而遭到逮捕。后来有了很大的变化，但白人仍然试图告诉我们应该怎么做。"美国在 20 世纪 60 年代中期废除了吉姆·克劳法，但这并没有在教育、就业、公共设施、住房等方面给黑人带来平等。亚历山大市极不情愿地废除了不平等的种族政策：在大华盛顿特区的都市区中，亚历山大市是最后一个实施开放住房法（open housing law）并在学校废除种族隔离制度的城市。当它在 1966 年颁布上述政策时，它遭遇到与全美各地所遭遇到的相似的白人大规模抵制。就一个四口之家的家庭年收入而言，亚历山大的黑人中有超过一半的家庭低于 3 200 美元，而与之相比，只有 4% 的白人家庭低于这一标准。美国的联邦反贫困标准将这类人归为贫困人口，其中绝大多数处于或是接近于最低生活贫困线。直至 20 世纪 60 年代后期，一些年长的黑人居民仍然不知道他们已获得了投票权，而在当时的市政府中也尚未出现黑人的代表。黑人被隔离在亚历山大的白人社区之外，黑人中的中产阶级家庭与形同隔离的黑人聚居区或公共住房项目中的黑人贫困家庭相邻而居。在 20 世纪 60 年代初期之前，阿兰德里亚一直是白人的天下，直至此后不断来临的洪水导致这一带地价贬值并首次让黑人成为典雅的砖墙房屋的购房者。[5] 白人逃往郊区，而卡拉汉则在此巡逻。

卡拉汉在阿兰德里亚巡逻，仿佛一切随时可能爆发。亚历山大是一个拥有 125 000 名居民的城市，其中大约 15% 的居民是黑人。阿兰德里亚在 1968 年 4 月马丁·路德·金遇刺之后爆发了黑人反抗，尽管不如相邻的华盛顿特区那样规模浩大，但毕竟是反抗：1968 年 7 月 4 日，大约 100 名黑人青年在塞缪尔·马登（Samuel Madden）黑人住宅项目外的主干道上向警车和其他车辆投掷鞭炮和玻璃瓶，警察对他们发射了催泪瓦斯，双方的冲突一直持续到黎明。在卡拉汉看来，这起事件的问题出在警力不足。他说：“如果我们每辆车上都有两名警员，就不会出现这种状况了。”[6]

不过，这座城市——用卡拉汉的话说——“太不值钱”，以至于无法有效地将警力增加一倍。在 1969 年 10 月的那个星期六夜晚，卡拉汉独自坐在警车里，警车停在麦当劳的停车场上。他在待命，也在等着下一个机会。很快，卡拉汉听到了一个黑人少年的咒骂声。他将这个少年叫到他的车边，问他为什么说脏话。少年解释称他们凑在一起玩橄榄球时有人打了他的头。卡拉汉认为他听到的是这个少年低声地骂他“混蛋”。他将此视为犯罪：不尊重正在执行公务的警员。卡拉汉告诉少年：“嗯，你被捕了。”少年说，“来抓我啊”，然后开始逃跑。[7]

执法部门通常将有暴行倾向的警员称为“坏苹果”，仿佛警察暴行方面的问题仅仅存在于执法部门少数特别恶劣的违法违规警员。所谓“坏苹果"，最初源于 12 世纪的一则谚语——"一个腐烂的苹果将很快感染周边的苹果"，也就是说，坏苹果不是孤立存在的。事实上，如果未能及时将坏苹果挑出来，它所散发的气味将导致整桶苹果腐烂。1991 年，在一群洛杉矶警察殴打罗德尼·金（Rodney King）的录像曝光后，"坏苹果"一词就频频出现在全国的相关讨论中，不过，执法人员颠倒了这个词原初所蕴含的逻辑关系。在 20 世纪末和 21 世纪初有关"坏苹果"的讨论中，他们并未将警察队伍中出现了"坏苹果"视为整体警察力量受损的一个征兆，而是将警察的暴行视为极个别有问题的人碰巧当了警察所致，并因此预先回绝人们对于激进的警务文化以及将黑人的生命视同草芥的系统性种族主义所作的任何批评，而正是这种警务文化和系统性种族主义才是警察暴行问题的核心所在。[8]

　　然而，往往遭到忽略的是，尽管看起来最先广泛使用"坏苹果"一词是警察，但是，这个词在美国却有着极为悠久和复杂的历史渊源。从某种意义上说，"坏苹果"一词源于黑人社区。正如 20 世纪六七十年代以及任何一个时代的美国黑人所知晓的，有一些警察（以及奴隶贩子或监工）对待黑人尤为残忍，他们常常利用其受保护的地位将巨大的创伤和苦难加诸黑人。黑人居民对这些警察耳熟能详，只要提起他们的名字或昵称——例如斯托克顿的"戈尔迪"（Goldie）或是西弗吉尼亚州查尔斯顿（Charleston）的"小威利"（Wee Willie），几年甚至几十年后每一个黑人都还对其记忆犹新。即便是从未目睹其暴虐行径的人也听说过相关故事，这些故事代代相传，在家庭烧烤聚餐中不断重述。在黑人社区的居民看来，"坏苹果"不仅是那些不分青红皂白、动辄开枪的警察，也是那些犯下极端暴行而逍遥法外的警察，还包括在日复一日的例行工作中不同程度地对黑人进行语言和身体攻击的警察。

　　在 20 世纪 60 年代后期和 70 年代的暴力循环中，无论是在亚历山大市还是在美国的其他城市人们常常提到所谓"坏苹果"，也往往是这些"坏苹果"最初引燃了暴力事件。不过，尽管有一些警察比其他警察更加恶毒，但警察部门和市政府对于居民投诉的处理方式却表明，当局在判断警员个人的行为是否违法或是否存在问题时常常包庇这些"坏苹果"。直至今天，许多人仍在谈论警察中的"坏苹果"，他们认为"99% 的警察都是好警察"。但是，正如黑人在此前以及如今所认知的，"坏苹果"涉及的是双重问题："坏苹果"只能是从有毒的苹果树上而来。

　　卡拉汉就是一个"坏苹果"。当他在 1969 年 10 月 4 日星期六试图抓捕那名黑人少年时，后者很清楚卡拉汉是一个"坏苹果"，阿兰德里亚社区的黑人居民也对此心知肚明。当卡拉汉追赶那名他认为咒骂他是"混蛋"的少年时，达里尔·特纳和他的伙伴仍然站在戴尔街和爱迪生街交会的街角，此前他们曾与卡拉汉争辩了"有色崽"一词。卡拉汉追逐这名少年，他们绕着一辆大众汽车跑了几圈。卡拉汉看见站在街角的特纳及其两个朋友，他要求他们帮忙抓住这名少年。特纳等人却让这名少年跳过附近的一道栅栏，后者果真一跃而过。卡拉汉紧随其后，最终还是抓住了这名少年。卡拉汉一把拽住了这名出言不逊的少年的衣领，把他拖过一条小巷，随后在麦当劳停车场给他戴上手铐。少年一遍又一遍地寻问逮捕的理由。卡拉汉没有给出任何理由。他无须任何理由。[9]

　　官方的报告称，当卡拉汉带着嫌疑人走回警车时，"30 名黑人开始向他投掷玻璃瓶和砖块"。卡拉汉的描述是"他们手里拿着可用作武器的任何物件"，并声称一个 14 岁的男孩用一条厚二寸、宽四寸的板材殴打他。作为反击，卡拉汉用左轮手枪击打这个男孩的头部。他回忆称，这群人中有人大叫"他对付不了我们所有人"，"抓住他，抓住他"。有四个人扑向他，卡拉汉与之搏斗。在前来增援的警察赶到之后，他们将袭击者从卡拉汉的身上拉下来，并逮捕了其中一人。如果这伙黑人"置身事外"，卡拉汉原本是可以将他的两名嫌疑人——从他身边跑开的少年和据称用板材殴打他的男孩——塞进警车的；事情原本应当是这样的。[10]

　　尽管就算是从卡拉汉自己对于此事的描述看，他也并非完全没有问题，但是，如果考虑他所逮捕的两名黑人少年的证词，卡拉汉就应当受到谴责。

黑人居民知道卡拉汉做事咄咄逼人、不可预测，这个"坏苹果"所热衷的并非保护而是打压黑人青年。一名黑人母亲向《华盛顿邮报》的记者描述了卡拉汉的性格，她说："卡拉汉会跑来和孩子们一起玩，但是，一旦他对其中一个孩子不满，他就认为自己可以把这个孩子打一顿。"另一名居民在谈及卡拉汉时说："我不知道他是否与孩子们一起玩，只要我看到他，我的第一反应就是赶紧回家。"由于警察部门没有相应的程序处理居民投诉，因而在 10 月 4 日的事件发生之前，居民们的投诉从未正式转变为针对卡拉汉提出指控，甚至在他一而再、再而三地殴打居民时也从未有人提出任何指控。[11] 当黑人的集体证词所针对的是一个白人警察时，这些证词的意义就几近于无。

官方报告没有提及特纳及其伙伴们对于事件的陈述，也没有提及附近居民的目击证词——他们看到卡拉汉如何追逐并以极端方式抓捕了那名据称出言不逊的少年。"他用那样一种方式拖着那个少年，我们都觉得他要伤害他或是做出其他什么事，"基思·斯蒂克兰（Keith Stickland）——也就是卡拉汉声称用板材殴打他的那个男孩——说："当我们走向卡拉汉时，他看起来很害怕。"根据斯蒂克兰的事后描述，卡拉汉随后拔出了手枪，他一边挥舞手枪一边告诫斯蒂克兰等人向后退，否则他就开枪。人群四散而逃。斯蒂克兰没有跑，他想如果他也跑了，卡拉汉"是没有什么机会开枪的"。不过，卡拉汉没有开枪，而是抓住了斯蒂克兰。"他抓住我的衬衫领子"，就像他对那个少年所做的一样。"我知道我没有做任何错事，所以我试图挣脱他，而当我摆脱他时，他用枪打我的头，我一瘸一拐地跑，疼得几乎跌倒。"接下来卡拉汉再次抓住斯蒂克兰的衣领，把他拖回到停车场。因为遭到殴打并深感恐惧，斯蒂克兰说他失去了知觉。[12]

斯蒂克兰被一个警察打成重伤的消息迅速传遍了整个街区，黑人社区开始进入自卫状态。弗内尔·德拉蒙德（Vernell Drummond）住在卡拉汉抓捕这些少年的小巷外的街对面，他立即将消息通知斯蒂克兰的母亲萨迪·平恩（Sadie Pinn）。德拉蒙德和平恩跑到麦当劳停车场，"我们发现斯蒂克兰脸朝下趴在柏油路上"，身旁趴着卡拉汉先前追逐的那个少年。德拉蒙德说卡拉汉当时正用膝盖压着两名少年的后背，将他们死死压在柏油路面上。心急火燎的平恩冲着卡拉汉大喊："放开我的儿子！你没看到他在流血吗？"围观的人群开始扔玻璃瓶、石块和砖块。卡拉汉继续用膝盖压着少年的后背。平恩试图把她的儿子从膝盖下拉出来。卡拉汉用手肘将平恩打倒在地，然后倚着一个篱笆，用枪指着周围越来越多的人群，叫道："离开这里，否则我开枪了。"[13]

　　当 30 岁的阿兰德里亚居民加里·彼得斯（Gary Peters）来到麦当劳停车场时，他看到卡拉汉将一个孩子摁倒在地，这个孩子的头"犹如浸泡在鲜血中"，他也看到卡拉汉推搡平恩。彼得斯刚刚下班，他在回家途中遇到一个熟人，后者顺口提到"真是可耻，一个警察正在那儿殴打一个小男孩"。这句话说得好像这只是偶然不幸发生的一场暴行，是黑人社区正常生活的一部分。彼得斯决定去停车场，并准备在必要时进行干预。他在事后解释道："我不认同黑人暴力自卫，但我不认为一个成年人可以随意殴打孩子。"彼得斯来到麦当劳停车场，他要求卡拉汉叫一辆救护车将斯蒂克兰和另一名少年送往医院。据报道，卡拉汉冷笑着说："你想要怎么样？"然后将左轮手枪砸在彼得斯的头上。卡拉汉在事后承认，他对彼得斯的伤害"比任何人都严重，因为我看到他的头骨裂开了"。两人扭打起来，直到另外三名警察在接到麦当劳的员工报警后赶到。警察将彼得斯拉开，给他戴上手铐，并用警棍打他的脸。彼得斯回忆道："他们打了一会儿，我就不再挣扎了。"他被扔进一辆警车，并被送往医院缝合头部伤口。彼得斯最终被判犯有人身伤害罪——他说他正准备上诉——并被处以 100 美元的罚款，缓刑 30 天。至于那些袭击他的警察，则没有受到任何处置。[14]

　　彼得斯的干预成功地分散了警察们的注意力，斯蒂克兰和另一名少年因此有机会得以逃脱。在看到这两个十几岁的孩子安全后，萨迪·平恩呼叫救护车，但没有车前来。20 分钟后，平恩再也等不及了，她带着流血的儿子去了医院。他们在急诊室坐了一个多小时，没有等来任何治疗，她只得将他带回家，并自己给他包扎了伤口。在这段时间里，围观的人群回家了，而卡拉汉则继续巡逻——好像没有不同寻常的事情发生。当他回到戴尔街的街口时，他逮捕了一名四处游荡的年轻人。卡拉汉的殴打导致斯蒂克兰的头部被缝了 31 针。[15]

第二天早上，也就是 10 月 5 日，星期日，卡拉汉到警察局报到。此时，斯蒂克兰的几个朋友陪同萨迪·平恩前来警察局要求逮捕卡拉汉。对此，卡拉汉并不感到惊讶；他说投诉是"此类事件发生后再正常不过的事情"。他们一无所获。在陪同平恩的这群少年中，卡拉汉认出前一天晚上据称"尾随我并投掷石块的团伙"中的两个孩子。两名少年当场被捕——两人分别是 15 岁和 17 岁，他们最终被指控妨碍公务。卡拉汉还对那名据称咒骂了他的少年提出未成年人犯罪指控，要求以扰乱治安和拒捕的罪名对其实施逮捕。总之，共有 4 名黑人少年和一名成年人——彼得斯——面临指控。[16]

在卡拉汉和亚历山大市警察局看来，发生在这名警员与包括斯蒂克兰在内的几名少年之间的冲突，不过是警察部门平等和公正地维护法律过程中的一个插曲。卡拉汉认为，发生在麦当劳停车场的事件并非"种族歧视"，因为他对所有嫌疑人都一视同仁。"我在白人那儿遇到的麻烦远远超过黑人。"卡拉汉采取了自卫的姿态。事实上，考虑到他在实施逮捕时遭到了一伙暴徒的奚落以及石块和玻璃瓶的袭击，这名警员确实表现出了值得称道的克制。"他在这种情况下开枪也合乎情理。"曾在亚历山大警察局担任局长之职长达 36 年之久——大部分处于美国种族隔离时期——的拉塞尔·霍斯（Russell Hawes）说道。任何针对这名警员的不满都是毫无根据的。警队队长卡西迪告诉记者："我觉得人们之所以抱怨卡拉汉并希望看到他被解雇，只是因为他有些争议并且恪尽职守。"喜爱卡拉汉的人并不限于警察部门：亚历山大市的三个由白人男子所组成的组织很快通过了支持卡拉汉的决议，并准备为他举办庆祝活动。[17]

对于亚历山大警察局及其支持者来说，问题并非出于卡拉汉的行为，而在于黑人社区所作出的反应。正如霍斯所说的,是叛逆的"流氓"动摇了"这座城市长期以来维系于警察与黑人社区之间——尽管是表面上——的平静"。除了几个不守规矩的年轻黑人之外,"我们与有色人种居民通常不产生多少纠纷"。警队中(总人数是 175 名警员)有两名黑人警员,霍斯描述他俩"受过良好教育、聪明、思想温和"。尽管如此,警察局长还是不能忽视一个事实,即卡拉汉是阿兰德里亚的一个分裂性因素。黑人居民一直要求将卡拉汉调离当前的岗位,如今霍斯终于有所行动,他将卡拉汉调往这个城市西部——那儿的居民全是白人——的警队巡逻。此举所针对的并非卡拉汉的暴力倾向,而是为了"他自己的安全"[18]。

卡拉汉在被黑人居民视为"坏苹果"的同时,却被许多白人居民视为英雄。他无异于提供了一个典范,彰显了亚历山大警察局是如何针对形同处于种族隔离状态下的黑人社区行使警务的,而这恰恰是一个根本性问题。当地城市联盟(Urban League)试图通过以下方式改善警察与黑人社区的关系:自从 1969 年 1 月——斯蒂克兰遭到卡拉汉殴打的 9 个月之前——以来,他们组织六名黑人居民与六名自愿参与的警察开展了一系列讨论。在举行了四次会议之后,与会的警员拒绝进一步参与讨论。霍斯局长的推测是他们"不再有兴趣"。城市联盟别无选择,只能取消这个项目。这一年的春天,该联盟的社区关系主管利奥·伯勒斯(Leo Burroughs)率先发起了一项教育计划,此举旨在让黑人居民——尤其是年长的黑人居民——在遭受吉姆·克劳法的压制之后了解他们所不甚了解的权利和特权。与此同时,伯勒斯也着手组织居民针对警察的暴行进行抗议。在他们的支持下,一名名为泽尔玛·卡特·肯尼迪(Zelma Carter Kennedy)的妇女正式向警方提起申诉,控告几名警员剧烈掰扯她的手臂、用车门猛烈撞击她的双腿、在对她实施逮捕时不告知事由,以及在此期间反复称她为"黑鬼"。当事警员否认有意伤害这名妇女,并指责她"拒不合作"。他们将她描绘为一个愤怒的、"情绪低落"的女人,是在无缘无故地投诉警方。"发生在她身上的事可能由其自身的过错所造成,"这是警方调查员桑德斯(L. C. Saunders)所得出的结论。[19]

　　尽管殴打斯蒂克兰只是卡拉汉的个人暴力史上的最新篇章，但因此引发的愤怒却为城市联盟发起旨在改革警察部门的运动提供了契机。黑人居民要求对警员实施问责（accountability），要求制度性地确保斯蒂克兰是最后一个遭到卡拉汉伤害的年轻人。他们不再容忍这样的警员出现在他们的生活中。10月11日，大约100名黑人示威者游行到警察局要求解雇卡拉汉和霍斯。作为这场抗议集会的组织者，伯勒斯在集会上发言，他对"我们已深感厌倦的警察暴行和不公正"提出了批评。数年以来，城市联盟一直致力于要求将霍斯免职的运动。尽管最近的卡拉汉事件成为抗议活动的又一个动因，但居民之所以游行示威，其主要原因还在于——正如伯勒斯所说的——"卡拉汉绝非个例，我并不认为亚历山大的每一个警察都不是好人，但是，我们受够了，我们要摆脱这些人"[20]。

　　当地的组织者明确表示，官方对于警察的暴行不采取任何措施，正是这种不作为激发了黑人社区的暴力活动。这个问题远不是说亚历山大警察部门中有一个"坏苹果"那么简单。在大华盛顿特区的范围内，活跃于其他地区的活动人士也不断地与亚历山大的抗议活动结盟。华盛顿特区黑人联合阵线（Black United Front）的主席道格拉斯·摩尔（Douglas Moore）牧师在演讲台上说："我们所面临的问题没有政治或地理上的边界。"他在发言中提到仅在1969年，华盛顿特区就有32名黑人居民死于当地警察之手，就在两个星期之前，马里兰州乔治王子县（Prince George's County）的警察还枪杀了一个名叫勒内·理查森（Rene Richardson）的男子，后者在遭到射杀时胳膊里还搂着一个孩子。摩尔总结道："白人只懂得一种语言，这种语言就是暴力。"他呼吁黑人联合阵线的安全部队和武装人员在必要时为亚历山大的黑人居民提供支援。伯勒斯承认斗争策略的转变已迫在眉睫，他指责道："他们不想坐下来和黑人交谈。"这番话可能是指城市联盟和警察局之间的例行对话机制已经崩解。"如果他们不愿意对话，我们就只能战斗。"[21]

　　警察局长霍斯确实不愿意对话。尽管他向抗议活动期间聚集在他办公室周围的记者声称他"很高兴与任何人会面"，但是，他拒绝走出警察局，也不愿与任何示威者交谈。黑人居民要求开除卡拉汉，要求增加黑人警员的数量，要求警察接受强制性敏感问题培训，要求警察部门每周举行与黑人居民的例会，但是，由于市政府官员继续无视黑人居民日益强烈的呼声，亚历山大开始陷入前所未有的混乱。[22]

　　反抗的火花源于一年之前一名黑人少年和一名白人警察在乔治·华盛顿高中足球场的邂逅。《华盛顿邮报》的报道称，学生和警察常常在这个足球场爆发冲突，而在 1968 年 9 月 6 日的这个星期五，"黑人青少年流窜团伙"在球赛结束后与白人学生打成一团。一名带着警犬的警员逮捕了 18 岁的黑人青年路易斯·温布什（Louis H. Winbush）。此后，据 17 岁的高中生温德尔·埃文斯（Wendell Evans）说，大约有 75 人前往警察局，他们一直向警察局投掷石块，直至温布什缴纳保释金获释后才离开。[23] 埃文斯是该校非洲裔美国人学生组织的领袖，这个组织倡导开设黑人研究课程并主张由黑人学生——而非警察——主导黑人社区的巡逻工作。埃文斯随后深深地卷入了一系列事件并最终引燃了第二年的反抗事件。

　　1969 年 9 月 20 日，也就是斯蒂克兰遭到殴打的两个星期之前，埃文斯与一群黑人青少年一同去了体育场附近的一家 7-11 便利店。此时只有一名 21 岁的员工詹姆斯·汉修（James Hanshew）在店内值班。或许是担心遭到偷窃或是抢劫，汉修要求埃文斯等人不得五人以上同时进入便利店。黑人青少年拒绝遵守这个明显有些武断的规定，汉修于是报警。当警察抵达时，据称埃文斯将他的太阳镜扔向警队的小队长卡西迪——此人后来在媒体上为卡拉汉辩护，然后用肘部撞击了另一名警员的鼻子。据称埃文斯的一个朋友也冲了过来，但被警棍击中头部。共有 20 名警员赶来恢复秩序。一个月后，也就是 10 月 17 日星期五晚上的足球赛结束后不久，24 岁的巡警路易斯·巴尔（Louis Barr）在维持治安时被砖块击中，向他投掷石块的是一个由大约 100 名黑人青年组成的团伙。巴尔的伤口缝了三针，而他所驾驶的没有警察标记的警车也被砸碎了挡风玻璃。[24]

这些以执法当局为目标的零星暴力事件迅速演变为针对商铺、公共机构和当地白人知名人士的大规模暴力活动。从 10 月 17 日晚至 18 日凌晨，亚历山大市颇具时尚韵味的"旧城区"发生了一系列火灾，其中大多为年轻的黑人投掷燃烧瓶所致。警方随后将当晚 8 家住房和商铺所遭受的损失归咎于"徒步或驾车四处游荡的青年团伙"，这伙人显然既没有被警方的防暴装备所震慑，也没有被前来增援的 48 名弗吉尼亚州警所吓倒。随后的星期六下午，城市联盟恢复举行和平抗议活动，30 名黑人居民聚集在警察局长霍斯的家门口要求开除霍斯及其"坏苹果"卡拉汉。示威活动持续了 90 分钟。[25]

当 10 月 18 日星期六的太阳下山时，卡拉汉殴打斯蒂克兰的事件也过去了两个星期，此时尽管警方已经升级了应对措施，但亚历山大市仍然被人四处纵火，这座城市继续燃烧。当晚 9 点左右，反抗事件的参与者向副市长尤金·齐默尔曼（Eugene W. Zimmerman）位于市中心阿兰德里亚一带的电力承包公司投掷了三个自制燃烧瓶。两个小时后，又有一个燃烧瓶袭击了仕龙（Sloan）家具公司，店内的地毯被烧焦，几件家具遭到彻底损毁。快到晚上 11 点 30 分时，新落成的亚历山大市重建与房屋委员会（Redevelopment and Housing Authority）的行政楼被自制燃烧瓶击中，但并未引发大火。10 月 19 日，星期日晚，身着防暴装备的警察在这一带巡逻以防止发生任何"新的恐怖主义事件"，警察局长霍斯也特别调遣了特别行动小组部署到事发现场。持续三个夜晚的反抗最终以一个燃烧瓶砸碎当地一家杂货店的前窗——并未引发大火——而收场。[26]

在警察以暴力手段对待黑人青年的问题上，亚历山大市议会从未采取任何应对措施。不过，在反抗事件发生之后，他们不得不重新思考这一切。市议会着手安抚黑人社区的领袖们，后者继续要求就卡拉汉事件举行听证会并要求提供有关警察与黑人社区关系的投诉机制。市议会在 10 月 20 日星期一的晚上 7 点召开了一场面向社会大众的特别会议。此前，市议会的议员在如何应对反抗的问题上存在分歧：一些人认为需要增加警力以平息反抗，而另一些人则认识到对警察部门进行根本性改革势在必行。一位不愿意透露姓名的市议员在描述他们所面对的局势时说道："我相信大多数白人都是旗帜鲜明地站在支持警察一边"，"而在另一边，黑人百分之百地谴责警察局。如果我们生硬地倒向其中任何一边，这座城市就将最终陷入困境"。[27]

　　大约 150 人参加了会议，其中大多数是黑人青年。在市议会拥挤的会议厅内，一些人只得贴着墙壁而立或是簇拥在门外的走廊。据观察人士称，这是亚历山大市"有史以来黑人参与人数最多的"市议会会议。城市联盟警察与黑人社区关系特别问题小组（Urban League Police-Community Relations task force）的主席维克多·埃尔南德斯（Victor Hernandez）向市议会递交了一份 900 人签名联署的请愿书——要求警察局解雇卡拉汉。埃尔南德斯等人指责当地警察以不平等的方式对待黑人居民，而这一点也得到了一名富有同情心的白人居民的支持。这名白人居民指出：一场黑人少年的街头足球赛引发了卡拉汉事件，后者又进一步引发了城市骚乱，然而，"我的孩子在街上玩了 6 年之久，他们从未被警察警告驱离"[28]。

　　在听取了众多居民的证词之后，市议会同意推行一系列警务改革措施。此外，市议会还将设立一个市级的办公部门以负责处理全体市民针对公共部门及其雇员的投诉，将支持设立一个由两名受过专门训练的警员所组成的团队——该团队致力于在警察和"城市的所有组成部分"之间建立信任关系，市议会还要求警察部门定期举行与社区居民的见面会并以此重启城市联盟被迫中断的对话程序。作为市议会上发言的黑人居民之一，艾拉·罗宾逊（Ira Robinson）指出：近一年来黑人不断提出同样的主张要求有所变革，但市议会一直不予理睬，"几盒火柴和几瓶汽油就让变革付诸实施……这可真是可耻"。不过，即便支持对警察部门进行改革，市议会也还是重申其对于"亚历山大警察局的奉献和能力"抱有完全的信心。[29]

　　对于市议会所试图推动的改革，许多居民表示并不满意，他们认为改革的力度过于有限以至于无法带来任何变化。会议结束时，大约 75 名年轻的黑人聚集在市政厅前，他们破坏了一个路灯设备并掀翻了几个垃圾桶。此前，他们聆听了来自华盛顿特区的鲁弗斯·梅菲尔德（Rufus Mayfield）以及其他活动人士的演讲，这些活动人士与当地的摩尔牧师一样站出来"支持我们的黑人兄弟"。黑人革命党（Black Revolutionaries Party）的马文·文森特（Marvin D. Vincent）如媒体所描述的那样穿着"非洲人的民族服饰"来到亚历山大，他在卡车上通过扬声器宣扬黑人团结。不过，文森特几乎刚一开口，警方就以未经许可使用扬声器为由逮捕了他。随后，梅菲尔德率领大约 50 名示威者从市政厅出发前往四个街区以外的警察局总部，他们要求释放文森特。后者于当晚 11 点 30 分获准保释。大约 20 名抗议者离开市政厅并在 15 分钟后聚集到阿兰德里亚的街道上。警察命令这群人立即解散，大多数人随之散去，但几个年轻男女拒不离开，他们因此被控扰乱治安、污言秽语和非法集会而遭到逮捕。[30] 警方之所以逮捕他们，是因为认为这股余党可能再度投掷燃烧瓶并实施破坏。

尽管黑人居民在 1969 年 10 月不断要求当局以殴击罪（assault）的罪名逮捕卡拉汉，但他们的要求基本上为当局所忽视。亚历山大警察局从未以殴击罪逮捕过任何一名警员，如今也不想破例——即使面临反抗的威胁也是如此。霍斯确实是下过命令要求对卡拉汉所涉及的指控进行调查，但这种调查——用他的话来说——只是为了"让我确信"卡拉汉并没有过度使用武力。调查是由警察局内部的执法人员所进行的，尽管有一名 28 岁的黑人警员阿尔伯特·贝弗利（Albert A. Beverly）——1965 年加入警队的第一个黑人警员——参与其中，但调查所得出的结论依然是证实卡拉汉在当时的条件下做出了适当的反应。由于此时《华盛顿邮报》已经广泛报道了亚历山大的反抗事件，因而联邦调查局开始介入调查并发布了相关简报，与此同时，亚历山大市政府也从密歇根州立大学请来研究团队对"警察与社区关系中所存在的问题"进行评估。该研究团队的最终结论是暴力和敌意主要源于市政府在黑人居民中"缺乏公信力"。[31]

卡拉汉的行为并未对其造成任何影响。萨迪·平恩——代表她的儿子——基于一项禁止警察滥用职权的法律向美国地方法院提起对卡拉汉的指控，并索赔 30 万美元。其中的 10 万美元是亚历山大当局因为"疏于"对卡拉汉从事警察工作进行训练并因此未能对其进行"控制"而应当给付的赔偿，另外 20 万美元是因为卡拉汉殴打当事人而应当给付的惩罚性和补偿性损害赔偿。平恩在诉讼中称，卡拉汉在与斯蒂克兰的接触中"没有任何原因、理由或借口"使用"异乎寻常的武力和暴力"，并指控其为掩盖所犯下的"恶毒、恶意和非法的殴击"而对斯蒂克兰提出了虚假指控。卡拉汉对针对其暴虐行为的指控予以否认，诉讼最终被驳回。[32]

1969 年 10 月 29 日，燃烧瓶的袭击事件已经结束，警方持续一个星期的针对卡拉汉事件的调查也宣告完成。新成立的"亚历山大公民委员会"（Alexandria Citizens Committee）为卡拉汉和警察局举办了一场 300 人的晚宴。在晚宴的来宾看来，卡拉汉及其所在的警察局是这个城市黑人社区的受害者。与开罗市的联合公民社区行动组织如出一辙，亚历山大市的白人精英也因为黑人的反抗而觉醒，他们动员起来试图巩固法律与秩序。这场晚宴每盘食物收费 5 美元（相当于今天大约 35 美元），委员会将其收益赠予亚历山大警察局男士俱乐部（Alexandria Police Boys Club）。参与宴会的都是穿着得体的白人，其中大多是当地的商人及其妻子，也包括几名警员和政务官员，后者中包括著名的州议员詹姆斯·汤姆森（James M. Thomson），他在数星期内不断地为卡拉汉和警察局游说市议会。[33]

"亚历山大公民委员会"在晚宴上分发了一份请愿书。与亚历山大城市联盟在反抗事件发生前向市议会提出的要求完全相反，这个完全由白人所组成的委员会呼吁不再"考虑设立警察审查委员会或类似机构"，并要求对"跨州"鼓动"暴动"的"拨弄是非者、蛊惑人心者和煽动者"——显然意指摩尔牧师和马文·文森特——提起公诉，并要求扩大当地警察部门的规模。上述提议中的每一项都获得了警察部门的大力支持。[34]

在晚宴开始前，在亚历山大市负责选民登记工作的弗雷德·佩蒂特

（Fred Petitt）向热情的来宾致辞，他说，"我们生活在一个美好的国家，它是勇敢者的家园，但是，这个家园中的人现在缺乏胆量"，他们不敢"为警察撑腰打气"。佩蒂特说他并不是针对黑人，而是关乎"我所认为正确的事。我不反对任何人，无论他们的肤色是黑色还是白色，是绿色还是粉红色"。他信誓旦旦地对来宾说："与其他任何人一样，我在亚历山大也结识了许多有色人种的朋友。"也就是说，争取法律与秩序的运动与种族偏见无关。与佩蒂特共同主持晚宴的是亚历山大-华盛顿共济会（Masonic Lodge）的退休会长格伦·法克森（Glen Faxon），他对"家庭的衰落"以及"美国公民自由联盟（American Civil Liberties Union）中要让美国变色为铁锤和镰刀*的律师"大加挞伐。他的反共言论引发了当晚最响亮的欢呼声之一。[35]

在前来晚宴向他表示祝贺的亚历山大市的白人及所奉上的吹捧面前，卡拉汉不免谦逊。委员会赠送给卡拉汉一幅牌匾并称颂他是"在无政府状态和秩序之间捍卫边界的一道细细的蓝线"（the thin blue line）。卡拉汉走上讲台接受牌匾。"讲话不是我的强项，"他说，"我在这里感到不舒服，甚至比过去一个月里所待过的任何地方都不舒服。"随后，他开玩笑地——尽管意思明确地——补充道：与在公共场合讲话相比，在黑人社区执行警务并对黑人青少年施暴更为让他感到舒服。

当地的少年与家庭关系地区法院（Juvenile and Domestic Relations District Court）对卡拉汉殴击事件进行了审理，而此举进一步强化了白人建制派对这名白人警员的支持。1968 年 6 月，法官艾琳·普雷斯科特（Irene L. Prescott）主持审理了这起案件。除了斯蒂克兰涉案之外，那名控告卡拉汉殴打并以"各种形容词"辱骂他的少年也卷入其中。斯蒂克兰和据称在反抗事件发生时向卡拉汉投掷石块的 17 岁少年坐在法庭上，普雷斯科特法官聆听了有关卡拉汉暴力倾向的进一步证词。轮到卡拉汉发言时，他站起来承认他将枪口指向斯蒂克兰，并在后者用所谓板材殴打他时有过开枪的

---

* 　铁锤和镰刀：苏联（1922—1991 年）的国家标志。格伦·法克森的此番言论是在暗指美国公民自由联盟的律师是旨在颠覆美国政权的苏联代理人。——译者注

念头，但是，他"改变了主意"，而只是将斯蒂克兰撞倒在地。法官再一次地选择相信卡拉汉的说辞而非黑人少年的陈述，法庭最终裁定斯蒂克兰"人身攻击"和拒捕，同时裁定另一名少年"妨碍"卡拉汉执行公务。两名少年被判无限期缓刑。卡拉汉使用暴力被证明是正确的。[36]

在这座城市精英群体的美化下，卡拉汉并未因其暴力行径而承担任何法律后果。不过，市政府让警察局长霍斯下台了。12 月中旬，霍斯在其 65 岁时宣布退休。此人执掌该市执法部门长达 40 年，如今宣告终结。此前，黑人社区行动委员会（Black Community Action Council）的负责人亚伦·麦金尼（Aaron McKinney）曾在 10 月时说过，霍斯应当对警察部门的这种内部文化负责，这种文化事实上允许警察中的卡拉汉之流对黑人居民滥用暴力。"警察队伍的现状反映了他的领导能力，"麦金尼说，"时间——尤其是可用于处理黑人问题的时间——从他身边溜走，直至今天他仍然称我们为'有色的'。霍斯必须被换掉。"市政府也赞同这一点，即霍斯的那一套已经落伍。"我认为霍斯局长一直是一个非常优秀的警察局长，"亚历山大市市长查尔斯·比特利（Charles E. Beatley）说，"但他属于已经过去的那一代人。"[37] 是时候换一个年轻的带头人了，这个人——或许只需要略微有些保守——应当承担得起在后民权时代打击犯罪的重担。

一名黑人中年妇女向记者说起了霍斯的问题，正如记者所形容的，她"就像是说出了压抑多年的话"。她说："如果你是种族主义者，你的妻子也是种族主义者，那么，你就无法教你的孩子学会除了种族主义之外的其他任何东西。一个从来不尊重黑人的警察怎么可能让他手下的警察尊重黑人呢？"[38] 正如这名妇女以及许多黑人居民所认知的，只要有像霍斯这样的吉姆·克劳法的余孽掌舵，亚历山大市警察局就会一直奉行反黑人的警务政策。

但是，问题远非霍斯或是上一代人那么简单。就在发生卡拉汉事件大约 8 个月之后，也就是霍斯辞职的 5 个月后，这座城市再度目睹了一场更具破坏力的反抗。1970 年 5 月 2 日，星期五，受雇于 7-11 便利店的 24 岁的白人雇员约翰·汉纳（John Hanna）指责居住在阿兰德里亚的 19 岁高中三年级学生罗宾·吉布森（Robin Gibson）偷拿剃须刀片，并当场开枪射杀吉布森。这一事件最终引燃反抗，据估计有 700 人——也就是市长比特利所说的"黑人社区中不负责任的一些人"——参与其中，他们大喊大叫、投掷石块、纵火，甚至用几瓶自制燃烧瓶袭击南北战争时期的南方军队首领罗伯特·李将军（Robert E. Lee）的儿时故居，致使故居部分被毁。反抗事件持续了 6 个夜晚，最终有 14 个人被控扰乱治安、破坏私人财产和使用辱骂性语言，并因此遭到逮捕。[39]

对于黑人居民来说，这起反抗事件并非肇始于一名胡乱开枪的 7-11 便利店员工，而是源于城市当局的官员对于他们的需求——包括不至于动辄遭到枪杀的需求——无动于衷。在吉布森遇害之前的一个星期，副市长齐默尔曼（他所拥有的电力承包公司在 1969 年 10 月的反抗事件中遭人纵火并因此蒙受重大损失）在市议会的会议上以家长的口吻对该市的黑人发表了一番讲话。"看看我们为你们做的一切，看看你们所居住的公屋，"齐默尔曼说，"你们在亚历山大市的生活可过得比在阿灵顿（Arlington）和费尔法克斯（Fairfax）好得多。"[40] 在他看来，黑人居民唯一应当做的就是对这些政务官们感恩戴德。但是，黑人并未如此。亚历山大市的一名黑人律师说："他们必须停止说出诸如此类的话，不要再说因为我们是黑人，所以他们让我们休息一下就是给了我们莫大的恩惠。"[41]

面对随之而来的暴力抗议活动，亚历山大城市联盟的马克·波士顿（Mark Boston）评论道：吉布森的死无异于压垮骆驼的"最后一根稻草"。"现在我们几乎无法让人们平息下来，因为他们努力地遵循体制，但最终走投无路。"[42] 尽管黑人居民可以诉诸范围相当广泛的直接行动并以此尝试着改变现状，但是，卡拉汉事件再次表明施暴的警察将受到尊崇，而遭受警察暴行的受害者则受到惩罚。吉布森遇害一事表明，这座城市的黑人在面对白人——无论他们是否身穿警服——的反黑人暴力面前是多么的脆弱不堪。

亚历山大市有着相当明确的双重标准：一套是适用于白人公民的法律和习俗，另一套则适用于黑人公民。"对于法律制度的可信度，黑人完全不予信任，"马克·波士顿强调道，"我不认为这些制度是正义的。"即便是自以为思想较为进步的白人也无法克服自己的盲区。"有人似乎认为白人可以任意杀死黑人而不被绳之以法，"该市的一名议员说，"我不认为这是事实，今天不是，在亚历山大也不是。"然而，这就是事实。约翰·汉纳承认他在吉布森的尸体旁放了一把刀，如此可以让人以为他是出于自卫而枪杀了吉布森，尽管如此，一个完全由白人青年所组成的陪审团也还是仅以过失杀人罪判处汉纳入狱两年。他在服刑 8 个月后获释。[43]

无论是议员还是白人都已对诸如此类堂而皇之的不公正视若无睹，但黑人居民却处处遭遇这一切。他们住在这样一座城市：在这里，有暴行记录的"坏苹果"警察被奉为英雄而受到称赞；在这里，白人可以谋杀黑人少年而无须承担相应严厉的惩罚。对于亚历山大市的白人来说，这里压根就没有坏警察。

阿兰德里亚黑人社区早已学会在隔离和贫困中忍受巨大的痛苦和日常生活的艰辛，事实上，他们别无选择。然而，在一个"坏苹果"警察以暴力手段对待和恐吓这个社区的孩子之后，这一切都已无法忍受。他们向市议会发出呼吁并采取非暴力的示威活动进行抗争，然而，当所有这一切都无法说服官员推行有意义的改革措施时，当白人平民谋杀了一名黑人而几乎不承担任何法律后果时，就像其他数百个城市在当局不愿意为黑人提供基本保护时所做的一样，这个黑人社区走向了反抗——坏苹果显然是从有毒的树上长出的。许多人因此得出结论：他们只能采取暴力砍掉这棵有毒的树。

注　释

1. Michael Bernstein and Erik Girard, "Black Whisper Turns to Shout," *Washington DC News*, October 28, 1969, pg. 7, Lemberg Folder "VA—Alexandria 10/9 Police vs. Youths," Box 13.

2. Maurine McLaughlin, "Controversial Policeman: 'I'm Paid to Defend Citizens,' " *Washington Post*, October 10, 1969, pg. C1, Lemberg Folder "VA—Alexandria 10/9 Police vs. Youths," Box 13.

3. McLaughlin, "Controversial Policeman," C1.

4. McLaughlin, "Controversial Policeman," C1; Joseph D. Whitaker, "Black Youth Tells of Chase: 'Then He Took Out His Gun,' " *Washington Post*, October 10, 1969, pg. C1, Lemberg Folder "VA—Alexandria 10/9 Police vs. Youths," Box 13.

5. Whitaker, "Death Unites Blacks," *Washington Post*, June 7, 1970, pg. D1; 这一时期白人家庭的平均年收入为 8 000 美元，是黑人家庭年收入的一倍，参见 McLaughlin, "The City Still Faces South a Century after Civil War," *Washington Post*, June 26, 1969, pg. G1。

6. "Alexandria Melee Quelled," *Washington Post*, July 6, 1968, pg. B2.

7. McLaughlin, "Controversial Policeman," C1; "Melee Shakes Alexandria," *Washington Post*, October 10, 1969, pg. C1, Lemberg Folder "VA—Alexandria 10/9 Police vs. Youths," Box 13.

8. "'A Few Bad Apples': Phrase Describing Rotten Police Officers Used to Have Different Meaning," written by Malorie Cunningham, aired 14 June, 2020, on *ABC News*, https://abcnews.go.com/US/bad-apples-phrase-describing-rotten-police-officersmeaning/story?id=71201096; "Bad Apple Proverbs: There's One in Every Bunch," written by Geoff Nunberg, aired May 5, 2011, on NPR *Fresh Air*, https://www.npr.org/2011/05/09/136017612/bad-apple-proverbs-theres-one-in-every-bunch; Helen Rosner, "How Apples Go Bad," *New Yorker*, June 8, 2020, https://www.newyorker.com/culture/annals-of-gastronomy/how-apples-go-bad.

9. Whitaker, "Black Youth Tells of Chase," C1.

10. Whitaker, "Black Youth Tells of Chase," C1; "Melee Shakes Alexandria," C1; McLaughlin, "Controversial Policeman," C1.

11. Whitaker, "Black Youth Tells of Chase," C1; McLaughlin, "Controversial Policeman," C1.

12. Whitaker, "Black Youth Tells of Chase," C1.

13. McLaughlin, "Controversial Policeman," C1; Whitaker, "Black Youth Tells of Chase," C1.

14. Whitaker, "Black Youth Tells of Chase," C1; McLaughlin, "Controversial Policeman," C1.

15. McLaughlin, "Controversial Policeman," C1.

16. McLaughlin, "Controversial Policeman" C1; Juvenile complaints are issued by officers themselves, rather than justices of the peace; Whitaker, "Black Youth Tells of Chase," C1; "Melee Shakes Alexandria," C1.

17. McLaughlin, "Controversial Policeman," C1; Hank Burchard and Carl W. Sims, "2 Police Firings Demanded," *Washington Post*, October 12, 1969, pg. A31, Lemberg Folder "VA—Alexandria 10/9 Police vs. Youths," Box 13; Bernstein and Girard, "Black Whisper Turns to Shout," 7, Lemberg Folder "VA—Alexandria 10/9 Police vs. Youths," Box 13; Betty Jones, "Alexandria: Some Views in a Race Crisis," *Washington DC News*, October 28, 1969, pg. 7.

18. "Melee Shakes Alexandria," C1; Bernstein and Girard, "Black Whisper Turns to Shout," 7; Jones, "Alexandria: Some Views in a Race Crisis."

19. Whitaker, "The 16th Census Tract: Alexandria's Other Side," *Washington Post*, June 26, 1969, pg. G1.

20. Burchard and Sims, "2 Police Firings Demanded," A31.

21. Burchard and Sims, "2 Police Firings Demanded," A31.

22. Burchard and Sims, "2 Police Firings Demanded," A31; Bernstein and Girard, "Black Whisper Turns to Shout," 7.

23. McLaughlin, "Alexandria May Cancel Night Football," *Washington Post*, September 10, 1968, pg. A3; McLaughlin, "Negro Students Volunteer to Bar Violence at Football Games," *Washington Post*, September 12, 1968, pg. C16.

24. "Police Arrest Three Youths After Alexandria Store Fight," *Washington Post*, September 23, 1969, C7; Paul Hodge, "Fire Bombs Hurled," B1, Lemberg Folder "VA—Alexandria 10/9 Police vs. Youths," Box 13.

25. Sandee Toothman, "2 Nights of Fire Bombs Rock Area," *Alexandria Gazette*, October 20, 1969, pg. 1, Lemberg Folder "VA—Alexandria 10/9 Police vs. Youths," Box 13; Hodge, "Fire Bombs Hurled, " B1; Kevin Klose, "Alexandria Secretly Drafts Plan to Meet Most of Negro Demands," *Washington Post*, October 19, 1969, pg. 1.

26. Toothman, "2 Nights of Fire Bombs Rock Area," 1; "Fire Bombs Hit Official's Firm in Alexandria," *Washington DC Star*, October 19, 1969, pg. 3A, Lemberg Folder "VA—Alexandria 10/9 Police vs. Youths," Box 13.

27. Jones, "Alexandria: Some Views in a Race Crisis," 7; Toothman, "Columbus St. Market Hit by Fire Bomb," *Alexandria Gazette*, October 21, 1969 pg. 1, Lemberg Folder "VA—Alexandria 10/9 Police vs. Youths," Box 13.

28. "DC Black Revolutionaries Enter Local Protests," *Alexandria Globe*, October 23, 1969, pg. 1, Lemberg Folder "VA—Alexandria 10/9 Police vs. Youths," Box 13; Toothman, "Columbus St. Market Hit by Fire Bomb," 1; John Reichman, "Council Adopts 4-Point Program to Curb Unrest," *Alexandria Gazette*, October 23, 1969, pg. 1, Lemberg Folder "VA—Alexandria 10/9 Police vs. Youths," Box 13.

29. Reichman, "Council Adopts 4-Point Program," 1; "Two Youths Are Found Guilty in Callahan-Strickland Case," *Alexandria Globe*, December 4, 1969, pg. 8, Lemberg Folder "VA—Alexandria 10/9 Police vs. Youths," Box 13; McLaughlin, "Alexandria Acts on Race Tension," *Washington Post*, October 21, 1969, pg. C1.

30. "DC Black Revolutionaries Enter Local Protests"; Joy Aschenbach, "Firing of Alexandria Policeman Asked," *Washington Star*, October 15, 1969, pg. B1; Toothman, "Columbus St. Market Hit By Fire Bomb," 1; "Firebombing Hits Store in Alexandria," *Washington Post*, October 21, 1969, pg. C1.

31. "Melee Shakes Alexandria," C1; McLaughlin, "Alexandria Lifts 'Emergency' Bans," *Washington Post*, June 7, 1970, pg. 1.

32. "Policeman, Alexandria, Being Sued," *Richmond Times-Dispatch*, November 14, 1969, pg. 13D, Lemberg Folder "VA—Alexandria 10/9 Police vs. Youths," Box 13; "Callahan, Alexandria Face Suit," *Washington Post*, November 14, 1969, pg. C9;

"Alexandria Policeman in '69 Race Case Quits," *Washington Post*, June 3, 1970, pg. A4.

33. McLaughlin, "Pvt. Callahan Is Honored in Alexandria," *Washington Post*, October 30, 1969, pg. B1.

34. McLaughlin, "Pvt. Callahan Is Honored in Alexandria," B1.

35. McLaughlin, "Pvt. Callahan Is Honored in Alexandria," B1.

36. J. Y. Smith, "2 Alexandria Negroes Get Probation in Arrest Fracas," *Washington Post*, December 10, 1969, pg. 33.

37. Maurine McLaughlin and Alex Ward, "Hawes Retiring as Police Chief in Alexandria," *Washington Post*, December 17, 1968, pg. B1.

38. Bernstein and Girard, "Black Whisper Turns to Shout," 7.

39. "Week's Disorders End in Alexandria," *New York Times*, June 7, 1970, pg. 39; Vernon Miles, "Flashes of Violence in City's History," *Alexandria Gazette Packet*, June 28, 2017, pg. 1.

40. McLaughlin, "Alexandria Lifts 'Emergency' Bans," 1.

41. McLaughlin, "Alexandria Lifts 'Emergency' Bans," 1.

42. "Week's Disorders End in Alexandria," 39.

43. "Week's Disorders End in Alexandria," 39; McLaughlin, "Alexandria Lifts 'Emergency' Bans," 1; "Alexandria Slayer Out on Parole," *Washington Post*, October 16, 1971, pg. D16.

第六章　公立学校

许多美国人在回顾美国的种族主义历史时都倾向于认为：长久以来，北方一直相较于南方更加开明；争取种族平等的斗争主要发生在南北战争时期的南方各州，是南方拖了北方的后腿，但最终也认可了黑人的公民身份。尽管北方各州没有制定法律明文禁止黑人使用白人的公共设施，也就是说，黑人在理论上可以随意光顾任何一家商店、餐厅或是使用公共交通工具，但是，北方和南方还是存在许多共同之处，它们之间任何道德上的区别都经不起哪怕是最平和的审视。[1] 种族隔离定义了这个国家。从 20 世纪中叶直至今天，美国各地的大多数人都住在与相同种族的人毗邻而居的社区，不同种族的社区相互隔离既揭示了美国人的生活，也决定着美国人的生活。当然，没有任何一处比公立学校更能直接地反映出这种隔离。人们通常将公立学校的种族融合 * 视为美国北方不同于南方的根本区别点。然而，实际上，尽管北方从未颁布针对黑人实施种族隔离的法律，但是，在学校的种族融合问题上，北方各州面临着与南方同样突出的困境。就梅森-迪克森线的两侧而言，它一侧的学校是黑人的反抗之地，另一侧的学校则是白人镇压反抗之地。反抗始于校园，然后才向街头蔓延。

在公立学校推行种族融合的历程始于 1954 年的布朗诉教育委员会案（ *Brown v. Board of Education* ），并一直延续至 20 世纪 70 年代初期甚至更晚一段时期。最高法院对于布朗案的裁决表明美国公立学校的种族隔离制度违背宪法，此后，美国北方和南方的学校以相似的步调开始接纳黑人学生。

---

* 公立学校的种族融合（school integration）：此处译为种族融合或许有所美化，其实际上的含义是指美国的公立学校允许黑人学生与白人学生同校。——译者注

1965 年《中小学教育法》(Elementary and Secondary Education Act of 1965)
要求全美的教育系统实现种族融合，随后联邦政府不断地施加压力和给予
激励，但是，直至 20 世纪 60 年代末和 70 年代初，畅行于美国学校的种族
隔离制度才开始实质性地有所减少。(社区与学校的种族隔离在 20 世纪 80
年代降至低点，但在 1990 年后又开始不断上升。与布朗诉教育委员会案之
前的美国相比，今天的美国更加隔离，北方的许多地区比南方的任何地区
都更加隔离。)[2]

　　随着美国各地的公立学校在 20 世纪 60 年代后开始缓慢地推行种族融
合，学校的啦啦队逐渐成为一个热点问题。由于无论哪一个地区的黑人女
学生都被例行性地排斥于啦啦队之外，因此，包括黑人学生组织、黑人社
区组织以及全国有色人种协进会在内的黑人组织不断地针对这种特定形式
的歧视发起挑战。1967 年 9 月，在联邦法院最终强令伊利诺伊州开罗市的
黑人高中和白人高中合并之后，由于合并后的学生团体没有选出一名黑人
啦啦队长（啦啦队长这一梦寐以求的职位在当时美国的许多地区都是以选
举的方式决定人选），黑人足球运动员因而拒绝参加比赛。一年后，至少有
200 名黑人学生走出芝加哥大都市区的阿尔戈社区高中（Argo Community
High School），他们要求由黑人女生担任返校节女王（homecoming queen），
并要求女子啦啦队的六个名额中应当有一半属于黑人。1969 年 4 月，250
名黑人学生走出北卡罗来纳州加斯托尼亚（Gastonia）的阿什利（Ashley）
高中的课堂，他们对选出了一支完全由白人组成的啦啦队表达抗议。阿什
利高中从 1966 年开始推行种族融合，到 1969 年时黑人学生已占学生总人
数的 20%，尽管参加啦啦队选拔赛的女生中有将近一半是黑人（在 26 名有
望入选的学生中有 12 名黑人学生），但是，由于学校中绝大多数是白人学
生，因此，他们能够轻易地让黑人学生落选啦啦队。[3]

　　与啦啦队有关的大多数示威活动都是以和平的方式开始，然后以和
平的方式结束。然而，有时警察会被招来控制黑人学生，并因此将示威
活动扩大为一场反抗，甚至全面引燃冲突而衍生出一场"种族战争"。例

如，根据《新匹兹堡快报》(*New Pittsburgh Courier*)的描述，1970 年 5 月
发生在宾夕法尼亚州阿勒奎帕的暴力事件便是由啦啦队拒绝接纳黑人女生
所引发的。无论抗议者是以暴力还是非暴力的方式要求啦啦队接纳黑人女
生，他们都会对白人至上主义以及种族不公正提出广泛批评，并要求当局
采取措施改善公共教育和提升黑人社区的整体状况。[4] 1969 年 5 月，在北
卡罗来纳州伯灵顿市(Burlington)新合并的沃尔特·威廉姆斯(Walter M.
Williams)高中，四名黑人女生参加了啦啦队的选拔赛，她们在白人学生
的嘘声中全部落选。不久之后，黑人学生和白人学生就在校园里打成一团，
而黑人家长和白人家长也各自向市政府和警察局长投诉。再后来便是有人
在伯灵顿四处纵火，城市燃起大火，国民警卫队被调来平息反抗，一名黑
人男生遭到警察杀害。

　　作为对其所遭遇的一系列不公正的回应，这个时代的黑人学生不断地
发起示威抗议活动，他们向校方施压要求为所有学生开设与黑人相关的课
程并雇用更多的黑人教师。他们的诉求以黑人族群的基本原则——骄傲与
自豪、平等与包容、黑人自我保护——为基础，这些原则是黑人权力的核
心。黑人学生中的活动人士常常要求校方解雇"怀有偏见的"白人教师，
特别是解雇那些似乎在暗中进行破坏以阻碍黑人学生上大学或是进入职业
学校的指导教师，同时敦促校方允许黑人在学校组织中担任领导角色，允
许这些组织中产生黑人学生的代表。1969 年 2 月，在宾夕法尼亚州的首府
哈里斯堡(Harrisburg)爆发了一场学生运动，这场运动以要求实现上述所
有要求为基础，此外还提出了一项至少看起来与教育无关的诉求，即结束
"警察暴行"。所谓警察暴行，其在广义上不仅包括过度使用武力，还包括
例行性地进行骚扰。[5]

　　警察暴行并非与黑人学生的生活和前途相距甚远。在 20 世纪 60 年代
末和 70 年代初推行"向犯罪宣战"政策期间，城市公立学校——与公屋项
目一样——成为新兴的、将黑人视为目标群体的执法场所。联邦政府以执
法项目拨款的方式支持设立校园警察：这些警察在城市公立学校的走廊和

教室里巡逻，其所扮演的角色甚至越来越多地取代了学校维持秩序和纪律的部门。校车和校园内安装了闭路摄像机等电子监控设备。随着全美各地的学校逐步推行种族融合（这也反过来促使白人集体抵制），以黑人为主体的学校数量越来越少，也越来越孤立，并在 20 世纪 90 年代后期的"零容忍"（zero tolerance）警务政策出台之前的很长一段时间就已成为警察监管和防控的主要目标。近年来，一些学者和活动人士提出了所谓"从学校直达监狱的通道"一说，其来源便是这个黑人反抗的时代。[6]

全国各地学校的管理层都有这样一种倾向，即在应对涉及黑人学生的纪律和行政事务时呼叫执法部门介入，这也就使得城市公立学校特别容易发生反抗事件。1970 年 9 月，新泽西州阿斯伯里帕克（Asbury Park）高中的黑人学生向学校管理层施压，要求后者增加和改进与黑人文化与黑人历史相关的课程，白人学生和黑人学生在学校主廊发生打斗。9 月底，学校因为该市发生投掷石块、抢劫、纵火和狙击枪击事件停课两天，等到学校重新开学时，已有 25 名警察在学校的主廊巡逻。许多黑人学生因此拒绝走进学校。一名女生说："我们为什么要去一所监狱？警察在楼内巡逻，只要他们觉得我们不守规矩，就把我们关进监狱。"这番话颇有先见之明。警察当天就逮捕了 8 名学生。黑人学生和白人学生齐聚一堂，提出了一个不太具有惩罚性质的方案：让学生中的志愿者而非穿制服的持枪警察在学校主廊执行巡逻任务。该校学监唐纳德·史密斯（Donald E. Smith）对此的回应是：学生巡逻是一个"绝妙的主意"，但警察所发挥的重要作用不可取代。他说："我认为目前形势过于动荡，以至于这些年轻人有可能深陷其中而难以应对。"[7] 就史密斯以及这个国家许多学校的管理人员而言，他们无法想象除了警察之外还有什么选项可以被用来应对来自学生的骚乱。

20 世纪六七十年代之交的黑人反抗往往始于校内或是校外的年轻人。不过，在许多情况下，引燃反抗事件的往往是学生的示威抗议及其在学校和社区组织的种族正义运动。在宾夕法尼亚州的哈里斯堡、北卡罗来纳州的伯灵顿和格林斯伯勒等市，学生领导的反抗事件往往烧向范围更大的黑人社区，并进而引发规模浩大的暴力冲突。这类暴力源于公立学校系统，表明此类反抗并不是犯罪的积聚和爆发，而是对不平等的教育和社会经济状况所作出的反应。与此同时，这类暴力与这一时期的任何其他事件相比，或许能够更好地说明这个国家是如何越来越多地依赖于执法部门以应对种族不平等所导致的种种后果。当局往往以逮捕和集体停学的方式应对源于学校的反抗。

对于参与校内各类抗议活动的数以万计的黑人初中生和高中生来说，他们在其孩童时代就已目睹了民权运动所发起的抵制和游行活动，他们一直等待着变革能够进入他们的日常生活。如今，随着年龄的逐渐增长并受到黑人自由运动中越来越激进的思想的影响，他们开始接受新的斗争目标和策略，并试图以此实现他们的前辈所未能兑现的承诺。这一代人的大部分时光都是在公立学校度过的，公立学校因此成为他们开展斗争的主战场。

在 1969 年 2 月的"黑人历史周"（Negro History Week）活动期间，宾夕法尼亚州哈里斯堡的约翰·哈里斯（John Harris）高中为全校师生放映了一部有关黑人历史的影片。这是学生必修的活动，但一些白人学生并未参与。即便参与，许多白人学生也在电影的放映过程中大声嬉笑，并在电影结束前离场。作为报复，黑人学生抵制出席女子军团（Women's Army Corps）在 2 月 14 日星期五所举办的军装展。参与抵制的 400 多名黑人学生——占学生总人数的三分之一——前往餐厅和唱诗班，而非举办军装展的礼堂。当天下午，学生之间发生斗殴。学校管理层打电话报警并提前 45 分钟放学。到了周末，哈里斯高中的黑人学生与哈里斯堡的另一所高中——威廉·佩恩（William Penn）高中——的黑人学生见面，他们共同起草了一份同时向两所学校行政部门提出的诉求清单。示威抗议被提上了议事日程。[8]

哈里斯堡的 300 名黑人学生打算向学校管理层、教师和社区居民展示他们对于一个更具包容性的体制的理解和展望，而威廉·佩恩高中所发起的第一项活动是在 1969 年 2 月 17 日星期一上午举行静坐示威。威廉·佩恩高中的校长保罗·波特（Paul E. Porter）出面与示威的学生谈判。他向学生保证"学区正在竭尽全力聘请尽可能多的黑人教师"，但很难找到"合格的黑人教师"。他说："仅仅靠打响指是没法找到老师的。"此番交谈并未让学生相信他们的要求将得到认真对待。约翰·哈里斯高中的学生没有得到与校长见面的机会，他们采取了更加颠覆秩序的策略：在学校的礼堂、主廊和门厅——而非教室——度过了一天。坎普·科廷（Camp Curtin）初中的学生加入了抗议活动，他们在废纸篓、通风管道和礼堂座位上放火，尽管这些火苗很快就被扑灭。[9]

　　该学区决定让警察来对付参与抗议的黑人学生。不过，这个决定却让抗议者走出教室、走上了街头。由于预感到即将发生"午餐时间的麻烦"，哈里斯高中的管理人员呼叫警察来到学校，后者于是在这一学年余下的时光一直驻扎在学校，警察局长马丁·沃茨（Martin Watts）对此解释道："我们在这里的职责是控制人群聚集，使学生有序地流动。"当管理人员报警而警察赶到时，原本聚集着的学生迅速散开：他们中有数百人在午后不断地向汽车扔雪球、阻塞交通，甚至袭击路人。一名 42 岁的被称作"哈里斯堡郊区的男子"称其在学校附近停车时，被人隔着打开的车窗打断了鼻梁。下午 1 点 30 分，大约 30 名学生走进蒂姆·多特里希百货公司（Tim Doutrich）"自助式"地拿走了大约 2 000 美元的商品，其中包括几件单价 85 美元的仿麂皮大衣。最终，有 5 名学生被控殴击罪和扰乱治安罪并遭到逮捕。当天晚上，该市教育部门的学监戴维·帕克（David Parker）宣布学校次日关闭，以便有一个"冷静期"。[10]

　　2 月 19 日，星期三，学校恢复开学，而此时学校管理层看到的是一种"相当于无政府的状态"。坎普·科廷初中的黑人学生没有去上课，他们召开了"未经批准的集会"，并殴打了一名白人学生。学校的 4 名白人教师称其因为"无法控制学生"而威胁要离开学校回家。[11] 威廉·佩恩高中的学生也举行了"未经批准的集会"，他们发表了"煽动性的种族主义言论"并焚烧了校旗。据称，哈里斯高中的 2 名黑人学生在男生浴室用剃须刀片割伤了一名白人学生的手臂。[12] 快到中午时，300 名学生"蜂拥"到购物中心的停车场，他们对来往的顾客"大喊大叫"并向一个热狗摊位扔鸡蛋。有报道称，一个由学生组成的"流窜团伙"聚集在威廉·佩恩高中附近的一个午餐供应点，他们一边扔石头一边"大喊大叫"。另外一批人则在其学校四处喷漆涂鸦。在谈及这场以白人所控制的机构为目标的"公开叛乱"时，学监帕克说："我们这里有一群好战的黑人，他们一心想要毁掉我们的事业。"帕克向居民发出保证，宣称当局正在该地区"尽我们所能地稳定局势"，不过，这项任务十分艰巨，因为"我们所面临的既是这座城市的问题，也是这个国家的问题"。[13]

经学校董事会批准，该市执法部门在佩恩高中、哈里斯高中、坎普·科廷初中以及爱迪生（Edison）初中常驻便衣警察以缓解白人父母的恐惧，这些父母威胁要将他们的孩子带离学校直至当局采取行动解决"执法的崩溃"。尽管第二天——2 月 20 日——便衣警察就已抵达学校，但大多数父母仍将孩子留在家中。在此后的数日内，该市的高中和初中学生中只有不到一半的学生到校上学，而哈里斯高中据称没有一个白人学生回到学校。[14]

返校的学生大多是黑人。他们看到便衣警察在如今"陷入麻烦"的学校内部巡逻，穿制服的警察则在学校周边区域巡逻，寻找潜在的暴徒。教师也希望在他们认为适当的时机用到警察。2 月 20 日，在哈里斯高中所举办的职业讲习班上，指导教师让一名便衣警察进入课堂教训一名"不守规矩"的学生。在警察逮捕这名学生时，200 名黑人学生聚集围观并开始"激烈的对抗"。这名便衣警察用对讲机向总部汇报了现场状况。[15]

当局的镇压引燃了学生的反抗，而学生的反抗又进一步促使当局实施镇压。在这名便衣警察呼叫总部之后，一支由 35 名全副防暴装备的警察所组成的防暴小队赶到学校，不出所料的执法时刻到了。戴上手铐的学生被扔进监狱，聚集着的黑人学生向主廊里全副武装的警察发出"强烈的抱怨"。他们开始乱扔桌椅，用一张桌子砸碎副校长办公室的窗户，将后勤部门冰箱内的东西扔在地上，掀翻自动售货机，并在女生洗手间纵火。[16] 有报道称，当天，汉密尔顿小学的孩子们也小小地放了一把火。反抗在整个学校系统蔓延。

市政府和警察局试图进一步实施逮捕，以此摆脱困境。哈里斯堡市长阿尔伯特·斯特劳布（Albert Straub）要求拘留"所有已知的麻烦制造者"，并发誓"绝不姑息破坏公立学校财产的行为"。深夜时分，由于商店被盗、市中心一带的窗户被人打碎以及白人居民因为遭到袭击而不断报警，警方以扰乱治安和盗窃等罪名逮捕了哈里斯高中和佩恩高中的 8 名男生，这些学生被送往多芬县监狱（Dauphin County Prison）并等待缓刑办公室的处理。第二天，也就是 2 月 21 日上午，一名 18 岁的学生和两名年龄更小的学生在家中被捕，罪名是在哈里斯高中"寻衅滋事破坏财产"。共有 22 名黑人学生因为参与校内或是校外的反抗事件而被捕，另有 27 名学生被无限期停学。[17]

黑人学生和白人学生双方的家长和双方社区的领袖都很愤怒。"我们对当局所采取的军国主义做法深感不满和灰心，"哈里斯堡黑人联盟（Black Coalition of Harrisburg）在 21 日晚发表声明宣称，"我们认为无论州政府还是地方政府都反应过度，他们正在将我们的社区变成军营"。黑人联盟呼吁警察撤出学校，并要求学区满足黑人学生当初所提出的诉求。就在当晚黑人联盟举行会议时，300 名白人家长聚集在当地的电工工会大厅，就"如何让学校全面恢复平静"提出各自的主张。一些人直截了当地驳斥了黑人居民所谓警察暴力的说法，一名与会者大声喊道："当警察遭到袭击时，还谈什么警察暴行？"许多白人家长认为黑人学生在学校的主廊和教室"实施恐吓"，他们谈到自己的孩子是如何遭到黑人学生的殴打，并明确表示他们觉得这座城市过于仁慈。国会议员乔治·格卡斯（George W. Gekas）提出了一个广受欢迎的解决方案：组建一支不携带"枪支、警棍等武器"的"学校警察部队"，并让这支部队在学生和学校之间充当中介。面对他的选民，市长斯特劳布承诺州警和地方检察官办公室必将"在任何所需要的程度上进行充分合作以结束这场混乱"，此外，宾夕法尼亚州国民警卫队也为一场对抗"作好了准备"。[18]

尽管哈里斯堡的公立学校暴力事件早在警察（甚至军队）赶来增援以对付反抗的黑人学生之前就已经结束，但是，法院和学校系统仍然在运作一系列措施，以对被控参与反抗而遭到逮捕的学生进行惩罚。在黑人社区的广泛支持下，哈里斯堡的黑人学生不满于那些"因为与我们站在一起而牺牲"的学生遭受停学和监禁处置，他们继续向学校和市政府官员表达他们的诉求。到 3 月初时，学校董事会同意成立一个特别委员会来调查学生指控的种族歧视行为，同意每月召开一次有关"种族主义状况"的会议，同意雇用更多的黑人教师，并"尽快"广泛地推广有关黑人历史的教育课程。[19]

然而，在与学校董事会最后协商之后，黑人学生感到他们的努力徒劳无功。对许多人来说，整个事件最显而易见的结果就是哈里斯高中的 6 名学生和佩恩高中的 5 名学生遭到开除，另有 27 名学生因为参与两所学校的抗议活动而被暂停学业。"黑人学生士气低落，"黑人学生会代表——同时也是青年黑人研究促进会（Youth for the Advancement of Black Studies）主席——的克雷格·休姆斯（Craig Humes）说，"我们觉得学校的情况没有改变。"哈里斯高中的学生凯茜·西姆斯（Cathy Sims）认为学校董事会并未有效地与黑人学生沟通，他们"篡改"和"误解"了学生的诉求。在谈及学校董事会在其所承诺的措施上缺乏透明度时，西姆斯说"我们不知道他们具体要做什么"。哈里斯高中的艾玛·吉文斯（Emma Givens）说：学生感到比以往更加孤立，"我们不知道可以坚持什么"，"很多学生被开除，老师也疏远我们"。[20]

1969 年 5 月，哈里斯堡的公立学校系统聘请了 5 名黑人辅导员，并且为教师提供了新的培训（尽管学生并未如此要求），其中包括一门有关"动态城市文化"的课程，以及为了增强对"刻板印象、替罪羊和种族主义用语"方面的敏感度而举行的训练。[21] 在这个爆发反抗的学年的余下时光，哈里斯堡的公立学校处于一种令人不安的平静之中。到了夏天，哈里斯堡再度燃烧。2 月份的学生抗议不过是一场更大剧目的开场锣鼓。6 月下旬，一起警察暴力事件再度开启了暴力的循环：警察向数百名黑人居民发射催泪瓦斯，而居民则以投掷石块和玻璃瓶、纵火以及破坏财产相回应。两个晚上后，这场反抗以哈里斯高中的一名黑人学生被一名白人警察开枪击中后背而落幕。

在目睹学生的反抗被扩大成为一场大规模暴乱的城市中，哈里斯堡绝非唯一的目击者。就北卡罗来纳州伯灵顿的反抗事件而言，其开场方式与哈里斯堡的反抗大致相同：白人学生极为公开地展示对黑人学生的凌辱。1969 年 5 月 14 日，星期三，沃尔特·威廉姆斯（Walter Williams）高中的啦啦队拒绝所有黑人女生参与其中，黑人学生与白人学生因此在学校主廊爆发争吵，校方"因为局面紧张"而早早地关闭了学校。[22] 与三个月前的哈里斯堡一样，许多白人父母在第二天以黑人学生的行为为由不让自己的孩子上学。

由啦啦队事件所引发的愤怒情绪促使黑人学生发出呼吁，他们要求在沃尔特·威廉姆斯高中成立一个新的"关心黑人学生的需求"的委员会，要求学校的行政部门中有更多的黑人代表，要求有一份能够"实话实说"的黑人学生报纸，要求成立一个完全由黑人组成的调查委员会以调查该校的暴力事件，以及要求在校园内设立一个黑人文化中心。5 月 16 日，星期五，下午 2 点左右，学生列队穿过市区前往伯灵顿市的公立学校行政大楼，他们在大楼前与一群来自黑人学校乔丹·塞拉斯（Jordan Sellars）高中的学生会合。学监弗兰克·普罗菲特（Frank Proffitt）博士与聚集在大楼前的学生进行了简短的交谈，他拒绝协商并威胁要指控学生擅闯大楼。[23]

大楼管理人员向伯灵顿市警察报警，后者呼叫相邻各县的警察以及公路巡警前来增援。抗议的学生冲进行政大楼要求就其所提出的诉求展开对话，随后便与身穿制服的警察相遇。这一事件中共有 17 人被捕，包括 12 名黑人学生和 5 名黑人成年男子，他们或是被控扰乱治安，或是被控破坏公共建筑，或是两项罪名兼有。警察赶走了其他抗议者。此后，据称有人在黑人所聚居的里士满山（Richmond Hill）社区的主要商业街劳胡特街（Rauhut）投掷石块。[24]

由于执法部门介入其中，当地由学生所领导的挑战种族主义的校内抗议活动因而转变为更大规模的、黑人社区与警察之间的冲突。天黑之后，由于有人不断地投掷石块，全副防暴装备的警察进入里士满山社区。与警察的对抗仍在继续，财产损失也在持续。100 名公路巡警、50 名伯灵顿市警察、州调查局的特工、县副警长乃至监狱狱警，都一同参与到针对反抗的镇压活动中。当全副防暴装备的警察在劳胡特街一字排开时，"一大群黑人——不少于 300 人——沿着劳胡特街走下来，他们将雨点般的砖块、石头以及任何可以投掷的东西砸向警察和警车"。伯灵顿市警察局的首批黑人警员之一奥德尔·艾斯利（Odell Isley）如是描绘了当时的场景。[25]

5 月 16 日，星期五，晚上 10 点，第一个引燃的自制燃烧瓶在劳胡特街的一家白人商店——福克斯·菲什市场（Fox Fish Market）——引发大火。当消防员前来救火时，大约 250 名至 300 名黑人向消防员投掷石块、玻璃瓶和各种散落物件。警察推出了"胡椒"雾气机，它所喷射的气体相较于催泪瓦斯刺激性更强，可以在数秒钟内覆盖大片区域，以达到驱散人群的目的。化学武器清空了现场，却并未阻止暴力的进一步燃烧。伯灵顿的《每日新闻时报》（Daily Times-News）报道称，在近两个小时的时间里，"嘲笑、咒骂、试图与警察对抗的黑人不断地聚集并越来越走向失控"。警察试图通过对空鸣枪"恢复秩序"，但遭到了狙击枪手的火力回击。由于地方和州的执法部门难以恢复秩序，因而当局调动了国民警卫队。到午夜时分，已有 400 名国民警卫队士兵在里士满山的街道上巡逻，他们用照明灯将整个社区照得透亮，并与警察和公路巡警组成搜捕小队搜寻嫌疑人。然而，反抗者的脚步仍然快于执法部门一步。凌晨 1 点左右，同样位于劳胡特街的另一家白人商店乡村杂货店（Country Grocery）被自制燃烧瓶引燃大火。[26] 枪声响彻整个清晨。

当反抗开始时，特伦丁（Turrentinee）初中的学生利昂·梅班（Leon Mebane）及其若干朋友也像里士满山的大多数居民一样，即便并不参与反抗，也还是会走上街头。15 岁的梅班又高又瘦，穿着一件"几乎从未脱下过"的灰色毛毡外套，外套上缝着一块布，上面写着《野马莎莉》（"Mustang Sally"）的歌词，这是在向他最喜欢的歌手詹姆斯·布朗（James Brown）致敬。大约 3 点 30 分，梅班和其他几个小男孩在被纵火烧毁的乡村杂货店前闲逛，他们或许在看火灾所造成的损失。[27]

警方事后的说法是：梅班和另外大约 10 名少年当时正在对乡村杂货店实施抢劫，梅班闯入警察与狙击枪手的交火点。一名国民警卫队士兵目击了梅班遭到枪击。他回忆称"很多狙击枪手从房屋内部或是墙根向外射击，这个男孩就站在狙击枪手和警察之间"（他还提到"这个男孩此前一直向警察扔玻璃瓶和石块"，试图表明此后的事态发展合情合理）。梅班的母亲泽诺比亚·梅班（Zenobia Mebane）完全不接受上述说法。她的儿子在学校从未有过任何纪律问题，也从未有过被捕记录。她说："与梅班同行的一个男孩告诉我，他们只是在看被烧毁的建筑物，那里烧得没有任何东西可以抢。"警方的说法是：警察命令梅班等人站住，几个年轻人置若罔闻，警方于是开火。梅班被 17 颗子弹击中，送入医院时即被宣布死亡。他身上没有任何抢劫的"战利品"。[28]

当局认为梅班遭到枪杀的消息一旦传开，暴力就将随之升级，因而他们决定尽其可能地将里士满山的居民包围起来。宵禁于 5 月 17 日星期六晚上 8 点整开始实施，驻扎在该市的 400 名国民警卫队士兵负责执行宵禁，他们与警察有权对宵禁后出现在街头的任何人实施逮捕。数百名居民因为违反宵禁而遭到拘留。[29]

此外，有 17 人因为冲击学校行政楼而遭到逮捕，他们每人被处以 100 美元罚金以及与行为矫正相关的惩罚，并被判处三年缓刑——在此期间他们不得在午夜直至早上 7 点钟的时间段内外出。作为判决的一部分，他们被命令"不得参与任何地方的任何破坏性抗议或示威活动"，被禁止使用"任何亵渎、辱骂性语言或旨在制造骚乱的语言"，并被要求"穿着整齐，干净，足以让缓刑官满意"。学校管理层认识到校园内的骚动与校园外的大规模反抗存在着关联，他们为阻止校内再度发生示威抗议活动而向法院申请并获得了禁止令，即禁止任何人干扰市内学校的运作。随后，在任何时候都只有学生和教职员工可以进入校园。[30]

　　无论是伯灵顿市政府还是警方都从未向梅班的家人正式致歉，也从未对这起致使一名少年死亡的枪击事件进行调查。"我觉得市长着实让人厌恶，"泽诺比亚·梅班回忆道，"在他的嘴里利昂就像狗一样被人射杀。他说这个案子一目了然。他们没有说过一句同情的话，一句都没有。"诺比亚·梅班要求对此案进行调查，她聘请律师并向州长鲍勃·斯科特（Bob Scott）、杰西·杰克逊（Jesse Jackson）以及北卡罗来纳州的全国有色人种协进会分支机构提出申诉，但所有的努力一无所获。警方的报告和尸检报告都已丢失，它们或是获得法律许可而被销毁，或是放错了地方。在位于伯灵顿主街的火车站内，一幅绘制于 1993 年的壁画描绘了这座城市历史上的一个场景：白人警察在乡村杂货店前给黑人戴上手铐。这幅画让人想起了 1969 年的伯灵顿反抗事件。[31] 不过，即便社会公众还记得这起反抗事件，该事件中警察射杀一名黑人男孩之事也已在很大程度上被人忘却。同样被人忘却的是这起反抗事件始于黑人学生的一场抗争，他们为了能够被其所在高中的啦啦队平等接纳而抗争，仅仅为了能够获得白人同学的体面对待而抗争。

　　1969 年 5 月 21 日，部署在伯灵顿的国民警卫队宣告撤出该市，其中 650 名士兵被调往伯灵顿以西 22 英里的格林斯伯勒，他们将被派驻在历史悠久的黑人大学——北卡罗来纳农工州立大学——的校园。"如果黑人开枪，我们就将他们视为敌人对待。"一名卫兵如是说。据称是黑人学生开了第一枪，于是整个步兵连以子弹和催泪瓦斯回击。[32] 格林斯伯勒所发生的情形与哈里斯堡和伯灵顿一样，暴力源于这样一个决定，即以武力回应黑人学生的不满。同时，也与哈里斯堡的情形一样，格林斯伯勒的骚乱最初只是一项旨在提升黑人学生的教育融入程度的运动，但很快就转变为一场反种族主义和反警察暴力的大规模反抗。

格林斯伯勒是 1960 年静坐示威运动的发源地：当时 4 名北卡罗来纳农工州立大学的黑人学生坐在伍尔沃斯超市的一个仅为白人提供服务的午餐柜台前点餐，此举最终迫使这个商场停止实行种族隔离措施。在此事件的将近 10 年之后，民权运动的高潮已经褪去，而它在 1960 年取得胜利时所承诺的未来前景并未呈现。格林斯伯勒拥有 12.5 万人口，这是哈里斯堡人口数量的 2 倍，是伯灵顿的 4 倍。这三座城市在一个重要方面具有高度的相似性，即每座城市的黑人居民都占据了总人口的大约三分之一，也都在学校所实施的种族隔离制度（尽管初中及其以上的学校不再实施种族隔离）、黯淡的就业前景、紧缺的住房资源以及与警方持续紧张的关系中艰难度日。[33]

格林斯伯勒的暴力事件始于当地一所中学。达德利高中的 17 岁三年级学生克劳德·巴恩斯（Claude Barnes）是一名崭露头角的活动人士，他竞选学生会主席并试图针对这所学校——其行政人员和学生（除了一名白人女学生之外）几乎都是黑人——推行改革。巴恩斯在达德利高中极具号召力，他领导了多个学生团体，同时是一个规模更大的组织——由格林斯伯勒穷人协会（Greensboro Association of Poor People）所领导的黑人青年联合会（Greensboro Association of Poor People）——的成员。黑人青年联合会发动黑人开展抵制运动和抗租罢工运动，并在选举年动员和登记选民。[34]

在竞选学生会主席期间，巴恩斯谈到了存在于达德利高中与同在格林斯伯勒的一所白人高中之间的明显差异：后者有多个网球场，学生可以在午餐时间离开校园，学生没有严格的着装要求。（非洲传统服饰以及颜色花哨的短袖套衫是当时最流行的黑人款式，但是，如果达德利高中的学生穿着这类服装则可能被打发回家。）巴恩斯呼吁建立和健全与非洲裔美国人相关的研究课程，并要求校方投入更多的资源为学生选择英语和历史读物。[35] 尽管巴恩斯取得了出色的成绩，而且一直担任低年级班级的辅导员，但达德利高中的行政人员——其中大多数是黑人——将巴恩斯称为被"外部影响"腐蚀的激进分子。学校的选举委员会甚至将巴恩斯排除在候选人名单之外，其理由是他"缺乏成为学生会主席候选人的资格"[36]。

　　校方试图冲淡巴恩斯的激进色彩，但其尝试适得其反。5 月 2 日是选举日，学生一早就分发了要求抵制学生会选举的传单。当官方批准的候选人发表竞选演讲时，巴恩斯和其他 4 名同学一同出现在演讲现场，校长助理命令这 5 名男女学生当天离开校园，以防止他们投票或是干涉"民主"进程。这些学生离校后向北走了 1.5 英里直至北卡罗来纳农工州立大学，他们找到巴恩斯在格林斯伯勒穷人协会的同志以寻求帮助。与此同时，达德利高中的选举也有了结果：巴恩斯赢得 600 票，而第二名所获得的票数仅为 200 票。达德利高中管理层拒绝承认巴恩斯赢得选举，黑人校长富兰克林·布朗（Franklin Brown）给上述 5 名学生停学处理。[37] 对于在他的校园里"闹革命"的黑人学生，布朗决不姑息纵容，他在这一点上与他的白人同行如出一辙。

　　达德利高中的学生与北卡罗来纳农工州立大学的学生继续发展联系，在选举"被偷走"的 5 天之后，他们在北卡罗来纳农工州立大学成立了黑人团结学生联合会（Student Organization for Black Unity）。5 月 9 日，学生联合会发动了第一次行动：学生活动人士呼吁罢课，达德利高中的 125 名学生走出校园，在与北卡罗来纳农工州立大学的学生会合后，一同返回达德利高中举行示威抗议活动。此时，学校已经叫来警察，后者正在校园里等着学生。当示威的队伍返回达德利高中时，没有参与罢课的学生欢呼雀跃。尼尔森·约翰逊（Nelson Johnson）是北卡罗来纳农工州立大学学生组织的副主席，也是黑人团结学生联合会的创立者，他与其他示威者一同进入达德利高中大楼并大声宣布："以所有组织形态中的黑人群体的名义，我们宣布克劳德·巴恩斯当选为学生会主席。"警方以扰乱公立学校和扰乱治安的罪名逮捕了约翰逊以及另外两名北卡罗来纳农工州立大学的学生，另有 17 名达德利高中的学生被捕。不过，逮捕并未像警方和学校管理层所希望的那样带来平静，反而引发了进一步的抗争。[38]

欧文·刘易斯（Owen Lewis）是格林斯伯勒市教育委员会（Greensboro School Board）的公共关系总监，他是一名白人，他暂时解除了布朗校长的职务并自我任命为学校的负责人。很快，全副武装的警察进入达德利高中的校园并开展巡逻：警车绕着校园四处巡视，警车上的警员引人注目地摆弄着手中的霰弹枪。在接下来的一个星期里，学生们多次与学校管理层会面磋商。尽管磋商的结果是 5 名遭到停学处理的学生可以返校，但是，与校方的磋商一次比一次地让活动人士们感到沮丧。政府看起来完全不愿意回应学生的诉求，其所采取的唯一措施就是让警察去维持学校的秩序。5 月 16 日，达德利高中的 200 名学生走出教室，他们在校园附近的街角和诺乔公园（Nocho Park）度过了一个上午的时光，有报道称他们在那里与黑人团结学生联合会的成员会面。[39]

5 月 19 日，星期一，上午 8 点，巴恩斯与另外 8 名学生在学校的行政楼前成立了一个达德利活动人士的核心小组。刘易斯要求警察逮捕这些学生，学生们奋起反抗。"我们当然要反抗，"巴恩斯回忆道，"我们被警察用警棍殴打，堂堂的高中学生被警察用警棍殴打。"警察的公然冒犯只会激励达德利高中的更多学生加入抗争的队伍，巴恩斯对此进一步解释道，"我的意思是人们从那时起开始参与抗议活动"。500 名学生涌出教学楼，其中一些人打破了餐厅的窗户并掀翻了餐桌，一些人在教学楼外向警察扔砖块，还有一些女生试图用雨伞打警察。更多的学生遭到逮捕，警察与学生双方都有数人受伤。[40]

第二天，整个学校因为数百名学生的抵制而被迫临时关闭。黑人学生的抗争不可能简单地自我了结。美国民权委员会北卡罗来纳州咨询委员会（North Carolina Advisory Committee to the United States Commission on Civil Rights）对达德利高中的骚乱和暴力事件进行了调查，并在其为期 2 天的公开会议中得出结论："校长和州行政当局的代表误判了学生情绪的激烈强度，并对学生表达自己的观点错误地加以限制。"[41] 双方的对抗在星期三达到高潮。学生向驻守在校园内的警察投掷石块，警察则以催泪瓦斯予以回应。达德利高中及其周边的整个区域都弥漫着催泪瓦斯，许多没有参与反抗的学生也深受其害。抗议者——巴恩斯所说的"这些高中小子，他们身上流着血、散发着催泪瓦斯的气味"——向北卡罗来纳农工州立大学校园进发。"我们高中生在大学遇到了全副防暴装备的警察，他们用胡椒喷雾对付我们，"巴恩斯说，"警察残忍地对待我们，殴打我们，将我们抓起来。"抗议者穿过北卡罗来纳农工州立大学的校园沿着街道行进，这支最初由 25 名高中生和大学生组成的抗议团体很快吸引了数百人加入，人们对学生会的选举遭到玷污以及警察粗暴对待学生的过激行为感到愤怒。来自格林斯伯勒穷人协会的年轻活动人士组建了一个联盟，它将达德利高中的学生、北卡罗来纳农工州立大学的大学生以及黑人社区的居民团结起来。市长要求国民警卫队立即前来提供支援。[42]

　　就北卡罗来纳农工州立大学的学生而言，尽管最初参与此次抗争活动的只是黑人团结学生联合会的成员，但警察的暴行却让整个大学的学生行动起来，其情形与在达德利高中一样。5 月 20 日，一则消息在北卡罗来纳农工州立大学的学生中流传："你们的生命处于致命的危险中！"这则消息还采用黑人激进主义的语言描述了警察的暴行："当你们看到一头又大又壮、红脖子的白皮猪抓住一个黑人小女孩，并用三英尺长的警棍殴打她、拽着她的头发在泥水里拖行、将她扔进白皮猪的车里时，你们是否还能无动于衷？"达德利高中的许多学生遭到警察殴打，是时候让警察局知道："他们不能把黑人的孩子打得半死而指望对方什么也不说、什么也不做了！"[43]

　　5 月 21 日傍晚，北卡罗来纳农工州立大学的学生向汽车投掷石块并砸伤数人。到晚上 8 点，警察已设置路障将白人居民阻隔在校园之外，与此同时一支战术部队开始向抗议者发射催泪瓦斯。两个半小时后，也就是晚上 10 点 35 分，当国民警卫队赶来时，传来了第一份有关黑人狙击枪手开火的报告。至于在这场反抗以及其他地区的诸多反抗事件中到底是谁开了第一枪，至今仍然是个谜团。正如巴恩斯所说的，"民众不会以任何形式率先发动进攻，但如果有人攻击你，你所想的就是打退这种攻击"。在他看来，黑人之所以武装自己，是"因为我们不愿像狗一样被人射杀"[44]。可以料想的是，双方都声称是对方开了第一枪。

　　第二天早上 10 点左右，住在斯科特-霍尔宿舍（Scott Hall）的大学二年级学生、20 岁的威利·格莱姆斯（Willie Grimes）决定和几个朋友出去吃点心，这些朋友中有好几个是潘兴步枪协会（Pershing Rifles）的成员，而潘兴步枪协会则是美国陆军预备役军官训练营（Army ROTC）的联谊组织。格莱姆斯打算毕业后参加空军。[45] 当这几个年轻的黑人穿过校园时，他们听到了枪声并开始奔跑，随后格莱姆斯的后脑被子弹击中，他在被送入医院时即宣告死亡。在短短的 5 天之内，格莱姆斯是——继伯灵顿的利昂·梅班之后——第二个在北卡罗来纳州皮埃蒙特三合地区[*]的警察与骚乱参与者的交火中丧生的年轻人。目击者称击中格莱姆斯的子弹来自一辆没有标记的警车，而执法部门对此予以否认。

　　格莱姆斯被杀事件进一步激化了校园的暴力事件。在格莱姆斯死后的第二天，黑人团结学生联合会的成员发布了写给北卡罗来纳农工州立大学黑人学生的一封信，信中写着"杀死白皮猪，它正试图杀死你，它正跃跃欲试，杀死它理所当然，正如饿了就要吃饭"。当晚枪声不断，双方的交火造成 5 名警察受伤和一个名为克拉伦斯·康特（Clarence Count）的学生腿部受伤。第二天早上，也就是 5 月 23 日，国民警卫队早早地进驻了北卡罗来纳农工州立大学的校园，他们打算以开展军事行动的方式扫荡库珀宿舍和斯科特宿舍（Cooper and Scott dormitories）。在开展此番突击行动之前，国民警卫队没有与大学管理层磋商，只是在凌晨 5 点 30 分向北卡罗来纳农

---

[*] 皮埃蒙特三合地区（Piedmont Triad）：北卡罗来纳州北部主要由三座城市所组成的区域，其中的一座城市即这起事件的发生地格林斯伯勒。——译者注

工州立大学校长刘易斯·卡内基·道迪（Lewis Carnegie Dowdy）通报了他们的意图。行动在 7 点开始。[46]

行动的第一步是扫荡斯科特宿舍。国民警卫队的士兵踹开宿舍门并向屋内扫射，然后向屋内投掷催泪瓦斯手榴弹，一部分士兵从直升机上发动进攻。在扫荡了斯科特宿舍和库珀宿舍并对两栋宿舍的学生实施"保护性拘留"之后，国民警卫队士兵搜查了所有房间，据称还掳走了学生的个人财物。不过，他们并未找到期待中的庞大武器库，而只是没收了两把枪。这场突击行动造成了将近 57 000 美元的财产损失，而"对住在这两栋宿舍的 1 300 名学生所造成的损害"——用北卡罗来纳农工州立大学校长道迪的话来说——是"无法估量和无法计算的"。突击行动结束后，国民警卫队和警察从周边地区撤走路障并暂时撤出校园，但不久之后，国民警卫队的士兵再度返回北卡罗来纳农工州立大学的校园并开展了为期两天的巡逻。[47]

大约一年之后，也就是 1970 年 5 月 4 日，国民警卫队在俄亥俄州肯特州立大学（Kent State University）杀害了抗议政府扩大越南战争规模的 4 名白人学生，这一事件在全国引发关注并进一步强化了反战运动（尽管当时的大多数美国人都站在杀害学生的士兵一边）。11 天后，在密西西比州历史悠久的黑人学院杰克逊州立学院（Jackson State，现为大学），州公路巡警向 100 名黑人学生开枪，造成 2 人死亡，12 人受伤。当局声称警察之所以开枪是因为遭到"狙击"，但联邦调查局的调查并未找到任何有关狙击枪手开枪的证据。尽管在此之前已经发生威利·格莱姆斯被杀以及北卡罗来纳农工州立大学两栋宿舍楼内的学生遭到猖狂虐待等事件，但这些事件并未引起广泛关注，也并未促使当局在应对高校学生抗议的方式上作出任何改变。在肯特州立大学和杰克逊州立学院的枪击事件发生后，尼克松总统成立了校园骚乱总统委员会（President's Commission on Campus Unrest）——也被称为斯克兰顿委员会（Scranton Commission）——负责调查上述事件。1970 年 9 月，委员会提交了一份最终报告，认定国民警卫队和警方在两起枪击事件中均缺乏正当理由。这份长达 500 页的文件丝毫没有提及发生在格林斯伯勒的暴力事件。[48]

美国民权委员会北卡罗来纳州咨询委员会对格林斯伯勒的暴力事件进行了调查。在发生枪击事件后的 1969 年秋天，达德利高中的一名学生向北卡罗来纳州咨询委员会提出以下事实，即包括威利·格莱姆斯被杀等种种暴力事件原本是完全可以避免的。学生就其所提出的诉求几次三番地要求与学校管理层磋商，但当局没有一个人站出来与年轻的激进学生达成妥协。（值得一提的是，格林斯伯勒市教育委员会一度认为为了提升白人学校的球队品质，应当将白人学生居于多数的高中的黑人足球运动员转校至达德利高中，并认为此举将有助于结束这场骚乱。）咨询委员会在其正式报告中总结道："学生们被置于这样一种境地，即他们必须创造条件以迫使官员对其诉求予以关注。"布朗校长及其学校管理层对于与学生对话毫无兴趣，他们也无意与学生就解决问题达成任何方案。站出来为达德利高中的学生说话的主要是北卡罗来纳农工州立大学的活动人士。[49]

在市政府和学校管理层看来，他们已经平息了这场学生运动，并认为引领这场骚乱的是一群被"外部势力"和"激进分子"引入歧途的"没脑子的黑人学生"。对于这一点，咨询委员会认为它忽略了一个根本问题，即最初是什么让抗议者站了出来。委员会评述道："尽管'外部势力'有可能利用问题，但它无法制造问题。"当局轻而易举地将一切归咎于学生，归咎于学生采取了"黑豹党式"的行动方式，而从未承认学生有自己的主张需要表达。[50]

就哈里斯堡而言，市政府和州政府的官员同样坚持认为"外部影响"是当地学校爆发骚乱的罪魁祸首。在宾夕法尼亚州的反抗事件中，州长雷蒙德·沙弗（Raymond Shafer）在新闻发布会上宣称，尽管尚无证据证明激进组织或是联邦政府的反贫困问题官员领导了这场反抗，但是，"我们正在研究这种可能性"。市长兼公立学校学监阿尔伯特·斯特劳布也表示，"外部煽动者"应当对这场骚乱负责。在哈里斯堡黑人联盟的一名成员看来，即使确实存在着"外部煽动者"，也看不出这有什么重要性。这名成员说："所谓外部煽动者，就是这个社会"，学生只是对普遍存在的种族歧视问题作出回应，"是学生在领导这场斗争，我们应该一劳永逸地埋葬所谓'外部煽动者'的论调"。[51]

咨询委员会的结论是：人们的不满引发了格林斯伯勒的骚乱，这一点"简单明了"。"其主要问题在于格林斯伯勒的公民因为种族的不同而受到不平等的对待：在住房、就业、教育以及社会服务等方面遭受歧视，再加上制度性种族主义和政府系统的反应迟钝。"[52] 学校只是支撑着这个庞大的种族压迫体制的若干支柱之一。

在这一学年的余下时光里，北卡罗来纳农工州立大学和达德利高中的所有学生都被打发回家，格林斯伯勒的反抗也随之落幕。然而，这一年的夏天，高中生、大学生以及范围更广的黑人社区的抗议活动依然没有停止，他们要求推行巴恩斯在最初竞选学生会主席时所提出的改革纲领。作为回应，达德利高中的管理层取消了此前该校严苛的学生着装规定。该市的教育委员会同意投资编撰新的教科书，并为达德利高中以及其他设施不足的学校改善条件。黑人史最终成为达德利高中的一门课程。

"这就是我们为之奋斗的目标，"巴恩斯后来说，"如果那场反抗没有发生，我们就不会取得现有的政治进步。"[53] 这就需要采取暴力的抗争手段——包括将行动延伸至校园之外——迫使哈里斯堡、伯灵顿、格林斯伯勒以及美国其他的公立学校系统满足黑人学生的基本诉求。尽管就哈里斯堡和格林斯伯勒而言，这两座城市一个位于美国北部，另一个位于美国南方（格林斯伯勒以民权战场而闻名），但它们的抗争却以类似的方式上演，而其所取得的任何一点进步也都付出了同样的毁灭性代价：年轻的男学生遭到射杀，数十名学生被学校开除，许多人留下了犯罪记录。相比之下，如果当局所采取的方式是与学生互动，令其抒发切身的感受、直抒胸臆地提出诉求，则其实施将颇为简单易行，然而，学校的管理者却往往将无视和镇压学生视为唯一可选择的策略。当校方的这种反应引燃黑人的政治暴力时，其"解决方案"——即便在掌握政权的黑人看来——也就难免是为了捍卫既有的种族秩序而采取国家所批准的对于暴力的暴力镇压。

注　释

1. 有关美国北部各州——特别是学校系统中——的种族隔离历史，可参见 Matthew F. Delmont, *Why Busing Failed: Race, Media and National Resistance to School Desegregation* (Berkeley: University of California Press, 2016); Davison M. Douglas, *Jim Crow Moves North: The Battle over Northern School Segregation, 1865—1954* (Cambridge: Cambridge University Press, 2005); Ansley T. Erickson, *Making the Unequal Metropolis: School Desegregation and Its Limits* (Chicago: University of Chicago Press, 2017); David G. Garcia, *Strategies of Segregation: Race, Resident, and the Struggle for Educational Equality* (Berkeley: University of California Press, 2018); James K. Nelsen, *Educating Milwaukee: How One City's History of Segregation and Struggle Shaped Its Schools* (Madison: Wisconsin Historical Society Press, 2015); Brian Purnell et al., eds., *The Strange Careers of Jim Crow North: Segregation and Struggle Outside the South* (New York: New York University Press, 2019)。

2. Robert A. Dentler, "Barriers to Northern School Desegregation," *Daedalus* 95, no. 1 (1966): 45—63; Sean F. Reardon and Ann Owens, "60 Years After Brown: Trends and Consequences of School Segregation," *Annual Review of Sociology* 40, no.1 (2014): 199—218; Joint Economic Committee, the United States Congress, "The Economic State of Black America in 2020," https://www.jec.senate.gov/public/_cache/files/ccf4dbe2-810a-44f8-b3e7-14f7e5143ba6/economic-state-of-black-america-2020.pdf; Emily Richmond, "Schools Are More Segregated Today than During the Late 1960s," *Atlantic*, June 11, 2012, https://www.theatlantic.com/national/archive/2012/06/schools-are-more-segregated-todaythan-during-the-late-1960s/258348/.

3. Kathryn Anne Schumaker, "Investing in Segregation: The Long Struggle for Racial Equity in Cairo, Illinois, Public Schools," *Ohio Valley History* 14, no.3 (2014): 48—67; Paul Good, *Cairo, Illinois: Racism at Floodtide*, US Commission on Civil Rights, Clearinghouse Publication no. 44 (October 1973); "200 Negroes Walk Out at Argo School," *Chicago Tribune*, September 6, 1968, pg. A2; "Negroes Protest Election: All-White Cheerleader Team Causes Walk Out," *New Journal and Guide*, May 10, 1969, pg. 16.

4. 有关啦啦队问题与民权斗争之间的联系，可参见 Amira Rose Davis, "Black Cheerleaders and a Long History of Protest," *Black Perspectives* (n.p.: African American Intellectual History Society) January 3, 2019, https://www.aaihs.org/black-cheerleaders-and-a-long-history-of-protest/; 另可参见 Rose Davis, *"Can't Eat a Medal:" The Lives of Black Women Athletes in the Age of Jim Cro*w, especially chap. 5 (Chapel Hill: University of North Carolina Press, forthcoming 2021); "Aliquippa Riot Ebbs, Parleys on Race Start," New Pittsburgh Courier, May 30, 1970, pg. 1。

5. "Black Students to Demand Colleagues Be Reinstated," Harrisburg Patriot, February 27, 1969, pg. X; "School Holiday Called," Harrisburg Patriot, February 18, 1969, pg. 1; 有

关高等院校中的黑人学生运动，可参见 Martha Biondi, *The Black Revolution on Campus* (Berkeley: University of California Press, 2014)。

6. House Committee on Education and Labor, *Juvenile Delinquency Prevention and Runaway Youth Hearings before the Subcommittee on Equal Opportunities*, 93rd Cong., 2nd sess. (held in Los Angeles, March 29 and Washington, DC, April 21, May 1—2, 8, and 21, 1974); 有关"从学校直达监狱的通道"的讨论，可参见 Nancy A. Heitzeg, *The School-to-Prison Pipeline: Education, Discipline, and Racialized Double Standards* (New York: Praeger, 2016); Elizabeth Hinton, *From the War on Poverty to the War on Crime: The Making of Mass Incarceration in America*, chap. 6 (Cambridge, MA: Harvard University Press, 2016); Monique Morris, Pushout: *The Criminalization of Black Girls in Schools* (New York: The New Press, 2016); Kelly Welch and Allison Ann Payne, "Racial Threat and Punitive School Discipline," *Social Problems* 57, no.1 (2010): 25—48; Heather Ann Thompson, "Why Mass Incarceration Matters: Rethinking Crisis, Decline, and Transformation in Postwar American History," *Journal of American History* 97, no. 3 (December 2010): 703—758。

7. "Cops Arrest Eight Youths at Asbury Park High," Newark *Star-Ledger*, October 2, 1970, no page given, Lemberg Folder "NJ—Asbury Park September 20," Box 4.

8. Joseph R. McClure, "A City's Centennial: Harrisburg's 1960 Celebration as a Pivotal Event," (master's thesis, American Studies, Pennsylvania State University at Harrisburg, 2015), 66; "Crisis in Racially-Troubled Capital Schools Said Easing," *Warren Times-Mirror and Observer*, February 22, 1969, pg. 3.

9. "School Holiday Called," Harrisburg *Patriot*, February 18, 1969, pg. 1.

10. "School Holiday Called," pg. 1.

11. "Disorderly Activity Leads to School Board Action," Harrisburg Patriot, February 20, 1969, pg. 1.

12. "Disorderly Activity Leads to School Board Action," pg. 1.

13. "Disorderly Activity Leads to School Board Action," pg. 1; McClure, 68; "School Holiday Called," pg. 1.

14. "New Waves of Violence Shut Harrisburg Schools," *Pocono Record*, February 21, 1969, pg. 1; "City Black Coalition Terms Straub, Shafer 'Militaristic,' " Harrisburg *Patriot*, February 22, 1969, pg. 1.

15. "Harrisburg Schools Still Seething with Disorders," *Oil City Derrick*, February 21, 1969, pg. 20.

16. "Harrisburg Schools Still Seething with Disorders," pg. 20.

17. "Eleven Youths Under Arrest," Harrisburg *Patriot*, February 21, 1969, pg. 1; "White Pupils Absent at Harrisburg," *Indiana Gazette*, February 22, 1969, pg. 2.

18. "City Black Coalition Terms Straub, Shafer 'Militaristic' "; "White Pupils Absent."

19. "Black Students to Demand Colleagues Be Reinstated," Harrisburg *Patriot*, February 27, 1969, pg 1; Erwin Endress, "School Board Vows to Resolve Demands of Black Students," Harrisburg *Patriot*, March 1, 1969, pg. 1.

20. "Black Student Union Charges Schools Distorted Demands," Harrisburg *Patriot*,

March 19, 1959, pg. 9.

21. *Pennsylvania Human Relations Commission, Investigative Hearing Report—City of Harrisburg, Dauphin County* (1969), 44.

22. "Around the Nation: Burlington Curfew Imposed," *Washington Post*, May 18, 1969, pg. A10.

23. "Around the Nation: Burlington Curfew Imposed," pg. A10.

24. A. Howard White, "It Was a Long Tragic Night for Burlington," Burlington Daily TimesNews, May 17, 1969, pg. 1; "High School Protestors Arrested," *Charlotte Observer*, May 17, 1969, pg. 1C.

25. "Town Quiet: Burlington Curfew Lifted, Guard Says," *Charlotte Observer*, May 20, 1969, pg. 5A; Charlie Frago, "Violence of 1969 Still Haunts Family: Thirty-Two Years after a Race Riot Tore Burlington Apart, a Family Seeks Answers and a City Ponders Race Relations Today," Greensboro *News & Record*, May 15, 2001, https://greensboro.com/violence-of1969-still-haunts-victims-family-thirty-two-years-after-a-race-riot-tore/article_bc7e44fb7d96-5804-921f-202668d0e21d.html.

26. Jim Lasley, "Black Youth Killed in Night of Violence," Burlington *Daily Times-News*, May 17, 1969, pg. 1; "Around the Nation: Burlington Curfew Imposed," pg. A10.

27. Frago, "Violence of 1969." Lasley, "Black Youth Killed in Night of Violence." 这首名为《野马莎莉》的歌曲最初由威尔逊·皮克特（Wilson Pickett）在其 1966 年的专辑《邪恶的皮克特》（"The Wicked Pickett"）中推出并得到广泛传播。此后詹姆斯·布朗翻唱了这首歌并与皮克特同台表演。本书此处的描述是基于利昂·梅班的母亲泽诺比亚·梅班的回忆，利昂的外套上也可能写着詹姆斯·布朗的另一首歌曲的歌词，或者威尔逊·皮克特才是利昂最喜爱的歌手。

28. Lasley, "Black Youth Killed in Night of Violence"; Frago, "Violence of 1969"; "Burlington Death Reports Differ," illegible paper name, May 18, 1969, pg. 1, Lemberg Folder, "NC—Burlington May 16—19, 1969," Box 11.

29. Timothy Minchin and John A. Salmond, *After the Dream: Black and White Southerners Since 1965* (Lexington: University Press of Kentucky), 97; "Guard Stays in Burlington," *Charlotte Observer*, May 19, 1969, pg. 1C.

30. "Court Gives Probation to Students," *Winston-Salem Journal*, June 19, 1969, pg. 28; "Town Quiet," pg. 5A.

31. Frago, "Violence of 1969."

32. "Guard Clears Snipers in Sweep of College," *National Guardsmen*, no date given, Lemberg Folder "NC—Burlington May 16—19, 1969," Box 11; Newsreel from trailer, "Walls That Bleed: The Story of the Dudley—A&T Uprising," https://vimeo.com/46754407.

33. "Trouble in Greensboro: A Report of an Open Meeting Concerning the Disturbances at Dudley High School and North Carolina A&T State University," North Carolina State Advisory Committee to the United States Commission on Civil Rights, March 1970, http://libcdm1.uncg.edu/cdm/essay1969/collection/CivilRights.

34. Senate Committee on Government Operations, *Riots, Civil and Criminal Disorders: Hearings before the Permanent Subcommittee on Investigations Part 22*, 4875, 91st Cong., 1st sess. (July 10, 1969); "Dr. Claude Barnes," Southern Oral History Program, UNC Center

for the Study of the American South, https://sohp.org/2018/03/27/staff-pick-dr-claudebarnes/.

35. "From Black Power to Multicultural Organizing in Greensboro" see chap. 1 (Greensboro Truth and Reconciliation Project Final Report, 2006), https://greensborotrc.org/pre1979_blackpower.pdf.

36. Claude W. Barnes, "Bullet Holes in Wall: Reflections on the Dudley/A&T Student Revolt of May 1969," in Barnes, Moseley and Steele, eds. *American National and State Government* (Dubuque, IA: Kendall Hunt, 1997), https://www.scribd.com/document/265782394/Bullet-Holes-in-the-Wall-The-Dudley-A-TStudent-Revolt-of-May-1969-8-21-14; Barnes, "A Consideration of the Relationship Between Ideology and Activism in the Black Nationalist Movement: A Case Study of the Greensboro Association of Poor People" (master's thesis, Atlanta University, Atlanta, GA, 1981); Steven E. B. Lechner, "Gate City Rising: Continuity and Change within Greensboro's Black Liberation Movement of the 1960s" (master's thesis, University of North Carolina at Greensboro, 2015); Eric Ginsburg, "The Forgotten History of Greensboro's A&T/Dudley Revolt," *Teen Vogue*, May 22, 2020, https://www.teenvogue.com/story/thehistory-of-greensboros-aandtdudley-revolt; "Dr. Claude Barnes."

37. "Trouble in Greensboro."

38. 1967 年，得克萨斯理工大学（Texas Tech University）的黑人学生成立了一个致力于黑人团结的学生组织，但该组织似乎与格林斯伯勒的类似团体没有或是几乎没有关联，参见 Greensboro Truth and Reconciliation Project Final Report; "Trouble in Greensboro"。

39. "Trouble in Greensboro"; *Riots, Civil and Criminal Disorders: Hearings*, 4873.

40. *Riots, Civil and Criminal Disorders: Hearings*, 4874.

41. Greensboro Truth and Reconciliation Project Final Report; "Trouble in Greensboro."

42. Greensboro Truth and Reconciliation Project Final Report; Barnes, "Bullet Holes in Wall."

43. Exhibit No. 734 from *Riots, Civil and Criminal Disorders: Hearings*, Vincent S. McCullough, "You May Be Next!," North Carolina A&T State University, Greensboro, Student Information Service, Tuesday, May 20, 1969.

44. Greensboro Truth and Reconciliation Project Final Report; *Riots, Civil and Criminal Disorders: Hearings*, 120

45. "Willie Grimes," Bluford Library at North Carolina A&T State University, http://www.library.ncat.edu/resources/archives/grimes.html; Amy Dominello, "Who Killed Willie Grimes?" *Greensboro News & Record*, October 26, 2006, https://greensboro.com/life/community_news/who-killed-willie-grimes/article_f3a2d30fe060-5743-bc42-b2ded1d125dd.html.

46. Exhibit No. 736 from *Riots, Civil and Criminal Disorders: Hearings*, Barnabus (Willie Drake), "Dear Brothers and Sisters," May 22, 1969; "Guard Clears Snipers in Sweep of College," *National Guardsmen*, no date given, Lemberg Folder "NC—Burlington May 16—19, 1969," Box 11; "Trouble in Greensboro."

47. "Trouble in Greensboro"; "Guard Clears Snipers in Sweep."

48. President's Commission on Campus Unrest, *Report of the President's Commission*

on Campus Unrest (Washington, DC: US Department of Health, Education, and Welfare, National Institute of Education, 1970).

49. "Trouble in Greensboro."

50. "Trouble in Greensboro."

51. "Black Students to Demand Colleagues Be Reinstated."

52. "Trouble in Greensboro."

53. Barnes "Bullet Holes in the Wall"; Ginsburg, "The Forgotten History of Greensboro's A&T/Dudley Revolt."

第七章　调查委员会

　　20世纪60年代末和70年代初的美国许多城市——如果不是大多数城市的话——都陷入了警察暴力和黑人暴乱的恶性循环；无论这些城市是大是小、所处何方、是否拥有独特的历史，概莫能外。这种恶性循环以相似的方式在警察暴力盛行、黑人绝望挣扎的地区不断上演，其最终的结果也往往遵循着一种模式，即与格林斯伯勒发生反抗事件后的情形一样，当局通常在1969年春天的动乱和暴力事件发生后成立联邦民权委员会，或是在州一级或地方层级成立人际关系委员会进行调查、提交报告，并提出改进的方案和建议。然而，即便委员会能够成功地做到地方官员所拒绝做到的事项，例如追究骚乱之所以发生的根本原因，委员会的工作也基本上可被归于失败。委员会并未让暴力得以停止；尽管付出种种努力，其所试图拯救的许多城市也依然陷于急剧衰落之中。倘若试图理解其中的原因，首先需要从善意的角度出发探寻如何才能让黑人的反抗变得毫无必要。

　　1917年，美国国会派出一个特别委员会对东圣路易斯白人骚乱中——这起骚乱导致数百名黑人死亡——警察的不当行为进行调查，国会众议院也因此成立了美国历史上第一个人际关系和民权委员会（human relations and civil rights commission）。国会成立特别委员会或委员会开展调查就此成为一种惯例，是当局在应对第二次世界大战之前以及战争期间所发生的大规模白人自警与种族冲突事件，以及在应对自1965年沃茨骚乱以来的黑人反抗事件时的通常反应。在所有诸如此类的"骚乱调查委员会"中，最突出和最具影响力的莫过于在1967年7月的纽瓦克、开罗、底特律以及其他70座城市所爆发的夏季骚乱期间，林登·约翰逊总统通过行政命令所成立的国家内乱咨询委员会（National Advisory Commission on Civil Disorders）。该委员会因其主席是伊利诺伊州的州长奥托·克纳（Otto Kerner）而被称为克纳委员会，其使命是在 7 个月内查明骚乱的源头，并就应对措施提出建议，以便遏制未来可能的内乱。1968 年 2 月，克纳委员会公布了一份篇幅长达 426 页的报告，这份报告在数个星期内售出了 74 万份，此后共计有 200 万美国人购买了这份报告的平装本。[1] 公众想知道为什么会发生"骚乱"，以及如何制止"骚乱"。

就当时的标准而言，克纳报告不失为一份总体上堪称进步的文件。克纳委员会突出强调了白人种族主义在延续不平等和种族隔离制度方面的作用，并呼吁应当充分包容黑人公民从而使其完全融入"美国的主流生活"之中。尽管委员会认为美国黑人也有责任遵守"主流的"（即"白人的"）文化价值观念及其实践，但是，克纳委员会同时主张，这一目标只能通过将大量的联邦资金引入"弱势"社区的方式而实现，其所需要的扶持远远超出了既有的反贫困政策（War on Poverty），而有必要提供更多的就业、教育和住房机会。值得注意的是，在格林斯伯勒爆发骚乱之后，克纳委员会的上述主张再度由北卡罗来纳州的咨询委员会所确认。不过，就在克纳报告公布之际，约翰逊总统却认为报告中的主张在政治上不切实际，他担心它们会产生激进的影响，并拒绝针对委员会的调查结果发表公开评论。[2] 尽管如此，约翰逊总统——在底特律爆发骚乱的 4 天之后——在其椭圆形办公室发表电视讲话并宣布成立克纳委员会自有其政治目的：这个特别委员会让约翰逊得以向美国人民展现其所采取的具体步骤并使美国人民相信最终将在全国恢复秩序。

此后，州一级或是地方层级委员会也都遵循克纳委员会的模式对"种族骚乱"的原因进行调查并提出解决方案，也就是说，对导致黑人反抗的社会经济根源进行界定，并为当事的城市制定"改善种族关系"和创造更加公平的生活条件的政策蓝图。不过，委员会所提出的建议很少能够得到实施，此外，委员会所提交的报告最终都为警察提供支持。在 1968 年劳动节后的明尼苏达州，在圣保罗市（St. Paul）的一场周末灵魂音乐舞会上，警察向大约 500 名十几岁至 20 岁出头的年轻黑人发射催泪瓦斯，随后该市陷入砸窗、纵火和枪击等事件的暴力循环。当地的城市联盟与人权部（Urban Coalition and Human Rights Department）任命了一个委员会以调查研究骚乱的原因，后者花了整整一个秋天采访了数百名目击者和居民，并在 1969 年 2 月发布了调查报告。"圣保罗市黑人群体的不安与挫折感是由多种因素导致的，这种情绪压抑了许久以至于混乱看起来不可避免，"人权部主任路易斯·欧文（Louis H. Ervin）写道，"我们必须为他们做些什么。"委员会再次将之所以发生暴力事件的根本原因归结为体面的住房、教育和就业机会等方面的不平等，同时再度赞扬了警察的"模范行为"和"纪律性"。在为期两天的骚乱中，警察部门的行动导致了大约 30 名居民受伤。警察的暴行被主要归咎于个别"坏苹果"警察的"不称职甚至不端行为"，圣保罗市当局也几乎没有为弥补族群间的社会经济差距而采取任何措施。[3]

宾夕法尼亚州人际关系委员会在哈里斯堡举行了两场听证会。尽管在 1968 年马丁·路德·金遇刺后的骚乱中，哈里斯堡并未像相邻的匹兹堡（Pittsburgh）和巴尔的摩那样发生破坏性暴力事件，但是，就在这一年的 4 月 8 日，也就是马丁·路德·金下葬的前一天，哈里斯堡的数个"青年人抢劫团伙"放火焚烧了桂格燕麦公司的一个仓库以及一家家具公司。尽管许多人认为这座城市已经具备了导致大规模反抗的所有因素，但事实上，除了上述纵火事件之外并无重大事件发生。在举办了马丁·路德·金葬礼的一个星期之后，哈里斯堡人际关系委员会认为这座城市"有可能成为骚乱的目标"，并将其原因归结为这座城市的黑人居民——全市 68 000 人中约有 23 000 人是黑人居民——所遭受的不平等和歧视。宾夕法尼亚州人际关系委员会前往哈里斯堡进行调查，并认可该市存在"种族暴力活动的活跃潜力"[4]。

在 1968 年 5 月的调查报告中，宾夕法尼亚州的调查委员会对克纳委员会所发出的警告——警告称"如果当局的规划和决策过程中缺乏完全的伙伴式的包容性，种族间的紧张关系就无法消除"——作出了回应。这份调查报告提议哈里斯堡市应当在所有"将对黑人的家庭生活和未来产生影响的计划中"鼓励"哈里斯堡的黑人居民有意义地融入其中"。具体措施就是通过进一步推广美国住房和发展部（US Department of Housing and Development）的联邦第 8 项住房凭证（Section 8 vouchers）增加可供黑人居民使用的住房存量，通过更加严格地执行公共住房的相关法规迫使贫民窟中的房屋所有者将其租金保持在基准线下，通过扩大职业学校和职业培训计划为黑人居民跻身于技术行业开辟道路，以及这一年的夏天在该市的"市中心"建设游泳池、公园和游乐场以确保"公平地提供公共服务"。[5] 报告明确指出，尽管诸如此类的措施不会完全改变现状而使黑人实现平等，但有助于在短期内改善现有状况。在报告提出的大约一年之后，预料中的"种族暴力活动"出现在学校和街道上；该州人际关系委员会再度开展工作，它开展了一次更加全面的调查，并提出了一套更加雄心勃勃的改革方案。

　　再来看伊利诺伊州的开罗市。在一个特别工作组（task force）来到当地并认定该市已经陷于自相残杀的境地之前，这座城市在 3 年中有 200 个夜晚是在枪击事件中度过的。1972 年 3 月，美国民权委员会在开罗举行了为期三天的公开听证会，这标志着美国各级政府首次承认该市存在着种族压迫以及白人自警团体的暴力活动。弗兰基·弗里曼（Frankie Freeman）是民权委员会的首位黑人女性委员，她了解其中的利害关系。"我们基于特定的原因而来到开罗，"她在致辞中解释道，"委员会已收到许多指控……表明这里存在广泛而明目张胆的种族歧视。"弗里曼很清楚，无论是听证会还是城市的问题都不限于开罗一座城市。她说，"在将注意力转向开罗的种族问题的同时，我们也将对全国其他黑人社区的大量类似状况进行了解"，并补充道，我们所了解的信息"对于全美各地的美国人都将有所启发和有所裨益"。[6] 开罗市的黑人居民对于委员会是否有能力改变他们的日常生活抱有疑虑，但委员会的调查毕竟是自1969年3月的最后一天——当地白人从密西西比河的大堤上向他们的社区开枪——爆发种族战争以来黑人所能寄予的最大希望。

　　尽管联邦层级的自由派民权委员会以及州和地方层级的自由派人际关系委员会都强调了黑人反抗的社会经济根源，同时将推进种族融合视为最主要的解决方案，但是，这些委员会都倾向于认为黑人是一个病态的群体，而这种认识是导致委员会最终陷于失败的核心因素。1970年，弗吉尼亚州的亚历山大市教育委员会开展了一项研究，其所得出的结论是黑人之所以制造"虚张声势"的事件，是因为黑人学生有着针对当地学校的"犯罪破坏行为"。亚历山大市教育委员会就像克纳报告中所说的那样将"规训问题"（discipline problem）视为"白人社会的疏忽大意所导致的最终产物"。尽管这项研究同时呼吁对既有的控制和排斥黑人的制度结构进行改革，但最终还是认定存在于黑人中的"无意识集体偏执"促使黑人将所有对其所做的规训都视为"出于种族动机"。[7]尽管亚历山大市教育委员承认白人种族主义是一个事实，但其所得出的结论却是美国黑人对于种族主义的认识完全是妄想所致。就解决方案而言，亚历山大市教育委员会的研究认为有必要改变美国黑人的所谓普遍歧视的观念，这与改变既有的公共政策同样必要。

　　早在1896年，美国最高法院就在臭名昭著的普莱西诉弗格森（*Plessy v. Ferguson*）的判决中确立了一种观念，即将种族主义问题部分地或主要地归咎于黑人的错误认知。这项判决同时还确立了——旨在贯彻吉姆·克劳法的种族隔离制度的——"隔离而平等"（separate but equal）原则。在最高法院的这一判决中，多数法官认为由"两个种族之间的强制性隔离"所导致的所谓"下等人的印记"是黑人自我设定的"假设"。"即便存在'下等人的印记'，"法院在其判决书中认定，"那也不是出于此案中的任何行为，而仅仅是因为有色人种选择将种族隔离视为他们的'下等人的印记'。"也就是说，问题并不在于因为奴隶制、白人至上主义暴力以及重建法案[*]的失败所导致的种族剥削和不平等，而是在于过去的黑人奴隶及其后代的过度敏感。最高法院在普莱西诉弗格森案中的判决将"种族问题"做了简单化的处理，将种族问题仅仅视为人与人之间的一种偏见，似乎仅仅是黑人与白人如何相互感受和相互影响的问题。[8]

　　时至 20 世纪六七十年代之际，政策制定者和社会科学家都更加倾向于采用所谓中性术语"异化"（alienation）来描绘种族主义对于美国黑人的心理影响。在其发表于 1965 年的一份颇具影响力的报告中，此后成为参议员的莫伊尼汉提出了一个著名的论断，即"异化"所概括的是"数量庞大的黑人青年正在以各种方式退出美国社会"[9]。莫伊尼汉、民权委员会以及一些著名的自由派官员都基于"异化"的观念对包括暴力在内的城市问题进行讨论，并因此将美国的种族不平等视为某种行为所导致的结果。上述观念限制了他们的视野，使其看不到美国社会可以更加平等，而是像当时的许多白人那样仅仅从人际交往和心理层面去理解是什么导致了黑人的贫困与暴力问题。"异化"一词将一个进步的观念和一个倒退的观念掺杂在一起，前者认为美国社会是以不公平的方式对待黑人，而后者则认为美国的黑人陷入某种病态并因此而（犹如自由派所主张的）不愿意或是（犹如许多保守派人士所认为的）不适合融入社会。委员会的上述立场从一开始就在暗中侵蚀着他们所设定的目标。

　　"异化"的观念为宾夕法尼亚州人际关系委员会理解 1968 年 4 月发生在哈里斯堡的反抗事件提供了一个可资利用的框架。该委员会的报告称："长期以来，黑人居民被排斥在地方政府的政治参与之外，这种排斥让黑人群体产生了极为深刻的疏离感。"委员会将"异化"描述为"因为受到代表当局的机构及其工作人员的蛮横对待"而导致的"对于过往历史中的权力体制——或是基于事实或是基于想象——的麻木不仁所累积的不满情绪的

---

[*]　重建法案（Reconstruction Acts）：又称重建南方法案，是南北战争结束后美国国会于 1867 年通过的一系列法律的总称。——译者注

加剧"。在试图让人们理解这场"骚乱"时，委员会解释道："黑人所遭受的不公正对其个体产生了深刻的影响，但这种影响已远远超出了不公正所造成的直接后果。"这种"异化"让黑人居民将诸如社区垃圾未能及时清运等日常事务也视为"与种族歧视而非公共服务相关的例证"。[10]

尽管委员会很清楚暴力是由来已久的系统性排斥和种族歧视的产物，但它依然声称黑人的不满至少有一部分是基于"想象"，或是声称黑人对于其所感受的不公正的反应"远远超出了不公正的直接后果"。这也就意味着，委员会的成员在一定程度上将种族主义问题视为黑人自身的问题，他们认为黑人总体上将世界视为一个种族主义者的世界，这也就导致了他们在某些情况下的反应过度，也就是做出反抗之举。[11]

宾夕法尼亚州人际关系委员会也提到了警察在平息反抗事件中的作用，但只是间接提及。在委员会看来，哈里斯堡市警察作为"地方政府在街头的代表"，作为"受挫的少数人公开向他们所认为的麻木不仁的政府权威表达蔑视的对象"，首先承受着黑人居民——由其认知的"异化"所具体导致的——暴力的影响。这个州级的委员会借鉴了克纳委员会在 2 个月前所提出的建议，要求着手解决"对警察日益增加的误解和反感"问题。委员会鼓励哈里斯堡市警察局建立投诉审查机制、招募"非白人"警员、为基层警员提供与社区关系和敏感议题相关的培训，并采取措施"促使警察与公民和睦相处和相互理解"。[12] 这些建议——尤其是其中的实现警察队伍的多样化——与以社区为导向（community-oriented）的警务改革步调一致，后者在 20 世纪 60 年代后期开始实施并在全美的警察部门盛极一时。

遵循宾夕法尼亚州委员会的建议，哈里斯堡市当局在 1968 年夏天兑现了其早先有关增设休闲娱乐设施的承诺：新建了 8 个游乐场和 2 个游泳池，并在基层警察部门新设了 2 个警察与社区关系中心。警察与社区关系中心共有 4 名警员——其中 2 人是黑人，其主要职责是"与社区居民建立融洽的关系"并回应居民的投诉，同时也为初中和高中年级的黑人学生制定个人发展计划。警察与社区关系中心旨在改善公共关系，但其真实的角色却是哈里斯堡市警察局的"弃子"：这个中心没有配置警车，也没有配置文职人员，警员不得不自己处理所有的行政与文书事务。至于设立公民投诉机制，这是警察部门极力回避的一个议题，也几乎从未得到市政府任何形式的支持。[13]

哈里斯堡市警察局拒绝采取措施改善警察与社区的关系，这方面的最好例证莫过于在警员的"敏感议题培训"中特别强调灌输一种"武士精神"（warrior mentality）。"敏感议题培训"旨在增强警员对于黑人群体的理解并以此减少警察暴行的发生，但在其实际的课程中却向警员播放了一部时长 35 分钟的名为《正在进行的革命》（"Revolution Underway"）的影片，制作这部影片的是一个位于阿肯色州瑟西市（Searcy）的极端右翼团体"国家教育计划"（National Education Program）。就其本质而言，这是一部反共宣传片，它警告人们一股"革命力量"正在试图"摧毁"美国的城市和推翻美国政府，并认为克纳委员会对于黑人的反抗是一个更大阴谋的组成部分的否认"压制"了一种证据，该证据证明"革命性的黑人力量"正在煽动动乱及在动乱活动中发挥作用。这部影片的特色之一是出现了马尔科姆·艾克斯、罗伯特·威廉姆斯、拉普·布朗以及斯托克利·卡迈克尔等"叛徒"的镜头，并以暗示的方式警告存在着主要任务在于"从内部攻击美国制度"的"外部煽动者"。这部制作于 1968 年的影片在整个 20 世纪 70 年代一直向全美的执法人员放映。[14]

《正在进行的革命》将全美各地的警察描绘为一场"向犯罪宣战"的战争中的士兵，而这场战争的最重要防线是抵御残暴的黑色和棕色人种的敌人。尽管只是描绘了警察使用准军事战术而并未具体说明警察是如何平息反抗的，但这部同时在哈里斯堡市的"拯救我们的学校"（Save Our Schools）所组织的会议以及集市广场长老会教堂放映的影片，却凸显了城市反抗的危害性以及警察在平息反抗过程中的重要作用。在一名黑人警员看来，这部影片对于黑人的"刻板印象""令人反感并具有危害性"。然而，哈里斯堡市的市长阿尔伯特·斯特劳布、警察局代理局长马丁·沃茨以及该市的一些官员却认可《正在进行的革命》并视之为警察 "敏感议题培训" 的必备内容。[15]

　　《正在进行的革命》所引发的争议既显示了在保守派官员和自由派官员之间存在日益增长的分歧，也表明警察作为法律执行者的角色与作为社会服务者的角色之间存在日益加剧的冲突。尽管保守派官员和自由派官员都认为黑人政治暴力的根源在于其自身的病态——充其量存在一点潜在的社会经济方面的原因，但自由派官员基于 "异化" 所作出的解释却与警察部门在解释骚乱的原因时所倚重的所谓 "外部煽动者" 或是黑人具有犯罪天性的观点存在强烈的反差。不过，通过持续地将黑人暴力的原因——甚至像克纳委员会那样将白人种族主义的原因——归结为黑人的行为或是心理特质，任何政治派别的官员最终都同意应当授权警察部队采取监视、巡逻以及其他社会控制手段，来缓和已经延续了数个世纪的结构性歧视和排斥体制。

　　1969 年 6 月 23 日，也就是哈里斯堡公立学校爆发反抗事件的数月之后，200 名黑人居民聚集在位于艾利森山街区（Allison Hill）第十三街（Thirteenth Street）和市场街（Market Street）交会处的固特异药房（Goodyear Pharmacy）门前，而此时警方的手头也有了一套镇压 "种族骚乱" 的方案。宾夕法尼亚州人际关系委员会到访哈里斯堡一事已经过去了一年，所谓贯彻执行有关公共住房的相关法规也再无下文，公屋项目社区依然处于种族隔离状态（并由此将种族隔离延伸至小学），当局也并未采取任何措施解决该市的失业问题——黑人的失业率是白人的三倍。当天晚上聚集在固特异药房前的人们正在围观一场旨在反对警察暴行的和平示威活动。这场活动的中心人物是 48 岁的退休教师玛丽·扬西（Mary Yancey），她举着一块标语牌，上面直率而颇具煽动性地写着 "我遭到一群'白皮猪'的残酷虐待"。示威者散发小册子呼吁抵制固特异药房，并要求 "对殴打我们一名黑人妇女的行径表示抗议！" 殴打事件发生在两天前。6 月 21 日，玛丽·扬西去固特异药房买一包香烟，药房员工拒绝为她提供服务并报警。据目击者称，有 6 名警员赶到，他们抓住扬西，一名警员用膝盖顶着她的背将她塞进一辆警车。警察在逮捕扬西时并未告知她被逮捕，直至到了警察局才指控她扰乱治安。[16]

6 月 23 日，扬西带领十几名示威参与者举行了和平示威，他们的周围有一群年轻的黑人居民围观。7 点钟，当数辆警车随同市长斯特劳布及其随从一同来到现场时，这些围观的居民随即参与抗议的活动中。官员下令驱散集会人群，而年轻的黑人则以投掷砖块和石头作为回应。当看到一名警员腰间挂着霰弹枪出现在眼前时，抗议的人群更加愤怒，他们大摇大摆地走过这名警员的身边，并向附近的商店窗户投掷砖头和玻璃瓶。这名警员随后将枪放回车上，但此时人群已经失控。在场的警察对投掷石块的人群发射催泪瓦斯，当局另外又调遣了大约 30 名州警迅速赶赴现场，而混乱则沿着大街小巷和主干道一直蔓延到艾莉森山和哈里斯堡上城。黑人居民向附近的商店和过往的汽车投掷石块和砖块，商店的窗户被打碎，一些驾车者被砸伤。[17]

第二天，也就是 6 月 24 日，供职于哈里斯堡市警察局长达 11 年之久的警员雷蒙德·克图利斯（Raymond Kertulis）向 18 岁的黑人青年查尔斯·斯科特的后背开了三枪，后者当场死亡。克图利斯的说法是他看到斯科特正准备点燃一个自制燃烧瓶，他令其住手而这名少年拒绝放下燃烧瓶，之后他被迫开枪。美国公民自由联盟此后进行了调查，但并未发现存在任何证据可以证明斯科特持有武器，调查的结论是克图利斯在开枪前没有发出任何警告。哈里斯堡的这起反抗事件肇始于一起相对较小的警察暴行事件——玛丽·扬西的说法是她被警察粗暴对待并在没有告知的情况下实施逮捕——以及对于这起暴行的抗议活动。而现在一名警员以——美国公民自由联盟所说的——"就地处决"的方式杀死一名黑人少年。克图利斯被指控过失杀人，但在六个星期之后，验尸官陪审团裁决他没有任何不当行为而将其无罪开释。[18]

在哈里斯堡黑人联盟的敦促下，州长雷蒙德·沙弗（Raymond Shafer）指示宾夕法尼亚州人际关系委员会举行新一轮听证会以调查"种族紧张局势"。沙弗对此解释称："鉴于哈里斯堡市的种族紧张局势以及爆发新一轮暴力的可能性，我们应当尽一切可能保护所有公民并找到能够立即缓解紧张局势的方法。"为此，沙弗认为应该立即举行听证会，从而为哈里斯堡居民"提供一个论坛"以使其"表达不满并合理地寻求解决方案，从而可以远离街头的煽动性情绪"。[19]

在沙弗看来，种族主义并非一个系统性问题，而只是黑人居民与白人居民之间的一种误解，就此而言，双方开展对话就足以解决问题，大家把话说开了自然就有解决问题的方案。他说："我呼吁本州首府城市的所有公民将由委员会举行听证会视为一种最佳方式，以此讨论所谓不公正现象并找到解决种族差异的新途径。"[20] 不过，人际关系委员会早在一年前就已经到访了这座城市，而黑人居民也早已指出公职人员并未遵守或是执行委员会在 1968 年到访时所提出的建议。这一次人们想要的是行动，而非没完没了地讨论。位于艾利森山的一家以市场化方式运营的民权组织"贫民窟事业"（Ghetto Enterprises）的经理詹姆斯·史蒂文斯（James Stevens）向委员会解释道："如果你所提出的还是去年提出的建议，这场听证会就毫无举行的必要。"[21]

1969 年 7 月 2 日，星期三，也就是玛丽·扬西举着标语在固特异药房前示威的 11 天之后，宾夕法尼亚州人际关系委员会在哈里斯堡的第二场听证会正式开场。数百名居民——其中大部分是黑人——聚集在威廉·佩恩纪念馆礼堂（William Penn Memorial Museum）观看了整场听证会。听证会持续了 11 个多小时，中间只有两次休息。1972 年 3 月 23 日，美国民权委员会在开罗市——伊利诺伊州人均枪支登记率最高的城市——举行调查听证会，法警对每一个旁听听证会的人进行了搜身检查。这两座城市的两场听证会都听取了来自非营利性民权组织、市政机构、所在州的政府机构的证人以及代表的证词。来自哈里斯堡的黑人证人称，到访该市举行听证会的上一届宾夕法尼亚州人际关系委员会与当地的公共广播公司共同赞助开办了被称为"对话桥梁"的一系列讨论小组活动，但此类尝试并未解决根本问题。来自伊利诺伊州开罗市的黑人目击者描述称，白人自警团体的成员和警察制造了该市的暴力和恐怖态势。他们不断重复以下问题：住房、失业、学校以及各项社会服务中的不平等——这些都是极为紧迫的问题。不过，这些黑人认为，当务之急是对警察的行为进行处理。[22]

出席听证会的黑人证人在调查委员会全体成员面前提出质疑，他们质疑警察的所作所为究竟能够达到何种目的，质疑这些警察似乎正在将暴力而非安全带入黑人社区。黑人活动人士理查德·詹姆斯（Richard James）指责哈里斯堡市警察局采用"压迫、压制和种族灭绝的方式"对待黑人居民。詹姆斯和其他证人宣称，警察事实上在 2 月公立学校的暴力事件中起到了推波助澜的作用，而在最近原本以和平方式所开展的抗议活动中，警察部门再次"反应过度"。除非警察自身有所改变，否则，警察将继续激起黑人的反抗。[23]

来自开罗市的证人几乎以相同的论调进行了系统性批评。科布（J. J. Cobb）牧师最近被任命为开罗市警察与消防委员会（Police and Fire Commission）的委员，他是委员会的三名成员之一，并因此成为开罗历史上第一个拥有正式发言权的黑人。他说，"站在我们的立场上看，每一次只要我们试图为自己做一点事情，就会迎来更多手持武器的警察，就会有更多的枪支弹药从而让改善黑人生存状况的努力戛然而止"，"这就是我们在这个社区所看到的，也是在整个美国所看到的情况"。[24] 警方倾向于以暴力——无论暴力的形式如何——回应黑人的任何抗议活动。在科布牧师以及开罗市、哈里斯堡市甚至全美其他城市的许多黑人看来，这种回应方式俨然已经成为一种美国方式。

在上述两个州所举行的听证会上，黑人证人事实上阐述了美国黑人的一个信念，即美国政府正在加大其通力协作的力度以确保黑人"待在黑人应该待的地方"。大哈里斯堡教会委员会（Council of Churches of Greater Harrisburg）的协调员哈罗德·波西（Harold F. Posey）甚至暗示"联邦政府、州政府以及地方政府及其官员正在共同谋划如何对黑人实施骚扰"。开罗统一战线的查尔斯·科恩确信，理查德·尼克松总统是"一场旨在对负责任的黑人领导团体实施破坏的阴谋"的主谋，并认为伊利诺伊州州长理查德·奥格尔维（Richard Ogilvie）以及州检察官——前白帽党领袖——佩顿·伯布林（Peyton Berbling）以让白人至上主义者和警察部门对开罗市的全体黑人——特别是联合阵线的活动人士——实施恐吓的方式执行着尼克松的阴谋。[25] 尽管并无证据证明尼克松与开罗市的白帽党存在同谋关系，但黑人居民认为上述说法是有道理的。一场反黑人的阴谋所导致的结果与大规模暴力所导致的美国黑人社区的灾难并无不同。不过，所谓白人当局正在密谋一场反黑人的阴谋的说法进一步强化了一种观念，即黑人居民病态地妄想他们正在遭受普遍而大规模的种族压迫。

　　无论是在哈里斯堡市还是在此三年后的开罗，州调查委员会的听证工作都在很大程度上聚焦于警察应对反抗及其日常警务工作中的麻木不仁和残暴行径。安娜·科尔曼（Anna Coleman）指责哈里斯堡的警察在以"故意损害他人财物"的名义逮捕她的儿子时，"用警棍殴击他的头部"，而她的儿子并未参与任何暴力活动。哈里斯堡高中的几名学生作证称，尽管他们并未参与该校2月份的骚乱，但警察却将他们逮捕并关押了数天。出席听证会的证人讲述了来自警察的"日常"骚扰和殴打。他们的证词让宾夕法尼亚州人际关系委员会认识到"警察在逮捕黑人青年时经常使用警棍甚至金属警棍，其使用频率之高以至于几乎所有黑人公民都相信，警察的主要策略和目的就是在每一个可予利用的场合使用警棍或金属警棍向黑人灌输他们对警察的恐惧"[26]。即便有关警察暴行的说法中带有"想象"或是"偏颇"的成分——在这一点上委员会显然深受前述"异化"理论的影响，每一名前来作证的黑人居民也都表现出对于警察的集体不信任和恐惧。委员会总结道，如果不彻底修正警务措施，就不可能实现公共安全。

来自开罗市的证人在听证会上详细讲述了警察的暴行。前巡警威尔伯特·比尔德（Wilbert Beard）是当时这座城市有史以来的三名黑人警员之一，他回忆道："在一些逮捕行动中，他们（警察）会用冲锋枪顶着某个黑人的头，然后命令他逃跑，这样就可以名正言顺地杀了他。"开罗市的黑人居民拉塞尔·德贝里（Russell DeBerry）在听证会上讲述了他在这个种族主义的警察部门的遭遇。1971 年 9 月 29 日，由于据称一名黑人青年袭击了一名白人妇女——后者是一名警员的亲戚——并偷走了她的钱包，警察开展了大规模的逮捕行动并拘留了德贝里。根据德贝里的说法，当他被送到警察局时，警察局长鲍尔斯（Bowers）正在大声咆哮："我要看到开罗市的每一个黑鬼都被团团围捕，如果他们是要被送进监狱，那就让我看到他们被送了进去。"德贝里和一群黑人青年站立，将双手举过头顶，听着警察局长的咆哮。鲍尔斯继续咆哮道："如果我手下警察的妻子、母亲或是祖母没有被人撞到脸，没有被抢走钱包，我也不会找任何一个黑人索要任何东西"，但是，"如果不是这样，你们知道的，我就会要了几个黑人的命"。[27]

德贝里还讲述了白人自警团体以及他们如何与警察沆瀣一气。有一次，他看到一名警员因为汽车尾灯的问题截停一名黑人男子，与此同时一群白人男子——"当地的白人，其中一些人从市中心遭到黑人抵制的商铺中出来"——手里拿着枪围住黑人的汽车。尽管白帽党在三年前就已解散，但其成员继续收听警务台的通信，并犹如警察的影子一般运作，其所作所为往往得到执法部门的默许。[28]

两座城市的地方官员都拒绝接受黑人居民的抱怨，并拒绝接受这些证人对于警察部门的批评。哈里斯堡市长斯特劳布和警察局长沃茨出席了有关警察暴行的听证，他们在听证会的第三天——7 月 9 日——出面为警察部门及警员辩护。沃茨提出"对于证人们针对我的部门所提出的如此多的批评感到惊讶"，因为他甚至无法对其手下的警员"在过去的麻烦中"的表现"给予足够的赞扬"。正如沃茨所解释的，当警察认为自己受到攻击——例如在执法过程中遭到年轻黑人的诅咒、谩骂、投掷物品——时，他们就可能采用武力予以回应。"出于种种原因，警察一天 24 小时待命，他们在遭受各种辱骂时还得装聋作哑，"沃茨说，"我们都会犯错，相信我……我们和其他人一样，也都是人。"市长斯特劳布附和警察局长的说法，他说这座城市有一支"伟大的警察部队"，"每个人都会犯错，因为我们都是人"。斯特劳布同时指责证人们"以贬低和不敬的方式对待我们的警察，而这些警察正是面对内乱时的最后一道防线"[29]。尽管市长和警察局长都承认在深陷"种族问题"的社区中开展警务工作非常困难，也都承认警察部门并不完美，但是，他们都对反抗事件中警察的所作所为感到自豪。对于前文中所提到的警员在缺乏合理证据的情况下杀害一名黑人少年的事件，市长和警察局长均未提及，但他们暗示证人"贬损"警察的言论恰恰证明了警察的暴力回应是正当的。当然，他们也表明，当黑人采取暴力手段回应警察的暴行时，前者的行为则完全非法。

  开罗市的官员同样否认警察部门存在歧视并为警察的行为辩护。吉米·戴尔（Jimmy Dale）曾经是一名白帽党成员，此时所担任的职务是开罗市警察局专员，他坚持认为"所谓警察部门的种族问题是一个被夸大的问题"，开罗市的"黑人与白人之间的种族对抗"远远没有"其他城镇——其声誉和知名度甚至比不上开罗——那么普遍"。在他看来，之所以存在"开罗市的种族困境"，完全应当归咎于该市联合阵线所领导的黑人抗议活动，包括无情地向警察开枪以及导致大量财产遭受损失的破坏行为。戴尔将这些破坏行为称作"具有民权运动性质的行为"。在他看来，民权运动只可能是暴力性质的运动。警察局长鲍尔斯坚持认为，他的警员"不遗余力"地反抗着公众所谓种族主义警察的印象，"原因很简单，正如我们中的许多人都知道的，钟摆已经严重地向左倾斜，任何一名警员都难免在言行上做出矫枉过正之举"[30]。由争取民权而引发暴乱已经成为城市问题的根源，来自民间的社会正义运动以及联邦政府的反种族主义政策让警察无法履行基本职责。在这些官员看来，事实上是黑人在种族主义问题上的"集体偏执"导致警力陷于瘫痪。

在宾夕法尼亚州调查委员会所举行的听证会上，哈里斯堡市的官员可以驳斥黑人证人的证词，却无法对来自警察部门内部的批评置若罔闻。1969 年 7 月 15 日，也就是听证会的第五天，来自警察与社区关系小组的两名黑人警员——小队长威廉·迪基（William H. Dickey）和巡警詹姆斯·皮茨（James R. Pitts）在听证会上证实了一点，即警察与社区关系小组及其相关措施均为无效之举。该小组的任务是在警察与社区居民之间建立关系，对有关警察不当行为的投诉进行调查，并对有可能引发大规模骚乱的各类威胁给予应对——似乎两名警员就足以独自掐灭反抗的苗头。当抗议的人群在固特异药房前聚集时，照理应当是警察与社区关系小组的警员赶赴现场，但是，没有警察向他们通报情况。迪基和皮茨清楚地知道，如果警察希望驱散抗议者，最不应该做的就是当众炫耀自己的霰弹枪。警察的暴力反应不仅引发了社区暴力，而且——正如迪基提醒委员会的——"霰弹枪所造成的伤害肯定比砖块大得多"。根据迪基的说法，警察在使用了催泪瓦斯之后才通知警察与社区关系小组的警员前来现场，而当时的情况已经"失控"。[31]

尽管市长斯特劳布和警察局长沃茨常常将警察与社区关系小组作为一个例证，以此向调查委员会证明警察部门正在努力与哈里斯堡的黑人居民建立更加良好的关系，但是，迪基和皮茨的证词却与之相抵牾。警察与社区关系小组的警员感叹他们在警察部门内缺乏影响力，他们的警察同事经常称其为"无人机"和"无所事事的家伙"。至于为处理公民投诉而设立的警察评估委员会（police evaluation board），则完全形同虚设。迪基解释道，"你不可能把一个警察叫过来问话"，因而"任何针对警察的投诉都不可能得到处理"。迪基和皮茨都明确表示问题不在于社区，问题出自警察。"我们发现警察完全可以与社区建立良好关系，"迪基说，"但是，如果我们想要有效地工作，警察部门就必须将自己的后院清理干净。"[32] 如果警察局不能全力以赴地制定措施，不能对上至行政管理下至警阶和档案管理等各个方面的警局文化进行改造，所谓致力于警察与社区的关系就只能是一句空话。

就在哈里斯堡市展现姿态（基本上是一个空姿态）以显示其有意改善警察与黑人社区的关系时，开罗市的白人统治精英却在强烈地反对警察与社区关系这一提法。联邦政府在 1969 年底向开罗市警察局划拨了 7.5 万美元的联邦整项拨款，这笔钱被指定用于改善该市警察与黑人社区的关系，但是，这笔经费直至 1972 年尚未用到其中的 10%，而剩余款项则在伊利诺伊州执法委员会得知开罗市警察局拿这笔钱购买了冲锋枪时被撤销。开罗市警察局的戴尔专员以及其他专员认为警察与黑人社区的关系"彻底失败"。持白人至上主义立场的报纸《三州通讯》发表了一篇社论，其中谈到了警察与政府部门所持的一种普遍态度："警察与社区关系委员会最终只是捆住了警察的手脚并让犯罪分子气焰大增。"这篇社论发出呼吁，要求为"坚定地维护法律和秩序"的民选官员和地方警察提供更多支持。[33]

哈里斯堡在经历了六天的听证会后迎来了宾夕法尼亚州人际关系委员会的最终结论。委员会认为警察部门实行了"两套不同的对人标准和执法标准：一套适用于白人，另一套适用于黑人"。委员会认定警察"在某些情况下非法使用了武力"，并认为该市警察部门"对公民权利缺乏认知，对黑人公民的个人和集体情感麻木不仁"。就后一个方面而言，委员会称"几乎每一座美国城市的警察局"都大同小异——"克纳报告的调查已经证实了这一点"。委员会在报告中写道，哈里斯堡市警察及其行为方式是根深蒂固的等级制度的产物，它"反映了白人社会的麻木不仁和种族偏见，而大多数警察都招募自白人社会，并由白人社会所雇用、培训、控制和指导"[34]。个别警员之所以如此行事，是因为种族主义的制度就是这样培训和制约他们的。

不过，尽管宾夕法尼亚州人际关系委员会对警察局有所责备，却将批评的火力集中于"在紧张局势中加剧混乱、恐惧和种族仇恨"的"异化"的、"不负责任的年轻人"。委员会承认是警察的暴行加上令人绝望的社会经济环境直接导致了黑人的反抗，但与此同时，他们还是将参与反抗的黑人描述为过于情绪化、无知，以及没有能力在社区和城市当局之间进行"有效和理性的沟通"。该委员会推测一个"黑人青年的激进核心团体"正在寻找警察无法掌握或无法控制的"被压抑的敌对行动的突破口"，并认为一旦这个团体找到了暴力的突破口，"暴力的狂欢将诱使平时循规蹈矩的年轻人加入肆意破坏财物、袭击和骚扰警员和消防员的行列中"[35]。

宾夕法尼亚州人际关系委员会并未提出有外部煽动者参与骚乱，但在追溯黑人暴力的渊源时都几乎完全归咎于"黑人青年的激进核心团体"，认为后者正在招募容易受其影响的孩子们。委员会主张推行自由社会政策（liberal social policy），强调事件背后的潜在社会经济因素，并与克纳委员会一样都认为白人种族主义是美国黑人痛苦的根源。然而，委员会也陷于自相矛盾，他们对于黑人"异化"以及黑人激进分子"核心团体"的归咎，事实上弱化了他们对于黑人集体暴力的潜在促成因素的理解。持自由主义立场的委员会成员脚踏两只船，他们将反黑人的种族主义与黑人自身的病态思想和行为视为暴力的双重根源。宾夕法尼亚州人际关系委员会重新审查了枪击查尔斯·斯科特致其死亡事件，并认为"敌意的宣泄和情绪的失控战胜了常识和正直"[36]。尽管委员会并不赞成警察采取如此粗暴的措施——使用"防暴武器、头盔、防毒面具以及诸如此类的用具"——予以回应，但其最终的结论却是黑人对这类事情的反应让"警察成为集体仇恨的焦点"。[37]

在这个州一级的委员会看来，该市的暴力事件是由黑人居民与白人居民、警察与应当受到警察保护的人"对于警察的角色和职能的完全不同的理解"所致。"当警员遇到抵抗而必须使用武力时，"委员会在其报告中写道，"他们所采取任何程度的武力都会被大多数白人群体称赞为'警察执法'，同时却会被黑人群体谴责为'警察暴行'。"只能以两种方式"遏制或搁置暴力：或是以压倒性的暴力应对暴力，或是以积极和正面的措施消除致使暴力得以滋生的不平等制度。哈里斯堡必须作出选择。"[38] 也就是说，这座城市要么通过改善黑人的生活条件而预防暴力，要么在未来不断发生的反抗中继续仰赖于警察的镇压。

哈里斯堡和其他饱受反抗之苦的城市都在一定程度上受到多种因素的制约，其中包括因为就业率而导致的税基下降、州一级立法机构对于城市地区常常怀有敌意、国家在法律与秩序方面的政策与政治，以及从联邦到地方一路倡行的所谓去管制化（deregulatory）经济政策。不过，正如委员会所指出的，在严格执行公共房屋的相关法规、以激励措施促使私营部门雇用黑人并为中低收入者提供优质的住房等方面采取措施，以及——特别是——设立当地的人际关系委员会使之得以快速处理与种族歧视相关的申诉并促进所有居民实现机会均等，其实施成本"将远远低于税款的持续损失以及持续的种族紧张局势加于这座城市的直接负担"。正如委员会所理解的，白人不断地离开这座城市，而这座城市也无法成功地招商引资，这一结果本身就是"该市的人际关系氛围"所造成的；换句话说，种族不平等的事实只能通过有意义的社会福利措施才能得到解决。[39]

然而，哈里斯堡市、开罗市以及全美各地的各级官员最终还是选择了以暴制暴的道路。在经历了20世纪60年代末和70年代初的暴力事件之后，政策制定者试图对遍布警察却依然难以驾驭的黑人社区进一步压制，并以此缓解警察与社区之间的紧张关系。然而，采取打击犯罪的方式处理由于系统性种族主义而引发的问题，这一策略给哈里斯堡带来的是经济停滞、社会分裂以及学校系统的失败。就整个20世纪70年代而言，随着中产阶级和白人加速流向郊外，哈里斯堡市流失了21.7%的居民；到20世纪80年代初，居高不下的犯罪率和失业率使哈里斯堡成为全美最贫困的城市之一。直至1983年，也就是宾夕法尼亚州委员会提出设立地方层级的人际关系委员会并认为这将是该市"为缓和种族紧张局势而采取的最'有意义或有效'的行动"的十余年后，哈里斯堡地方当局才成立了一个独立的人际关系委员会。[40]

克纳报告所发出的一个著名警告是美国正在迅速走向两个社会：黑人的社会和白人的社会，它们"彼此分离和互不平等"。宾夕法尼亚州人际关系委员会呼应了这一警告，认为"群体与群体之间在沟通与理解上的鸿沟已经形成，除非有所改变，否则，因为种族的不同而划分为两个彼此不同且完全不同的社会将成为一种常态"。委员会希望以召开听证会的方式达成一个"有用的目标"，即如同该委员会在当前的听证会上所做的，致力于提供一种途径——姑且不论其他用途——让"彼此之间往往缺乏面对面交流机会的人们能够交流所思所想和建议，或是找到能够使黑人克服怨恨（grievances）的方法"。宾夕法尼亚州人际关系委员会追随克纳委员会的主张，认为美国的黑人试图在社会的各个层面实现完全和平等的伙伴关系，这"在绝大多数白人都呈现种族主义态度的情况下是难以实现的"，而为了实现"种族和谐"，"人与人之间的相互理解日益成为一种必要"。[41] 简言之，委员会认为，种族隔离与生存条件的不平等产生了两个不同的世界和世界观，尽管猖獗的不平等滋生了暴力，但彼此疏离的种族是可以通过"群际交流"重新黏合在一起的。

发泄怨恨或许能够让黑人社区感受到些许安慰，而委员会能够为黑人社区所做的则仅限于对话和开会。对话和开会并未改变现状，而只是创造出了更多没有兑现的承诺。无论是哈里斯堡还是其他城市都无法靠摆弄一张嘴摆脱不平等。当地官员原本可以承认存在于历史和当今时代中的种族主义势力，并利用他们的影响力对当前的状况进行修补，然而，其实际的作为却与之背道而驰：并非故意出于恶意，而是转弯抹角、不置可否。从某种意义上说，应当将责任归咎于自由主义，因为自由主义认为只要拥有良好的意愿、提供教育机会、借助于市场以及有限程度的反歧视性法律，就能够"在适当的时候"解决不平等问题。然而，不平等至今仍然与我们如影随形。

美国民权委员会伊利诺伊州咨询委员会在 1975 年发布了对于 1972 年听证会的追踪报告，报告写道："在将近十年之后，民权立法所应当产生的影响仍未抵达开罗。"这里所说的民权立法，是指 20 世纪 60 年代中期美国国会所通过的一系列民权性质的法律。如果说开罗市有什么变化，那就是情况变得更糟了。1966 年，伊利诺伊州咨询委员会首次来到开罗并举行了第一场听证会，当时所关注的重点议题是该市的种族不平等问题。委员会此后发布了研究报告《尚在途中，远未到达：伊利诺伊州南部的联邦民权立法》（*I Reckon It's On Its Way But It Ain't Got Here Yet: A Report on Federal Civil Rights Programs in Southern Illinois*）。无论是 1966 年还是 1975 年的开罗市，其公共住房都依然实行着种族隔离制度，市县当局的雇员依然是清一色的白人，公立学校系统依然处于资金枯竭的边缘。随着寻找工作的年轻人和有着一技之长的青壮年人口不断离开开罗，其经济停滞的状况每况愈下。该市人口在 1950 年至 1970 年间下降了 50%。[42]

正如咨询委员会在 1966 年时就已观察到的，城市经济下滑的负担不成比例地落在了黑人居民身上：开罗市四分之三的黑人家庭和四分之一的白人家庭生活在极度贫困中——其收入不到联邦贫困线的一半。种族主义行为在开罗市警察局是如此根深蒂固，以至于该局的一群警员对一名逮捕了白人男子的黑人副警长大打出手。委员会得出的结论是：地方、州和联邦当局"参与到了一个种族歧视和经济萧条的恶性循环中"[43]。委员会在1966 年完成了其在开罗的工作。一年之后，身处法律与正义崩溃中的开罗市黑人发起了反抗，当局派遣国民警卫队赶赴开罗，白人自警团体也随之被动员起来。

此后，当局并未响应委员会此前的警告而采取相应的措施，反倒是为强化警务作出了一系列回应，由此所导致的结果是委员会在 1966 年确认的"恶性循环"又延续了十年，暴力也再度延续了十年。州和联邦当局注意到侵犯公民权利的行为在开罗市极为猖獗，但是，它们并未进行必要的干预以强力制止这些行为。来自联邦层级的主要"援助"仅仅是美国民权委员会的调查和听证。委员会于 1972 年 3 月抵达开罗，就暴力和种族主义问题进行了公开对话，并提出改善黑人生存条件和帮助该市使之符合民权标准的建议。然而，委员会在 1972 年所提出的建议直至 1975 年依然被束之高阁。来自联邦的美国民权委员会曾经敦促开罗市当局"确保其警察部门的独立性"，要求当地警察部门至少在形式上与白人自警团体保持距离，并认为这将是该市警察部门朝着"满足全体居民的执法需求"所迈出的关键一步。[44] 然而，开罗市议会甚至拒绝通过与上述提议相关的决议。这座城市没有任何发展，非暴力的抗议活动没有任何作用，暴力同样没有任何作用。

尽管到 20 世纪 70 年代中期开罗市已不再处于种族战争的状态，但此时的黑人居民也不再指望当局有可能改善他们的生活。甚至在来自联邦的民权委员会举行听证会之前，开罗联合阵线就已将其精力越来越多地集中经济发展。从 1971 年开始，联合阵线通过运营埃及人房屋公司（Egyptian Housing Corporation）为低收入家庭（黑人和白人）提供住房和工作机会，而市当局显然从未惠及于此。尽管这家公司试图为开罗市的所有居民提供帮助，但是，白人统治精英对于这一努力进行了抵制。市议会在 1971 年和 1972 年多次拒绝该公司参与对该市空闲土地的竞标，他们要将这座城市的黑人限制在贫民窟中，即便不能限制于贫民窟中，也要将其置于类似于金字塔场公屋项目中的白人自警团体的枪口之下。[45]

在爆发过种族战争的开罗市，任何变化都只能由黑人居民及其同情者通过自己的双手实现。埃及人房屋公司不断游走于市当局的各个部门之间，他们要求获得土地以及获得伊利诺伊州住房发展局（Illinois Housing Development Authority）的种子资金用于建造房屋——如此则开罗市的居民很快可以住上无需首付而每月仅需 65 美元至 85 美元的房屋。截至 1980 年，该公司已经建造了大约 200 栋房屋，并在此过程中创造了数百个工作岗位。联合阵线的成员还通过金字塔场租户委员会为黑人居民争取工作，后者从住房和城市发展部（Department of Housing and Urban Development）和亚历山大县（Alexander County）承接了建造房屋屋顶的分包项目，并对金字塔场的公共住房项目进行了改造。[46]

金字塔场租户委员会与民事律师委员会（Lawyers' Committee for Civil Rights Under Law）联合提起了一起集体诉讼，其最终结果是迫使开罗市取消了公共住房中的种族隔离政策。民事律师委员会在 1969 年 9 月来到开罗，这是一个由白人自由派律师组成的团队，可以视之为抵抗该市种族压迫的一道重要防线。在接下来的十年里，民事律师委员会在联邦地方法院成功地对开罗市当局所颁布的法令——包括一项禁止两人或多人"聚会"的法令——是否违宪发起挑战，对开罗市的学校管理层针对学生的纪律处分是否合法提出质疑，并为遭到逮捕或虐待的居民提供法律援助。截至 1974 年，已有 30 个黑人家庭入住以往仅限于白人居住的埃尔姆伍德广场（Elmwood Place），且有 5 个白人家庭入住了金字塔场社区。[47] 此时已不再发生来自附近堤坝、垃圾场和被称为"大恐吓者"（Great Intimidator）的警用装甲车的枪击事件。

民事律师委员会 1980 年办理的最后一起诉讼在开罗市历史上首次确立了黑人出任市议会议员的权利，此举让这座城市——尽管此时已陷入更深的经济萧条之中——的黑人在获取政治权力方面迈上了一个新台阶。民事律师委员会也对该市的议会选举提起诉讼，对其颁布政令阻碍黑人居民（当时占该市总人口的一少半）选出自己满意的候选人提出挑战。1983 年，查尔斯·科恩当选市议员，而此时的开罗市议会除了 4 名白人议员之外，已有 3 名黑人议员。此时，科恩等活动人士也已不再在大街上用拳头抗争，不再用枪与警察交火，而是在议会的会议厅与市长艾伦·莫斯（Allen Moss）不断争吵。莫斯堪称前白帽党和联合公民社区行动组织的杰出成员，他在 1976 年赢得了市长选举，并在这个位置上坐了十五年。1985 年，科恩在对记者谈及莫斯的政策时说："仅仅因为讨厌我，这位市长就甘愿他的整座城市坐以待毙，这可真是疯狂。"正如科恩所评论的，莫斯"认为自己要做的就是维护白人所拥有的一切，而做到这一点的方法就是什么都不做"[48]。

科恩或许比任何人都更加了解这一点，即过去十年在开罗持续发生的反黑人暴力已经让这座城市因为自身的种族主义问题而耗竭。每个人都是输家。截至 20 世纪 80 年代末，开罗市的平均失业率已持续超过 20%，其中黑人居民的失业率仍是白人居民的 3 倍之多。开罗居民中有三分之一的人口生活在贫困线以下。该市的一所成人职业学校仍然在勉力维持，它为仰赖于社会救济的失业者们提供事实上并不存在工作机会——例如石油钻井平台操作员或是家具装潢师——的工作培训。科恩在 20 世纪 60 年代初曾与约翰·刘易斯以及大学生非暴力协调委员会的几名活动人士一同抗争，他们要求取消施行于溜冰场、迪斯科舞厅、电影院等娱乐场所的种族隔离措施；而如今，溜冰场已经倒闭，迪斯科舞厅和电影院也早已门可罗雀。[49]

　　就这一时期的历史而言，开罗市同时彰显了两个方面的特色：一是极为典型地代表了美国的种族主义暴力，二是极为典型地代表了美国白人为维护其权力而竭力展示的力量。由联合阵线所发起的抵制活动已经持续了三年，此举到 20 世纪 70 年代初已经让市中心的 17 家歧视黑人的白人商铺——约占该市商铺总数的三分之一——倒闭，而此后并无新的商铺取而代之。开罗市在 20 世纪 70 年代后期参与两座州立监狱的竞标，当局试图在当地兴建其中一座监狱。该项目耗资 2 500 万美元，并将创造 400 个工作岗位，但是，由于该市经济不稳定、城市人口持续下降，开罗市的监狱建设项目遭到搁置。到 20 世纪 80 年代中期，开罗的市立医院因为资金匮乏而关闭。开罗市开始被人们戏称为"鬼城"。作为为数不多仍然在市中心运营的白人商铺的老板，格里·吉布森（Gerri Gibson）说："我认为开罗再也回不来了"，"这座城市有太多的仇恨，这座城市一直充满仇恨"。[50]

　　克纳委员会早在 1968 年就对后民权时代的开罗以及美国其他城市的种族动态作出了清晰的描述。然而，此后的各级政府都几乎没有任何意愿遵循克纳报告中的建议，而州一级的人际关系委员会、美国民权委员会、立法机构以及其他部门的官员也始终回避而不愿意采取可能带有实质意义的变革措施。即使整座城市危在旦夕，官员也没有采取任何行动。正如克纳委员会所预测的，如果不能在整个国家范围内实行大规模的资源再分配，那么，黑人的反抗将始终是美国人所必须面对的生活事实，而"白人的暴力报复"将同样成为生活中的一部分。克纳委员会认为，联邦政府的持续不作为"很可能在许多主要城市导致半戒严状态下的城市种族隔离，黑人将被隔离在黑人聚居区内并由此致使所有美国人——尤其是黑人——的人身自由大幅降低"[51]。在民权运动后的若干年里，开罗、哈里斯堡以及全美各地的有色人种社区着实呈现出上述景象。

"我们在运动开始时抱有非常大的希望，"长期从事黑人民权运动的活动人士普雷斯顿·尤因（Preston Ewing）曾在1985年回顾开罗的黑人运动时说，"而如今这座城市充斥着可怕的讽刺。"面对黑人要求种族平等的呼声，地方当局所采取的回应方式是支持白人至上主义势力，而这种回应又因为州和联邦当局的不作为而变本加厉，致使这座城市最终遭到联合扼杀。1987年，此前一度活跃的白人至上主义者莫斯市长宣称"开罗不再是黑人反对白人"，"而是开罗在反对世界"。今天，开罗市仅仅剩下2 000多名居民，其中三分之二是黑人。[52]白人在该市爆发种族战争后的数十年里选择逃离，而黑人居民则整体上仍然在美国种族主义暴力的遗产中生存，因为除了与此遗产相伴之外，黑人无路可走。

注　释

1. 安特米·普拉特（Anthonly M. Platt）对20世纪美国有关反抗事件的各类调查委员会和工作组做出了最杰出的研究，参见 *The Politics of Riot Commissions, 1917—1970: A Collection of Official Reports and Critical Essays* (New York: Macmillan, 1971); Lyndon Johnson, "July 27, 1967: Speech to the Nation on Civil Disorders," https://millercenter.org/thepresidency/presidential-speeches/july-27-1967-speech-nation-civil-disorders; Alice George, "The 1968 Kerner Commission Got It Right, But Nobody Listened," *Smithsonian Magazine* 1 (March 2018), https://www.smithsonianmag.com/smithsonian-institution/1968-kerner-commission-got-it-right-nobody-listened-180968318/; Susan T. Gooden and Samuel L. Myers Jr., "The Kerner Commission Report Fifty Years Later: Revisiting the American Dream," *The Russell Sage Foundation Journal of the Social Sciences* 4, no. 6 (September 2018): 1—17。

2. 以下文献对克纳委员会所提交的报告中的不足进行了精辟剖析：Keisha L. Bentley-Edwards et al., "How Does It Feel to Be a Problem? The Missing Kerner Commission Report," *The Russell Sage Foundation Journal of the Social Sciences* 4, no. 6 (September 2018): 20—40; Justin Driver, "The Report on Race That Shook America," *Atlantic*, May 2018, https://www.theatlantic.com/magazine/archive/2018/05/the-reporton-race-that-shook-america/556850/。

3. "Unrest Hits St. Paul; Several Hurt," *Ann Arbor News* August 31, 1968, no page given, Lemberg Folder "MN—St. Paul August 30—31, 1968," Box 9; "12 Officers Hurt in St. Paul Riot," Baltimore Sun, September 1, 1968, pg. 4; "St. Paul Quiet After Violence," *Norfolk Virginian* September 2, 1968, pg. 4; "St. Paul Quiet Again," *Ann Arbor News*, September 2, 1968, pg. 8; "St. Paul Quiet," *New York Times*, September 2, 1968, no page given, included in Lemberg Folder "MN—St. Paul August 30—31, 1968," Box 9; Nick Woltman, "50 Years Ago, St. Paul Police Tear Gassed a Barricaded Dance Hall," *Twin Cities Pioneer Press*, August 31, 2018, https://www.twincities.com/2018/08/31/stem-hall-race-riots-st-paul-laborday-weekend-1968-50-years-ago-police-civil-rights-investigation/.

4. "Two Major Fires Hit Harrisburg," Harrisburg *Patriot*, April 9, 1968, pg. 1; Pennsylvania Human Relations Commission, "Investigatory Hearing Report—Harrisburg, Dauphin County" (1968), 6.

5. "Investigatory Hearing Report," 30.

6. Paul Good, *Cairo, Illinois: Racism at Floodtide*, US Commission on Civil Rights, Clearinghouse Publication no. 44 (October 1973): 18, 24.

7. Paul G. Edwards, "Study Blames 'Negligent White Society': Blacks Said to Cause Most Alexandria School Problems," *Washington Post*, December 12, 1970, pg. B1.

8. Plessy v. Ferguson, 162 U.S. 537, 551 (1896); Charles M. Payne, "'The Whole United States Is Southern!': *Brown v. Board* and the Mystification of Race," *Journal of American History*, 91 no. 1 (June 1, 2004): 83—91.

9. Daniel Patrick Moynihan, *The Negro Family: A Case for National Action*, chap. iv (Washington, DC: Office of Policy Planning and Research, US Department of Labor, March 1965).

10. "Investigatory Hearing Report," 15.

11. "Investigatory Hearing Report," 15.

12. "Investigatory Hearing Report," 17; Joe McClure, "Harrisburg's Race Problems to the Surface," Harrisburg *Patriot-News*, April 25, 2017, https://www.pennlive.com/opinion/2017/04/mlks_assassination_helped_brin.html.

13. "Investigatory Hearing Report," 21; "Police Board Called Good Idea Gone Bad," *Simpson's Leader-Times*, July 17, 1969, pg. 2.

14. "Sensitivity Training Ordered for Police," Harrisburg *Patriot*, July 10, 1969, pg. 1; National Education Program, "Revolution Underway," https://www.youtube.com/watch?v=4Kq-lyySptk.

15. "City Police Are Criticized—By 2 City Policemen" Harrisburg *Patriot*, July 17, 1969, pg. 1.

16. Pennsylvania Human Relations Commission, "Investigatory Hearing Report—Harrisburg, Dauphin County" (1969); "Investigatory Hearing Report" (1968), 7; "Housing in Harrisburg Blamed for Disorders," *Simpson's Leader-Times*, July 3, 1969, pg. 15.

17. "City Officials Check on Cause of 'Trouble,'" Harrisburg *Evening News*, June 24, 1969 pg. 1; "Investigatory Hearing Report" (1969), 8; "Disorder Wave Flares Through Hill, Uptown," Harrisburg *Patriot*, June 27, 1969, pg. 1; "Harrisburg Muscles Against Race Clash," *Simpson's Leader-Times*, June 24, 1969 pg. 1; "Order Restored After Harrisburg

Race Riot," *Sayre & Athens Evening Times*, June 25, 1969, pg. 1.

18. 1969 年 7 月 31 日，验尸官陪审团免除了克图利斯因为杀害斯科特而面临的所有刑事过失指控。克图利斯宣称，他开了一枪予以警告，作证的医生证明他们在斯科特的尸体上发现了"石油产品的气味"。"Harrisburg Policeman Not Guilty," *Indiana Gazette*, August 1, 1969, pg. 45.

19. "Straub Joins Coalition in Request," *Harrisburg Evening News*, June 27, 1969, pg. 1.

20. "Straub Joins Coalition in Request," pg. 1.

21. "Straub Joins Coalition in Request," pg. 1; "ACLU Director Says."

22. Brian Kelly, "Lost in the Past: At the Confluence of Two Rivers," *Chicago Tribune*, July 21, 1985, pg. I10; "City Human Relations Panel Pressed as Start on Easing Racial Tensions," Harrisburg *Patriot*, July 3, 1969, pg. 1.

23. "Black Coalition Conducts Own Probe in Boy's Death," Harrisburg *Patriot-News* July 9, 1969, pg. 1.

24. Good, 28.

25. "City Human Relations Panel Pressed"; United Front of Cairo, Illinois, "To: All Media" press release, December 11, 1969, Folder 1057, Box 96, Chicago Urban League Records, University of Illinois at Chicago Library, Special Collections.

26. "ACLU Director Says"; "Black Coalition Conducts Own Probe in Boy's Death"; "Sensitivity Training Ordered for Police"; "Investigatory Hearing Report" (1969), 19.

27. Good, 26, 31—32.

28. Good, 26, 31—32.

29. "Sensitivity Training Ordered for Police."

30. Good, 32.

31. Joseph R. McClure, "A City's Centennial: Harrisburg's 1960 Celebration as a Pivotal Event," (master's thesis, American Studies, Pennsylvania State University at Harrisburg, 2015), 84; "Police Board Called Good Idea Gone Bad"; "City Police Are Criticized."

32. "City Police Are Criticized"; "Police Board Called Good Idea Gone Bad."

33. Good, 29, 33—34.

34. "Investigatory Hearing Report" (1969), 15, 18, 17.

35. "Investigatory Hearing Report" (1969), 4, 23.

36. "Investigatory Hearing Report" (1969), 4.

37. "Investigatory Hearing Report" (1969), 21.

38. "Investigatory Hearing Report" (1969), 53.

39. "Investigatory Hearing Report" (1969), 36—37.

40. Joseph R. McClure, 90; *Census of Population and Housing*, United States Bureau of the Census (Washington, DC, July 2, 2008), https://www.census.gov/programssurveys/decennial-census.html; Edith Honan and Kristina Cook, "Special Report: Harrisburg: a City at War with Itself," Reuters, October 27, 2011, https://www.reuters.com/article/us-usa-harrisburg-politics/special-report-harrisburg-a-city-atwar-with-itself-idUSTRE79Q2RN20111027; "Investigatory Hearing Report" (1969), 36; Frank Pizzoli,

"Analysis: Harrisburg City Reforms Human Relations Commission," *Central Voice.com* March 28, 2018, http://thecentralvoice.com/stories/analysisharrisburg-city-reconstitutes-human-relations-commission,1434.

41. "Investigatory Hearing Report" (1969), 14, 91.

42. Duane Lindstrom, "A Decade of Waiting in Cairo: A Report of the Illinois Advisory Committee to the United States Commission on Civil Rights" (June 1975): 40, 11.

43. Lindstrom, 11.

44. United States Commission on Civil Rights, "Cairo, Illinois: A Symbol of Racial Polarization (Recommendations Based on The Cairo Hearing, March 23—25, 1972)," 10.

45. Lindstrom, 20.

46. Lindstrom, 19; Koen, *My Story of the Cairo Struggle*, 11—12, 21.

47. Lindstrom, 24.

48. Kelly, "Lost in the Past: At the Confluence of Two Rivers," pg. I10.

49. Kelly, "Lost in the Past: At the Confluence of Two Rivers," pg. I10.

50. David Maraniss and Neil Henry, "Race 'War' in Cairo: Reconciliation Grows as Memories Recede," Washington Post, March 22, 1987, pg. A1; Stephen Ford, "Black, Whites Live in Uneasy Peace in Cairo, Ill.," Louisville *Courier Journal*, November 6, 1977, pg. 1; "Reconciliation Grows as Memories Recede," *Washington Post*, March 22, 1987, pg. A1.

51. Otto Kerner et al., *Report of the National Advisory Commission on Civil Disorders* (Washington, DC: US Government Printing Office, 1968), 219.

52. Maraniss and Henry, "Race 'War' in Cairo"; "Cairo, Illinois, Population 2020," *World Population Review*, https://worldpopulationreview.com/us-cities/cairo-ilpopulation.

第二部分　遗　产

第八章 体 制

1980 年 5 月 17 日，星期六，18 岁的迈克尔·库尔普（Michael Kulp）和他哥哥——22 岁的杰弗里·库尔普（Jeffrey Kulp）及哥哥女友——23 岁的黛布拉·格特曼（Debra Gettman）在海滩消磨周末。库尔普兄弟最近刚刚从宾夕法尼亚州的斯普林城（Spring City）搬来迈阿密，他们在伯丁斯百货公司（Burdine's）的船运中心找到了工作，而格特曼则是一家快餐店的服务员。离开海滩后，三人驱车穿越迈阿密最大的黑人街区——自由城（Liberty City）——的中心地带。晚上 7 点左右，当这三个白人驱车接近邻近自由广场住宅项目（Liberty Square Housing Project）的第 62 街和第 13 大道时，当地的黑人居民开始向库尔普的汽车投掷石块和玻璃瓶。一块混凝土块砸中了汽车的挡风玻璃，这辆汽车冲过马路中间带，向 75 岁的阿尔伯特·纳尔逊（Albert Nelson）和 11 岁的尚雷卡·佩里（Shanreka Perry）撞去。佩里被撞飞到自由广场的一栋公寓墙上。前一刻佩里还在和朋友们打垒球，而此时汽车压碎了这个小女孩的骨盆，她将住院 6 个月，并从此失去左侧的臀部和整条左腿。[1] 旁观者当时还不清楚佩里的伤势，但只要看一眼墙上的血迹和压扁的身躯就足以怒火中烧。一些人立即开始殴打库尔普兄弟。

在随后的大约 15 分钟里，数百人围观了一群黑人居民——年龄从 12 岁到 40 岁不等——对两名白人青年拳打脚踢，他们用砖块和一块 23 磅重的混凝土板殴打库尔普兄弟，并将一个报纸分发器砸在杰弗里·库尔普的头上。一个人切掉了杰弗里的一只耳朵和部分舌头。一名男子开着一辆绿色的凯迪拉克从他们身上碾过，随后在人群的欢呼声中用螺丝刀猛刺两个兄弟的身体。这场暴力最终以一名被唤作欧内斯特（Ernest）的无家可归者将一朵红玫瑰放在杰弗里满是鲜血的嘴里收场。迈克尔·库尔普活了下来，而他的哥哥则在将近一个月后去世。哥哥的女友黛布拉·格特曼也活了下来，她在汽车因为撞击而停下来的一刻下车狂奔。当她跑到自由广场的另一侧时，一名黑人出租车司机搭载这名年轻女子离开了是非之地。[2]

在 20 世纪 60 年代末和 70 年代初的"坩埚岁月"，黑人的反抗通常是与警察发生冲突的产物：或是对于警察暴行所作出的直接回应，或是在白人将暴力施加于黑人之后爆发。每一场反抗的阶段各有不同：有一些是在乱扔一通石块和玻璃瓶之后草草收场，另有一些则升级为抢劫、投掷燃烧瓶和发生狙击枪击事件。然而，与以往常规形式的反抗不同，1980 年的迈阿密黑人反抗事件肇始于黑人居民对于白人居民的随机攻击。在库尔普遇袭的一小时之后，一群黑人在同一个十字路口致命性地殴打了一名 20 岁出头的白人青年和两名白人高中新生。[3] 同一天晚上，另有四个人——三名白人和一名被误认为是白人的浅肤色圭亚那移民——在自由城分别被砖头砸死、被汽车撞死、被人纵火烧死。

在 20 世纪 60 年代末和 70 年代初的"坩埚岁月"以及此后所爆发的——包括 1992 年洛杉矶和 2001 年辛辛那提的——黑人反抗事件中，都有黑人平民袭击白人平民的事件发生。但是，这些暴力事件都没有达到 1980 年迈阿密骚乱中针对白人所施加的暴力程度，迈阿密的暴力事件从一开始就将打击白人视为反抗的主要目标。迈阿密反抗事件发生后，福特基金会发表了报告《1980 年的迈阿密：与众不同的骚乱》(*Miami, 1980: A Different Kind of Riot*)，报告认为迈阿密反抗事件中针对白人的无差别攻击"堪称在本世纪史无前例"。从 1831 年的纳特·特纳（Nat Turner）反抗直至 1980 年的迈阿密反抗事件，美国在此期间从未发生诸如此类的反白人暴力事件。正如历史学家曼宁·马布尔（Manning Marable）在事后不久所写的，发生在迈阿密的暴力事件应当被视为"20 世纪的奴隶起义"[4]。据统计，此次反抗事件导致在整个戴德县（Dade County）的范围内有 250 名白人因为遭受袭击而寻求医疗救助，其伤势从割伤、瘀伤到严重的头部外伤不等，另外，有 8 名白人平民被杀。[5]

对于华盛顿特区的联邦官员、塔拉哈西*的州议会议员以及大多数美国公众来说，迈阿密何以发生这类暴力事件完全令人莫名其妙。伴随着尼克松在 1974 年辞去总统职务，后民权时代的反抗风潮已经基本消散。尽管在此前的风潮中，在面对警察针对黑人社区的不断升级的巡逻、监控和政治暴力时，黑人居民曾经以集体暴力的方式作出回应，但是，到 20 世纪 70 年代中期，由于去工业化、投资减少以及警察被越来越多地部署在城市中的低收入社区，黑人反抗的频率已经大幅降低。

此外，"柑埚岁月"的黑人反抗风潮之所以渐次平息，与 20 世纪 70 年代美国监狱开始实施大规模监禁不无关系。年轻的黑人男子被系统性地投入监狱，因而有效地瓦解了城市中实施暴力和让暴力得以延续的年轻人。到 70 年代中期，在美国监狱服刑的黑人囚犯中已有 75% 的人年龄不足 30 岁。[6]尽管自南北战争以来，被投入监狱的美国黑人在比率上远远高于白人，但在监狱服刑的黑人囚犯直至 20 世纪 70 年代只占全国监狱囚犯总数中的三分之一左右，而到 70 年代中期，这一状况发生了改变：州和联邦监狱中的黑人和拉丁裔囚犯的占比逐渐趋于多数。与系统性地将有色人种投入监狱相伴随的，是被关押在州和联邦监狱中的囚犯总数从 1970 年的不足 20 万人激增到 1980 年的超过 30 万人，也就是说，10 年间增长了 50%。[7]

美国之所以在 20 世纪 70 年代开始了针对黑人的大规模监禁，其部分原因在于黑人所处的——作为其反抗根源的——社会经济状况，而这一状况在过去的 10 年间，随着"向贫穷宣战"的结束以及"向犯罪宣战"政策的不断升级而更加恶化。1972 年，美国黑人在全国人口中占 12%，黑人囚犯在全国监狱囚犯总数中占 42%。全国 34% 的黑人生活在贫困线以下，而相比之下，生活在贫困线以下的美国白人仅为 10%。由于联邦政府率先削

---

* 塔拉哈西（Tallahassee）：美国佛罗里达州的首府。——译者注

减社会福利项目，州和地方政府亦步亦趋，美国黑人获得教育和参与就业的机会进一步下降。与包括种族在内的任何其他因素相比，就业和教育机会的匮乏——新的紧缩政策对黑人群体的打击尤其严重——决定了将有更多的黑人在其未来的人生中被投入监狱。截至 20 世纪 70 年代中期，美国州一级的监狱中有 64% 的黑人囚犯是没有获得高中文凭的。[8]

尽管被投入监狱的美国黑人人数更多、刑期更长，但一种相反的趋势也日益变得明显：黑人在政治代表性方面取得了重大进展。在此前的反抗岁月中，联邦政府以及全国各地的州议会和市议会中几乎没有黑人面孔。然而，到 70 年代中期，随着达到投票年龄的黑人人口从 1964 年的 1 030 万人增长到 1972 年的 1 350 万人，也随着 1965 年《投票权法》及其相应的选民登记制度让更多的黑人有机会参与投票，进入政坛的黑人人数正在大幅度增加。[9]

20 世纪 60 年代末和 70 年代初是黑人反抗的高峰，此时，美国黑人显然被排斥在政治权力之外，他们在政府中没有替自己说话的人。这一状况到 70 年代中期有所变化：黑人在政治领导力方面已接近一个世纪前重建时期的水准。成立于 1971 年的美国国会黑人议员同盟（Congressional Black Caucus）就代表了上述转变。在各级政府中任职的数千名黑人政治新秀组成了一个新兴的群体，他们承诺将从内部对这个被人批评为种族主义的制度进行改革，他们中的一些人还试图通过官方渠道实现非暴力和暴力的抗争所希望实现的变革。黑人候选人通过参与竞选为其选民提供职业训练项目、社会福利保障以及医疗保健和其他社会服务。黑人争取自由的斗争已从街头的直接行动转向为制度性政治活动。[10]

不过，即便有越来越多的美国黑人被送进监狱牢房，或是得以进入国会大厅和各州的议会大厦，血腥暴力的政治反抗也还是未能走向终结，而国家所批准的暴力也依然在延续。警察的专横跋扈往往让存在于他们与黑人之间的紧张关系一触即发，而当警察前往黑人聚居区执行警务或逮捕任务时，一些居民依然一如既往地向他们投掷石块和砖块。不过，对于这种日常生活时时处于监控之中的生存状态，美国黑人已经或多或少地接受了。在 20 世纪最后数十年间以及 21 世纪，只有极为重大的警察暴行或司法不公事件才有可能引发大规模的黑人反抗。

　　尽管在反抗事件中，警察暴行往往是引燃黑人反抗的决定性因素，但是，在迈阿密猝然引爆袭击白人事件的是黑人对于司法体系的不满。这些黑人居住在戴德县的自由城、完结镇 *、椰林（Coconut Grove）、布朗斯维尔（Brownsville）等堪称"飞地"的黑人聚居区，他们所反抗的是包括警察、法院、监狱在内的整个体制，正是这个体制让他们对正义感到无望。在 1980 年的迈阿密、1992 年的洛杉矶、2001 年的辛辛那提、2014 年密苏里州的弗格森、2020 年的明尼阿波利斯以及美国的其他城市，黑人反抗从一开始就是对警察施暴或是政府对于与黑人相关特定事件的漠视所作出的回应。与 20 世纪 60 年代末和 70 年代初的反抗事件不同，这些近期发生的事件并非日常的警务活动所触发，而是与特定的事件密切相关，也正是因为如此，近年来的黑人反抗事件得到了全国新闻媒体的广泛报道。此前发生在开罗、哈里斯堡以及其他城市的暴力事件也曾吸引了全国媒体的关注，但是，相关报道往往囿于表象，而且倾向于将一场持续的反抗描绘为个别的偶发事件。得益于有线电视新闻网以及随后社交媒体的出现，信息——尤其是图像信息——得以以数十年前不可能具有的水平广为传播。

　　在全国对于迈阿密反抗事件的持续关注下，联邦政府采取了行动。自 1968 年春天以来，华盛顿政府就再未直接参与镇压骚乱。但是，1980 年的迈阿密以及此后的诸多反抗事件都在规模和所触及的利害关系方面超越了当事的州，从而需要联邦政府给予支持。自 1980 年以来，无论是联邦政府拨款给予"防暴救济"（迈阿密），调遣联邦军队进入发生反抗的城市（洛杉矶），还是司法部出面对地方警察的暴行进行调查（辛辛那提），这一时期的黑人反抗事件都已不再仅仅事关地方，不再全由地方当局平息事端和

---

* 完结镇（Overtown）：迈阿密历史悠久的黑人区。——译者注

进行管理。与 20 世纪 60 年代末和 70 年代初的黑人反抗不同，这一时期的反抗事件不再限于某个事件的原因和对其所作出的回应，由此所导致的后果也表明了一个新的时代已经到来。到了 20 世纪 80 年代，执法部门和警察工会拥有了远比以往更大的权力和影响力，并由此进一步阻碍了自克纳委员会以来自由主义倾向的委员会所努力倡导的种种改革。转型和变革在以往只是看似不太可能，如今则是毫无可能。

早在库尔普兄弟以及其他数名白人遇袭的 15 个月之前，最终引燃迈阿密反抗之火的各种因素就在不断累积和酝酿。在此期间，一些备受瞩目的警察暴力事件让原本已对此习以为常的黑人社区深感震惊。1979 年 1 月上旬，隶属于佛罗里达州公路巡警的白人警员威利·琼斯（Willie T. Jones）拦住了一名 11 岁的黑人女孩，说她与举报人所描述的一名糖果小偷"相符合"。琼斯命令小女孩坐进警车后座，随后对其进行骚扰。尽管这名警员在此后的调查中未能通过测谎仪的测试，但是，他以自己保释自己的方式获释，随后也没有被判入狱。一个月后，戴德县大都会警察（城市警察）在一场突击搜捕中走错了房屋，在错误的地点恐吓、殴打和用枪柄猛砸一名黑人初中教师及其儿子。这对父子随后还被控拒捕、妨碍警务人员执行公务，以及殴打警察。尽管这些指控最终被撤销，但肇事警员无一受到处理。1979 年 11 月，22 岁的兰迪·希斯（Randy Heath）在一家仓库附近小便时被一名下班的白人警察枪杀。尽管法官认为杀死希斯的警员拉里·肖克利（Larry Shockley）有可能犯有过失杀人罪，但法官的意见并未对裁决这名被告产生多少影响。后者只是被以不当使用武器的名义停职，不久就因为表现出"高度的主动性"而被上调了绩效工资。[11] 迈阿密的黑人居民认为他们的社区已被警察团团包围，他们没有人可以求助。

州检察官珍妮特·雷诺（Janet Reno）拒绝对上述虐待和骚扰儿童的州警以及暴力袭击或杀害黑人居民的城市警察提起公诉，却不遗余力地侦办与迈阿密公立学校的学监——该市最高级别的黑人官员——约翰尼·琼斯

（Johnny L. Jones）有关的一起罪案。1980 年 2 月，雷诺指控琼斯计划从邦德管道公司（Bond Plumbing Company）偷运并为其度假屋铺设价值 9 000 美元的豪华管道设施，琼斯因此被控二级盗窃罪，并立即被学校董事会停职。许多黑人居民相信琼斯遭到诬陷，并认为此案的背后有着更大的阴谋，其目的是要迫使这名黑人官员下台。迈阿密公共电视台全程播放了庭审实况，该市不同族群的数千名观众围观了这起丑闻。4 月 30 日，也就是爆发反抗的三个多星期之前，琼斯被一个完全由白人组成的陪审团定罪，并被判处 3 年徒刑。[12]

不过，最令人震惊的事件——这起事件直接引燃了迈阿密的黑人反抗——是一个完全由白人男子组成的陪审团裁定无罪释放 4 名城市警察。此案源于 1979 年 12 月 17 日，当时自由城的黑人居民亚瑟·麦克达菲（Arthur McDuffie）遭到 4 名警员的致命性殴打。麦克达菲时年 33 岁，离异，是两个年幼女儿的父亲，曾经服役于海军陆战队，退役后成为一家保险公司的主管。事发当天，他借用了其表弟的一辆黑色和橙色相间的 1973 年产川崎 900 摩托车，在晚间拜访了几个朋友后开车回家。警方的报告称，麦克达菲在凌晨 1 点 15 分闯过红灯，并向停在红灯前的警车上的警员竖起中指。随后，12 名警官呼啸而至，他们追逐麦克达菲穿过迈阿密西北部的大街小巷，在 8 分钟后最终将其逼停。当警察蜂拥抓捕麦克达菲时，据称后者奋力反抗。数名警员用手中笨重的 18 英寸长手电筒持续——至少 3 分钟——恶意殴击麦克达菲，致使其在数天后死亡。验尸官在此后庭审时作证称，警察打碎了麦克达菲的头骨，其所遭受的损伤程度相当于"头朝下从四层楼上掉落……在混凝土的地面上"[13]。

涉案警员在事发当晚立即开始行动以试图掩盖自己的罪行。他们伪造了现场，伪装成被害人当时遭遇车祸、头部裂开，躺在街上陷入昏迷，而行驶中的警车不慎碾过横在路上的摩托车，警员在下车查看时手电筒在摩托车上磕磕碰碰并因此沾满血迹。清晨 5 点左右，当其他警员赶到现场调查"事故"时，他们很快意识到证据或是被篡改或是被销毁。有关麦克达菲死亡事件的新闻报道随即引发了公众对于此案前后矛盾之处的关注，越来越多的迈阿密黑人居民表示此案疑点重重，由此所导致的压力令其中一名涉案警员查尔斯·维弗卡（Charles Veverka）不堪重负。12 月 26 日，也就是杀害麦克达菲事件的 9 天之后，维弗卡前往警察总部自首，并称对死者的孩子从此只能度过一个个没有父亲的圣诞节而感到内疚。[14]

　　辩护律师认为这些涉案警员无法在迈阿密受到公平审判，因此要求将此案移交至邻近的坦帕市（Tampa）审理，正是坦帕市发生了一起与麦克达菲被杀事件极为相似的案件：一名白人警员在例行的交通停车检查时将一名年轻的黑人摩托车手殴打致死，而这名警员在不久前被一个完全由白人所组成的陪审团宣判无罪。当地的迈阿密新闻台没有像其在黑人学监约翰尼·琼斯受审时那样全程播放这名白人警员的审判过程，不过，也还是播放了一些经过剪辑的片段，其中包括维弗卡对殴打场景所作的描述。持续 4 个星期的庭审既揭露了涉案警员的恶毒行径，也揭露了他们企图掩盖其残忍杀戮而采取的种种方式。然而，经过不到三个小时的审理，坦帕市的这个完全由白人所组成的陪审团作出无罪判决。迈阿密的黑人居民认为州检察官珍妮特·雷诺对这一结果负有主要责任。"我们都拭目以待麦克达菲案的判决，"一名年长的黑人男子表示，"因为这里的珍妮特·雷诺就是一个冷酷对待黑人的希特勒。"[15] 然而，13 年后，雷诺被克林顿政府任命为第一个女性司法部长。

　　1980 年 1 月，在警察杀害麦克达菲事件真相大白之后，迈阿密的黑人居民开始开展和平抗议活动。随后，司法系统开始针对涉案警员进行刑事调查，黑人居民观望并期待陪审团能够基于铁一般的证据定罪。然而，他们迎来的是一个无罪释放的判决。这一判决让他们感到极为愤怒，它似乎向黑人证实了检察官珍妮特·雷诺及其所代表的美国法律体系完全没有能力保护黑人免遭警察暴力的侵害。与琼斯因为盗窃而被提起公诉并受到严厉制裁相比，美国的司法体系显然在麦克达菲被杀案中采用了双重标准。"我看了麦克达菲案和琼斯案的电视新闻报道，显然琼斯没有得到正义的审判，"19 岁的亚伦·麦克（Aaron Mack）说，"他们确实放过了那些警察——他们杀了人。而对琼斯的指控只在于他试图偷东西。你知道这是不对的。"警察可以公然地逍遥法外，这让迈阿密的黑人居民更加感到，所有黑人以及每一个黑人即便不是身处险境，也是脆弱不堪的。活动人士惠灵顿·罗尔（Wellington Rolle）长期在迈阿密从事民权运动，他说："麦克达菲身上所发生的一切都让他们清楚地知道，即使是一个据称已经获得成功的中产阶级黑人，也完全可以被白人的权力体系一脚踢翻、践踏在地，然后被轻易了结。"[16]

　　5 月 17 日，星期六，坦帕市在中午之前宣布了判决，此时距离麦克达菲被杀已经过去了五个月。当消息在午后传到迈阿密时，黑人开始聚集以寻求支持和表示团结。位于自由城的詹姆斯·斯科特公屋（James E. Scott homes）是一个大型的公屋项目社区，也是佛罗里达州犯罪率最高的地区，人们聚集于此，其中一名 19 岁的男子说："我们在每天晚上收看有关庭审的新闻，所有照片和证词都在讲述他们是如何将那个人打死的，然后他们却被宣称无罪？什么都没发生？说得好像那个人就没有死一样。"由麦克达菲事件所引发的反抗并非源于警察暴力行为本身，而是源于法院对于这种暴行的认可。"那就以眼还眼、以牙还牙吧，"另一名年轻的黑人说，"我们一度按照他们所说的方式行事，看看他们对我们做了什么。"[17] 美国的司法体系一次又一次地证明了它不过是一个工具，其主要功能是以越来越长的刑期将黑人锁进牢房，却为冷酷无情的警察暴行提供法律支持。在詹姆斯·斯科特公屋表达抗议的年轻人准备以自己的方式伸张正义。

　　此时，莫伊尼汉参议员已成为美国黑人贫困问题的主要专家之一。他写道："在 20 世纪 70 年代的 10 年间，美国黑人在其与白人的关系方面首次呈现越来越糟糕的态势。"到 1980 年，此时吉姆·克劳法已被正式废止了 15 年，美国黑人被赋予公民权也已有 15 年，黑人大学毕业生正以创纪录的数量涌入民选政府部门，而像麦克达菲这样的黑人也开始进入不再将黑人排斥在外的白领行业。不过，尽管美国在 20 世纪 70 年代涌现了令白人敬畏的黑人中产阶级，但就整体而言，黑人的失业率和婴儿死亡率仍然高达美国白人的两倍之多。亚洲裔、古巴裔和拉丁裔群体已逐渐成功地融入白人社区，而对于迈阿密等美国主要城市的黑人居民来说，种族隔离在 1980 年与在 20 世纪 40 年代一样依然是生活中的现实。黑人的生活条件已经有所改善：到 1980 年时，只有 6% 的黑人家庭没有室内抽水马桶，而在 20 世纪 50 年代这一比率大约是 50%。然而，就整体而言，低收入黑人家庭的住房条件依然很差。尽管黑人贫困率在 20 世纪 60 年代已经开始下降，而到 70 年代初期已经降至 30% 的低点，但是，70 年代中期的经济衰退却让许多美国黑人重新陷入贫困。即使少数幸运的黑人家庭得以向上流动和获得政治代表权，但对于全美各地低收入的黑人群体来说，整个 70 年代仅仅意味着倒退和衰落。[18]

　　与美国的任何其他城市相比，迈阿密或许能最为明显地呈现出这种倒退和衰落。每况愈下的部分原因可归咎于迈阿密在 20 世纪 70 年代的 10 年间所发生的快速人口变迁。越来越多的古巴移民来到迈阿密，其数量仅在 1980 年爆发迈阿密反抗事件之前的一个月就已达到大约 23 000 人之多，随之而来的是该市的黑人居民逐渐丢失了他们一直以来所从事的旅游、服务、文职、工厂以及家庭服务领域的工作。在 1968 年至 1978 年的 10 年间，迈阿密的黑人居民的失业率几乎涨了 3 倍，而到 1980 年，其失业率已经超过了全美黑人的平均水平，据传在一些黑人社区有高达 85% 的年轻人失业。在国家整体发展趋势的带动下，迈阿密黑人中的半技术工人和白领从业人员的数量在 20 世纪 70 年代翻了一番，但黑人所拥有的店铺数量却急剧下滑。福特基金会的研究表明，黑人业主在 1960 年一度拥有戴德县 25% 的加油站，这一比率在 1979 年下降到 9%，与此同时，古巴裔、南美洲和中美洲族裔的居民所拥有的加油站数量从 12% 增加到 48%。[19]

　　联邦政府无疑应当对此承担部分责任，它在政策制定和小型企业协会（Small Business Association）基金发放上有利于古巴裔和拉丁美洲族裔的企业。在 1968 年至 1979 年，迈阿密的拉丁裔申请人获得了 4 730 万美元的发展基金，约占该市小型企业协会所提供款项的 47%，而黑人申请人则仅仅获得了微不足道的 650 万美元。古巴裔以及拉丁美洲的其他族裔居民不仅在迈阿密的小哈瓦那（Little Havana）生意兴隆，而且在自由城和其他黑人聚居区开设了肉类市场、自助洗衣店、干洗店和杂货特许经营店，这些店铺的年平均总营收为 83 890 美元——是该市黑人店铺的 2 倍。[20]

　　僵硬的种族等级制度不仅在迈阿密再度兴起，而且因为美国的移民政策而得到进一步固化。联邦政府与地方当局对古巴移民秉持"张开双臂，敞开心扉"的立场，而与此形成鲜明对比的是，他们对来自海地的黑人难民实施敌对和排斥的政策。在 1978 年至 1980 年间，大约 3 万名海地难民前往迈阿密一带，美国政府在他们入境时或是认为其不符合程序，或是认为其不符合庇护条件而系统性地拒绝接纳这些难民，甚至将许多人驱逐出境。迈阿密的黑人居民不难从美国政府是如何对待海地人的政策中联想到自己在这个国家的二等地位。"这完全不合情理，"佛罗里达州全国有色人种协进会的主席查尔斯·彻里（Charles W. Cherry）在谈及吉米·卡特时说，"这位总统承认黑人的选票是他赢得选举的决定性因素，但与此同时，这位总统选择无视黑人群体的请求，而黑人也从（海地人的）遭遇中认清了（他）对美国黑人的需求完全无动于衷。"当麦克达菲案的判决引燃暴力时，示威者将其对于移民政策的批评与对于刑事司法系统的反抗结合在了一起。[21]

　　尽管迈阿密的黑人居民在整个 20 世纪 70 年代都变得更加孤立，但当地的执法部门却自认为创造了——用迈阿密市警察局长肯尼斯·哈姆斯（Kenneth Harms）的话说——"与黑人社区的良好工作关系"。从 20 世纪 60 年代至 70 年代初，迈阿密的黑人居民都生活在警察局长沃尔特·海德利（Walter Headley）的统治之下，正是这位局长在 1967 年的一场新闻发布会上明目张胆地宣称"抢劫开始之时，就是警察开枪之际"，同时大肆鼓吹警察应当采取暴力手段，甚至宣称"我们不介意被人指控存在警察暴行，他们还什么都没看到呢，当他们进了太平间就知道不用保释了"。海德利局长的"强硬"作风导致迈阿密的黑人居民在 1968 年 8 月共和党召开全国代表大会期间爆发反抗，政府调遣 950 名国民警卫队士兵进入迈阿密，最终以一名黑人儿童受伤和两名黑人死于警察之手平息了这一事件。[22]

与全美许多地区的警察部门一样，迈阿密警察部门在 1968 年之后开始实施新的社区关系政策。迈阿密警察局设立了与黑人社区成员展开对话的讨论小组，为警员开办敏感性议题的培训课程，并实施了社区志愿者在社区巡逻以阻止犯罪的预防犯罪守望计划。市警察局还向公立学校派驻警察（其主要作用是将黑人学生视为刑事嫌犯而予以防范），并遵循联邦政府的命令积极招募黑人警员。然而，无论警方如何致力于上述措施，其实际的影响都是极为有限的。当 1980 年迈阿密爆发反抗事件时，警队队长拉里·博姆勒（Larry Boemler）说："这场骚乱所表明的是，所谓警察部门的开放性以及为建立与社区的良好关系而作出的种种努力实际上没有产生任何作用。"[23] 无论是在迈阿密还是在美国其他城市，黑人居民所面临的挑战都既不是由警察部门所给予的，也不可能仅仅靠警察部门结束。其所面临的挑战范围是如此之广，远非实施几条措施以缓解黑人社区与执法部门的紧张关系所能解决。

尽管在哈姆斯担任局长期间迈阿密市警察局采取了一些表面上对黑人略显友好的做法，但是，正如麦克达菲被杀事件所表明的，警察的暴行仍然经常发生。迈阿密警察部门在 1979 年所采取的第一个新措施是，让例行性巡逻于黑人社区的警察撤出社区。迈阿密的大部分警察都居住在位于戴德县南部和西南部的新建郊区，他们除了工作之外通常不与黑人接触。在采取了新的"放手"措施之后，警员即便在工作期间也尽可能地避免与黑人接触，由此所导致的是——仅在 1980 年迈阿密爆发反抗的前一年——因为交通违法而被捕的人数减少了 50% 以上，而自由广场公屋中的黑人居民接受警方传讯的人数也在 1979 年至 1980 年间减少了 80%。[24]

当警察出现在处于种族隔离状态下的黑人社区并凸显警察的存在时，他们常常遭到主要由年轻人组成——偶尔有成年人加入——的成群黑人居民的嘲弄，后者向他们投掷各种投掷物。警察局长哈姆斯说："在星期五和星期六的晚上，诸如汽车遭到砖块和玻璃瓶袭击的事件并不少见。""事情往往是这样发生的，"市警察大队队长道格拉斯·休斯（Douglas Hughes）解释道，先是有人大声叫嚷着"去××的白人佬"或是"去××的"，然后就会有一个玻璃瓶落在警察身边，"而且，无论你做什么——通常只是试图实施逮捕并将其带离现场，他们就开始大喊大叫'警察打人啦！警察打人啦！'"在面对警察现场执法时，黑人的整体性反应让警察陷入困境。"如果你待在现场与他们对峙，事态就会升级，而且很容易失控，"哈姆斯总结道，"如果一次又一次地在黑人社区执行逮捕任务，爆发冲突的可能性就将随之急剧升高。"[25] 于是，警察部门决定退出社区。

对于詹姆斯·斯科特公屋来说，除非这里发生了极为严重的罪案，否则警察不会轻易进入这个社区。这里有着迷宫般的设计，一排排的一层或两层公寓隔出了一道道小巷，这种结构让警察无法有效地在此开展巡逻。社区居民有时也将垃圾箱推入小巷作为路障，以阻碍其顺利通行。当这个社区有人拨打"911"报警电话时，如果只是单个的报警电话，那么警方往往视之为可疑电话，并予以忽略，因为这可能是伏击警员的诡计。如果是在白天接到好几通电话报警，那么警察通常以两人一组的形式前往社区调查；如果是晚上接到紧急报警电话，通常派出三辆警车分头前往：一辆警车用于寻找陷阱，一辆警车用于应对状况，还有一辆警车用于在人群聚集并可能爆发暴力事件时让警员快速逃生。警察大队队长休斯说："上帝保佑，他们就活该与黑人公民发生冲突。"他的讽刺也许表明了一种普遍的看法，即黑人居民对于种族主义过于偏执，对于警察过于敏感。当警察部门决定退出黑人社区时，其本意是拉开巡逻警察与他们所负责安全的居民之间的距离，然而，这一做法只会进一步加剧黑人居民对于警察的恐惧，并导致国家所批准的暴力更有可能发生。面对研究人员的询问，休斯承认"朝自己不认识的人开枪往往更加容易"[26]。

黑人参与者最初是在武装自卫原则的引导下发动了1980年的迈阿密反

抗，他们将手中的暴力视为在面对不平等的生存条件和极度不公正的法律制度时宣称自身尊严的手段。迈阿密城市联盟（Urban League）的主席威拉德·费尔（Willard Fair）事后宣称："骚乱反生之际，就是我们找回自尊之时。""如果黑人就这样坐视不管，你认为还会有什么降临到这个社区？"斯科特社区协会——一个由联邦政府资助设立的反贫困机构——的助理主任克莱德·佩塔韦（Clyde Pettaway）反问道，"我们将再次生活在奴役和束缚之中"。[27] 费尔和佩塔韦的观点得到了大多数黑人居民的认同。

　　迈阿密反抗的参与者在其所隶属的阶层和年龄方面呈现高度的多元性，而这一特点在与 20 世纪 60 年代中后期和 70 年代初期的大规模反抗相比较时尤为明显。《迈阿密先驱报》（*Miami Herald*）在 1980 年反抗事件之后与位于科勒尔·盖布尔斯 * 的行为科学研究所合作，他们对随机选出的 450 名迈阿密居民进行调查，其样本量与 1967 年克纳委员会在底特律反抗事件之后所采访的 437 名底特律居民的样本量大致相当。尽管底特律事件被认为是在 20 世纪 60 年代末和 70 年代初所有反抗事件中参与者最具多元性的事件之一，但是，声称参与迈阿密反抗的 16 岁以上居民的人数——与特纳委员会在底特律的调查相比——却是底特律类似参与者的两倍有余。在 1968 年的迈阿密暴力事件中，曾有一部分从事专业技术工作的中产阶级黑人对暴力予以谴责，而在十二年之后，这批人却参与了 1980 年的迈阿密反抗。公众往往持有一种刻板印象，即认为"暴徒"是由"犯罪阶层"中的贫困和失业人口组成。然而，实际情况却是在迈阿密反抗事件中被捕的人中仅有 32% 的人曾有被捕记录，而相比之下，这一比率在 1965 年的沃茨反抗和 1967 年的纽瓦克反抗中分别为 74% 和 74.2%。年长的迈阿密人或许没有积极地参与反抗事件，但据报道，许多人在自由广场斯科特公屋的灰泥建筑前，坐在草坪椅上观看了反抗期间的整个暴力过程。[28]

　　有一些参与者着实出人意料，其中一人是在佛罗里达州执业的 32 岁

---

* 科勒尔·盖布尔斯（Coral Gables）：佛罗里达州迈阿密-戴德县的一座城市，位于迈阿密下城西南，迈阿密大学即坐落于此。——译者注

黑人律师，他参与了黑人组织的领导人和全国有色人种协进会在晚上 8
点——麦克达菲案宣判后不久——仓促组织的晚间集会。3 000 名居民聚集
在该县的刑事司法大楼前举行抗议活动，他们举着写有"美国就是一个该
死的谎言"的标语牌，高呼"雷诺必须下台"，并高声唱着"我们必将得
胜"。这名律师的说法是，他就像抗议中的许多人一样变得"怒不可遏"。
当广播中传来大约一小时前发生在自由城和椰林社区的库尔普兄弟和数名
白人居民遇袭的报道时，几名参与抗议的年轻人开始对着司法综合大楼内
的警员大肆嘲弄，并迅速砸碎了入口处的一部分玻璃门，随后人群蜂拥而
入占领了大楼的一层大厅。此时，身穿三件套西装的黑人律师觉得有必要
参与其中并"做点什么而非让这一刻白白流逝"。他事后回忆称："当时我
脑中所能想到的，就是我所尊重的刑事司法系统是如何将脚踩在我的脖子
和脸上。"尽管这名律师没有参与推翻和放火焚烧警车，但他拔掉了警车引
擎盖上的天线。[29]

　　发生在司法综合大楼及其附近的破坏活动一直持续到晚上 10 点左右。
此时，迈阿密警方已经组织了一支由 70 名警员所组成的防暴部队，他们配
备了头盔、面罩和三英尺长的防暴棍，并以 10 人一排的队列向参与反抗的
人群行进。眼看着警察列队冲来，反抗的人群四散而逃，他们迅速向北朝
着完结镇和自由城的方向逃窜。[30] 就整个戴德县的范围而言，居住在佩林
（Perrine）、宅地村（Homestead）等工人阶级社区的居民以及居住在奥帕洛
卡市（Opa-locka）、卡罗尔市（Carol）等中产阶级飞地的居民也参与了反
抗。而当反抗的烈火蔓延到迈阿密以外的地区时，暴力所针对的对象也随
之发生变化：商铺取代白人居民而成为受到攻击的主要目标。

　　反抗一直持续到 5 月 18 日星期日，参与者抢劫了包括食品店和服装店
在内的基本生活用品商店，也有人抢劫了哈雷摩托车和电视机。当天下午，
47 岁的洗衣工薇拉（Willa J.）与她的丈夫亨利一同被捕。她是 7 个孩子的
母亲，已经失业，而亨利是一名建筑工人。亨利在外经历了一番冒险，回
到家中对薇拉说："我的上帝啊，看起来整个世界都着火了。"薇拉想着亲

眼看看外面的情形，于是说服亨利，两人开车穿行于火焰中的自由城。外面的情形是——正如薇拉所描述的——"老年人正从商店搬走椅子和灯具，你懂的，每个人都在以实际行动帮助自己"[31]。

他们来到海鲜市场，其他人都在尽可能多地搬走一箱箱冷冻虾，而薇拉的目光却被店外的炉灶和冰柜所吸引。她恳求道："亨利，我们把这个冰箱拿走。"他起初有些犹豫不决，但最终还是在睁着大眼睛注视着他的妻子面前屈服。当他正准备将冰柜推上他们的小卡车时，一名警察命令他们"住手"。这名警员也命令参与抢劫的其他人住手，但薇拉的说法是"他们只是回头嘲笑他，然后依旧我行我素"。当警员前来逮捕薇拉和亨利时，他们——正如他们所说的——"惊讶地张大了嘴巴，我们甚至还没有把冰柜推上车"。到下午 4 点时，他们被扔进了戴德县监狱，并在监狱一直待到第二天早上 6 点，在缴纳了保释金后获释。[32]

尽管薇拉从未与警察发生正面冲突，但在此前的 1971 年，一名警员在一次毒品交易中开枪打死了她 20 岁的儿子，她的另一个儿子又因为另一起事件在她家后院遭到警察殴打。"黑人有仇恨的权利，"薇拉总结道，"他们确实有这个权利。那些人干了太多坏事，而且全部逍遥法外。这么多年来他们殴打穷人，你总觉得情况会好转，但情况从未好转。"看起来许多黑人居民都赞同薇拉的立场，即"帮助自己"从而获得因为被系统性地排斥在外而无法获得的商品：在这个种族主义的社会中，他们抢劫着他们的"权利"。[33]

在反抗事件爆发的大约 24 个小时之后，自由城中心的商业区已经遭到摧毁，而第七大道沿街的三英里长店铺几乎全部在被洗劫一空后遭人纵火焚烧（大多数建筑物只能由推土机推平而无法维修）。尽管也有一些黑人店铺受到冲击，但反抗的参与者在大多数情况下都放过了这些店铺。在此期间，遭到焚毁的 102 家店铺中只有一家是黑人店铺，而这家店铺之所以遭毁是因为恰好与白人店铺托尼货栈（Tony's Trading Post）位于同一栋建筑物内。此外，几个雇用了大量黑人工人的仓库也幸免于难。早在沃茨反抗爆发时，黑人业主就在他们的店铺前张贴"灵魂兄弟"（Soul Brother）或

"黑人所有"的标志，此后，美国许多城市的黑人业主都延续了这一做法。不过，诉诸黑人团结并非总能幸免于难。塞缪尔·沃茨（Samuel Watts）在自由城经营服装店已有 12 年，如今只能关闭这家店面。沃茨并不在意那些从他的货架上抢走内衣、衬衫和鞋子的人，而是对任由事态发生和发展的迈阿密警方心怀愤懑。"他们只是站在那里，"沃茨说，"就好像在告诉那些参与抢劫的人——'你们尽力而为，我们是不会干预的。'"[34]

沃茨所经历的并非一个孤立的事件。在反抗爆发时，警察有时会撤出现场，让居民自行其是，而这种做法恰恰是他们维持自由城治安的常规套路之一。发生在 20 世纪 60 年代末和 70 年代初的反抗风潮让警察明白了一个道理，即采取严厉的反制措施往往只会加剧暴力。不过，就其规模而言，迈阿密反抗导致 18 人死亡、370 人受伤、787 人被捕以及 1 亿美元的财产损失，即便当地执法部门想要以积极介入的方式平息也是无能为力的。无论是市一级还是县一级的警察部门都缺乏人手，它们也没有足够的枪支、面罩、防暴棍和对讲机供数百名执勤的警察使用。5 月 18 日，星期日，午夜刚过，1 000 名国民警卫队士兵抵达迈阿密，他们协助警方将居民赶回各自家中，但即便如此，执法部门仍然难以控制局面。警员对手中的武器缺乏了解：例如，为了驱散抢劫店铺的人群，警员向店铺内投掷燃烧手榴弹，而手榴弹所释放的高温则极有可能引发火灾，由此所导致的结果就是整个店铺遭到焚毁。此外，警员常常使用一种名为"三重追击者"（Triple Chaser）的催泪弹，它在发射后同时向三个方向释放催泪瓦斯，其中一个方向的烟雾常常让作为发射者的迈阿密警察自尝苦果。迈阿密警察局副局长迈克尔·科斯格罗夫（Michael Cosgrove）以及执法部门的管理人员认为，警察培训不足，有必要教会警察如何正确地使用"非致命性"武力。[35]

迈阿密很快出现了有关警察普遍使用暴行的投诉。一个年轻人在谈及自己被捕时的情形时说："一名警察把你的手按在地上，另一名警察则用枪托将你的手砸烂。"在谈及警察执法时，也有居民认为其中存在儿戏的成分（这里所说的并非警察发射催泪瓦斯将自己毒倒）。一名黑人目击者说："国民警卫队的士兵向商店投掷警用手榴弹，而这样做仅仅是为了好玩。"在一群人抢劫了扎伊尔百货公司（Zayre's Department Store）的食品和其他必需品之后，迈阿密警方逮捕了一些嫌疑人，并与国民警卫队士兵一同将被认为属于嫌疑人的十几辆汽车的车窗打碎，他们砸坏引擎、扎破轮胎，还在每一辆车上用喷漆写上诸如"抢劫犯""我是一个抢劫贱货""小偷"等字样。一名黑人目击者通过观察发现"这些警察和士兵从中获得了乐趣"。迈阿密市长莫里斯·费雷（Maurice Ferré）将四名涉案警员停职，并称这些警员为"笨蛋"（Bum），但他随后就面临警察的集体抗议，后者打出写着"我也是笨蛋"的标语。费雷市长最终否决了自己有关停职的决定。[36]

警察中很少有人受到袭击或是重伤。"暴力并非针对我们，"迈阿密警察局特别威胁与响应大队（Special Threat and Response Unit）的队长比利·里格斯（Billy Riggs）说，"他们并不是真的想和我们对抗。我们通常是 50 至 60 名警察对付 5 000 甚至 6 000 个暴徒，如果他们真想这样做，为什么没有警员受伤？"在库尔普兄弟遇害以及其他相关事件中，警察都是在一名小队长的带领下冒着狙击枪手射出的子弹冲进第 62 大街抢救这对兄弟以及其他死伤的白人受害者，这些警员全都毫发无伤地出来。一名男子曾经近距离地将霰弹枪的枪口对准黑人警官克拉伦斯·迪克森（Major Clarence Dickson），但最终也只是有意地朝警车上的警灯开了一枪。迪克森在迈阿密警察局中负责与社区的关系项目，他在事后总结道："他们骚扰我们，但我不认为这场骚乱的主要目的是报复警察。如果是报复警察，他们完全可以随时、随地和随机地对我们下手。"[37]

参与反抗的黑人一如既往地难有善终。5 月 17 日，就在库尔普兄弟遇袭的数小时后，警察开枪打死了四名黑人男子，他们分别是一名膝下有 5 个孩子的 43 岁父亲、两名 20 岁出头的年轻人和一名 17 岁的高中生。反抗事件发生后的第二天，迈阿密的警察又开枪打死了一名海地裔牧师：时年 39 岁的拉丰唐·比恩-艾梅（LaFontant Bien-Aimé）当时正与他 13 岁的儿子一同驾车行驶。[38]

与此同时，迈阿密的白人居民也决定将法律掌握在自己手中。一群白人在黑人社区竖立起了一座十字架，然后将其点燃，另有一些人在黑人和白人混居的地区纵火烧毁了一家黑人的杂货店。此外，也有一些白人就是要杀死黑人。星期日下午，14 岁的安德烈·道森（Andre Dawson）没有听从母亲的警告，他没有留在屋内而是出门试图寻找他的姐姐。此时，一辆蓝色的小货车沿着拉奇蒙特花园住宅项目（Larchmont Gardens housing project）所在的第 83 街（Eighty-Third Street）疾驰而过，随后传来三声枪响，两颗子弹击中道森的头部，他当场毙命。小货车载着数名白人自警团体的成员，他们在杀害道森之余还杀害了 44 岁的尤金·布朗（Eugene Brown），后者当时正站在一家名为 U-To-Te'm 的商店前等候购物的妻子和两个孩子。此外，还有白人在第 103 街和第 13 大道向黑人人群开枪，致使一名 35 岁的男子背部中弹。[39] 5 月 19 日，星期一，当局从戴德县的所有27 个建制市镇征调警察并调遣 3 000 多名国民警卫队士兵进驻陷于骚乱的各个地区，而直至此时反抗事件才算平息。在整个事件中，共有 8 名白人和 10 名黑人遭到杀害。

迈阿密危机登上了全美各大主要媒体和晚间新闻的头版头条，时任总统吉米·卡特的回应犹豫不决。此时，卡特正在为其竞选连任而与共和党总统候选人罗纳德·里根鏖战。为了赢得 11 月的总统大选，卡特需要争取黑人的选票，为此他需要让他的政府看起来好像为了回应迈阿密黑人的普遍不满而采取了断然措施。但与此同时，他又必须承诺削减社会福利开支并在民权议题上保持低调，以此讨好保守派白人选民而不至于令其疏离。在迈阿密的反抗事件尚未平息之际，卡特总统派遣司法部长本杰明·西弗莱蒂（Benjamin Civiletti）前往当地。5 月 19 日，星期一，西弗莱蒂大张旗鼓地宣布司法部将对戴德县的共计 13 项有关警察暴行的指控——从麦克达菲到在反抗事件中遭到警察枪杀的四名黑人男子——进行全面调查。他在新闻发布会上说："人们强烈地感受到不公正，而这又进一步加剧了人们的沮丧和愤怒。"不过，在这位部长看来，种族主义只是黑人的一种主观感受而并非现实和制度性的事实，就这一观点而言，他与 20 世纪 60 年代末和 70 年代初的各个骚乱事件调查委员会如出一辙。西弗莱蒂随后要求道："我们希望人们尚不至于如此愤怒、如此试图诉诸报复，以至于不给美国政府一个机会调查麦克达菲死亡事件。"实际上，自 1979 年 12 月麦克达菲遇害以来，司法部从未对麦克达菲案进行过任何调查，而事件真相在当时就已经昭然若揭：在一名黑人违反交通法闯红灯后，至少有五名警察用拳脚和沉甸甸的手电筒将其殴打致死，涉事警员随后又组成攻守同盟，企图掩盖犯罪事实。不过，对于黑人居民来说，来自联邦政府的监督迟到总比没到要好。这一态度让许多人抱有希望，他们希望联邦政府能够给出一个公正的结果。[40]

司法部针对迈阿密警察暴行的第一项行动是对勇敢揭露真相的警员给予惩罚。联邦大陪审团在对麦克达菲案进行审理时，其矛头仅仅指向一名警员——查尔斯·维弗卡。维弗卡承认自己参与杀害了麦克达菲，并在法庭调查时出庭作证。在谈到联邦法院对其的指控时，维弗卡说："我想此后不会再有任何警察站出来说真话了。"不过，就像西维莱蒂和卡特政府所声称的，如果目的是结束警察暴行以及鼓励透明与问责，那么处置检举者的裁决可能不是最有效的策略。于是，维弗卡被无罪开释，而当他提出愿意与联邦检察官合作以指控涉及此案的其他警员时，司法部拒绝进一步追究此案。[41]

直至迈阿密的大火被扑灭的三个星期之后，卡特总统才到访了这座城市。6 月 9 日，也就是预定将在迈阿密海滩会议上发表演讲的这一天，总统抵达该市，将到访和短暂的停留视为展现了自己对于该市人民的"领导和关怀"，他会见了迈阿密市长费雷（Ferré）及其所领导的政府若干部门、几个商界名流，以及从自由城的斯科特社区中心中精心挑选出的几个黑人领袖。迈阿密的黑人居民期盼总统的到来，他们希望他能带来重大的救济方案。然而，卡特没有带来这样的消息，相反，他指责市政府的官员和黑人领袖未能提出一个全面的城市恢复计划（尽管事前没有任何部门被告知总统想要看到一份城市恢复计划），并告诉他们不要指望联邦政府出手救助该市。会议持续了 90 分钟，随后卡特回到他的豪华轿车上。当车队驶离时，人们向车队投掷石块和玻璃瓶。一些人将花生扔在地上用脚踩，以此嘲笑这位总统作为花生农场主的出身。[42]

联邦政府最终还是为迈阿密提供了一些救济：例如小型企业贷款，其中包括为爆发反抗事件的地区提供总额 4 000 万美元的贷款。不过，在此后的一年里，这些资金中真正被使用的仅有一半有余，其中 90% 是分配给了白人、古巴裔以及拉丁美洲裔的企业主，获得这些资金的企业主大多选择在黑人社区以外的地方开业。除了小型企业贷款之外，卡特政府也为迈阿密贯彻实施旨在为低收入年轻人提供培训的《综合就业和培训法》（Comprehensive Employment and Training Act）提供进一步支持：联邦政府为这座未能赢得"向贫穷宣战"的城市拨款 600 万美元。不过，参与培训的年轻人从未找到工作。罗纳德·里根赢得总统选举后，他的政府终止了这项培训计划，并削减了针对迈阿密反抗事件所提供的联邦救济资金。[43]

由于联邦政府未能在司法以及城市重建方面提供强有力的干预，自由城和完结镇的黑人居民因而在反抗事件后陷入了更加孤立的境地。这一带减少了 3 000 个工作岗位，大多数商店被烧毁，废墟中杂草丛生。哪怕是为了买一磅肉馅、支付一笔账单或是领取社会福利金，黑人居民不得不常常冒着各种风险走过大约 30 个街区。雇主也更加不愿意雇用黑人。总体而言，迈阿密难以吸引新的商业企业加入该市的经济发展。据报道，在爆发反抗事件的两年之后，自由城中 70% 的年轻居民陷入失业。[44]

如此严峻的状况让迈阿密反抗事件的再度爆发几乎不可避免，而警察杀害黑人的暴力事件也再度发生。1982 年 12 月，警员路易斯·阿尔瓦雷斯（Luis Alvarez）领着一名实习警员走进完结镇的一个电子游戏厅，这是社区中为数不多的被认为年轻人可以在晚上去的安全场所。阿尔瓦雷斯在去年夏天刚刚入职迈阿密警察局，但他已经受到五项有关过度使用武力的内部调查以及其他投诉。这名咄咄逼人的警员领着实习警员走近正在街机游戏机前玩耍的 18 岁青年小内维尔·约翰逊（Nevell Johnson Jr.），然后近距离开枪击中这个年轻人的头部。阿尔瓦雷斯起初声称枪击完全是意外，后来又说约翰逊当时正准备伸手掏出武器（事后发现约翰逊的衣服口袋里有一把手枪）。枪杀黑人青年的消息传遍完结镇，居民们走上街头，漫无目的地开枪，打砸窗户，抢劫商店。尽管这一次的规模远远不及 1980 年的迈阿密反抗事件，但短短两个晚上参与者已达到数百人。在此期间又发生了一起警察暴力事件：警察声称 17 岁的黑人高中生阿隆索·辛格尔顿（Alonso Singleton）参与抢劫，开了八枪将其打死。[45]

约翰逊和辛格尔顿只是迈阿密警察针对黑人所密集实施的暴力事件中诸多受害者之一。1982 年 10 月，58 岁的欧内斯特·柯克兰（Ernest Kirkland）和 30 岁的安东尼·尼尔森（Anthony Nelson）分别在两起事件中丧生，而枪杀他们的两名警员最终被完全由白人组成的陪审团无罪释放。1983 年 3 月，21 岁的唐纳德·哈普（Donald Harp）坐上一辆刚刚在交通肇事中逃逸的汽车，他坐在后排乘客的位置上被该市警员罗伯特·科尼格（Robert Koenig）开枪击毙。这名警员声称他命令哈普下车，而后者的左手突然做出某种举动。在庭审中，科尼格宣称"我以为他要杀我"。然而，尸检结果表明事实并非如此：当时的哈普已经喝得酩酊大醉，完全不可能对近距离开枪的科尼格构成威胁。面对如此确凿的证据，一个完全由白人组成的陪审团作出了出人意料的裁决：他们裁定科尼格过失杀人罪。那么，另一份裁决就不至于出人意料了：1984 年 3 月，一个完全由白人组成的陪审团裁决近距离开枪打死约翰逊的阿尔瓦雷斯无罪，这一审判结果在自由城、完结镇和椰林社区引发了零星的投掷石块、玻璃瓶、燃烧瓶事件和抢劫事件。[46]

1981 年，随着罗纳德·里根就任美国总统，拥有大量黑人听众的迈阿密广播电台开始播出所谓公共服务公告。这些公告劝说其听众不要做出"突然的举动"（也就是让哈普丧命的举动），要求他们在与警察打交道时"避免与之争辩"。"当你看到闪烁的警灯时，请在第一时间找机会路边停车，不要做出任何举动，"广播中的公告劝告道，"只回答你被问到的问题。"[47] 在一些听众看来，这些公告似乎意在让被警察杀害的死者对其死亡自担责任，而真正的问题却是警察的执法方式以及存在于美国的系统性种族主义。至少对于想要传达信息的人来说，公告所传达的信息非常清楚：美国的警察不会改变，为警察的致命性暴力行为提供支持的美国法律体系同样不会改变，而需要做出改变的是黑人，他们有责任屈从以确保自己的安全和生计无虞，否则，他们成为警察暴行受害者的概率将大大增加。

然而，屈从并不总能确保其免遭持有执照的执法人员的戕害。在 1989 年马丁·路德·金纪念日当天，出生于哥伦比亚的警员、30 岁的威廉·洛萨诺（William Lozano）用 9 毫米半自动格洛克手枪枪杀了正在驾驶摩托车的 23 岁黑人青年克莱门特·劳埃德（Clement Lloyd）。劳埃德当场死亡，搭乘这辆摩托车的 24 岁的艾伦·布兰查德（Allen Blanchard）因为翻车而死于头部创伤。完结镇的数百名居民再次走上街头，他们投掷石块，纵火焚烧建筑物，而全副武装的警察则试图用催泪瓦斯和霰弹枪平息事端。这起反抗事件持续了四天。[48]

1989 年秋天针对洛萨诺的审判吸引大量新闻媒体的报道，地方当局预感到由麦克达菲之死所引发的骚乱可能再度重演。迈阿密警察局长佩里·安德森（Perry Anderson）游说法院，要求推迟判决以便警察部门有时间调配下班的警员和装甲车。为了"针对可能发生内乱作好准备"，警察局动用了这座城市的 72 000 美元应急资金，用其购买了 700 个防毒面具和其他防暴用品。[49] 洛萨诺于 1990 年被判过失杀人罪，其最低刑期为 7 年，但 1991 年，上诉法院推翻此前的判决，理由是迈阿密陪审团之所以裁定洛萨诺有罪，是因为他们担心无罪释放将引发骚乱。上诉法院的裁决没有引起激烈反响，自此之后，迈阿密再也没有发生规模堪比 1989 年的黑人反抗，也再没有在黑人的集体暴力中发生类似于残忍地杀害杰弗里·库尔普以及其他数名白人居民之类的事件。与作为黑人的麦克达菲一样，作为白人的杰弗里·库尔普同样因为自己的肤色而成为致命暴力的残害目标。麦克达菲死于国家批准的暴力，库尔普死于被压迫群体的集体暴力；这两件事都是美国刑事司法系统的产物，其后果只是以不同的方式从根本上颠覆着美国黑人所应享有的公平和正义。

注　释

　　1. Bruce Porter and Marvin Dunn, *The Miami Riot of 1980: Crossing the Bounds* (Lexington, MA: Lexington Books, 1984), 53; "Riot Victim, 12, Spirited Despite Leg Amputation," *New York Times*, January 7, 1981, pg. A14.

　　2. George Lardner Jr. and Margot Hornblower, "Miami: Brutality Was Not Expected," *Washington Post*, May 25, 1980, pg. A1; "Riot Victim, 12"; Porter and Dunn, 52; Nicholas Griffin, *The Year of Dangerous Days: Riots, Refugees, and Cocaine in Miami 1980* (New York: 37 Ink, 2020).

　　3. Porter and Dunn, 53.

　　4. Jo Thomas, "Study Finds Miami Riot Was Unlike Those of the 60's," *New York Times*, May 17, 1981, pg. 28; Manning Marable, "The Fire This Time: The Miami Rebellion, May 1980," *Black Scholar* 11, no. 6 (1980): 2—18.

　　5. Porter and Dunn, 58.

　　6. William G. Nagel, "An American Archipelago: The United States Bureau of Prisons" (presented at the luncheon general session, National Institute for Crime and Delinquency; Statler-Hilton Hotel, Boston, MA, June 25, 1974), Folder 14, Box 78, Noel Sterrett—Issues Office Files, Jimmy Carter Presidential Library (hereafter JCPL). 另可参见 Hinton, *From the War on Poverty to the War on Crime: The Making of Mass Incarceration in America*, chap. 4 (Cambridge, MA: Harvard University Press, 2016)。

　　7. 在 1970 年至 1977 年的数年间，联邦监狱中黑人和拉丁裔囚犯的比率从 27.4% 增长至 38% 以上。截至 1973 年，州立监狱中 48% 的囚犯是黑人。1970 年，诸如费城等城市的中心区域有 50% 的黑人居民被关押在县级监狱，而这一比率在四年后猛增至 95%。宾夕法尼亚州曾以 20 世纪 60 年代末和 70 年代初的异常暴力和频繁的黑人反抗事件而闻名，尽管哈里斯堡和其他地区的黑人居民尚不到该州人口的 10%，但就整个 20 世纪 70 年代而言，其中超过 62% 的黑人居民被关押在州立监狱。同一时期，佛罗里达州的黑人居民仅占该州人口的 15%，但黑人囚犯却是该州囚犯总数的 55%。William G. Nagel, "On Behalf of a Moratorium on Prison Construction," *Crime and Delinquency* 23, no. 154 (1977): 154—171, 159; Bureau of Justice Statistics, "State and Federal Prisoners, 1925—1985," (Washington, DC: Bureau of Justice Statics, 1985), https://perma.cc/6F2E-U9WL.

　　8. Nagel, "An American Archipelago"; "Magnitude of the Wave of Jail and Prison Construction in the United States during the 1970s," *National Moratorium on Prison*

Construction, (January 1977), Folder 1, Box 11, Gutierrez Files, JCPL.

9. 1969 年 3 月，全美范围内共有 994 名黑人男性和 131 名黑人女性担任民选公职，而到 1975 年 5 月，黑人男性的这一比率增加了将近两倍（增至 2 969 名民选官员），黑人女性的这一比率增加了三倍（增至 530 人）。截至 20 世纪 70 年代中期，共有 1 438 名黑人在大都市的政府选举中赢得职位，另有 939 名黑人在市或县一级的教育委员会中赢得职位，387 名黑人出任法官或是在其他执法部门中赢得选举，281 名黑人在州一级的立法机构和行政部门赢得职位，18 名黑人出任众议院议员。Manning Marable, *Race, Reform, and Rebellion: The Second Reconstruction in Black America, 1945—1982* (Jackson, University Press of Mississippi, 1984), 117. 另请参见 J. Phillip Thompson III, *Double Trouble: Black Mayors, Black Communities, and the Call for a Deep Democracy* (New York: Oxford University Press, 2005)。

10. Manning Marable, *Race, Reform, and Rebellion*, 145.

11. 肖克利更改了他对于希斯被杀情形的讲述：这名警员最初告诉警察他是在打斗中射杀这名年轻黑人的，但是，此后他在庭审时说，他在希斯举着双手靠着仓库墙壁时射杀了这名黑人。肖克利和海厄利亚市的警方坚持认为希斯当时正试图在仓库行窃。Donald P. Baker et al., "Racism Charge Stings Pioneering Prosecutor," *Washington Post*, May 23, 1980, https://www.washingtonpost.com/archive/politics/1980/05/23/racism-charge-stingspioneering-prosecutor/c7656309-42ea-4969-a801-acb4123c754d/; "Jury Didn't Get State Request for Charges Against Policeman," *Lakeland Ledger*, April 10, 1980, pg. 24; Bill Gjebre, "Heath's Sister to Talk to Rights Jury," *Miami News*, June 11, 1980, pg. 14; Porter and Dunn, 28, 19.

12. Johnny L. Jones v. Florida, 466 So. 2d 301 (1985) No. 81—2176, (Fla. 3d DCA); Porter and Dunn, 32. 琼斯针对 1980 年的判决提起上诉。1985 年 2 月 26 日，第三地区上诉法院推翻了此前的定罪并要求重审此案。1986 年 7 月，佛罗里达州检察官办公室拒绝再次对琼斯提起公诉。"Jones Won't Be Retried in 'Gold Plumbing' Case," *Orlando Sentinel*, July 5, 1986, https://www.orlandosentinel.com/news/os-xpm-1986-07-04-0230340238-story.html.

13. Porter and Dunn, 39.

14. Porter and Dunn, 36.

15. Larry Holmes, "Eyewitness Account," in *Miami: A Rebellion Against Poverty & Injustice: Selected Articles from the Pages of Workers World*, pamphlet (Workers World Party, 1980).

16. Lardner Jr. and Hornblower, "Miami: Brutality Was Not Expected," *Washington Post*, May 25, 1980, pg. A1.

17. Porter and Dunn, 49; Daryl Harris, *The Logic of Black Rebellion: Challenging the Dynamics of White Domination in Miami* (Westport, CT: Praeger, 1999), 3.

18. Daniel Patrick Moynihan, *Family and Nation* (New York: Harcourt Brace Jovanovich, 1986); Reynolds Farley, "The Quality of Life for Black Americans Twenty Years after the Civil Rights Revolution," *Milbank Quarterly* 65, supplement 1, pt. 1 (1987): 9—34; Herbert Denton, "Riot Without Rhetoric: Small Boys in Black Miami Vent Despair," *Washington Post*, July 30, 1980, pg. A1.

19. Marable, "The Fire This Time"; Denton, "Riot Without Rhetoric"; Porter and

Dunn, 190, 196.

20. Porter and Dunn, 196.

21. Marable, "The Fire This Time"; Marvin Dunn, "Miami's Explosion Isn't Miami's Alone," *New York Times*, May 20, 1980, pg. A19.

22. National Commission on the Causes and Prevention of Violence Miami Study Team, *Miami Report: The Report of the Miami Study Team on Civil Disturbances in Miami, Florida During the Week of August 5, 1968* (Washington, DC: US Government Printing Office, 1969); Porter and Dunn, 15, 17.

23. Porter and Dunn, 76.

24. Porter and Dunn, 77.

25. Porter and Dunn, 80—81, 91.

26. Porter and Dunn, 79, 77, 82.

27. Denton, "Riot Without Rhetoric."

28. Marable, "The Fire This Time"; Jo Thomas, "Study Finds Miami Riot Was Unlike Those of the 60's," *New York Times*, May 17, 1981, pg. 28; Porter and Dunn, 50.

29. Harris 2; Porter and Dunn, 62—63.

30. Porter and Dunn, 64.

31. Porter and Dunn, 124.

32. Porter and Dunn, 124.

33. Porter and Dunn, 125. On the "right" of Black Americans to loot, see Eldridge Cleaver, "Credo for Rioters and Looters."

34. Porter and Dunn, 67, 145; Harris, 87; Marable, "The Fire This Time."

35. Anthony Chase, "In the Jungle of Cities," *Michigan Law Review* 84, no.4 (1986): 737—759; Porter and Dunn, 65, 97.

36. Holmes, "Eyewitness Account"; Marable, "The Fire This Time."

37. Porter and Dunn, 102.

38. Porter and Dunn, 71—72.

39. Marable, "The Fire This Time"; Porter and Dunn, 71—72.

40. Porter and Dunn, 68, 73, 167; John Crewdson, "Guard Reinforced to Curb Miami Rioting," *New York Times*, May 20, 1980, pg. A1.

41. Earl Ofari Hutchinson, *Betrayed: A History of Presidential Failure to Protect Black Lives* (Boulder, CO: Westview Press, 1996), 174.

42. Hutchinson, 171—172; Porter and Dunn, 168.

43. Porter and Dunn, 16.

44. "Rioting in a Black Area of Miami Follows a Shooting by the Police," *New York Times*, December 29, 1982, pg. A8; Sonia L. Nazario, "Ghetto Realities," *Wall Street Journal*, December 30, 1982, pg. 1.

45. Robert M. Press, "Miami Rioting Again Raises Issues of Police Misconduct," *Christian Science Monitor*, December 30, 1982, pg. 4; Robert McClure, "Miami Police Indicted in Riot Slaying," *Philadelphia Tribune*, March 4, 1983, pg. 9.

46. Lee May, "'Fear in Ghetto': Miami Riot Area Jittery as Police Trials Approach," *Los Angeles Times*, June 19, 1983, pg. 1; "Miami Officer Convicted in Slaying

of Black Man," *New York Times*, September 17, 1983, pg. 7; Rick Atkinson, "Miami Jury Acquits Policeman in Fatal Shooting of Black," Washington Post, March 16, 1984, https://www.washingtonpost.com/archive/politics/1984/03/16/miami-jury-acquits-policemanin-fatal-shooting-of-black/4f3b1682-1397-4fa0-b4bb-ca05dfd16414/.

47. May, "'Fear in Ghetto.'"

48. Jeffrey Schmalz, "Trial Forces Miami to Confront Its Legacy of Racial Tensions," *New York Times*, November 13, 1989, pg. A1.

49. Schmalz, "Trial Forces Miami to Confront Its Legacy," A1.

第九章 解决方案

就在美国历史上最致命和最具破坏性的反抗事件发生之际，一场和平运动却在洛杉矶站稳了脚跟。与十余年前的迈阿密一样，洛杉矶所爆发的反抗事件并非直接源于警察的暴行，而是对盛行于全美的系统性不公正所作出的回应。1991年3月，围殴25岁黑人摩托车手罗德尼·金的4名警察被法院无罪开释，与此同时，一段时长两分钟的现场围殴视频通过晚间新闻向全国播放，数百万美国人观看了视频和播报的新闻，由此引发了一场持续五天的反抗。洛杉矶反抗事件前所未有地造成了10亿美元（相当于今天略低于20亿美元）的财产损失，导致50人死亡——这个数字打破了底特律反抗事件造成43人死亡的可悲记录，[1] 并迫使当局调遣10 072名国民警卫队士兵和2 000名联邦军队士兵进驻洛杉矶。就洛杉矶的沃茨地区而言，当地的商铺曾在1965年的反抗中遭到大规模焚毁，当时警用直升机在空中盘旋，警察和国民警卫队士兵杀死了数十名黑人居民，然而，当1992年的洛杉矶同样陷于反抗时，两个彼此处于交战状态的黑人帮派"瘸系"和"血系"却意识到这场反抗为其提供了一个改变自己及社区——而非进行大肆破坏——的机会。黑人帮派决定采取行动结束暴力，希望以此赢得政治上的影响力并按照自己的方式掌握稀缺资源。

在1992年洛杉矶反抗事件爆发之前的数年间，诸如"赏金猎人之血"（Bounty Hunter Bloods）、"葡萄街瘸子"（Grape Street Crips）、"庄园村皮鲁斯之血"（Hacienda Village Pirus Bloods）以及"沃茨瘸子"（PJ Watts Crips）等黑人帮派一直断断续续地讨论着帮派停火。不过，直到"美国—我能"（Amer-I-Can）项目参与斡旋并提供支持，通过召开一系列会议进行审慎的磋商，参与停火讨论的"瘸系"和"血系"帮派才最终决定采取有实质意义的步骤实现和平。"美国—我能"是全美橄榄球联盟的退役球星吉姆·布朗（Jim Brown）所推动的一个项目，其主要功能是立足于黑人的责任和自决原则而为黑人开设"城市生活管理技能"等课程。在 1992 年筹划帮派停火的年轻人大多二十多岁，他们都加入"美国—我能"的项目之中，并常常在吉姆·布朗家的客厅会面。[2]

在此前的 30 年间，沃茨地区的"瘸系"和"血系"帮派一方面彼此交战，另一方面又与南加州的警察交战。无论是在洛杉矶还是在美国的其他主要城市，20 世纪 60 年代以及 70 年代初的集体暴力都是以外部的国家力量——最常见的是警察——为敌，警察作为政府权威的代表往往处于与城市中形同隔离的黑人社区冲突的最前线。随着当局将越来越多的警察部署到街头，并将越来越多的黑人送进监狱，这一时期的反抗得以平定，但随之而来的是集体暴力以一种内部形式日益浮现在黑人社区之中。由于正规的就业渠道少之又少，即使服务业中最底层的工作机会也极为紧缺，年轻的黑人男子开始组建通常被称为帮派的团体，他们划分和守卫自己的领地，以此保护自己并保护自己的社区免遭外来者的侵害。帮派成员在商铺、学校、公园、教堂和公共建筑的墙上涂鸦，采用武力或盗窃的方式抢夺运动鞋、皮夹克和现金，并以收取保护费的方式向所在地盘上的商铺敲诈钱财。不同帮派的成员之间彼此冲突，他们投掷燃烧瓶，用拳头和弹簧刀攻击对手，并使用小型廉价的手枪开枪互射。[3]

到 20 世纪 70 年代初期，各级执法部门都已不再将黑豹党等激进的黑人组织视为重大威胁，而是开始专注于打击新的"头号公敌"——街头帮派。全美各县的治安部门从 1972 年起开始陆续从联邦政府获得资助，以此在警察部门特别组建了名为"街头帮派特遣队"（Street Gang Detail）的警队打击帮派团伙。1973 年，洛杉矶警察局设立了一个名为"打击街头流氓资源总部"（Total Resources Against Street Hoodlums）的部门，人们习惯于将其首字母缩写并称之为 TRASH（垃圾）。[4]

　　随着当局对于"黑人青年帮派"的恐惧日益上升，针对帮派的执法力度也在不断增强，而随着打击范围的不断扩大，这些帮派组织也在不断扩张：他们在打压的态势下需要越来越多的新成员以保护自身组织，同时保护其非正常的经营形式得以蓬勃发展。就已知的信息而言，1972 年有 18 个帮派在洛杉矶中南部、康普顿（Compton）和英格尔伍德（Inglewood）等地活跃，而到 1978 年，这个数字增加了一倍有余。随着帮派组织的扩张，暴力和杀戮也随之扩大。在 1980 年至今的美国所有凶杀案的受害者中，黑人男性占据了一半的比率，而这些受害者中的绝大多数又都是死于黑人男性之手。1984 年，里根总统正式启动反毒品战争（War on Drugs），此时的帮派成员依然常常手持乌兹冲锋枪、MAC-10 轻机枪以及半自动步枪从事着地下毒品交易。帮派拥有如此强悍的武器，他们常常在行驶的车辆中对外开火，由此所导致的最悲惨后果是无辜的路人中弹身亡。上述情形促使警方采取越来越积极的措施予以应对。洛杉矶县有报道的与帮派有关的凶杀案在 1992 年达到高峰，案件数量是 803 起，相较于 1988 年增加了 77%。在 1987 年至 1992 年间，加利福尼亚州的警察和监狱部门开支上涨了 70%。据保守估计，在洛杉矶反抗事件发生前的数年间，洛杉矶中南部的四分之一黑人青年有过被捕记录。[5]

　　汤姆·布拉德利（Tom Bradley）在 1973 年出任洛杉矶市市长，成为美国大城市的首批黑人市长之一，并担任该职直至 1993 年。到 1992 年春天时，在洛杉矶实施了近 20 年的帮派管控措施看来已经失败。与 20 世纪 60 年代末和 70 年代初应对黑人反抗时所遇到的情形一样，加大针对黑人帮派的执法力度只是激起了更多的暴力回应，由此给低收入黑人社区造成相较以往更加严重的损害。在黑人帮派之间及其与警察的战争中，这些位于洛杉矶和其他城市的低收入黑人社区不断遭到攻击。

　　在 20 世纪后几十年和 21 世纪头十年，有两项因素被认为促使黑人反抗的频率降低：一是黑人社区内部犯罪率的不断攀升——由联邦政府的政策所加剧；二是黑人与黑人之间的彼此不信任。里根总统在 20 世纪 80 年代一手发动反毒品战争，一手削减社会福利：他从社会福利名单中移除了50万个家庭，从领取食品券的名单中移除了100万个美国人，从学校午餐计划中移除了260万个此前符合条件的儿童。与此同时，随着反毒品战争实施了所谓零容忍的警务政策以及强制性最低刑罚，暴力犯罪反而有所增加，所有这些因素又最终导致监狱的大规模监禁不可避免。就犯罪和暴力事件频发的地区而言，由于更有可能遭到枪击或其他伤害，父母不断地叮嘱他们的孩子在放学后直接回家；由于更有可能遭到抢劫，祖父母常常在房门上加装固定螺栓和防盗链条；由于更有可能遭到报复，居民极为谨慎地穿戴衣饰，即便不幸成为受害者也避免公开与警察交谈（也可能是因为完全不信任警察）。[6] 为了能够活命，人们在与警察的日常交道中学会了服从，学会了将双手放在方向盘上并礼貌地回答问题。他们自我武装，以防不得不向邻居开枪。然而，随着1992年洛杉矶的反抗烈火不断肆虐，当这座城市陷于纵火的烈焰中时，沃茨地区的"瘸系"和"血系"帮派成员开始着手结束黑人帮派的内部冲突，他们要组成一个统一战线以应对共同的外部敌人，而这个敌人最直接地体现为警察所代表的系统性种族主义。

在爆发洛杉矶反抗事件的三天之前，当地帮派举行了正式的休战谈判。1992年4月26日，"美国—我能"项目的两名参与者25岁的多德·谢里尔斯（Daude Sherrills）及其23岁的弟弟阿基拉（Aqeela）领着十几个"葡萄街瘸子"的成员离开乔丹·唐斯公屋项目社区（Jordan Downs）前往王朝场社区（Imperial Courts），也就是他们的对手"沃茨瘸子"成员所居住的社区。这两个帮派签订了和平条约，随后举行了一场聚会，此举标志着双方结束了持续二十年的暴力和恐惧。4月28日，又有两个"瘸系"帮派与位于尼克森花园（Nickerson Gardens）的"赏金猎人之血"进行协商，双方达成了停战协议，彼此与昔日的敌人握手，相互原谅并恢复了因为帮派战争而破裂的友谊。"我们庆祝这一时刻，'和平条约生效了！和平条约生效了！'"阿基拉·谢里尔斯回忆道，"真是令人难以置信的解脱。"[7]

　　第二天是 1992 年 4 月 29 日，星期三，洛杉矶全城沸腾。在法院宣布殴打罗德尼·金的四名警察无罪开释的大约 10 分钟后，人群逐渐聚集到位于洛杉矶中南部佛罗伦萨大道（Florence Avenue）的"惠而不贵酒食"（Pay-Less Liquor and Deli）餐厅。警察随之实施逮捕，而此举却激励更多的参与者加入抗议警察的行列。一些人前往洛杉矶警察局总部，他们砸碎窗户并高呼"没有正义，就没有和平"。还有一些人抢劫了位于佛罗伦萨大道和诺曼底街（Normandie）街角的商店并袭击过往的汽车。遭受随机袭击的大多数受害者是拉丁美洲裔居民和韩国裔居民，但新闻直升机所拍下的却是一群黑人男子殴打白人卡车司机雷金纳德·丹尼（Reginald Denny）的画面，这起殴打白人的事件与警察群殴罗德尼·金的事件相对应，成为洛杉矶反抗的标志性事件。[8]

　　当太阳下山时，大规模的抢劫和纵火开始了。整个洛杉矶县——从圣费尔南多谷（San Fernando Valley）直至长滩（Long Beach）——的所有商店都遭到抢劫和纵火焚烧，并最终导致 1 000 多座建筑物受损、2 000 多人受伤，受伤者中既有反抗的参与者，也有看热闹的旁观者。尽管发生在南洛杉矶的反抗主要将黑人以外族群所拥有的店铺作为袭击目标，但大部分暴力事件都集中于名为韩国城（Koreatown）和笔克联盟（Pico-Union）的移民社区。自上一年 3 月中旬以来，黑人与韩国裔居民之间的紧张关系就在不断加剧：当时，也就是警察群殴罗德尼·金事件的两个星期之后，九年级的黑人学生拉塔莎·哈林斯（Latasha Harlins）因为一瓶售价 1.79 美元的橙汁被一名韩国店主开枪打死。杀害哈林斯的店主斗顺子（Soon Ja Du）因为故意杀人罪被处以缓刑，并被处以社区服务和 500 美元的罚款。尽管到 1992 年 4 月时，罗德尼·金事件的判决已成为全国范围内的大新闻，但在参与洛杉矶反抗的黑人脑海中所浮现的却是哈林斯的死。"罗德尼·金？去 ×× 的，我们兄弟们每天都是这样像狗一样被警察打，"一名帮派成员表示，"这场骚乱事关所有遭到警察杀害的小弟弟，事关遭到韩国人杀害的小妹妹，事关这 27 年以来我们所受到的压迫。"他将 1965 年的沃茨反抗视为这 27 年的起始点，并宣称罗德尼·金的事件"只是一个导火索"[9]。

与此前的大多数反抗事件形成鲜明对比的是，发生在洛杉矶的集体暴力牵涉多个种族：因为参与反抗而被捕的人中有超过一半的是中美洲和南美洲族裔。在整个洛杉矶的总人口中，中美洲和南美洲族裔的比率大约是 40%，他们中的许多人将罗德尼·金事件与他们面临的警察暴行联系在一起。1991 年 8 月，也就是罗德尼·金遭到群殴的视频在全世界流传的五个月后，洛杉矶市警察局和洛杉矶县警察局的警员分别在两起事件中枪杀了两名拉丁裔青少年，这两起事件在东洛杉矶引发了一波抗议浪潮。在 1992 年的洛杉矶反抗期间，在韩国城的两家遭到抢劫的商店外，一名萨尔瓦多少年对记者说："去 ×× 的警察！他们和黑人一样轻视我们。"尽管许多拉丁美洲族裔的反抗参与者在走上街头时谈及与黑人的共同斗争，但是，新闻媒体大多将他们描述为"非法外国人"，认为他们是在利用黑人的抗议活动牟取私利。新闻媒体制造出种族主义的刻板印象，并以此掩盖了警察所施加于黑人和拉丁美洲裔社区的暴力规模，掩盖了后者抒发政治不满的正当性。[10]

5 月 1 日，星期五，也就是爆发反抗的第三个夜晚，就像林登·约翰逊总统在 1967 年的底特律反抗时期所做的那样，时任总统乔治·布什向全国发表了讲话。布什总统宣称罗德尼·金遭到殴打一事"令人反感"，并说他和第一夫人芭芭拉·布什都对法院的判决感到"震惊"。当看到视频中的警员用加重型警棍不下 50 次地殴打并用泰瑟电击枪电击罗德尼·金时，许多美国白人都有着与总统夫妇相似的感受。这是第一个犹如病毒般疯狂传播的记录了警察暴行的视频，它向美国白人揭示了这个国家向洛杉矶的黑人和美国黑人所施加的国家暴力。布什总统并不打算对警察的暴行或是司法系统提出批评，但他承认"很难理解法院的判决将如何对视频作出解释"[11]。

在坦承对罗德尼·金的判决感到不安的同时，布什总统向美国人民承诺他将采用"一切必要的力量恢复秩序"。布什政府将 2 000 名受过防暴训练的联邦警察派往洛杉矶，并将已经驻扎在那里的 3 000 名国民警卫队士兵纳入联邦指挥体系。联邦政府的司法部长威廉·巴尔（William Barr）援引《暴动法》（Insurrection Act）迅速组织了一支由联邦调查局、边境巡逻队、特警队、美国法警、监狱防暴队以及数千名海军陆战队和陆军士兵所组成的联邦军队，在洛杉矶市驻扎 10 天。总之，共有 20 000 多名执法人员和军人参与了平息反抗的行动，并令人难以置信地一共逮捕了 16 291 人。[12]

布什总统在对事态进行分析时排除了洛杉矶"骚乱"具有政治意图的可能性。"我们昨天晚上和前天晚上在洛杉矶所看到的一切都与公民权利无关，"总统向全国民众宣告，"它与所有美国人都必须捍卫的平等的伟大事业无关，它所发出的信号也与表达抗议无关。这是一群暴徒的暴行，就是这么纯粹和简单。"布什政府明确将"暴徒"与帮派暴力联系在一切。"总统想知道这场骚乱是怎么回事，"巴尔后来回忆道，"我告诉他，许多街头帮派牵涉其中并主要集中于街头的帮派活动……'瘸系'之类的帮派组织。"[13] 早在 20 世纪六七十年代，当局就将当时所发生的反抗归咎于共产党人、"外部煽动者"和激进分子的破坏，如今的巴尔以及当局的其他官员又将一切责任推到黑人帮派和无证移民身上，并认为暴力是上述群体所患的一种特有病症。

与此同时，联邦、州和地方官员将此混乱视为一个机会，认为他们可以借此强化对于"帮派"和"非法外国人"的镇压。"许多外国人进入这个地区并参与犯罪，"警察局长达里尔·盖茨（Daryl Gates）在接受采访时宣称，"他们在这场骚乱中扮演了非常、非常重要的角色。"在洛杉矶爆发反抗期间，警察往往在没有任何理由的情况下拦截任何被怀疑为帮派成员或无证移民的人以查验身份。如果被认定属于帮派成员，则其个人信息将被输入警察局和联邦调查局的数据库中；如果被确定属于"非法"移民，则此人将被移民与归化管理局（Immigration and Naturalization

Servic）以及边境巡逻队起诉。移民与归化管理局已派出 400 名执法人员进驻洛杉矶，其中一些人前往县监狱查验无证移民的身份并将其带走。这一行动一直持续到 6 月，最终后果是超过 1 000 名来自墨西哥、危地马拉和洪都拉斯的无证移民被驱逐出境。[14] 逮捕和驱逐无证移民成为当局在面对因为社会经济条件的不平等和种族压迫而造成的暴力局面时所采用的另一种策略。与此前所经历的每一次反抗一样，严厉的回应往往导致更多的人参与反抗。就一定程度而言，政府在应对暴力时所采取的措施与沃茨的黑人帮派为缓解洛杉矶中南部的紧张情势而提出的方案正好截然相反。

当反抗的烈焰开始在洛杉矶的佛罗伦萨和诺曼底燃烧时，沃茨地区的建筑物却以涂鸦的形式宣告黑人帮派已在前一天达成停战协议。这场反抗起到了巩固这份和平协议的作用。就在周边地区的建筑物陷入熊熊大火之时，王朝场社区的帮派与尼克森花园社区的帮派正在如火如荼地开展议和工作。5 月 3 日，也就是洛杉矶反抗事件结束的前一天，庄园村公屋项目社区的帮派组织"皮鲁斯之血"也参与了和平协议，这意味着整个沃茨地区都将实现和平。即使是在反抗期间，帮派停火也对所在地产生影响而使之与其他地区有所不同。与洛杉矶的南部和东部地区相比，沃茨地区所遭受的财产损失较小。当其他地区仍然陷入帮派之争而不断彼此枪击之时，沃茨地区只发生了警察枪击居民并导致三人死亡事件。[15]

在此之前，一些黑人帮派也曾尝试举行休战谈判。之所以最终能够在1992 年达成停战协议，是因为这一次"瘸系"和"血系"帮派首次自发提出缔结休战协议。1972 年，所谓"黑人青年帮派"登上《洛杉矶时报》（*Los Angeles Times*）的头版头条。也正是在这一年，当地的人际关系委员会在洛杉矶会议中心（LA Convention Center）举办了为期一天的研讨会，洛杉矶中南部和康普顿形同种族隔离状态的黑人社区中的帮派成员参与了此次会议。与会的帮派成员表示"黑人应当对自己的社区有更多的控制权"，并承诺如果能够得到工作机会以及更好的学校和更好的娱乐休闲设施，他们就同意彼此"团结"从而更加广泛地实现和平。[16] 不过，政府所许诺的投资从未兑现，而这些参与帮派的年轻人也从未实现停战。

政府以严刑峻法回应"帮派问题"。他们实施新的警务措施，主要采取监控、暴力镇压和监禁等方式打击帮派及其活动。1973 年，洛杉矶警察局成立了被人称为"垃圾"的部门以打击黑人和拉丁美洲裔美国人社区的帮派暴力。出于对该部门的首字母缩写词 TRASH（垃圾）的不满，这个部门被重新命名为 CRASH，即"打击街头流氓社区资源部"（Community Resources Against Street Hoodlums）。尽管名称上略显温和，但其所采取的依然是"全面镇压"的策略，这实际上意味着监视和逮捕所有"符合帮派成员形象"的居民，此过程常常侵犯他们的公民权利。"打击街头流氓社区资源部"的执法人员以抓捕被怀疑为帮派成员的嫌疑人并将他们送往敌方帮派的势力范围之内而闻名，此举旨在挑起帮派间的暴力，并借此消灭本应受到执法人员服务和保护的人。[17]

自 1978 年起，达里尔·盖茨一直担任洛杉矶警察局长之职，直至 1992 年洛杉矶反抗事件后被迫下台。在其任职期间，他领导警察部门发动了一场在行为的前提和方法上都带有深刻种族主义色彩的针对帮派和毒品买卖的激烈战争。在 1982 年 5 月接受《洛杉矶时报》采访时，盖茨对于警察采用锁喉术导致嫌疑人窒息的事件发表了一段著名的评论："或许在将锁喉术用在某些黑人身上时，并不会看到像在正常人身上会发生的快速静脉或动脉扩张。"诸如此类的种族主义论调广泛充斥着整个洛杉矶警察局：一些警员私下将黑人谋杀黑人的案件称为 NHI，意即"与人类无关"（no human involved）的案件。在警察对"不正常"和"非人"的有色人种发动战争的这一时期，针对警察不当行为的指控仅在 1980 年至 1990 年的十年间就几乎翻了一番，有官方记录的帮派仇杀案件也几乎翻了一番。[18]

从 1987 年春天开始，作为所谓"铁锤行动"（Operation Hammer）的一部分，洛杉矶警察局派出超过 1 000 名警员不定期地对洛杉矶中南部发动突袭并实施大规模逮捕。"铁锤行动"是周期性循环开展的扫荡式运动，盖茨局长称其目的旨在"让帮派成员生不如死"。在此后的十年里，有超过50 000人——其中大多数是黑人——因为违章停车、违反交通法、违反宵禁令、遭到通缉或是"帮派行为"而遭到传讯和拘留。不过，警方常常表现出他们自己的"帮派行为"。在一次针对两栋公寓楼的特别暴力突袭行动中，警察不仅搜查了房屋，还撕毁了屋内的家庭成员照片，砸坏了厕所，并将漂白剂洒在了堆放的衣服上。警察以自己的方式给这个社区留下涂鸦。"洛杉矶警察局的规则，"警察们威胁道，"就是帮派必死。"[19]

对于洛杉矶的居民来说，"铁锤行动"所导致的只是他们中的许多人从此有了或增加了新的犯罪记录。在因为警方的扫荡而被捕的人中，仅有10%的人最终受到刑事指控，而此外的绝大多数人都只是被警方归类为帮派分子而将其资料输入电脑数据库中，由此所造成的是超过100 000人被作为帮派分子输入数据库。在1992年的洛杉矶反抗事件中，当地47%的黑人男子和青少年被执法当局归类为帮派分子。而过多的居民被列入帮派分子数据库致使帮派问题本身遭到扭曲。[20]

1988年夏天，在"铁锤行动"旗号下一场最大规模的扫荡中，来自沃茨、康普顿、克伦肖（Crenshaw）以及洛杉矶南部许多社区的15个不同的"血系"和"瘸系"帮派组织相聚举行了一系列"和平峰会"。这一系列会议的组织者是"沃茨神龛浸信会"（Tabernacle of Faith Baptist Church）的50岁牧师小查尔斯·米姆斯（Charles Mims Jr.）。米姆斯牧师将彼此敌对的帮派代表带往卡森（Carson）和长滩等中立地区的旅馆进行为期数天的磋商。与会者讨论了以往所发生的暴力事件，任何一方都以怀疑的眼光看待对方，并对是否愿意有效地执行停战协议举棋不定。然而，到10月下旬，"血系"和"瘸系"的50名帮派成员突然现身于洛杉矶市政厅的台阶上，他们向闻风而来的媒体承诺他们愿意放下武器，有志于充当"沉默的战士"以防止帮派间的杀戮。他们展望未来，打算成为"弟弟和妹妹们的好榜样"。"沉默的战士"将解除武装与社区发展联系在一起。特维莱特·贝（Twilight Bey）是一名致力于帮派停战的活动人士，他解释道："我们打算为自己的社区开展工作——清除涂鸦、修剪草坪以及帮助老年人——并以此方式落实我们的承诺，我们将重新唤回人们对于我们所居住地区的热爱和自豪。”[21] 尽管参与“沉默的战士”的人数太少，尚无法在更加广泛的范围内实现帮派停战，但这一系列峰会为 1992 年的和平协议奠定了基础。

　　除此之外，1992 年的洛杉矶反抗事件以另一种方式——出乎意外而始料不及地——为帮派达成和平协议奠定了另一个基础。正如居民和帮派成员所理解的，大规模的暴力和纵火事件让此前彼此交战的敌对社区产生了相互团结和联合的意识。“我们之所以聚在一起，是因为我们都是黑人，”一名自称安东尼的 23 岁年轻人说，“我们已经厌倦了彼此之间的分裂。”停战意味着帮派成员不再生活在可能遭到枪击的持续恐惧中，他们也不再认为自己有必要动手射杀某人。尽管未必长久，但至少眼下不必担心将被送往遥远的监狱服刑数十年。[22] 这场反抗提供了一个契机，让人们有机会为了应对外部的威胁而搁置内部的暴力争斗。不过，尽管停止了帮派内部的暴力争斗，人们对于警察及其背后更加庞大的系统仍然予以关注。

　　随着帮派停战协议的生效，组织者考虑在沃茨进一步开展活动以便落实协议。5 月 16 日和 17 日是双休日，州长皮特·威尔逊（Pete Wilson）将依然驻扎的 3 000 名国民警卫队士兵撤出洛杉矶，而“瘸系”和“血系”帮派则发起并资助了星期六的“联谊野餐”和星期日的家庭活动，他们邀请所有黑人社区“走出家门享受有着美食和娱乐的和平一天”。参与上述活动的居民超过 5 000 人，既包括曾经彼此敌对的帮派中的男男女女，也包括仅作为旁观者而没有卷入帮派冲突的居民。人们聚在一起踢足球，载歌载舞。国会女议员玛克辛·沃特斯（Maxine Waters）也现身于活动中，她赞赏和平协议的缔结并誓言要为洛杉矶南部和沃茨地区创造更多的就业机会。[23]

　　帮派停战的组织者所考虑的不仅仅是聚会、野餐和演讲，因为他们知道真正的问题远比暴力更加深层次。一个更加宏大的目标是取得反警察暴行联盟（Coalition Against Police Abuse）、社区青年帮派服务社（Community

Youth Gang Services）等当地组织的支持，并让沃茨地区得以休养生息。在诸多宣传新举措的传单中，一份传单宣称"我们要清理自己所在社区中的涂鸦和垃圾，并向媒体、警察和其他所有人证明我们遭到排斥，但并非自己的过错"。社区青年帮派服务社协助启动了旨在让帮派成员具备竞争力以获得工作机会的职业培训计划，反警察暴行联盟开展"远离蟑螂"计划——这个名称源于黑豹党的口号"远离白皮猪"，以每天高达 200 美元的薪酬培训和雇用年轻人使用无毒、对环境无害的化学品消灭社区中的蟑螂。此外，该联盟还设立了一个开展对话的机构以帮助"瘸系"和"血系"帮派与全国各地的帮派建立联系，分享他们的经验并为帮派停战争取更加广泛的支持。与反警察暴行联盟合作的帮派青年越来越多地认识到他们需要"团结而非互相争斗"，用该联盟主席——前黑豹党成员——迈克尔·津尊（Michael Zinzun）的话说，就是团结一致"与警察的虐待行为作斗争"[24]。在持续两个星期的洛杉矶反抗期间，曾经涂满帮派印记的墙壁被粉刷一新，帮派成员致力于讨论如何在政治和经济上获取力量。

帮派停战的推动者心里清楚一点，即停战是否能够取得成功取决于毒品和黑市交易——这是诱使人们加入帮派的主导因素——能否被正规经济生活中的工作机会所取代。"沃茨瘸子"帮派的成员托尼·博加德（Tony Bogard）是这场和平谈判的关键人物。"如果能够为在社区中贩卖毒品的帮派分子制定一个经济上的发展计划，他们就会停止贩毒，"他说，"必须有可予替代的东西。"[25] 在倡导城市重建的人看来，即使洛杉矶没有经历美国历史上最大规模的骚乱，其城市的重建工作也属于当务之急。博加德和其他帮派停战的组织者将发生反抗事件视为一个机会，主张借此推动洛杉矶在医疗保健、教育和就业等方面进行大规模的投资，与此同时，他们呼吁黑人居民对于如何获取自己应得的份额发出声音。

地方当局还有其他方面的考虑。5 月 2 日，也就是布什总统将洛杉矶宣布为灾区之后，洛杉矶市长布拉德利宣布成立一个名为"重建洛杉矶"的机构，并委托奥兰治县（Orange County）居民、时年 54 岁的商人彼得·尤伯罗斯（Peter Ueberroth）领导该市的重建计划。尤伯罗斯曾经担任 1984 年奥林匹克委员会的主席，因为当年在洛杉矶主办第一次由私人资助的奥运会而被《时代周刊》评为年度风云人物。对于许多黑人和拉丁美洲裔居民来说，这场奥运会没有什么值得庆祝的，相反，这场盛会标志着警察的监控与暴力升级到一个新的境界。在开展"铁锤行动"之前，无论是尤伯罗斯还是洛杉矶市长布拉德利以及其他官员，他们都支持警察局长盖茨推行一套类似于军事占领的警务措施，支持警察部门强化对于目标社区的巡逻并对街头帮派进行扫荡。为了在奥运会期间控制犯罪，洛杉矶市（动用联邦政府的拨款和联邦基金）购买了许多军用级武器，其中包括机枪、红外线监视设备以及一辆曾在越南战场使用过的 V-100 装甲车，这些装备就此成为洛杉矶警务活动的永恒标志。[26]

1992 年 5 月中旬，就在尤伯罗斯为组建重建洛杉矶理事会而甄选理事候选人时，"瘸系"和"血系"帮派成员起草了一份一揽子提案，要求当局随着帮派战争的结束而给予黑人社区 37.28 亿美元的投资。这份长达 10 页的文件以其令人难忘的结束语"给我们锤子和钉子，我们将重建这座城市"而闻名全美。大部分资金（大约 20 亿美元）将用于"洛杉矶整容"：取代遭到焚毁和废弃的建筑物而建设新的社区中心和休闲娱乐设施，架设更多的路灯（"我们想要一个光线充足的社区"），妥善维护景观（"种植新的树木以增加我们社区的美感"），并改善垃圾清运和害虫控制工作。这份提案还呼吁全民医疗，要求建设新的医院、医疗保健中心和牙科诊所，呼吁为身体健全的失业者提供新的工作以结束福利依赖，同时呼吁为单亲父母提供免费的日托服务。[27]

除此之外，这份提案还要求划拨 7 亿美元对洛杉矶联合学区（Los Angeles Unified School District）进行改造，并要求将这笔资金用于改造废弃的公立学校，包括翻修和粉刷老旧的建筑物，升级浴室设施以使其"更加现代化"，以及为学生购买数量充足的电脑、学习用品和新版教科书以便孩子们无须再共用教科书。学校专用资金应当被用于为洛杉矶中南部的青少年开设大学预科课程（使其得以体验"非经济贫困地区的孩子们可以学到的课程"），以及为成绩较差的学生提供课后必修的辅导课程。此外，这份提案要求将一部分资金以联邦资助债券的形式为成绩优异的学生提供帮助，使其得以进入大学的殿堂。在这份提案中，帮派成员要求结束以校车接送孩子的所谓善意的自由主义之举，并提出黑人并非想让他们的孩子就读于所在社区以外的学校，而是希望自己所在社区的学校能够获得充分的投资。[28]

"瘸系"和"血系"帮派成员在提案中提出，他们不再希望被一群外来者监视，"洛杉矶的黑人社区要求在此执行警务和巡逻的人是居住于社区中的人，要求负责社区警务工作的警员必须在其所服务的社区居住至少十年"。居住条件由此成为改善警民关系的简单而直接的步骤。为了提升黑人社区对于警务工作的监督，提案的起草者提出以其所设想的"陪伴机制"（buddy system）让此前的帮派成员"协助保护社区"，也就是说，每当黑人居民与警察打交道时，都有前帮派成员陪伴左右。这一提议事实上是试图使 20 世纪六七十年代黑豹党所提出的"警察巡逻警戒"得以制度化。参与该计划的社区成员应当接受警察培训，"遵守当局所制定的所有法律"，有统一的制服但无须配备枪支——取而代之的是"每个参与陪伴机制的成员都将配备摄像机以记录每一起事件和处理这些事件的警员"。[29] 这一提案所秉持的理念在于他们相信一点，即当警员知道自己在被拍摄时就不太可能做出暴行或违法违规之举。此后到 21 世纪时，警察随身佩戴摄像头的做法已在全美相对普及。

这份提案的起草者认识到除了当局之外，黑人社区同样需要作出改变。提案要求在失业率较高和就业率不足的社区创建充满活力的正规经济，以此取代当下猖獗于这些社区的地下经济。为此，提案敦促联邦政府和州政府向"有兴趣在这些贫困地区开展业务的少数族裔企业家"提供贷款，也就是说，给非法组织一个转型创办合法企业的机会。获得这些贷款的企业家将被要求企业 90% 的员工源于相应的社区。"作为对于满足这些要求的回报，"提案承诺道，"'血系'和'瘸系'帮派将要求洛杉矶的毒枭……停止贩毒，并要求转型企业家建设性地使用所获得的贷款。"该提案的起草者给当局 72 小时做出书面答复，在 30 天内开始实施提案，以及在 4 年内建造 3 所新的医院、40 家医疗诊所，并对当地学校进行翻修。[30]

1992 年夏天，帮派停战的推动者以正式文件的形式确立了此前达成的口头和平协议。时年 30 岁的安东尼·佩里（Anthony Perry）同时也是"美国—我能"的一名成员，他在被加州大学洛杉矶分校图书馆拒之门外后，转头前往南加州大学的冯·克莱因·斯密德（Von Klein Smid）国际和公共事务中心翻阅与联合国条约相关的档案资料并从中寻求启发。他认为最有帮助的文件是 1949 年埃及与以色列的停战协议，促成这份协议的调停人是洛杉矶中南部土生土长的民权领袖拉尔夫·邦奇（Ralph Bunche）。佩里此后解释道，他"从《圣经》和《古兰经》中得知犹太人和阿拉伯人同为闪米特人，他们是亲戚，都是亚伯拉罕的后裔，他们在彼此的战争中流淌着同族的血"。他用街头术语翻译了这份文件并将其记录在黄色的便笺本上。他所起草的条约草案宣称"各方武装帮派之间达成停火应当被视为加利福尼亚州沃茨地区恢复和平的必要步骤"。佩里的条约草案将埃及与以色列停战协议中的一条关键条款"任何一方的陆、海、空军事或准军事力量的任何组成部分……均不得对另一方的军事或准军事力量实施任何形式的战争或敌对行为"，修改为"任何帮派均不得针对另一个帮派或是其势力范围内的居民实施任何战争或敌对行为，包括在行驶的车辆中对外开火和随机扫射"。[31]

作为推动帮派停战的领导人之一，多德·谢里尔斯（Daude Sherrills）将佩里条约的最终完整版纳入其所起草的一份道德守则中。守则规定"我有责任尊重对方，有责任维护和捍卫红色、蓝色和紫色的精神"——此处的象征色指称沃茨的各个帮派，并规定"我有责任教导黑人家庭继承黑人的民族遗产、继承黑人为自由和正义而进行的长期斗争"。为了让帮派停战与民权运动和黑人权力运动相一致，这份守则还鼓励帮派成员参与政治选举、参与投资以资助黑人的文化活动、参与建立食品银行，并为有需要的家庭提供帮困基金。此外，守则还明令禁止使用首字母为 N 和 B 的特定字眼，禁止使用 "hoo-riding" 一词以及帮派标志。[32]

　　早在正式缔结帮派停战条约之前，口头的停战协议就已经在时长超过五天的洛杉矶反抗中起到了显著降低暴力的作用，曾经相互敌对的各方帮派也在此期间更有理由相互团结。多年以来，每个周末都有大量遭到枪击的黑人男子挤满位于尼克森花园和王朝场社区附近的马丁·路德·金社区医院的急诊室，美国军方也将军医送到这家医院接受临床训练以便为其进入战场作好准备。然而，在达成帮派停战协议——同时也是洛杉矶反抗事件爆发——后的第一个周末，没有任何黑人男子因为遭受枪伤而到此接受手术。急诊室的医生凯尔文·斯皮尔斯（Kelvin Spears）说遭受枪击的黑人受害者"以往常常在这一时段塞满整个急诊室"。在此后的 5 月和 6 月，当地只有 4 名黑人被杀，这一数字与 1991 年同期相比减少了 22 人。此外，1992 年的驾车枪击案比 1991 年下降了将近 50%，与帮派有关的凶杀案则下降了 62%。[33]

　　沃茨地区几乎在一夜之间开始享受一种全新的、简单而直接的自由，也开始比以往更加信任彼此。如今，孩子可以在自家屋前的院子玩耍，父母也不必担心孩子遭遇突如其来的帮派交火。"如今这里安静、祥和，"沃茨居民凯西娅·西蒙斯（Kecia Simmons）说，"你可以出来散散步，给草浇浇水，什么也不用担心。"人们在选择穿着什么颜色的衣服或是去哪些街区时不再有所顾虑。正如一个居民所说的，停战让沃茨的居民"有更好的机会活得像一个人"。从 5 月初到 8 月，作为沃茨地区唯一的殡仪馆，阿什利-格里格斯比（Ashley-Grigsby）没有接到任何安葬帮派成员的业务，而此前安葬在冲突中丧生的帮派成员一度是这家殡仪馆的主要收入来源。[34]

　　黑人社区中的大多数人都将警察执法视为帮派停战能否持久所面临的最大挑战。"我所担心的不是这些帮派，"一个名叫杜克（Duke）的前帮派成员在新闻发布会上说，"而是不得不担心这些警察"。尽管暴力事件有所减少，但洛杉矶警察局仍然维持其既有的警务政策。警方甚至将帮派庆祝停战的活动视为可进行大规模逮捕的绝佳机会，甚至希望能够因此引发帮派的强烈反弹。尼克森花园社区一名绰号"怪物"的 27 岁"赏金猎人之血"帮派成员声称，一名警员"头上扎着蓝色破布，装扮成'瘸系'帮派的模样来到这里。他们知道我们是'血系'的人，伙计！这些冲突有一半……是警察挑起的"。在尼克森花园、王朝场社区以及其他穷人集中居住的地区上空，警用直升机不断地盘旋并打着全天候探照灯搜索潜在的罪犯或是任何"与描述相符的人"。[35]

在此情形下，签署和平协议的"瘸系"和"血系"帮派仍然致力于彼此团结。"越来越多的警察在此巡逻，因为他们无法相信'瘸系'和'血系'会走到一起，"一个名叫肯尼斯（Kenneth）的 26 岁男子——他从十几岁起就参与帮派——推测道，"他们说一些刺激我们的话，但我们知道他们是想让我们分裂，想让我们做出导致流血冲突的事情。不过，我们甚至都不把他们当回事。我们要做的就是组织起来并彼此友爱。"[36]

帮派停战、年轻人携手一同清理自己的社区、要求加强公共安全并要求当局提供工作和保证公正，所有这一切都让执法部门感到困惑，他们以冷嘲热讽的态度看待沃茨和洛杉矶南部地区暴力事件的减少。探员鲍勃·杰克逊（Bob Jackson）是洛杉矶警察局的一名"帮派问题专家"，他说："时间将证明我们所看到的所谓他们想要回归社会的状况是否真实。"警员韦斯·麦克布赖德（Wes McBride）向记者承认道："说句老实话吧，我们实在弄不懂为什么这些帮派不再自相残杀。"麦克布赖德等人得出的结论是，帮派停战的唯一目的是联合起来对付警察。"我所关注的是帮派成员之所以讲和的真正动机，"麦克布赖德在另一次采访中说，"帮派停战只是为了更好地与我们对抗，为了更加方便地从事毒品买卖，还是为了更好地在其所在的社区发挥建设性的作用？我是不相信后一个选项的，因为帮派成员有着暴徒的心态。我对他们之间的任何和平协定都深感疑虑。……我怀疑所谓停战状况能否持久，因为他们彼此之间强烈仇视。"[37] 在麦克布赖德看来，这些帮派分子天性暴力并完全受其犯罪心理所驱使，他们完全无可救药。从美国的司法部长直至麦克布赖德以及其他警员，他们的共同立场是：在贫困的黑人社区强化警务、监控和监禁是唯一可行的策略。

　　洛杉矶警察局声称从线人处所获得的情报表明，帮派停战使这些帮派针对警察的暴力活动增强。尽管警察局的官员承认许多线人所报告的是与上述说法相反的情形，但他们接受了"针对警察的战争"的说法。洛杉矶警察局拿出一份帮派传单作为证据，上面写着："洛杉矶警察局开放日。致'瘸系'和'血系'所有成员，让我们团结起来……，让这个开放日成为黑人小女孩和可怜的罗德尼·金的黑色纪念日。以眼还眼，以牙还牙。洛杉矶警察局伤害一个黑人，我们就杀死两名警察。砰！砰！砰！"不过，"瘸系"和"血系"帮派的成员表示，当局采用20世纪六七十年代美国在其反谍计划（COINTELPRO）中所惯用的方式伪造了这份传单，当时联邦调查局的特工就以所捏造的虚假宣传削弱民众对于黑豹党以及其他倡导黑人权力的组织的支持，并为其实施突击搜查、监视、枪杀以及对黑人权力运动进行镇压提供理由。就1992年的洛杉矶而言，警察需要让帮派之间的战争持续下去。一旦黑人社区实现了和平，近10年来主导洛杉矶警务活动的所谓打击帮派行动就将难以为继，如果是这样，还要警察干什么？ [38]

　　尽管居民纷纷表示帮派停战让他们的生活得到了改善，但是，洛杉矶警察局的官员却坚持认为该市中南部和沃茨地区的黑人仍然生活在帮派暴力的恐惧之中，而警方也仍然有必要采取行动以强化当地的巡逻。"停战并不意味着帮派分子见到了上帝或是突然看到了光明，"洛杉矶警察局南部分局的凶杀案探员杰里·约翰逊（Jerry Johnson）断言道，"他们依然暴力，只是他们将其暴力活动从针对彼此转移到针对社区。"约翰逊同时指出毒品交易、抢劫以及其他街头犯罪活动并未完全消失。洛杉矶警察局组织了一支庞大的"打击犯罪特遣队"（crime suppression task force），采取进攻性警务措施对帮派所在的社区实施巡逻。一份警方备忘录记载了乔丹·唐斯社区（Jordan Downs）的一场聚会上所发生的事件：当警察现身于聚会现场时，居民向他们投掷石块和玻璃瓶，报告称有 30 名警员受伤，最终警方从西区（Westside）和圣费尔南多谷（San Fernando Valley）调来 40 名警员以保证"警察在这一地区的高度可见性"并尽力"阻止这场暴力"。正如洛杉矶警察局的发言人鲍勃·吉尔（Bob Gill）在解释其最新的打击犯罪策略时所说的，"这是以适当方式维护城市治安的一次尝试"[39]。

社区居民和一些警员对于在暴力事件历史性地呈现下降趋势时依然采用高压手段提出质疑。"眼下是开展沟通和建立良好关系的时候，"作为帮派外联机构的"挽救每一个青年进取心服务社"（Save Every Young Youth Enterprise Society）的主任吉因斯（VG Guinses）说，"如果你们只是闯进来挥舞警棍嚷道'你要是不守规矩，就别怪我们把你打翻在地'，那么，你们就是在制造问题，而没有人能够从中受益。"一个接受记者私下采访的高级警官表达了类似的保留意见，他说："我们向这些帮派所展示的只是警察如何强硬，而这几乎就是在向他们发出挑战。"这名官员同时承认道：警察"需要聚在一起集思广益，我整体上是支持警察的，但……这终归不是办法"[40]。尽管已有切实可行的替代方案——包括"瘸系"和"血系"帮派所提出的提案，但是，当局除了部署更多的警力之外看不到其他解决之道。如果犯罪率有所下降，他们就将更加努力地发现犯罪甚至创造犯罪。

尽管"血系"和"瘸系"帮派的提案并未给当局留下任何印象，但是，这份提案的起草者却在洛杉矶反抗事件之后的数月间为黑人社区创造了商业机会。就在洛杉矶警察局致力于组建打击犯罪特遣队时，休战运动的主要组织者与总部位于洛杉矶南部的运动鞋公司"欧洲之星"（Eurostar）合作开发了一系列以帮派休战为主题的运动鞋。这款运动鞋将在韩国生产，其中的一款借用了黑人解放运动旗帜（Black Liberation Flag）中的红、黑、绿三种颜色，另一款则采用了分别代表"血系"和"瘸系"的红、蓝两色。运动鞋的鞋跟处印有 TRUCE（休战）标签。设计者为这款运动鞋设计了不同的款式，并分别命名为"激励者"（The Motivator）、"教导者"（The

Educator）和"促进者"（The Facilitator）。"休战"运动鞋让"瘸系"和"血系"帮派有希望将帮派休战转化为实际的经济收益，此举从一开始就被市政府誉为帮派成员浪子回头创造就业机会的典范。"重建洛杉矶"项目主任尤伯罗斯称赞"休战"运动鞋是"正确行事"的典范，布什总统甚至致信这款运动鞋的创办人并赞扬他们所作出的努力。[41]

　　"欧洲之星"公司在1991年的销售额为5 740万美元，它将60万美元用于投资"休战"运动鞋系列——为其支付租金和培训员工。公司认为参与开发"休战"运动鞋的前帮派成员能够走向独立经营，因而聘请了24岁的雷伊–雷伊（Ray-Ray）及其最好的朋友——28岁的格雷戈里·海托华（Gregory "High-T" Hightower）——负责运动鞋的销售。在投入运营后的两个星期内，雷伊和海托华在洛杉矶中南部的菲格罗亚与八十八广场（Figueroa and Eighty-Eighth Place）竖起一个帐篷，他们以每双25美元的价格平均每天售出60双运动鞋。"并不是说你穿上这双鞋就能感觉自己是迈克尔·乔丹或魔术师约翰逊，"海托华说，"但你会有一种良好的感觉，因为你知道你用来买这双鞋的钱正在为你所在社区的某个人提供食物。"运动鞋能够创造多少工作岗位取决于其销售状况，后者必须能够带来足够的收入以支付员工每小时15美元的工资。以"欧洲之星"为后盾，同时获得了马克辛·沃特斯（Maxine Waters）以及当地商人的支持，雷伊和海托华在佛罗伦萨大街（Florence Avenue）开设了一个他们称为游乐场的空间，除了销售运动鞋之外，他们还为孩子提供课后辅导，组织篮球比赛。[42]

　　多德·谢里尔斯以及推动休战的其他关键人物试图提供某种机会以帮助那些将其商业头脑用于毒品交易的年轻人。洛杉矶反抗事件的两个月后，谢里尔斯创建了一家名为"穿越沃茨之手"（Hands Across Watts）的非营利性公司，而"穿越沃茨之手"曾是他和其他休战推动者在促成休战时所使用的一句口号。这家非营利公司以销售T恤和开设洗车业务的方式为以往的帮派成员提供工作机会。"这是我们迈出的第一步，"谢里尔斯解释道，"我们将迈入主流社会，而现在所要做的是打开这扇门。""穿越沃茨之手"希望获得企业捐助以便在洛杉矶中南部开展职业培训、托儿服务和娱乐项目。在谈及争取私人企业的资助时，"穿越沃茨之手"副总裁——也是休战的推动者——托尼·博加德（Tony Bogard）提出"我们将让彼此互利互惠"，"不同之处在于我们将获益回馈我们的社区"。这是继帮派休战和减少暴力之后的一个合乎逻辑的步骤。谢里尔斯说："我们正在让以往从未获得力量的人获取力量。"[43]

让无力者获取力量——至少在商业领域——是需要时间的。以市场化手段复苏整座城市的计划赢得了总统和当地商界的称赞，但其最终的收效微乎其微。"欧洲之星"曾经许诺将"休战"运动鞋系列投入批量生产，但这一承诺从未兑现，到 1993 年的夏天时，这款运动鞋的经营已摇摇欲坠。在谈及"欧洲之星"为何越来越少地为以往的帮派成员提供支持时，该公司的一名员工艾伦·伊萨克斯（Alan Issacs）认为"起初的投入只是赶时髦"，随着"新闻镜头转向别处"以及免费的广告效益日益消失，"欧洲之星"的热情也消退了。[44]"欧洲之星"不过是这一状况的一个代表。尽管"穿越沃茨之手"帮助维持了沃茨地区的和平，但它从未从它所寻求帮助的企业获得实质性支持。这家非营利公司最终在 1995 年宣告解散。

"重建洛杉矶"计划遭遇了类似的命运。尽管尤伯罗斯和其他官员以夸张的姿态提出要让草根社区获取自我发展的能力，但是，他们从未表现出有兴趣与"瘸系"或"血系"帮派以及其他代表黑人社区的组织携手合作。也正是因为如此，"重建洛杉矶"计划从未兑现其承诺——为因为骚乱而受损的洛杉矶经济提供就业和救济——也就不足为奇了。就城市复苏而言，"重建洛杉矶"只争取到了不到 4 亿美元的投资，远未达到其最高 40 亿至60 亿美元的目标额，也就是说，远未达到足以让洛杉矶南部走上一条有意义的发展之路——不仅恢复经济而且实现转型——所必需的投资额。尤伯罗斯在"重建洛杉矶"计划启动仅一年之后宣布辞职，随之而来的一份内部评估报告认为这个项目只是"为不作为提供了一个方便借口"[45]。"重建洛杉矶"计划于 1997 年解散。

尽管政商两界均未兑现其所许下的承诺，但沃茨地区的"瘸系"和"血系"帮派之间的休战却不仅得以维持，而且还在扩大。在接受休战协议的社区中，暴力持续减少。在洛杉矶反抗结束后的一年里，洛杉矶全县的凶杀案件自 1984 年以来首次下降，降幅达到 10%。[46]乔丹·唐斯社区、尼克森花园社区以及王朝场社区中与帮派有关的死亡人数从 1987 年的 25 人降至 1997 年的 4 人。休战协议直至 1997 年仍然有效。

不过，帮派休战并未持续更久。而到了休战难以为继之时，休战协议的最初一名推动者说，即使暴力再未回到最初堪称灾难级的水平，但是，"我觉得现在的黑人社区比以往更加绝望"，"人们对于任何事情的改变都不抱希望，他们认为近五年之内当局没有任何作为"。资深的帮派罪行缓刑官吉姆·加利波（Jim Galipeau）有着类似的评价，他说："帮派休战所造成的唯一悲剧是当这个社会需要（为创造休战的帮派成员）提供某种回报"时，它却"该死地没有做任何事"。[47]

由于最初触发洛杉矶反抗事件的所有条件依然存在，人们依旧缺乏工作机会、没有合乎标准的住房、受制于有限的教育机会以及持续地遭受警察的骚扰，因此，人们将注定重新回到旧有的生存状态之中。犯罪、集体不信任以及无所不用其极的警务政策最终占了上风。"我们看到人们回到他们以往的行为模式之中，重新回到他们所熟悉的生存方式——贩毒、抢劫、赌博、偷窃、卖淫，"休战的推动者德韦恩·霍姆斯（Dewayne Holmes）说，"为了生活、生存、支付房租和账单，人们可以做出任何事情。"盖瑞·席尔瓦（Geri Silva）是"母亲召唤孩子"（Mothers Reclaiming Our Children）组织的领导人，该组织成立于 1992 年，宗旨是保护年轻的黑人和拉丁美洲裔男子免于在刑事司法调查中遭受警察的虐待和歧视。席尔瓦曾对政府在应对 1965 年的沃茨反抗事件时——当时的联邦政府处于"反贫穷战争"的鼎盛时期——的所作所为作出结论。类似的结论同样适用于洛杉矶。"一切正在发生变化的幻觉让政府、企业或'重建洛杉矶'计划沾沾自喜地宣称'看看我们做了什么吧'，"席尔瓦说，"当最终陷于不顺利的境地时，他们就将一切罪责推给黑人社区。"[48]

　　沃茨地区的帮派维持休战协议长达十年之久，这一点着实了不起。然而，到了今天，沃茨休战最显著的遗产只是体现为洛杉矶警察局所实施的帮派干预计划，而这个计划已成为洛杉矶警察局的一个永久项目。多德·谢里尔斯在 1997 年 5 月观察并指出："我认为执法部门已经成功地参与了帮派休战运动，因为如今——在某种程度上——任何推动帮派休战之举都必须得到执法部门的认可。"谢里尔斯所提及的是洛杉矶市从 20 世纪90 年代后期开始雇用前帮派成员从事帮派调停工作，他们致力于化解暴力，劝阻帮派冲突中的一方寻机报复，并居中调解以促使敌对的双方达成和平协议。就实施于洛杉矶以及其他城市的帮派干预计划或是类似的项目而言，它们标志着这些地区正在朝着提升居民自身权能从而自己有能力控制犯罪的方向迈进。然而，即使是这些看似颇具前景的方案也并未给谢里尔斯所在的乔丹·唐斯社区带来多少改变。谢里尔斯重申了休战的目标，他说："我们想把一切推倒重建，但我们想通过自己来做。""你看到这里有什么改进吗？"尼克森花园的居民格雷格·布朗（Greg Brown）问道，"至少就目前看来，沃茨地区和洛杉矶中南部的未来前景就是迈向监狱。""你看到七十七大街上那个崭新的大楼了吗？"他指着 1997 年新开张的造价3 000 万美元的洛杉矶警察局大楼问道，"黑人社区有任何建筑比监狱更加美观吗？"当初，"瘸系"和"血系"帮派提议当局仅拨款 600 万美元改进洛杉矶中南部的警务工作。"给我们锤子和钉子，我们将重建这座城市，"他们曾在 1992 年的提案中如此恳求。[49]

　　与面对 20 世纪六七十年代的反抗事件时一样，全美的媒体在对 20 世纪 80 年代以来的黑人反抗进行大规模新闻播报时不仅希望结束警察暴行，而且希望有机会重建黑人社区并使其按照自己的意愿过上自己的生活。然而，政策制定者持续地抵制从社会经济的层面解决问题，他们热衷于不断扩充用于控制犯罪的资源规模，并主张扩大监狱系统以便将制造麻烦的群体监禁其中。尽管在许多美国人看来，从 20 世纪 60 年代到 90 年代，再到今天，不同的历史时期在许多方面都发生了转型甚至进步，其中包括各类职场的种族多样化、有色人种的政治代表性不断增强，以及社会的普遍繁荣，但是，横亘于上述不同的历史时期、延续了数十年的黑人反抗却表明，对于许多低收入的有色人种社区来说，他们的生活一如既往。

注　释

1. Los Angeles Police Commission and William H. Webster, *The City in Crisis: A Report* (Los Angeles, CA, Washington, DC: Special Advisor Study, Inc., Police Foundation, 1992); Seth Mydans, "'Trial and Error' in Los Angeles as Gangs Maintain Truce," *New York Times*, May 18, 1992, pg. B8.

2. Tom Hayden, *Street Wars: Gangs and the Future of Violence* (New York: New Press, 2004), 187; João Helion Costa Vargas, *Catching Hell in the City of Angels: Life and Meanings of Blackness in South Central Los Angeles*, chap. 4 (Minneapolis: University of Minnesota Press, 2006); "Forget the LA Riots—Historic 1992 Watts Gang Truce Was the Big News," written by Frank Stoltze, aired April 28, 2012, on 89.3 KPCC, https://www.scpr.org/news/2012/04/28/32221/forget-la-riots-1992-gang-truce-was-big-news/.

3. 本书作者在 2005 年 10 月 22 日和 11 月 27 日电话采访了科尔顿·辛普森（Colton Simpson），并在 2005 年 10 月 10 日与蒂姆（Tim K.）进行了通信联系。有关洛杉矶帮派的兴起及其活动，可参见 Alejandro A. Alonso, "Territoriality Among African-American Street Gangs" (master's thesis, University of Southern California, Department of Geography, Los Angeles, 1999); Donald Bakeer, *Crips: The Story of the LA Street Gang from 1971—1985* (Los Angeles: Precocious Publishing Company, 1992); Yusuf Jah and Sister Shah'Keyah, *Uprising: Crips and Bloods Tell the Story of America's Crossfire* (New York: Scribner, 1995); Josh Sides, *LA City Limits: African American Los Angeles from the Great Depression to the Present* (Berkeley: University of California Press, 2003); Colton Simpson with Ann Pearlman, *Inside the Crips: Life Inside LA's Most Notorious Gang* (New York: St. Martin's Press, 2005); Stanley "Tookie" Williams, *Blue Rage, Black Redemption: A Memoir* (Los Angeles: Damamli Publishing Company, 2004)。

4. 有关洛杉矶警察局的打击街头流氓社区资源部，可参见 Mike Davis *City of Quartz: Excavating the Future of Los Angeles*, new ed. (New York: Verso, 2006); Elizabeth Hinton, *From the War on Poverty to the War on Crime: The Making of Mass Incarceration in America*, chap. 6 (Cambridge, MA: Harvard University Press, 2016); Max Felker-Kantor, *Policing Los Angeles: Race, Resistance, and the Rise of the LAPD* (Chapel Hill: The University of North Carolina Press, 2018); Donna Murch, "Crack in Los Angeles: Crisis, Militarization, and Black Response to the Late Twentieth-Century War on Drugs," *Journal*

of America History 102, no.1 (2015): 162—173。

　　5. House Committee of the Judiciary, *Organized Criminal Activity by Youth Gangs: Hearings before the Subcommittee on Criminal Justice*, 100th Cong., 2nd sess. (June 6, 1988); Wesley D. McBride, "Police Departments and Gang Intervention: The Operation Safe Streets Concept," in Arnold P. Goldstein and C. Ronald Huff, eds., *The Gang Intervention Handbook* (Champaign, IL: Research Press, 1993): 411—415, 413; National Criminal Justice Reference Service, "Homicide: 2017 National Crime Victims' Rights Resource Guide: Crime and Victimization Fact Sheets," https://www.ncjrs.gov/ovc_archives/ncvrw/2017/images/en_artwork/Fact_Sheets/2017NCVR W_Homicide_508.pdf; Alexia D. Cooper and Erica L. Smith, *Homicide Trends in the United States, 1980—2008*, Bureau of Justice Statistics, Homicide Trends in the United States Series 2011; Manning Marable, *Race, Reform, Rebellion*, 152; Violence Prevention Coalition of Greater Los Angeles, "Fact Sheet: Gang Violence," http://publichealth.lacounty.gov/ivpp/injury_topics/GangAwarenessPrevention/Gang_Violence_VPC2009.pdf; Felker-Kantor, 230.

　　6. 社会科学的研究一再表明，美国黑人——尤其是生活在形同种族隔离的高度贫困社区的人——不仅不信任执法人员，而且往往对他们的邻居甚至伴侣缺乏信任，参见 Monica C. Bell, "Safety, Friendship, and Dreams," *Harvard Civil Rights-Civil Liberties Law Review* 54 (2019): 703—739; Richard R. W. Brooks, "Fear and Fairness in the City: Criminal Enforcement and Perceptions of Fairness in Minority Communities," *Southern California Law Review* 73 (2000): 1219—1273; Tracey L. Meares, "Charting Race and Class Differences in Attitudes Toward Drug Legalization and Law Enforcement: Lessons for Federal Criminal Law," *Buffalo Criminal Law Review* 1, no.1 (1997): 137—174; Sandra Susan Smith, "Race and Trust," *Annual Review of Sociology* 36 (2010): 453—475。另参见 Robert J. Sampson, *Great American City: Chicago and the Enduring Neighborhood Effect* (Chicago: University of Chicago Press, 2012); Sampson, "Neighbourhood Effects and Beyond: Explaining the Paradoxes of Inequality in the Changing American Metropolis," *Urban Studies* 56, no.1 (2019): 3—32。有关里根政府大幅度削减年度联邦教育拨款，参见 Margy Waller's report, "Block Grants: Flexibility vs. Stability in Social Services" *Brookings Institute Policy Brief, Center on Children and Families*, no. 34 (December 2005): 1—8; Andrew E. Busch, *Ronald Reagan and the Politics of Freedom* (New York: Rowman and Littlefield, 2001); Richard S. Williamson, "A New Federalism: Proposals and Achievements of President Reagan's First Three Years," *Publius* 16 (Winter 1986): 11—28; Leith Mullings, "Losing Ground: Harlem, the War on Drugs, and the Prison Industrial Complex," *Souls* 5, no. 2 (2003): 1—21。

　　7. Vargas 199—200; Michael Krikorian and Greg Krikorian, "Watts Truce Holds Even as Hopes Fade," *Los Angeles Times*, May 18, 1997, pg. B1.

　　8. David Whitman, "The Untold Story of the LA Riot," *US News and World Report*, May 23, 1993, https://www.usnews.com/news/articles/1993/05/23/the-untold-story-ofthe-la-riot; "The LA Riots: 25 Years Later," *Los Angeles Times*, April 26, 2017, https://timelines.latimes.com/los-angeles-riots/.

　　9. Mike Davis "In LA, Burning All Illusions" *Nation* 254, no. 21 (June 1992).

　　10. 引文引自 Rubén Martínez, "Riot Scenes," in *Inside the L.A. Riots: What Really*

Happened, and Why It Will Happen Again: Essays and Articles, ed. Don Hazen (New York: Institute for Alternative Journalism, 1992), 32。

11. "Bush: He and Rights Leaders 'Were Stunned' by the King Verdict," *Washington Post*, May 2, 1992, 布什总统所发表的全国电视讲话的文字稿，https://www.washingtonpost.com/archive/politics/1992/05/02/bush-he-and-rights-leaderswere-stunned-by-king-verdict/b24eb88d-e5e3-47a1-954e-e043c20161fd/。

12. "Bush: He and Rights Leaders 'Were Stunned' by the King Verdict"; Natalie Ermann Russell, "Riots in the City of Angels," *Miller Center of Public Affairs*, April 24, 2017, https://millercenter.org/riots-city-angels. Felker-Kantor, 229.

13. "Bush: He and Rights Leaders 'Were Stunned' by the King Verdict"; Russell, "Riots in the City of Angels."

14. "A City in Crisis: Voices," *Los Angeles Times*, May 3, 1992, https://www.latimes.com/archives/la-xpm-1992-05-03-mn-1958-story.html; Felker-Kantor, 231; "Los Angeles District, United States Immigration and Naturalization Service, 1992-07-06," Folder 28, Box 9, Los Angeles Webster Commission records, 1931—1992, University of Southern California.

15. Krikorian and Krikorian, "Watts Truce Holds Even as Hopes Fade."

16. Booker Griffin, "Gangs in Seminar Announce Truce," *Los Angeles Sentinel*, December 21, 1972, pg. A1.

17. Hinton, chap. 9; Author Interview with Colton Simpson October 22, 2005.

18. "Coast Police Chief Accused of Racism," *New York Times*, May 13, 1982, pg. 24; Paul Butler, *Chokehold: Policing Black Men* (New York: New Press, 2017), 25; Jill Leovy, *Ghettoside: A True Story of Murder in America* (New York: Spiegel & Grau, 2015), 6; Alexander Cockburn and Jeffrey St. Clair, *Whiteout: The CIA, Drugs, and the Press* (New York: Verso, 1998); Rodolfo Acuña, *Anything but Mexican: Chicanos in Contemporary Los Angeles* (New York: Verso, 1996), 273.

19. Hayden, 92; Cockburn and St. Clair, 77; John L. Mitchell, "The Raid That Still Haunts LA," *Los Angeles Times*, March 14, 2001.

20. "Youth Gang Programs and Strategies," *Office of Juvenile Justice and Delinquency Prevention Summary* (August 2000), https://www.ncjrs.gov/html/ojjdp/summary_2000_8/suppression.html; Ron Dungee, "Weekend Gang Sweep Results in 352 Arrests," *Los Angeles Times*, August 24, 1989, A1; Nieson Himmel, "LA Gang Killings Put at 236—Up 15% from '87," *Los Angeles Times*, December 16, 1988, C1; Robert Welkos, "700 Seized in Gang Sweep; 2 More Die in Shootings," *Los Angeles Times*, September 19, 1988, 21; Davis, 268; Joe Domanick, *Blue: The LAPD and the Battle to Redeem American Policing* (New York: Simon & Schuster, 2016), 324—325; Felker-Kantor; Sheryl Stolberg, "150,000 Are in Gangs, Report by DA Claims," *Los Angeles Times*, May 22, 1992.

21. Bob Baker and Amy Stevens, "Pastor Hailed, Assailed on Summit to Negotiate Gang Truce," *Los Angeles Times* July 27, 1988; Guy Maxton-Graham and Bob Baker, "Gang Members in Second 'Summit,' " *Los Angeles Times*, September 1, 1988.

22. Seth Mydans, "Gangs Abiding by Cease-Fire in Los Angeles," *New York Times*, June 19, 1992, pg.1; Andrea Ford and Carla Rivera, "Rival Gangs Say Truce Is For

Real," *Los Angeles Times*, May 21, 1992, pg. SDA32.

23. Marsha Mitchell, "Gang Truce Holds Despite LAPD Critics," *Los Angeles Sentinel*, May 21, 1992, pg. 1.

24. Mitchell, "Gang Truce Holds"; Michael Zinzun, "The Gang Truce: A Movement for Social Justice," *Social Justice* 24, no. 4 (1997): 258—266, 259.

25. Frank Stoltze, "Forget the LA Riots."

26. Dave Zirin, "Want to Understand the 1992 LA Riots? Start with the 1984 LA Olympics," *Nation* April 30, 2012, https://www.thenation.com/article/archive/wantunderstand-1992-la-riots-start-1984-la-olympics/; Max Felker-Kantor, "The 1984 Olympics Fueled LA's War on Crime. Will the 2028 Games Do the Same?" *Washington Post*, August 6, 2017, https://www.washingtonpost.com/news/made-byhistory/wp/2017/08/06/the-1984-olympics-fueled-l-a-s-war-on-crime-will-the-2028-gamesdo-the-same/.

27. "'Bloods/Crips Proposal' in Bert X. Davila Interview, 1992-07-10," Folder 53, Box 19, Los Angeles Webster Commission records, 1931—1992, University of Southern California.

28. "'Bloods/Crips Proposal' in Bert X. Davila Interview, 1992-07-10."

29. "'Bloods/Crips Proposal' in Bert X. Davila Interview, 1992-07-10."

30. "'Bloods/Crips Proposal' in Bert X. Davila Interview, 1992-07-10."

31. Hayden, 188—189; Kamran Afary, *Performance and Activism: Grassroots Discourse After the Los Angeles Rebellion in 1992* (Lanham, MD: Lexington Books, 2009), 76.

32. Afary, chap. 3.

33. Paul Cotton, "Violence Decreases with Gang Truce," *Journal of the American Medical Association* 268, no. 4 (July 22—29, 1992): 443—444.

34. Cotton, "Violence Decreases with Gang Truce"; Andrea Ford, "Freedoms Rediscovered in Gang Truce," *Los Angeles Times*, August 14, 1992, pg. WA1.

35. "Area Community Leaders Call for Lasting Gang Truce," *Los Angeles Sentinel*, May 28, 1992, pg. A23; Russell Ben-Ali, "Police Wary of LA Gangs' Truce," *Newsday*, May 11, 1992, pg. 17; "Violence Decreases with Gang Truce," *Journal of the American Medical Association* 268, no. 4 (July 22—29 1992): 443—444; Jennifer Rowland, "Crips, Bloods Pledge Truce to Rebuild LA," United Press International, May 15, 1992, https://www.upi.com/Archives/1992/05/15/Crips-Bloods-pledge-truce-to-rebuildLA/7350705902400/.

36. Mitchell, "Gang Truce Brings Hope."

37. Mydans, "Gangs Abiding by Cease-Fire"; Ben-Ali, "Police Wary of LA Gangs' Truce."

38. Ben-Ali, "Police Wary of LA Gangs' Truce"; "Area Community Leaders Call for Lasting Gang Truce."

39. John L. Mitchell, "No Letup in Random Violence During Gang Truce," *Los Angeles Times*, August 23, 1992, pg. A1; Richard A. Serrano and Jesse Katz, "LAPD Task Force Quietly Deployed Despite Gang Truce," *Los Angeles Times*, June 26, 1992, pg. OCA3.

40. Serrano and Katz, "LAPD Task Force Quietly Deployed Despite Gang Truce."

41. Jesse Katz, "Giant Step: Gang Members Join Forces to Market Their Own Brand of Shoes," *Los Angeles Times*, July 24, 1992, pg. WB1.

42. Katz, "Giant Step: Gang Members Join Forces."

43. Ashley Dunn, "Gang Members Test Capitalist Waters," *Los Angeles Times*, July 4, 1992.

44. Krikorian and Krikorian, "Watts Truce Holds Even as Hopes Fade."

45. Downey, "Between Partnership and Privatism: The Case of Rebuild LA," *Research in Social Problems and Public Policy* 8 (2001): 195—220.

46. Alonso, "Territoriality among African-American Street Gangs in Los Angeles," 5.

47. Krikorian and Krikorian, "Watts Truce Holds Even as Hopes Fade."

48. Krikorian and Krikorian, "Watts Truce Holds Even as Hopes Fade."

49. Stephen Gregory, "South-Central: LAPD's 77th Division Prepares for Move," *Los Angeles Times*, January 15, 1995; Krikorian and Krikorian, "Watts Truce Holds Even as Hopes Fade"; "Bloods/Crips Proposal."

第十章 改 革

蒂莫西·托马斯（Timothy Thomas）的葬礼持续了将近 2 个小时。在辛辛那提莱茵河畔街区（Over-the-Rhine neighborhood）的中心地带，前来参加葬礼的人群不间断地走进新展望浸信会教堂（New Prospect Baptist Church），走过敞开的棺木向托马斯的遗体表达缅怀之情。他们为死者祈祷，伸出手轻轻地抚摸他的脸颊；人们互相拥抱，一起抽泣。一些年轻人穿着印有托马斯头像和"RIP"* 字母的白色 T 恤，还有一些人穿着印有咒骂警察标语的衬衫。一个星期前，托马斯被一名警员杀害。如今这个 19 岁的年轻人正枕着白色缎面枕头，他的家人、朋友、社区居民以及搭乘航班前来辛辛那提参加葬礼的民权活动人士围绕在他身边，人数有将近一千人。[1]

2001 年 4 月 7 日，凌晨 2 点左右，两名已经下班的警员——他们利用业余时间在莱茵河畔的一家酒吧兼职保安——看到托马斯去买香烟，他们让他站住，但托马斯狂奔试图逃离。这两名不在岗的警员眼看追不上，于是呼叫并召来 10 名警员前来支援。这 10 余名警员追着托马斯翻过篱笆，又穿过空地和街道后的小巷，在废弃的建筑物之间追逐了 7 分钟。最终，加入警队 4 年的 27 岁警员史蒂文·罗奇（Steven Roach）发现托马斯躲在一座建筑物后，于是扑身抓捕。此时托马斯做出一个"突然动作"，罗奇声称他以为嫌犯伸手去腰间掏枪，于是开枪射杀了托马斯，而后者事实上手无寸铁。[2]

托马斯的母亲安吉拉·莱瑟尔（Angela Leisure）告诉记者："他们不断地问我，为什么我的儿子要逃跑？"对于莱瑟尔来说，答案很简单："只要

你是一个（身在美国的）非洲裔男子，你就会选择逃跑。"[3] 托马斯的警方记录显示，在他被杀前的数月间他曾两次在遭遇警察时逃跑。他之所以逃跑，是为了免遭逮捕和拘留以及可能的暴力侵害。他之所以选择逃跑，是因为逃跑似乎已成为他维护自由和生命的最佳选择。然而，在罗奇和其他11 名参与追捕托马斯的警员看来，这个年轻人之所以逃跑，是因为他做了什么见不得人的事并因此极具危险性。

四年之前，为了避免托马斯和她的其他孩子卷入芝加哥南部的帮派战争，莱瑟尔举家迁来辛辛那提。她说："住在芝加哥时，我从不担心警察会杀了我的孩子。"托马斯本应在辛辛那提度过漫长而充实的人生并获得更好的机会，然而，"这比我最可怕的噩梦还要可怕"，莱瑟尔在托马斯被杀后如此说道。在被杀前的一段时间里，托马斯经常在高尔夫庄园社区（Golf Manor）的母亲家和未婚妻莫尼克·威尔科克斯（Monique Wilcox）的家之间往返。威尔科克斯与她和托马斯的儿子——3 个月大的泰旺（Tywon）——住在莱茵河畔社区，这个社区 89% 的居民生活在贫困线以下。尽管很难找到工作，但托马斯的情况正在好转：他刚刚获得了普通高中同等学历文凭。他希望成为一名电工，且当时已经找到了一份临时工的工作：在其遇害后的第一个星期一他原本应当开始上班。[4]

与居住在莱茵河畔社区的许多黑人男子一样，托马斯努力争取一份体面的工作，但最终成为警察持续不断的监控和骚扰的受害者。当警察看到托马斯开着 1978 年生产的绿色雪佛兰汽车经过时，他们无需任何理由就可以将他截停在路边，并对他的所谓违法行为发出传票，而这些违法行为是在车辆遭到截停后才被搜查和发现的：例如，无证驾驶或是没有将婴儿座椅固定在汽车座椅上。仅在 2000 年春季，托马斯就收到了 20 张交通罚单，甚至同一天有不同的警员两次截停托马斯。托马斯对于大部分罚单视若无睹，由于没有出庭或没有支付罚单，他到被杀时已经面临 14 项轻罪逮捕令。托马斯的警方记录——包括其在未成年时因接收被盗赃物而被定罪——足以说服法官拉尔夫·温克勒（Ralph Winkler），后者在 5 个月后撤销了罗奇警员所面临的所有指控。"辛辛那提警方并非不了解蒂莫西·托马斯，"这名法官在其判决书中解释道，"在此事件发生之前，罗奇警员的个人历史无可指责，而蒂莫西·托马斯的个人历史并非没有问题。"[5] 不过，托马斯从未从事真正意义上的犯罪，更不用说是暴力犯罪了。

就托马斯的警方记录而言，其所谓"问题"可被视为对犯罪"零容忍"的进攻性警务措施的产物；换句话说，这种警务方式事实上是在为托马斯和其他黑人创造他们在警方的案底和记录，是在让他们可以被更多的理由送进监狱（或是被警察杀害），与此同时，高额罚款和庭审所需缴纳的费用也可以充盈当地财政。仅在 1999 年 3 月至 2000 年 12 月间，尽管黑人仅在该市总人口 331 000 人中约占比 43%，但是，因行车未提供保险证明而收到传票的黑人人数却在此类人数中占比 81%，因无证驾驶而收到传票的黑人人数占比 72%，因行车未系安全带而收到传票的黑人人数占比 70%，因乱穿马路而受到指控的黑人人数占比 79%。反黑人的政策和措施甚至蔓延至该市的公立学校，黑人学生遭到停学和开除的比率在美国一直位居首位。[6]

自 20 世纪 60 年代以来直至今日，辛辛那提——与全美的许多中小城市和大城市一样——始终广泛地采取进攻性警务措施，对低收入有色人种实施监控，并视之为控制犯罪的最有效手段。由于极少或是完全不必担心将为侵犯公民权利或此类行为承担任何责任，警察往往可以任意假设黑人就是罪犯或危险分子，而这种假设——正如在对待托马斯时所呈现的——直接促使警察滥用暴力。托马斯是自 1995 年以来第 15 个死于辛辛那提警方之手的黑人。这些被杀的黑人大多是主动实施攻击的犯罪嫌疑人，他们抢劫银行、实施绑架或向警察开枪，但是，包括托马斯以及一名手无寸铁的 12 岁少年在内的 5 名死者却并未表现出对杀害他们的警察构成任何直接威胁。在死者的亲人以及越来越多关注于此类事件的黑人居民看来，这些人的遇害至少在整体上表明了警察从根本上无视黑人的生命。在上述时间段内，辛辛那提的居民中除了黑人之外没有人遭到警察杀害。[7]

警察殴打和杀害手无寸铁的嫌疑人引发了民众抗议。1995 年 4 月，18

岁的高中优等生法朗·克罗斯比（Pharon Crosby）与一群"不守规矩"的青少年一同聚集在市中心的一个公共汽车站，警察下令这群人就地解散，而克罗斯比拒绝离开，警察随之对其拳打脚踢，而殴打的场景与警察殴打罗德尼·金时一样被人拍摄并制作成时长 2 分钟的视频，该视频引燃了示威活动。1997 年 2 月，辛辛那提警方向 25 岁有精神病史的洛伦佐·柯林斯（Lorenzo Collins）开了数枪令其当场死亡。2000 年 11 月，警方在手持逮捕令试图对 29 岁的小罗杰·欧文斯比（Roger Owensby Jr.）实施逮捕时令其窒息死亡，此事再度点燃了人们对于警察暴行的抗议。次年春天，蒂莫西·托马斯遭到警察杀害，这一事件似乎向人们着重说明一个问题，即以既有的手段（借助于传统法律途径、以和平的方式开展示威和寻求正义的活动）完全不足以应对根深蒂固的警察暴力以及一个以种族主义为核心的制度体系。在托马斯遇害前的 5 个月里，又有 3 名黑人男子遭到警察杀害。[8] 在托马斯被杀后，黑人社区爆发了自 10 年前的洛杉矶反抗事件以来全美最大规模的反抗浪潮。

托马斯遇害所引发的反抗得到了全国性关注，联邦政府也因此如同在面对 1980 年的迈阿密以及 1992 年的洛杉矶反抗事件时那样不得不置身其中。不过，联邦政府应对辛辛那提反抗的方式却与以往截然不同。这是一个所谓贯彻民权的新时代，它始于 20 世纪 90 年代中期，贯穿了巴拉克·奥巴马的整个总统任期直至 2017 年 1 月结束。这场反抗正值这个新时代的初期。随着司法部的人员组成日益多元化（包括埃里克·霍尔德［Eric Holder］在 2009 年至 2015 年间出任首位黑人司法部长，以及洛雷塔·林奇［Loretta Lynch］接替他出任首位黑人女性司法部长），联邦政府开始针对警察滥用暴力的问题实施改革。在小布什和奥巴马担任总统期间，司法部派出检察官和监察人员对黑人反抗事件的发生城市——包括 2014 年的弗格森和 2015 年的巴尔的摩——进行调查，同时对出现令人震惊的警察暴行并因此令当地陷入反抗边缘的城市——例如 2015 年的克利夫兰（Cleveland）——进行调查，这些调查旨在矫正警务实践中的问题并改善警察与黑人社区的关系。联邦政府针对辛辛那提市的调查和干预持续了 8 年。到了 2015 年时，黑人社区对于警察的信任度已有所提高，警察例行性截停黑人汽车——正是这一例行公事最终导致托马斯遇害身亡——的状况也趋于减少。在 2000 年至 2014 年的十余年间，辛辛那提市因为轻罪而遭到逮捕的人数减少了 57%。[9] 在 20 世纪 60 年代末和 70 年代初，克纳委员会以及其他针对黑人反抗事件而成立的特别委员会都只是提出了改革建议——其中大部分建议都被当政者束之高阁，而如今的联邦政府亲自督导并试图在辛辛那提市推行警务改革。尽管如此，与此前的努力所取得的效果一样，警察杀害黑人的事件仍然时有发生。即便到 2015 年，辛辛那提的黑人男子仍然有可能因为汽车遗失前车牌而被警察截停并因此丧生，而向他开枪的警员仍然可以逍遥法外。

就 2001 年的辛辛那提反抗事件及其所产生的影响而言，它所代表的是 20 世纪黑人反抗浪潮的最后一波涟漪，同时预示着 21 世纪的黑人抗议运动——正如在弗格森以及美国其他城市所发生的那样——即将出现转变。对于年长的居民来说，2001 年的暴力事件让他们想起了 20 世纪 60 年代后期的黑人反抗。1967 年 6 月的辛辛那提反抗事件是由人们抗议警方选择性地适用《反游荡条例》（Anti-loitering Ordinance）并以此逮捕黑人居民所引发的：在 1966 年 1 月至 1967 年 6 月间，警方依据该条例逮捕的 240 个人中有 70% 是黑人居民。在 1967 年的反抗事件中，人群投掷石块和玻璃瓶、抢劫商店并四处纵火，人权活动人士要求废止《反游荡条例》、释放所有在反抗事件中遭到逮捕的参与者，并要求获得充分的就业机会和平等正义。对此，当局作出的回应是调遣 700 名国民警卫队士兵进驻该市，士兵手持机关枪、乘坐装甲车在这座城市穿行。第二年的 4 月 8 日，也就是为马丁·路德·金举行了葬礼之后，当局再度调遣 1 500 名国民警卫队士兵进驻该市以镇压因马丁·路德·金遇刺身亡而引燃的暴力活动，与此同时，美国的大部分地区也都陷于反抗的烈火之中。马丁·路德·金遇刺所引发的反抗造成辛辛那提市近 300 万美元的财产损失，并导致一名 30 岁的白人居民被一群黑人从车中拖出用刀刺死。[10]

　　时隔 33 年之后的辛辛那提反抗与 1967 年的反抗事件有许多共同之处：它们都是由反对种族不公正的抗议活动所引燃的，随后演变为与军事化警察部队的相互对抗，最后转为打砸窗户、抢劫、纵火以及范围普遍的破坏财产行为。4 月 9 日，星期一，也就是托马斯被杀事件的两天之后，没有得到当局任何答复的安吉拉·莱瑟尔带领数百名愤怒的居民前往市政厅，而市议会的法律与公共安全委员会（Law and Public Safety Committee）正在此处开会。抗议者冲进市政厅，占领会议厅，将与会者堵在会议厅长达 3 个小时之久，并要求当局对托马斯的死亡案作出解释。"我不断地问自己，"莱瑟尔回忆当时的混乱时说道，"人们已经有多少次到此类会议上以和平的方式要求对警察部门实施改革？"正在开会的市政府官员和警察部门的官员拒绝向托马斯的家人和黑人社区透露与死者被杀有关的信息，他们声称这起事件"仍在调查中"。隐瞒关键信息只会让人们更加怀疑事实遭到了掩盖。莱瑟尔随后问道："在真正地作出这些改变之前，还会有多少人被杀？"[11]

　　由于未能在公共安全委员会得到答复，由莱茵河畔社区居民以及来自该市其他地区的黑人居民所组成的抗议人群——此时人数已增至 800 人——继续游行前往警察总部。在抵达目的地之后，抗议者中有一人将一块砖块投向警察总部入口处的玻璃门，另有一人从大楼前的旗杆上扯下美国国旗并将其倒挂起来。聚集的人群瞬间增至 1 000 人，他们向警察投掷石块和玻璃瓶，而警察则以催泪弹和豆包弹（bean bag）相回应。随着双方不断升级暴力，"停止屠杀！""没有正义就没有和平！"的口号声响彻辛辛那提市中心的街道并一直持续到午夜。[12]

　　第二天是 4 月 10 日，星期二，反抗的势头越来越大。一支由数十名年轻的黑人男子所组成的抗议人群游行穿过莱茵河畔社区，警察尾随其后。当这群人增至数百人时，他们开始向巡逻的警察投掷石块、玻璃瓶和各类垃圾。当天下午，这群人继续在市中心游行，他们沿途掀翻了街边的读报栏和垃圾桶，而骑着马或是全副防暴装备的警察继续向他们发射催泪弹、豆包弹和橡皮子弹。黄昏时分，参与反抗的居民开始打砸商店的窗户、抢劫商品并四处纵火，其中最具破坏性的一起事件是纵火烧毁了莱茵河畔社区中心地带的芬德利（Findlay's）露天市场，这家市场隶属于市政部门。[13]到星期三，暴力的烈焰已从莱茵河畔社区蔓延至其他黑人社区，其所采用的方式也扩大为随机对白人居民发动袭击，包括将一名白人妇女拖出车外进行殴打以及殴打一名男性卡车司机直至其重伤。此外，有报道称有人在莱茵河畔社区向一名警察开枪，不过防弹背心让这名警员免遭重创。

市长查理·卢肯（Charlie Luken）宣布辛辛那提市进入紧急状态，并下令于 4 月 12 日星期四在全市范围内实施宵禁，这是该市自 1968 年以来首次实施全面宵禁。"我们城市街头的暴力活动已经失控，而且日趋猖獗，是时候认真处理这个问题了，"卢肯在爆发反抗的第 4 天下午所举行的新闻发布会上说，"这里不断传来枪声，此情此景就如同身处贝鲁特，这里很危险，而且越来越危险。"黑人社区被视为战场，骑着马的警察在通往莱茵河畔社区的街道上巡逻，全副防暴装备的警察向聚集的人群发射橡皮子弹和豆包弹。当天晚上，无论是头戴头盔和身着防弹背心的当地警察还是手持霰弹枪的州警和县警，再加上头顶上不断盘旋的一架警用直升机，一切都表明执法部门已经为一场重大的对抗作好了准备。不过，预料中的对抗并未发生，除了零星投掷出的玻璃瓶和石块、偶尔传来的枪声以及一家熟食店发生火灾之外，暴力已经明显趋于平息，宵禁令生效后大多数人选择待在家里。[14]

至于莱茵河畔社区和其他黑人社区中没有在那一年的复活节周末待在家里的居民，则被送进了监狱。警方在此期间以违反宵禁令为由逮捕了800 人，另外以加重暴乱罪（aggravated rioting）、破门闯入罪（breaking and entering）或非法持有武器等罪名指控了 63 人并使其面临一年的刑期。（至于杀害托马斯的罗奇警员，他所受到的惩处与上述所有 863 人相比微乎其微。2002 年 3 月，警方内部所开展的调查裁定罗奇"使用枪支不当并向调查人员作出自相矛盾的陈述"。辛辛那提警察局原本可以因为上述违法行为将其解雇，但罗奇先行辞职并前往一个郊区警察局任职，而杀害蒂莫西·托马斯一事则被人从他的档案中抹去。）尽管当托马斯在 4 月 14 日星期六下葬时反抗事件已经基本平息，而辛辛那提市警察局长小托马斯·施特赖歇尔（Thomas Streicher Jr.）也从举行葬礼的区域撤走警察以便为哀悼者留出"悲伤的空间"，尽管如此，人们依然可以看到全副防暴装备的警察保护着市中心的商店，使其免受可能发生的破坏。[15]

全国有色人种协进会主席奎西·穆孚（Kweisi Mfume）、马丁·路德·金三世（Martin Luther King Ⅲ）以及美国的其他公民权利组织领导人出席了托马斯的葬礼，这必然让这场葬礼具有了政治性。新展望浸信会教堂（New Prospect Baptist Church）的负责人是牧师达蒙·林奇三世（Damon Lynch Ⅲ），他是辛辛那提黑人联合阵线的主席，也是该市在种族正义和经济正义问题上所发出的最具影响力的声音。新黑豹党（New Black Panther Party）的几名成员担任了托马斯的抬棺人，该党与 20 世纪六七十年代的黑豹党并不相似，而是一个更加类似于"伊斯兰民族组织"的黑人民族主义组织。新黑豹党的成员肩并肩地站在举办葬礼的教堂长椅上，时不时地高呼"黑人权力"等口号。尽管一些在葬礼上发言的人呼吁听众不要"因为愤怒而糟蹋你的社区"，而是要"因为愤怒而参与选举"，但是，在当天下午赢得最热烈掌声的还是新黑豹党主席马利克·祖鲁·沙巴兹（Malik Zulu Shabazz）的发言。沙巴兹宣称在过去的 5 天所发生的"不是骚乱"，而是一场"正义和由神赋予了力量的反抗"。随后，他喊出了流行于黑人民权运动和黑人权力运动时期的口号，全场听众也随之起立鼓掌。沙巴兹说："我们必须继续采用任何必要的神圣手段进行抵抗，我们不会让任何人改变我们的方向。"[16]

在举行托马斯葬礼的教堂外，数百人聚集着祈祷、高呼口号，并打出呼吁正义的标语牌。39 岁的木匠彼得·弗雷克斯（Peter Frakes）身上挂着一个标语牌，上面写着"放过我们"。"人们已经被剥夺得所剩无几，"弗雷克斯向记者解释道，"我们以往也曾表达过抗议，但什么都没有发生，而当一切都归于平静时，出现在人们面前的又是一具尸体。"[17] 话虽如此，弗雷克斯仍然参与抗议。他认为自己别无选择。

20 世纪 90 年代蓬勃发展的股票市场、面向富人的大幅度减税以及创纪录的高额企业利润让这十年成为辛辛那提市中上阶层——几乎完全由白人组成——疯狂获利的一段时期。宝洁、金吉达品牌国际（Chiquita Brands International）以及大型食品零售商克罗格公司（Kroger）等财富杂志 500 强企业均在市中心的商业区设立总部并获得蓬勃发展，与此同时，新兴的科技公司也在这座城市发展壮大。然而，由于克林顿政府继承里根政府的政策继续打压社会福利和社会服务，并为国家监狱系统的急剧扩张提供支持，因此，与日益富裕的景象相伴随的是社会福利开支的不断削减以及随之而来的镇压。对于任何一个种族的低收入人群来说，他们的工作时间都更长，往往不得不打几份工还深陷不断增长的负债之中。当地的一些鼓吹者声称辛辛那提市已经走出了 20 世纪七八十年代汽车工业衰落后工作岗位遭到毁灭性削减的困境，声称这座城市正在奋力反弹而成为后工业化增长的一个光辉典范。但是，该市的公关活动没有提及以下事实，即与这座城市的东北部郊区以及市中心俄亥俄河滨地区的萨克斯第五大道（Saks Fifth Avenue）上所遍布的白人高尔夫球俱乐部形成鲜明对照的是，该市三分之二的黑人居民处于生活贫困之中。2000 年的人口普查表明在全美种族分化最为严重的城市中，辛辛那提市在居民收入的分化方面排名第 6 位。[18]

在克林顿执政期间，美国各地的阶级和阶层分化日益加深，而辛辛那提市的不平等问题尤为严重：其最富有的 5% 的居民与最贫穷的 5% 的居民之间的经济差距之大，在全美仅次于佛罗里达州的坦帕湾（Tampa Bay）。2001 年，辛辛那提市的中位收入是 26 774 美元，大辛辛那提都会区（Greater Cincinnati Metropolitan Area）的中位收入是 54 800 美元，而与之相比，莱茵河畔社区黑人居民的中位收入仅为 8 600 美元，甚至低于这一年美国的国家贫困线 17 029 美元。与该市富裕的萨克斯第五大道相距不到半英里的是一排排废弃的建筑物，是聚集在莱茵河畔社区街角的无业黑人青年。[19]

辛辛那提市当局不愿意为改善莱茵河畔社区的生活条件而进行任何投资，却极为热情地为改造与莱茵河畔社区相邻的市中心俄亥俄河滨地区提供资金。当局拨款大约 10 亿美元用于在河滨地区建设新的足球场、棒球场、篮球场、高档设施以及中产阶级负担得起的住房。[20] 至于形同废弃的莱茵河畔黑人社区及其贫困问题，当局所提出的解决之道仅仅是为来此的科技初创企业、房地产开发商以及各类商铺提供税收优惠并以此"振兴"——也就是高档化——这一社区。

当局将改造市中心河滨地区以及"振兴"莱茵河畔社区的努力，与更加持久地镇压当地的无家可归者和黑人青年结合在一起。无论是加大对于游荡、违反宵禁令等轻罪的打击力度，还是频繁地开展可同时逮捕数百人的扫毒行动，都被认为有助于将"不受欢迎的人"从街道上清除出去。私营公司聘请警察担任公司保安，甚至以加班费的名义直接为警察支付报酬。哈特地产公司（Hart Realty）是莱茵河畔社区数百名居民的房东，它就是直接付钱给警察者中的一员，[21] 而哈特地产公司的此类做法在当年的辛辛那提并不鲜见，如今依然如此。眼看着遭到执法人员杀害的黑人人数不断上升，同时看到没有任何明显的迹象表明警方为此承担了法律责任，许多黑人居民因此认为唯有诉诸暴力才能迫使当局放宽"零容忍"的警务政策，才能迫使其重新分配资源以便实实在在地帮助这座城市的穷人。

史蒂文·惠勒（Steven Wheeler）认为"这座城市是以完全错误的方式安排其优先事务"。他是亚当·惠勒（Adam Wheeler）的父亲，而亚当是在蒂莫西·托马斯遇害前的 6 年中遭到辛辛那提警方杀害的 15 名成年和未成年男子中的一员。"我们将数百万美元投入一个新的体育场并以此支持一群失败者，"史蒂文说，"却拿不出这笔钱中微小的一部分用于资助学校，而在学校我们可以培养出极具潜力的赢家。"他所说的失败者是指辛辛那提市的橄榄球联盟队孟加拉虎队（Bengals），这支球队已沦为该市常年的笑柄。无论是缺乏资金的学校，还是为了给"硅谷"让道而从莱茵河畔社区迁出的贫困黑人家庭，再加上警察部门的巧取豪夺，所有这一切都——正如牧师林奇所常说的——体现了"经济种族隔离制度正在辛辛那提大行其道"[22]。

　　甚至在 2001 年辛辛那提反抗事件爆发之前，市长卢肯就已经公开承认这座城市是一个火药桶。这位市长承诺将"改善种族关系"视为其从政的"第一要务"，但也承认在此方面"我们还有很长的路要走"。2000 年 7 月，辛辛那提举办了一年一度的爵士音乐节，这项活动以吸引来自中西部各地的黑人青年音乐迷而闻名。然而，正是在音乐节期间，一些餐馆和商店拒绝为参加音乐节的年轻人提供服务，宾馆不仅提高了房间的价格，而且要求客人在登记入住时支付现金，甚至有报道称其撤换了房间里价格稍贵的毛巾和床单。不过，种族主义在辛辛那提市最显著的表现莫过于从 1996 年开始的一年一度的三 K 党集会，此集会可谓直接塑造了这座城市的社会关系。在年复一年的集会仪式上，身着白色长袍和头巾的三 K 党徒在辛辛那提市中心的喷泉广场（Fountain Square）竖起一座十字架，然后点火焚烧，警察则守护在燃烧的十字架旁，以防有人扑灭火焰或推倒这个白人在美国至高无上地位的鲜明象征物。[23]

　　尽管牧师林奇和辛辛那提市许多致力于社会正义的活动人士并未积极地投身于 2001 年的反抗事件，但是，他们都认为这起事件是对该市数十年的不公正的一种回应，而这种回应是可以理解的。在一些人看来，即便是向警察投掷石块或是随机地任意殴打白人居民，也只是在表达黑人对于不公正的不满。正如托马斯一案的代理律师肯·劳森（Ken Lawson）所坦言的，这些袭击"让白人能够更好地理解仅仅因为自己的肤色而成为随机暴力的目标是一种什么感觉"。"你们声称不容忍暴力，"劳森强调称，"但是，只有暴力才能在这座城市引起关注，我希望他们能够听到呐喊。"[24]

市长卢肯出席了托马斯的葬礼并发表讲话，他试图利用这次机会倡导和解与变革。他对教堂内拥挤的人群说："我呼吁人们能够让今天成为一个新的辛辛那提的催化剂。"至少，听众为这句话鼓了掌。不过，他们此前也听过类似的承诺。一些参加葬礼人在教堂的长椅上向市长喊道："不要只是说说而已，要拿出行动来！"这座城市的街头暴力已经迫使这位市长前所未有地采取措施以应对警察的暴行问题，其中一个绝佳方案是向联邦政府司法部需求帮助。司法部长约翰·阿什克罗夫特（John Ashcroft）是一名坚定的宗教保守派，他曾在 1 月的提名听证会上对于种族问题语焉不详。在此前担任密苏里州的州长和参议员期间，阿什克罗夫特曾经反对学校取消种族隔离制度，并为提名黑人担任公职设置障碍，他甚至将罗伯特·李（Robert E. Lee）和杰斐逊·戴维斯（Jefferson Davis）等南北战争时期的南方首领称为"南方的爱国者"[25]。

4 月 12 日，也就是辛辛那提反抗的第 4 天，市长卢肯写信给阿什克罗夫特寻求帮助。"辛辛那提市警察与黑人社区之间的关系陷于不健康的状况之中，"卢肯解释道，"我们可以对警务工作、警务程序以及警察的培训工作进行独立调查，并以此作为改善当前状况的一种手段。"阿什克罗夫特向卢肯保证称此事属于"高度优先事项"，并承诺从司法部民权司（Civil Rights Division）派遣一个律师团队前往辛辛那提。[26]

数个星期之后，基于国会通过 1994 年《暴力犯罪控制与执法法》（*Violent Crime Control and Law Enforcement Act of 1994*）所授予司法部长的一项新的权力，司法部开启了一个名为"模式与实践"的调查项目。1994 年《暴力犯罪控制与执法法》是美国历史上篇幅最长、措施最为严厉的刑事法律，其最显著的特色之一是拨款 108 亿美元在全国各地的城市增设 10 万名新的警察职位，再拨款 100 亿美元用于兴建监狱。这项立法所导致的后果是监狱中的囚犯数量不断飙升：1970 年时，美国监狱中的囚犯人数不足 20 万人；到 1990 年时，这个数字增长到 5 倍之多，达到 110 万人；再到 2000 年，这个数字再度翻了一番，达到创纪录的 230 万人。[27] 克林顿政府与国会巩固了美国作为世界上拥有最庞大监狱系统的国家地位，这个国家在某种程度上就是由监狱的大规模监禁所定义的。不过，也就是在这一时期——1992 年洛杉矶反抗事件之后，联邦政府已不能再对人们有关警察暴力的谈论置若罔闻了。

1994 年《暴力犯罪控制与执法法》创立了一个机制，即司法部可以对"执法人员的行为模式与实践"进行调查。所谓"模式与实践"，是指在反歧视、过度使用武力、不合理的截停与搜查、无逮捕令或是无充分理由地实施逮捕等方面涉嫌违反宪法保护性规定的行为。在设立此机制后的十年间，司法部立案调查了 25 起与"模式与实践"相关的民事案件，并迫使上至匹兹堡下至波多黎各的许多警察部门有史以来首次对其内部的系统性违法行为进行处理。[28] 就辛辛那提市而言，司法部所派出的监察人员在 2001 年的夏秋两季对该市的警察档案进行了全面审查，并与警员和社区成员面对面交谈。调查发现辛辛那提市警察局所采用的执法方式违反宪法，调查人员因此建议为警员提供更好的培训，进行更好的监督，并改善其"使用武力"的政策。

早在 1968 年发布的有关 1967 年辛辛那提等地反抗事件的调查报告中，克纳委员会就已经提出了上述建议。此后的数十年间又有 17 个委员会、特别工作组和蓝带委员会（blue-ribbon panels）对辛辛那提市展开调查，它们得出了相似——如果说不是完全相同——的结论。辛辛那提的市长社区关系专家组（Mayor's Community Relations Panel）曾对该市在 18 个月里有 4 名黑人居民遭到警察杀害以及有 4 名警察遭到黑人居民杀害的事件进行调查，在 1979 年所提交的报告中，专家组质问道："警察局是否有能力自我监管以及——更加严峻的一个问题是——民选和被任命的官员是否有意愿监管警察？"报告认为，辛辛那提市政府和执法当局看起来"对其所报告的违法行为既没有真正地关心，也没有意愿采取任何行动"。似乎是为了印证专家组所言不虚，在执法部门及其强大的支持者被动员起来对一连串的警察杀人事件进行辩解之后，该市为警察部门购买了大量 0.357 口径的左轮手枪，储备了更多的致命性弹药，并为警察配备了防弹背心。[29]

专家组所发出的警告无人理会，而警察则享用着他们的新武器而乐此不疲。两年之后，美国民权委员会在调查后得出结论，认为在辛辛那提市警察局的内部普遍存在着过度使用武力和对居民进行骚扰等问题。委员会甚至下达了一份同意判决书*，要求辛辛那提市警方解决其所存在的系统性虐待行为。[30] 辛辛那提市警察局——与全美许多城市的警察局一样——将接受有关敏感议题的培训，制定"以社区为导向"（community-oriented）的警务措施，修改其致命性武力的使用规则，并加大力度强化警察队伍的种族多样性。

然而，大部分改革措施都未能在这座城市得以制度化，各式各样的新举措最终都以失败告终。在 1987 年与联邦政府签订一项同意判决书之后，辛辛那提市警察局努力在 2001 年前将黑人警员的人数翻了一番。从表面上看，其所取得的进展令人印象深刻：2001 年辛辛那提警察局的黑人警员人数占比 28%，并因此成为美国最具种族多样性的部门之一。然而，对于在该市总人口中占比近乎一半的黑人居民来说，如此比例的黑人警员并不足以代表他们的利益。至于黑人警员，他们被排斥在白人警员工会之外而不得不单独成立工会，并且常常在升职方面遭受冷遇；而当他们下班后又往往在黑人社区成为种族仇恨的目标，无论他们面临怎样的挑战，黑人社区都对他们毫无同情可言。"黑人警察和白人警察一样坏。"黑人居民亨利·詹姆斯（Henry James）如此评论道。在 1995 年至 2001 年间辛辛那提市所发生的 15 起警察枪杀黑人男子的事件中，黑人警员同样参与若干。就此而言，问题不在于警员的种族属性，而在于警察及其部门的警务文化。黑人警员斯科特·约翰逊（Scott Johnson）将辛辛那提市的警务文化称为"一种我们在精神上予以反对的文化"[31]。

---

* 同意判决书（consent decree）：又称双方同意的判决，是指经法庭核准、对双方有约束力且不能复审的和解协议，或是被告同意终止其非法行为，政府同意不再追究并撤诉，而法庭据此所作的判决。——译者注

在联邦政府要求贯彻"平权行动"（Affirmative Action）政策以及改善警察与黑人社区关系的压力下，警察部门在20世纪后期努力推行其内部的种族多样性。尽管如此，警察与低收入有色人种居民之间依然保持着根本性的紧张关系。尽管官员公开的种族主义言行已不再像过去那样被人接受，但普通公民仍然在很大程度上被排斥在有关公共安全的决策过程之外，官员及其所在部门也几乎从未对其歧视行为承担任何责任。当局依然执着于以镇压手段开展打击与预防犯罪的工作，并因此常常导致即便不是极端暴力也是过度使用武力的后果。执法部门依然以怀疑的眼光看待低收入有色人种社区。由于缺乏一个更加开放、透明和扎根于社区的工作方法，大多数警察——即便是为了响应"社区警务"（community policing）的呼声而设立的部门——也依然将其主要工作视为"抓坏人"，而并未将其自身视为旨在帮助居民和保护弱势社区安全的公务员。不过，这种警务文化在托马斯被杀之后的辛辛那提遭遇了前所未有的挑战。

自克纳委员会在1967年到访辛辛那提以来，各式各样的民权组织不断以提起法律诉讼和抗议等方式对该市的警务政策发起挑战。在托马斯被杀以及接踵而至的反抗事件爆发之前，民权组织的努力一度迎来了新的希望。2001年3月，辛辛那提黑人联合阵线联合美国公民自由联盟向联邦法院提起集体诉讼，指控辛辛那提警察部门在过去的三十多年里系统性地非法骚扰黑人居民。这起诉讼的被代理人是一名黑人商人，他指控2名警员在1999年的一次交通截停中用枪口指着他的脑袋，并称此举侵犯了他的公民权利，进而指责警察"在没有任何可合理怀疑其从事犯罪活动的证据的情况下截停非洲裔美国公民"，并经常性地向后者施加暴力。作为证据，原告方提供了他们此前在辛辛那提所展开的17次调查以及其他工作组和调查小组所提出的214项建议，以此证明辛辛那提市警方的执法"模式与实践"立足于种族歧视的基础之上。原告方还提及该市的市长社区关系专家组在1979年所得出的调查结论，指控该市官员未能对侵犯居民的公民权利的警员进行监督和实施惩戒，并因此"容忍、默许、认可和刻意地无视辛辛那提市警察局及其警员的违法行为"[32]。

　　为了避免因为这起诉讼而导致警察与黑人社区之间的冲突加剧，联邦地区法院的法官苏珊·德洛特（Susan J. Dlott）主张诉讼双方以"非诉讼纠纷解决方式"对此案进行调解。法官德洛特召集了辛辛那提市的黑人联合阵线、美国公民自由联盟、警察局以及警察兄弟会（Fraternal Order of Police）在该市的分会代表，共同以协商方式化解警察针对黑人居民行使暴力的问题。这起集体诉讼中被称为"合作者"（Collaborative）的各方原告与德洛特法官以及调解人杰伊·罗斯曼（Jay Rothman）见面，后者是阿里亚集团（ARIA Group）的总裁，该公司专为解决冲突提供服务并开展相应的培训和咨询业务。

　　当"合作者"进入调解并提出必须与警务活动中的种族主义相对抗时，执法部门的代表和当地的检察官立即打断了这一话题。在作为被告的警察部门看来，所谓种族主义性质的警务活动是不存在的，因此也是无须加以修正的。警察局高层发出威胁，宣称如果将种族歧视问题置于调解的首要和核心问题，他们就退出调解程序而将此案提交法庭审理，届时警察部门将对所有指控一概否认。为了保证执法部门的参与，德洛特和罗斯曼不再将警察部门的系统性种族主义作为需要明确关注的议题，而是着眼于双方如何改善"警察与黑人社区的关系"，而这也就成为唯一进入调解程序的议题。

　　"合作者"将警察暴力的问题诉诸法院，而此时警察暴力问题又再度引燃反抗，同时司法部的监察人员尚在该市进行调查，因此，警察局高层开始以相对严肃的态度对待有关警察违法与滥用职权的指控。黑人联合阵线以及其他民权组织的领导人对于调解持谨慎的乐观态度。如果"合作者"能够与对方和解并达成改革协议，此协议又能够由联邦法院强制执行，那么，所达成的改革协议就不会再一次成为一纸空文，而有可能在辛辛那提市警察局引发一场变革。"合作者"甚至在3月下旬——托马斯被杀并引燃反抗的几个星期之前——成立了一个咨询小组，该小组甚至让处于敌对阵营的林奇牧师和警察兄弟会主席基思·方曼（Keith Fangman）坐在一起讨论问题。[33]

　　这起由"合作者"发起的诉讼标志着美国的警察改革迈入了一个重要而崭新的开端。他们提出的调解方案立足于黑人社区，而非仅仅以犯罪统计数据和警务理论为基础。"合作者"的内部存在着彼此冲突的利益诉求，这使他们邀请各自的黑人社区参与其中共同努力，以重塑警察与社区的关系。大约有 3 500 名居民通过网络完成了在线调查，他们同时参与了由当地人权组织和教会所开展的访谈，辛辛那提市的黑人居民由此作为利益的一方参与了制定政策和达成成果的过程。[34]

　　尽管官员采取了上述措施，但是许多居民仍然持续地表达抗议。抗议者认为种族主义警务活动不过是种族主义和不平等制度所展示的一种症状，仅仅依靠"合作者"的调解是无法给这座城市带来其所必需的转变的。"合作者"在 4、5 月开始开展工作，而与之相伴的是黑人联合阵线、白人组织人道经济联盟（Coalition for a Humane Economy）以及包括石墙（Stonewall）在内的性少数群体组织（LGBTQ）派出居民代表和活动人士一同制定了社会和经济变革的斗争策略。6 月 2 日，数千名主要由白人组成的抗议者在辛辛那提市中心游行，他们高喊"没有正义就没有和平；向种族主义的警察说不"等口号，并要求警察局长施特赖歇尔辞职。[35] 这是辛辛那提市首次与黑人反抗事件直接呼应而爆发跨种族的抗议活动。

　　在举行了被参与者称为"正义游行"的抗议活动之后，一些宗教和政治团体聚集在一起组成"公正辛辛那提联盟"（Coalition for a Just Cincinnati）并对该市的部分经济活动——特别是歧视黑人的旅游业——发起国际性抵制运动。7 月 14 日，星期六，该联盟呼吁立即行动起来让辛辛那提的旅行和旅游业陷入全面停滞，呼吁当局为黑人社区提供发展资金、特赦所有在反抗事件中被控入狱的抗议者，以及呼吁该市的警察部门在执法时不再基于种族的不同而因人而异。该联盟的组织者与旅游和商业团体建立了联系，同时发动黑人群众给知名黑人人士写信，他们通过这种联系和写信运动对"存在于生活各个领域中的种族主义、歧视、暴政以及普遍性压迫所达至的程度"进行批评,并指责"警察正在杀人、强奸、伪造证据"。在短短的两年间,抵制运动给辛辛那提市所造成的损失估计超过一千万美元,甚至由黑人组织所发起的许多会议、大会以及诸如比尔·考斯比(Bill Cosby)、乌比·戈德堡(Whoopi Goldberg)、温顿·马萨利斯(Wynton Marsalis)等黑人明星的表演也不得不因为抵制运动而取消。[36] 抵制运动的目的是迫使政府对黑人及其社区进行社会投资,但辛辛那提市当局所作出的回应却是向警察部门投入更多的资金。

2002 年初,因托马斯被杀而引燃的辛辛那提反抗日趋接近其周年纪念日,此时的辛辛那提市政府和警察兄弟会发现自己日益面临巨大的压力而有必要与美国公民自由联盟和辛辛那提黑人联合阵线就后者所提起的诉讼达成和解。"合作者"在 2001 年底完成了其在黑人社区所开展的工作,随后,诉讼双方都发出威胁称将在次年冬季前的任何阶段退出调解。为了避免前功尽弃,法官德洛特将其主持的调解工作一直持续到凌晨 3 点,同时提供餐饮以免任何人以肚子饿了为由离开会议室。最终,双方律师在 4 月 3 日凌晨 2 点 04 分达成调解协议,大约一个星期之后,也就是 2001 年辛辛那提反抗的一年之后,市政府在这份协议上签了字。2002 年 4 月 12 日,司法部与辛辛那提市政府和警察局签署了一份协议备忘录(Memorandum of Agreement)。调解协议书与协议备忘录互为补充,但其中双方所提出的要求各有侧重:"合作者"在调解协议书中要求执法部门重塑当地的警察文化和警务政策,从而改变"我们与他们在心态上的相互对立",而协议备忘录则要求设立新的警务标准并针对警员开展培训,使其在使用扼喉术、化学武器和警犬时不至于违背宪法有关公民权利保护的规定。[37]

在当时看来,"合作者"所倡导的调解协议似乎是全美最全面和最具雄心的警察与社区关系倡议。它呼吁建立"以社区问题为导向的警务"(Community Problem-Oriented Policing)方法,并据此促使整座城市"共同努力以解决辛辛那提的犯罪、无序和生活质量等方面的问题"。警务工作的目标不应当是逮捕，而是鼓励警察在与执法相对人的接触中寻求问题的解决。这需要改变警察的世界观，因为他们需要了解居民并倾听他们的忧虑。简言之，"合作者"的调解协议将警察重新想象为社会服务的提供者。联邦监察员索尔·格林（Saul Green）和司法部所派出的监察小组将在辛辛那提驻守 5 年，以确保调解协议书得到实施和遵守。[38]

　　尽管辛辛那提市警察局同时在调解协议书和协议备忘录上签了字，并公开称赞这两份协议是"公平和进步的"，但是，警察局长施特赖歇尔和其他官员依然对于协议心怀疑虑。在他们看来，警察在总体上都遵循了适当程序。助理警察局长理查德·詹克（Richard Janke）甚至断言调解协议"不会从根本上改变我们的警员所从事的工作"[39]。近年来，所有在执法中导致黑人死亡的事件均在内部审查委员会或是法院的审理中被裁定为正当和合法的，这也就表明警察部门并不存在过错。警察将一如既往地从事分内的工作，尽管有时不免有些粗暴。

　　警察兄弟会主席方曼以清单的形式列举了一系列理由，以此表明司法部所提议的改革不仅不明智而且徒劳无功。在针对居民的执法中管控警用枪支的问题上，方曼表示他将继续支持在"高犯罪率"的地区使用枪支。"如果有人因此觉得受到冒犯，那就难办了，这是一个真实的世界，我们的安全比他们的感受更重要。"在使用警用梅斯毒气的问题上，方曼认为公众"应该为我们所使用的是化学刺激物而感到庆幸，因为如果不是这样，就会有更多的人在进监狱之前先被送进医院"。至于以袭击黑人居民而闻名的警犬，方曼坚称"辛辛那提不是 1963 年亚拉巴马州的伯明翰（Birmingham），我们不会放出警犬并说'去咬他们'。不过，如果嫌疑人拒绝遵循警员所发出的指令，当然就可以用上警犬"。警犬、梅斯毒气和长柄枪支是警察在危险社区巡逻时必备的自卫武器，"如果有人对此有疑问，他们就有必要去查一查他们的大脑是否有问题"[40]。

　　鉴于警方所持的是这样一种态度，试图落实协议中的改革——尽管不情愿但毕竟是警察部门所同意的改革——便成为一个缓慢而颇具挑战的过程。警察局以公开敌视的态度对待联邦监察员。2004 年 12 月，也就是协议所规定的监督期大约过半之时，索尔·格林在进度报告中写道："辛辛那提警察局的一名副局长在与监督小组开会时，将大量的时间用于嘲笑小组成员的能力，对监察小组所提交的监察报告大肆指责，并对（'合作者'在调解协议中所提出的）诉求大发牢骚。"在格林与联邦监察小组驻守辛辛那提期间，警察局长施特赖歇尔甚至阻止监察小组的联邦官员旁听当地警员的培训课程，并在安排监察小组的随行活动时将一名监察员赶出警察局总部。2004 年底，监察小组作出裁决，认为辛辛那提市未能遵守调解协议和协议备忘录，因此将驻守监察的期限延长了两年。[41]

对于司法部来说，他们更感兴趣的是如何维护其监察权，而非切实推行调解协议书中的改革方案。也正因为如此，调解协议所提出的"以问题为导向"的新型警务措施并未立即得到落实。至于辛辛那提市警方，普通警员对于协议的基本态度就是拒绝和排斥。持保守立场的兰德公司在 2005 年所进行的一项评估表明，辛辛那提市警方依然持续地实施进攻性警务措施，即常常主动截停和搜查莱茵河畔社区以及其他黑人社区的居民。不过，或许更加重要的一点还在于从未以任何形式落实设立独立的公民审查委员会。黑人人权活动人士多年来一直要求设立类似机构，上述的两份协议也承诺设立该机构以便对执法部门进行必要的审查并迫使警员在执法中有所顾忌。由于始终未能设立独立的公民审查委员会，试图在实践中对涉嫌暴力执法的警员进行审查和惩处就变得难上加难。[42]

2006 年夏天，辛辛那提市警察部门似乎已将"合作者"在调解协议中所提出的"以问题为导向"的警务改革扔进了废纸篓，取而代之的是实施一项名为"旋风行动"（Operation Vortex）的计划，此举旨在加强对于莱茵河畔社区的毒贩和罪犯的打击力度，以此配合当局所实施的莱茵河畔社区高档化和吸引私人投资的政策。"旋风行动"导致大量精干警员涌入黑人社区，其所作所为与曾经在 2001 年引燃辛辛那提黑人反抗时的做法如出一辙：频繁地拦截行人进行搜身，截停车辆进行搜查，对涉嫌游荡等轻罪的居民实施逮捕，并打出陈腐的"零容忍"旗号开展行动。截至这一年的秋天，辛辛那提市警察局所逮捕的居民人数超过 2 200 人，其中近一半是在短短的 25 天之内逮捕的。美国公民自由联盟指责执行"旋风行动"的警员"在辛辛那提市错误地开展了大规模的任意逮捕行动"，并因此违反了调解协议中的相关条款，他们随之发起了新的诉讼。[43]

　　如是又过去了数年，辛辛那提市警察局最终采纳了"合作者"在调解协议书和协议备忘录中所提出的一些方案。（该部门原本就不应该在遵守协议问题上三心二意。）2008 年 12 月，司法部驻守辛辛那提的 7 年监督到期时，联邦监察员格林围绕该市警察部门的改革发布了一份终期报告，其结论是该部门"在辛辛那提市开展警务活动的方式已有重大转变"，与"2002 年时的状况截然不同"。兰德公司在 2009 年所开展的后续研究也进一步支持了格林的观点，研究认为尽管有色人种居民仍然经常性地被迫成为警察的执法对象，其比率仍然远远高于白人居民，但是，警务活动中将种族成分纳入考虑范围的现象已不像以往那样普遍，黑人居民对于当地警察的信任度也相较以往有所提高。值得注意的是，在经历了数十年的微小变化后，警察暴力行为的发生同样趋于减少。2014 年，也就是在签订调解协议书和协议备忘录的 12 年之后，警察使用武力的事件相较 2000 年减少了一半以上，被控轻罪而遭到逮捕的人数也从 2000 年的 41 708 人降至 2014 年的 17 913 人。[44]

　　辛辛那提市警察局进行了改革，但是，这场改革并非自行发生：它需要获得联邦政府的持续支持和监督，但即便如此也因为其内部的阻力而在不同的阶段几近崩溃。"如果没有联邦政府的干预，这些改变就不会发生，"刚刚卸任警察局长之职的施特莱歇尔在 2015 年承认道，"除非给你施加压力，而且是联邦法官给你施加压力，否则，你就很容易重蹈覆辙。"纽约和芝加哥等城市一直将"零容忍"的警务政策保持到 21 世纪头 10 年，而与之相比，辛辛那提则由于联邦政府持续和相对有力的干预成为全美最为显著地实施"进步性"警务替代方案的城市之一。全国各地的政策制定者和执法部门都将辛辛那提"合作者"所提出的调解协议，视为切实有效地

开展警务改革和建立以社区为导向的警务措施的典范。特别是在发生 2014
年迈克尔·布朗（Michael Brown）在弗格森被杀、2015 年弗雷迪·格
雷（Freddie Gray）在巴尔的摩被杀等事件之后，辛辛那提市更是被奉为推
行警务改革的模范。有报道称，奥巴马总统的"21 世纪警务特别工作组"
（Task Force on Twenty-First Century Policing）以及俄亥俄州州长约翰·卡西
奇（John Kasich）所设立的特别工作组，都将辛辛那提市一些立足于社区
的警务措施纳入其改革建议之中。[45]

　　然而，对于辛辛那提市的许多黑人来说，尽管改革表达了某种善意，
但真正带来的变化却极为有限。人权活动团体曾经设想会有结构性转型。
"人们需要来自社会的帮助，他们不需要来自警察的帮助，"一位名叫比
格·夸塔尔（Big Quartar）的男子在 2014 年接受《大西洋》（Atlantic）记者
采访时说道，"警察又不能给你找到工作。"[46] 对于辛辛那提以及美国的其
他城市来说，来自警察的骚扰和暴力不过是蔓延于全美的政治、经济和空
间排斥所呈现的一种面相。即使警务活动能够得到改善，仅仅这一点也无
法解决持续了数十年（或许是数百年）的不平等和种族压迫。

　　无论是面对"公正辛辛那提联盟"所发起的针对市中心商业活动的
抵制运动，还是面对诸如比格·夸塔尔等人所代表的黑人社区的改革诉
求，辛辛那提市政府以及当地的企业精英所作出的回应都只是斥资 1.1 亿
美元建设一座名为国家地下铁路自由中心（National Underground Railroad
Freedom Center）的纪念馆，此举似乎旨在纪念黑人的自由运动及其反抗
种族不平等的长期斗争。这座纪念馆于 2004 年 8 月开放，以此纪念辛辛
那提曾是逃亡奴隶的避风港。这是试图洗刷该市在种族问题上的不良声誉
的一次公开尝试。不过，受制于出资赞助企业的自身利益，这座纪念馆令
人震惊地将诸如卡尔·林德纳（Carl Lindner）等历史人物塑造为民权英
雄，而正是在林德纳——曾是辛辛那提最富有的人——领导奇基塔品牌国
际（Chiquita Brands International）期间，这家公司被指控虐待工人和污染
环境。[47]

在许多居民看来，建造这座纪念馆显然是为了改善公共关系。就在纪念馆开张之际，《辛辛那提询问者报》（*Cincinnati Enquirer*）刊登了一幅卡通漫画，画中的一个白人男子喊道："终于自由了！"林奇牧师和黑人联合阵线在纪念馆开幕当日举行了抗议活动，他们组织了一场名为"人民地下铁路自由中心"（People's Underground Railroad Freedom Center）的运动：在辛辛那提市中心的喷泉广场（Fountain Square）展示了反种族主义运动的历史文件和历史照片。多年来，林奇牧师等黑人人权活动人士长期组织和开展抗议活动，他们致力于为黑人居民提供更好的工作和住房条件，而不仅止于在河浜一带建造一座由企业出资赞助的纪念馆了事。[48] 多年来，许多黑人居民一直抵制该纪念馆。

就应对黑人反抗的方式而言，联邦政府在 20 世纪 60 年代末和 70 年代初侧重于向城市警察部门提供军用级别的武器和巡逻技术，以此便利警察使其得以更加有效地打击犯罪和镇压黑人反抗。到 21 世纪初，联邦政府在应对辛辛那提的反抗事件时，开始试图对弥漫于此前各个历史时期的反黑人暴力（anti-Black violence）进行矫正，他们不再以装甲车和防弹背心，而是借助"以社区为导向"的警务政策，借助在警民之间建立信任关系，借助使用电击枪等非致命性武器和随身摄像头等技术预防犯罪和反抗的发生。

尽管这种"软"措施有助于改善警察与居民之间的日常交往，但并未让辛辛那提或是美国其他城市的警察暴力得以停息。2014 年 8 月，18 岁的迈克尔·布朗被一名警员杀害，引燃了密苏里州弗格森反抗烈火，而这一事件无异于严厉地驳斥了所谓这个国家在其首任黑人总统的领导下取得了进步之类的论调。弗格森事件提醒人们注意一个事实，即贫困、失业和警察暴行并未消失。当 150 名全副防暴装备的警察与抗议者对峙时，这场在布朗死后第二天举行的和平抗议活动开始走向暴力。一些居民纵火焚烧商铺并对商店实施抢劫。在接下来的 8 天，整个美国目睹了弗格森当地警察的军事化。在国民警卫队的协助下，全副武装的警察使用催泪瓦斯、烟雾弹和橡皮子弹对付抗议的民众。

人权活动人士艾瑞斯·罗利（Iris Roley）是辛辛那提黑人联合阵线的代表，他与林奇牧师一同在弗格森爆发反抗事件的 3 天之后抵达该市。"我们到这里是为了分享辛辛那提的斗争和成功的故事，"林奇牧师解释道，"我不想看到弗格森失去这个可以得到改变的机会。"在抵达密苏里州后，林奇牧师和黑人联合阵线的成员前往迪欧办公用品连锁店（Office Depot）复印了 100 份他们曾在辛辛那提开展调解时所提出的协议主张，并将这份历史文件的复印件塞进一个又一个白色信封，信封上写着"前进之路"（A Way Forward）并附上他们的联系方式。林奇牧师和罗利在弗格森待了 4 天，他们将装在信封里的协议文件交给人权活动人士、当地官员、民权倡导者和学者，而此时弗格森的暴力仍在持续，甚至发生了自 2001 年辛辛那提反抗事件以来全美首次夜间街头抗议活动和首次催泪弹袭击事件。辛辛那提黑人联合阵线的激励和努力最终促使抗议者在抗议活动结束后成立了弗格森的"合作者"。在反抗事件结束后协商达成同意判决书的过程中，弗格森的"合作者"一方面与联邦司法部开展合作，另一方面继续组织和发动黑人社区，并为遭到警方任意逮捕和罚款的居民提供辩护。[49]

2015 年 7 月 28 日，星期二，在弗格森反抗事件将近一周年时，辛辛那提市有超过 500 人参加了在埃文代尔（Avondale）社区的永生基督教堂（Church of the Living God）为塞缪尔·杜博斯（Samuel DuBose）举行的追悼会。人们依次走过杜博斯的棺椁，棺木上装饰着红色的菊花，他枕在白色缎面的枕头上。9 天前，辛辛那提大学的一名警察在校园外截停了 43 岁的杜博斯，理由是车辆的前车牌缺失。时年 25 岁的警员雷·滕辛（Ray Tensing）要求杜博斯出示驾照，其随身摄像头显示杜博斯没有理会这名警员，没有按照命令解开安全带，而是驱车准备离开。滕辛的制服内穿着一件印有南北战争时期南方邦联旗帜的 T 恤，他近距离地向杜博斯的头部开了枪。不过，这些细节日后才被揭示。葬礼让人们得以回顾杜博斯的一生。

牧师恩尼斯·泰特（Ennis Tait）在葬礼的布道仪式上宣称"今天是关乎团结的一天"。他呼应了大约14年前林奇牧师所说的一句话："让爱充满这个房间"[50]，而希望——正如人们所希望的——就会随之到来。

由于摄像头记录了杜博斯的最后时刻，这段视频被社交媒体广泛传播，这起事件与诸如2014年7月43岁的埃里克·加纳（Eric Garner）在纽约市遭到警察杀害、同年11月12岁的塔米尔·赖斯（Tamir Rice）在克利夫兰遭到警察杀害、次年4月50岁的沃尔特·斯科特（Walter Scott）在南卡罗来纳州的北查尔斯顿（North Charleston）遭到警察杀害等事件一同引发了公众对于警务活动的讨论，进而激起主题为"黑人的命也是命"的全国性抗议运动。杜博斯被杀事件在全美各地引发了游行示威，示威者们高呼"我们都是塞缪尔·杜博斯"等口号。正如在为蒂莫西·托马斯举行葬礼时所发生的那样，一群抗议者在杜博斯的葬礼期间聚集在教堂外。"这就是民主，这就是民主所呈现的面貌，"参与"黑人的命也是命"运动的迪森博·兰姆（December Lamb）说，"我并不反警察，我们需要好警察，我们不需要坏警察。"与蒂莫西·托马斯被杀事件所引发的反应不同，2015年的辛辛那提抗议活动并未演变成为一场反抗，其部分原因在于——据官方宣称——"合作者"所提出的调解有助于维护当地的和平。[51]

与遇害的托马斯的家人及其母亲安吉拉·莱瑟尔一样，杜博斯的母亲奥黛丽·杜博斯（Audrey DuBose）最想看到的就是这名警员因其暴行而受到惩罚。她说："如果有人能够逃脱谋杀的罪责而逍遥法外，那就毫无正义可言。"尽管滕辛被控犯有谋杀和故意杀人罪，但由于陪审团无法作出一致性裁决而两次导致庭审无效。宣称这一事件是"我见过的警察所做出的最愚蠢的行为"的县检察官乔·德斯（Joe Deters）最终撤销了此案。[52] 滕辛与史蒂文·罗奇一样最终逍遥法外。

从2014年迈克尔·布朗被杀到滕辛的第二次无效审判，在此期间全美所提起的19起警察谋杀或过失杀人的指控中只有6起作出了有罪判决。杜博斯的家人与辛辛那提大学达成了485万美元的民事和解协议，而滕辛则因为所谓辛辛那提大学的不当解雇获得了 35 万美元的赔偿金。杜博斯的家人将滕辛所获得的"奖励"视为最终的不公正。"我对辛辛那提大学付钱给那个杀人犯滕辛感到非常不满,"杜博斯的未婚妻达桑达·里德(DaShonda Reid)在给《辛辛那提询问者报》的记者的短信中说,"他是一个拿着政府薪酬的杀手,他从未因为杀害了一个无辜的人而表现出一丝悔意。"[53] 正如里德所承认的,也正如在 1969 年走上伊利诺伊州开罗市的街头、在 2020 年走上威斯康星州基诺沙(Kenosha)的街头的成千上万的黑人所认识到的,正义并不常常光顾美国的黑人,而警察部门的改革尽管取得了罕见而艰难的成就,但这种改革始终是远远不够的。除非这个国家能够在对警察进行改革之外找到另一种实现公共安全的方法,否则,问题就不在于是否又有一个有色人种居民死于执法者——即使是训练有素的警察——之手,也不在于是否又有一座城市陷于反抗的烈火之中,问题只是在于这一切将在何时发生。

注 释

1. Stephanie Simon, "Mourners Pray Black Kids Didn't Die in Vain," *Los Angeles Times*, April 15, 2001, pg. A1A.

2. Kevin S. Aldridge, "Cincinnati: The Flashpoint, Unrest and Aftermath," *New Crisis* 108, no. 4 (July/August 2001): 47; Karen Juanita Carrillo, "With Thomas Killing, Cincinnati Death Toll 15," New York *Amsterdam News*, April 19, 2001, pg. 1.

3. Jerry White, "The Cincinnati Riots and the Class Divide in America," pt. 1, "Gentrification and Police Repression," *World Socialist Web Site*, May 24, 2001.

4. Aldridge, "Cincinnati: The Flashpoint"; Ron Daniels, "The Riots in Cincinnati: The City's History Reveals Some Interesting Causes," *New Journal and Guide* (May 24, 2001): 2; Carrillo, "With Thomas Killing, Cincinnati Death Toll 15."

5. White, "The Cincinnati Riots and the Class Divide"; Carrillo, "With Thomas Killing, Cincinnati Death Toll 15"; Robert E. Pierre, "Officer Is Acquitted in Killing That Led to Riots in Cincinnati," *Washington Post*, September 27, 2001, pg. A2; Karen Juanita Carrillo, "Cincinnati Boycott Continues," New York *Amsterdam News*, August 1, 2002, pg. 4.

6. White, "The Cincinnati Riots and the Class Divide"; Daniels, "The Riots in Cincinnati."

7. Aldridge, "Cincinnati: The Flashpoint."

8. "Community Up in Arms Over Videotaped Police Beating," Associated Press, April

29, 1995, https://apnews.com/article/4a89849a74d44b8b89a083fd03848684; Aldridge, "Cincinnati: The Flashpoint."

9. Alana Semuels, "How to Fix a Broken Police Department," *Atlantic*, May 28, 2015, https://www.theatlantic.com/politics/archive/2015/05/cincinnati-policereform/ 393797/#:~:text=The%20settlement%20agreement%20for%20the, crimes%20in%20th e%20 first%20place.

10. Otto Kerner et al., *Report of the National Advisory Commission on Civil Disorders* (Washington, DC: US Government Printing Office, 1968), 27; "61,000 Troops Guard RiotRavaged Cities," *Rome News-Tribune*, April 9, 1968, pg. 1; Mark Curnutte, "Avondale Riots 50 Years later: 'It's Never Been the Same,' " *Cincinnati Enquirer*, June 9, 2017, https://www.cincinnati.com/story/news/2017/06/09/avondale-riots-50-years-later-its-neverbeen-same/379214001/.

11. Samuel Momodu, "The Cincinnati Riot (2001)," *BlackPast*, October 21, 2017, https://www.blackpast.org/african-american-history/the-cincinnati-riot-2001/; Andrea Y. Carter, "Calm Falls Over Cincinnati; Push for Peace Begins," *Los Angeles Sentinel*, April 19, 2001, pt. A1; "Police Shooting of Black Man Spurs 2nd Protest in Cincinnati," *Los Angeles Times*, April 11, 2001, pg. A12A; Aldridge, "Cincinnati: The Flashpoint."

12. "Police Shooting of Black Man Spurs 2nd Protest in Cincinnati," *Los Angeles Times*, April 11, 2001, pg. A12A; Aldridge, "Cincinnati: The Flashpoint."

13. Aldridge, "Cincinnati: The Flashpoint."

14. "Rioting in Cincinnati after Police Shooting," *New Pittsburgh Courier*, April 28, 2001, pg. 1; "Cincinnati Mayor Prolongs Curfew," *Globe and Mail*, April 14, 2001, pg. A16; Jon Yates and Kareen Brandon, "Cincinnati Under Curfew after Police Shooting, Riots," *Chicago Tribune*, April 13, 2001, pg. L1.

15. Karen Juanita Carrillo, "One life, Two Misdemeanors: Cincinnati's Blacks Shocked by Grand Jury Ruling," New York *Amsterdam News*, May 10, 2001, pg. 2; "Internal Probe Faults Cincinnati Policeman in Shooting," *Los Angeles Times*, March 20, 2002, pg. VCA29; Stephanie Simon, "Mourners Pray Black Kids Didn't Die in Vain," *Los Angeles Times*, April 15, 2001, pg. A1A.

16. 与黑豹党不同，新黑豹党以其奉行种族还原论（racial reductionism）、反犹太人和反马克思主义而闻名。有关新黑豹党的政治主张，可参见 Derek Musgrove, "'There Is No New Black Panther Party:' The Panther-Like Formations and the Black Power Resurgence of the 1990s," *Journal of African American History* 104, no. 4 (2019): 619—656; Simon, "Mourners Pray Black Kids Didn't Die in Vain," pg. A1A. Simon。

17. Simon. "Mourners Pray Black Kids Didn't Die in Vain."

18. Daniels, "The Riots in Cincinnati"; John Iceland et al., *Racial and Ethnic Residential Segregation in the United States: 1980—2000*, US Bureau of the Census (Washington, DC: US Department of Commerce, August 2002), https://www.census.gov/ prod/2002pubs/censr-3.pdf; Lucy May and G. Scott Thomas, "City's Economic Segregation High," *Cincinnati Business Courier*, December 30, 2002, https://www.bizjournals.com/ cincinnati/stories/2002/12/30/story2.html.

19. White, "The Cincinnati Riots and the Class Divide."

20. White, "The Cincinnati Riots and the Class Divide."

21. White, "The Cincinnati Riots and the Class Divide."

22. Aldridge, "Cincinnati: The Flashpoint"; Daniels, "The Riots in Cincinnati."

23. Stephanie Simon, "From Cincinnati's Mayhem Come Signs of a Better Day," *Los Angeles Times*, April 14, 2001, pg. A1; Karen Juanita Carrillo, "Protest Becomes a Riot in Cincinnati," New York *Amsterdam News*, April 12, 2001, pg. 1.

24. Simon, "From Cincinnati's Mayhem Come Signs of a Better Day," pg. A1.

25. Simon, "Mourners Pray Black Kids Didn't Die in Vain," pg. A1A; Nicole Colson, "John Ashcroft's Racist Hysteria," *Socialistworker.org* March 14, 2003, pg. 5.

26. Memorandum to Attorney General John Ashcroft to Evaluate Request from Mayor of Cincinnati, April 12, 2001, Archives of the United States Department of Justice, https://www.justice.gov/archive/opa/pr/2001/April/172ag.htm; Carrillo, "Protest Becomes a Riot in Cincinnati."

27. Nikhil Pal Singh, *Race and America's Long War* (Berkeley: University of California Press 2017), 7.

28. House Committee of the Judiciary, Pub. L. No. 103—771 "Violent Crime Control and Law Enforcement Act of 1994," Title XXI, Subtitle D "Police Pattern or Practice," H. R. Rep. 3355, 103rd Cong. (1994); *The Civil Rights Division's Pattern and Practice Police Reform Work: 1994—Present* (Washington, DC: Civil Rights Division, US Department of Justice, January 2017), https://www.justice.gov/crt/file/922421/download.

29. White, "The Cincinnati Riots and the Class Divide"; Joshua M. Chanin, "Negotiated Justice? The Legal, Administrative, and Policy Implications of 'Pattern or Practice' Police Misconduct Reform" (PhD diss., American University, 2011), 53; Linn Washington Jr., "Cincinnati Blacks Endure Indignities Often," *Philadelphia Tribune*, May 1, 2001, pg. 7A.

30. White, "The Cincinnati Riots and the Class Divide."

31. Jay Rothman and Randi Land, "The Cincinnati Police—Community Relations Collaborative," *Criminal Justice* 35 (2004): 35—42, 38, 35.

32. White, "The Cincinnati Riots and the Class Divide."

33. "Collaborative Agreement," United States District Court, S. D. Ohio Western Division, Case No. C-199-317 Re: Cincinnati, Judge Dlott; Rothman and Land, "The Cincinnati Police—Community Relations Collaborative," 35—42; Jay Rothman, "Identity and Conflict: Police Community Conflict in Cincinnati, Ohio," *Ohio Journal of Dispute Resolution* 22, no.1 (2006): 105—132.

34. "Collaborative Agreement"; Rothman and Land, 38.

35. "Activists Protest Treatment of Blacks," *Los Angeles Times*, June 3, 2001, pg. A8A.

36. Lisa Cornwell, "Leaders Call for Boycott of Cincinnati," *Atlanta Daily World*, July 19, 2001, pg. 3; Stephanie Simon, "Racial Wounds Don't Heal with Time in Cincinnati," *Los Angeles Times*, December 16, 2001, pg. A26; Dan La Botz, "Cincinnati: A Decade Since the Rebellion of 2001—What Have We Learned, Where Are We Now?" *Solidarity*, April 14, 2011; "Cosby Cancels in Face of Cincinnati Boycott," *Los Angeles Times*, February 9, 2002, pg. OCF2.

37. Saul Green, *City of Cincinnati Independent Monitor Final Report* (Washington, DC: US Department of Justice, December 2008); Semuels, "How to Fix a Broken Police Department"; Stephanie Simon, "Hope, Caution in Cincinnati," *Los Angeles Times*, April 7, 2002, pg. A18; Tony Pugh, "Cincinnati Leaders Reach Agreement on Sweeping Changes One Year After Riot," *Knight Ridder Tribune Business News*, April 4, 2002, pg. 1.

38. Pugh, "Cincinnati Leaders Reach Agreement on Sweeping Changes One Year After Riot"; "Collaborative Agreement"; Green, *Final Report*; Semuels, "How to Fix a Broken Police Department."

39. Simon, "Hope, Caution in Cincinnati," pg. A18.

40. Simon, "Racial Wounds," pg. A26.

41. Green, *Final Report*, 25; Simon, "Hope, Caution in Cincinnati," pg. A18.

42. K. Jack Riley et al., *Police-Community Relations in Cincinnati* (Santa Monica, CA: RAND Corporation, 2005), https://www.rand.org/pubs/technical_reports/TR333.html; Greg Ridgeway et al., *Police-Community Relations in Cincinnati* (Santa Monica, CA: RAND Corporation, 2009), https://www.rand.org/pubs /monographs/MG853.html; Green, *Final Report*; Semuels, "How to Fix a Broken Police Department"; "Collaborative Agreement"; Simon, "Hope, Caution in Cincinnati"; Tony Pugh, "Cincinnati Leaders Reach Agreement on Sweeping Changes One Year After Riot."

43. La Botz, "Cincinnati: A Decade since the Rebellion of 2001"; Green, *Final Report*, 29; John Seabrook, "Don't Shoot: A Radical Approach to the Problem of Gang Violence," *New Yorker*, June 15, 2009.

44. Green, *Final Report*, 36; *Police—Community Relations in Cincinnati* (2005, 2009); Semuels, "How to Fix a Broken Police Department."

45. Semuels.

46. Semuels.

47. La Botz, "Cincinnati: A Decade since the Rebellion of 2001."

48. La Botz.

49. "Blueprint for Peace: What Ferguson Can Learn from Cincinnati," aired August 30, 2014, NBC *News*, https://www.nbcnews.com/storyline/michael-brownshooting/blueprint-peace-what-ferguson-can-learn-cincinnati-n191911; Mark Curnette, "PostRiot Lessons Here Shared with Ferguson," *Cincinnati Enquirer*, August 17, 2014, https://www.cincinnati.com/story/news/2014/08/17/damon-lynch-iii-takes-cincinnatissolution-ferguson/14210949/.

50. Chris Graves and Sharon Coolidge, "Mother at Funeral: 'I Want Justice for My Son,'" *Cincinnati Enquirer*, July 28, 2015, https://www.cincinnati.com/story/news/2015/07/28/samuel-dubose-laid--rest/30777221/.

51. Graves and Coolidge; Nick Dutro, "Tywon Thomas: A Life After Violence," *Advertiser-Tribune*, January 7, 2017, https://advertiser-tribune.com/news/221671/tywonthomas-a-life-after-violence/.

52. Graves and Coolidge, "Mother at Funeral"; "University of Cincinnati to pay $4.8M and Tuition of Man Slain During Traffic Stop," *Jacksonville Free Press*, January 21, 2016, pg. 12. 截至 2020 年 6 月 5 日，俄亥俄州南区检察官办公室表示仍然在对杜博斯枪击致死案进行审查，尽管汉密尔顿县检察官乔·德斯表示他不会以谋杀和故意杀人的

罪名第三次起诉滕辛。Jennifer Edwards Baker, "Federal Review Ongoing in Sam DuBose Fatal Shooting," *Fox* 19, June 5, 2020, https://www.fox19.com/2020/06/05/federal-review-ongoing-sam-dubose-fatal-shootingnearly-years-later/.

　　53. Princess-India Alexander, "Former Cop Who Killed Sam DuBose Awarded $350,000 Settlement," *Huffington Post*, March 23, 2018, https://www.huffpost.com/entry/former-university-of-cincinnati-cop-who-killed-sam-duboseawarded-350000-settlement_n_5ab521bde4b054d118e26d7c.

结　论

在伊利诺伊州的开罗市，黑人居民效法 20 世纪 60 年代末和 70 年代初的黑人运动先驱在 2020 年的夏天举行了游行，他们穿越大街小巷，呼吁在美国结束种族主义和种族歧视。查尔斯·科恩是早期黑人运动的一个重要人物，于 2018 年去世。如今，站在"这个在开罗市奋力斗争的人的肩膀上"的是他的女儿罗比·科恩（Robbie Koen）。2020 年 6 月 19 日，人们在位于开罗市中心的主干道上举行了"中心地团结游行"（Heartland Unity March）和"6 月 10 日庆典"（Juneteenth Celebration），在此集会上，罗比·科恩以她父亲的名义发表了主题演讲。"今天，我要问你的问题是'你该怎么办？'今天，我要问我自己的问题是'我该怎么办？'"她说，"作为黑人，我们有责任为真理和真相挺身而出。"[1]

这一年的夏天，全美范围内有大约 1 500 万至 2 600 万人参加了种族正义示威活动——这是美国历史上规模最大的一场社会运动。在全美的 50 个州和华盛顿特区至少有 2 400 个城市——包括本书所提及的每一座城市——见证了这场运动。尽管只有大约 5% 的抗议活动出现了暴力，而绝大多数示威活动都是以和平的方式开展的，但是研究表明，美国政府以彻头彻尾的国家暴力镇压所有的示威活动，当今的回应方式与 20 世纪六七十年代应对黑人反抗时的所作所为别无二致。在明尼阿波利斯市的几名警察以锁喉术令 46 岁的黑人男子乔治·弗洛伊德（George Floyd）窒息而死，若干旁观者用手机拍摄了当时的场景并加以传播之后，在此后的数天里人们愤然占据街头表达抗议。5 月下旬的弗洛伊德被杀事件是引发随后的黑人反抗事件的一个直接因素，与此同时，这一事件也让人们注意到数月前的另外两起可怕的反黑人暴力事件：一是在 2020 年 2 月，一对白人父子在其所居住的佐治亚州的南部社区看到艾哈迈德·阿伯里（Ahmaud Arbery）正在慢跑，他们枪杀了这名 25 岁的黑人男子；二是在此事件的一个月后，路易丝斯维尔市的 6 名便衣警察在一场拙劣的突击行动中将 26 岁的布伦娜·泰勒（Breonna Taylor）从床上唤醒，然后枪杀了她。对于上述两起事件，当地政府均置若罔闻。要求为上述 3 名受害者讨回公道的抗议活动在 6 月的第一个星期达到高潮，全世界 74 个国家的示威者团结一致地举行了 8 700 场示威、游行和抗议活动。[2] 这些活动标志着人们迎来了一场种族与经济平等的全球运动。

印第安纳州的韦恩堡曾在镇压 1968 年的黑人反抗事件中使用了催泪弹。2020 年的种族正义示威活动在这座城市持续了数个星期：数以百计的抗议者对弗洛伊德、阿伯里和泰勒的被杀表示愤怒，并要求——正如该市的黑人所长期呼吁的——对警务和量刑政策实施改革，要求禁止警察使用锁喉术，并成立一个由韦恩堡市居民自由选举产生的公民审查委员会。伊利诺伊州的皮奥里亚市曾在 20 世纪 60 年代末的数年间不断地爆发黑人反抗事件，在 2020 年的种族正义示威活动中，抗议者喊出了一句新的口号："削减警察预算。"人们主张政府应当削减投入警察部门的资金，将资金直接用于支持低收入社区，并集中用于改善皮奥里亚市居民的教育、就业和住房条件。半个世纪以来，这座城市的居民在非暴力和暴力的抗争中不断伸张这些诉求。[3]

至少在本书完成之际，我们可以认为 2020 年的夏天在开罗、韦恩堡、皮奥里亚以及美国数千个城市所爆发的抗议活动为美国黑人争取自由的斗争谱写了最新的篇章。就马丁·路德·金遇刺之后的数年直至 70 年代初的一些关键年份而言，尽管这一时期的黑人反抗根植于黑人对于美国的政治和经济体系的怨恨，但是，反抗事件的爆发却往往是由普通的日常警务活动所引发的。然而，从 20 世纪 80 年所爆发的迈阿密反抗事件开始，黑人反抗逐渐从针对日常的警务活动转变为对特定的警察暴力事件作出回应，转变为对美国的整个司法体系提出质疑。这是一个转变的过程，而在此过程中从未发生改变的是美国警察的军事化发展以及对于黑人和拉丁美洲裔人口的有罪推定。美国的刑事司法制度针对毒品犯罪——事实上是系统性地针对低收入有色人种——实施了强制性最低刑期和"三振法"*的量刑标准，然而，与毒品犯罪相比，警察却仍然很少为其暴行承担任何责任。当代美国的争取种族正义运动无疑立足于黑人早期的斗争传统基础之上，它将黑人民权运动时期的直接行动策略与常常被定义为黑人权力的对于种族主义的系统性批判相融合，创造出一种激进而非暴力的抗争模式。[4]

尽管许多美国人颇为欣慰地看到弗洛伊德被杀引燃了大规模的示威抗议活动，看到如此多的人因为深受触动而参与其中，甚至将直接行动视为必要之举，但是，当前的这一切还是令人沮丧地令人联想起 20 世纪六七十年代的后民权时代。多年以来人们以为"骚乱"已经成为过去。在美国的媒体看来，2001 年的辛辛那提黑人反抗是 20 世纪六七十年代黑人群众性抗议活动所残余的一个异常现象，是对此前的那个时代进行注解的一个脚注，是那个时代落幕时所响起的一段终曲。在进入新世纪的 2001 年，这个国家并未意识到自己会再度遭遇自 1992 年洛杉矶反抗事件以来的 10 年里最为严重的反抗事件。

然而，这个国家在 2020 年又迈入一个新的抗争时代。在 2014 年布朗遭到警察杀害以及迈克尔在密苏里州的弗格森市遭到警察杀害之后，抗议的烈火再度被点燃。在 2014 年至 2020 年的数年间，大量的警察杀人事件引起整个美国的关注：被害人中有 17 岁的芝加哥少年拉泉·麦克唐纳（Laquan McDonald），他在 2014 年 10 月转身从一名警员身边离开时遭到后者枪杀，而杀害他的警员竟然得到该市持自由主义立场的政治团体的庇护；被害人中也有 12 岁的男孩塔米尔·赖斯（Tamir Rice），他在 2014 年 11 月在公园里玩玩具枪时遭到克利夫兰警方枪杀；被害人中还有 28 岁的黑人女

---

* "三振法"（three-stricks law）又称"三振出局法"，要求法院对第三次及以上犯有重罪的累犯采用强制性量刑准则，以大幅延长其刑期。——译者注

子桑德拉·布兰德（Sandra Bland），她在 2015 年 7 月在得克萨斯州的沃勒县（Waller County）监狱神秘死亡；以及包括埃里克·加纳，他在布朗被杀的几个星期之前被纽约市警察杀害；此外，被害人中还有弗雷迪·格雷（Freddie Gray），娜塔莎·麦肯纳（Natasha McKenna）以及菲兰多·卡斯蒂利亚（Philando Castille）。这份名单的名字数不胜数。[5]

　　黑人反抗之所以再度被点燃，其原因之一在于技术的突飞猛进。我们中的许多人——即便不是大多数人——的手机中都有摄像装置，而大街小巷的监控摄像头也已成为现代生活中无处不在的存在。长期以来，黑人社区一直对警察以他们为目标施加暴行感到愤懑，而他们对此所提出的指控常年来始终被当局所忽视或是简单地予以否认。如今，视频作为证据为此类指控提供了支持，而当局对于黑人生命的根本忽视也再难被人轻易否认，无数的美国白人因此被警察的暴行所激怒。1991 年，警察在殴打罗德尼·金时认为没有人目睹现场，但随后新闻媒体就对这起警察向黑人施暴的事件进行报道。二十年后，无数视频记录了美国的警察如何残忍地虐待和杀害平民，并通过社交媒体广泛传播。截至本书写作时，记录了乔治·弗洛伊德被杀的 9 分钟视频已得到大约 14 亿次的点击量。[6]尽管大量记载警察暴行的视频激发起美国白人对于正义的呼声，让人们日益认识到反黑人暴力的广泛存在，但是，所有这一切都未能迅速地导致系统性变化。就此而言，斗争仍在继续。

　　引领着新一代的黑人民权活动人士及其组织的是"黑人的命也是命"运动。这场运动形成于 2013 年 7 月，源于乔治·齐默尔曼（George Zimmerman）毫无理由地枪杀了 17 岁黑人高中生特雷文·马丁（Trayvon Martin）却被法庭宣判无罪释放。在此事件在弗格森市和全球范围内引发抗议活动期间，作为这场运动的主旨以及社交媒体上的话题标签和一种思想，"黑人的命也是命"在全美范围得到了广泛认可。人们普遍认识到将低收入有色人种社区作为目标的"向犯罪宣战"和毒品战争的政策事实上导致了一场"针对黑人和拉丁美洲裔族群的战争"，也正是基于上述认识，诸如"黑人的命也是命"、"黑人青年项目 100"（Black Youth Project 100）、"我们指控种族灭绝"（We Charge Genocide）、"梦想捍卫者"（Dream Defenders）等人权团体呼吁人们对既有政策——该政策将大量的资金投入警务、监控和监禁，而非用于教育、就业和为穷人提供体面的住所——提出质疑和发起挑战。自 20 世纪 60 年代和 70 年代初的反抗岁月以来，黑人自由运动的组织者已经经历了两代人，在当代处于中心地位的是一群年轻的活动人士，他们正在要求我们重新思考这一问题，即美国的反黑人种族主义以及警察和监狱系统是如何深深地扎根在一个整体性政治和经济压迫体系之上的。[7]

这场"黑人的命也是命"运动肇始于美国第一位黑人总统巴拉克·奥巴马的第二任期，它打破了所谓美国已经摆脱了种族主义的过往历史而成长为一个完全包容性社会的幻象。正是基于黑人民权运动的遗产并伴随着黑人中产阶级的成长以及黑人专业技术人员和民选官员的崛起，奥巴马赢得了竞选胜利。然而，尽管黑人明星在流行文化中赚取了财富、黑人高管在企业董事会中拥有席位、黑人家庭自 1965 年以来经济和生活条件趋于上升，但是，直到 2020 年，一个普通黑人家庭所能赚取的收入仍然与一个普通白人家庭的收入相差甚大，也就是说，白人每赚 1 美元，黑人只能赚 59 美分。*普通黑人家庭的年收入不足 29 000 美元，而无论是在 1965 年还是在 2020 年，美国黑人的失业率和贫困率都高达白人大约 2 倍之多。今天，美国的白人家庭中有四分之三拥有自己的房屋，而黑人家庭中拥有自己房屋的比率不到一半。美国政府在过去的 50 年里不断削减教育拨款，由此导致城市公立学校日趋凋零，并导致相当比率的低收入黑人和拉丁美洲裔儿童无法完成基础教育。尽管近年来美国黑人的入狱率有所下降，但仍然是美国白人的 6 倍。[8] 这些数字发人深省，凸显了种族主义及其所导致的后果仍然在美国延续，而令人不安的是，与此相伴，自 20 世纪 60 年代中期取

---

* 1 美元等于 100 美分。——译者注

得民权立法胜利以来，黑人已经持续了半个世纪的发展和进步。

　　在奥巴马担任总统期间，弗格森以及奥克兰、巴尔的摩、密尔沃基（Milwaukee）等美国其他城市都既目睹了以和平方式所开展的抗议和守夜活动，也看到了抗议者与警察的暴力冲突、财产破坏和抢劫，这一切都凸显了 20 世纪 60 年代民权立法及其随后数十年的自由主义改革存在着结构性缺陷。无论是视频中所记录的警察暴力执法还是黑人的四处纵火，都清楚地表明不公正和不平等仍然没有消失。有色人种仍然遭到警察杀害，而法律制度在面对警察杀戮的事实时所表现的仍然是——纵然不是恶意——一种肆意妄为。即使新近发生的大多数抗议活动都采取了和平的方式，集体的政治暴力仍然在以自 20 世纪六七十年代以来所从未见过的规模卷土重来。

　　黑人抗争中存在着暴力和非暴力两股张力，它们在历史上都曾实现其重要的目的。早期的民权运动采取了非暴力的直接政治行动，而其所取得的任何成功都建立在以暴力的直接政治行动相威胁的基础之上。正如马丁·路德·金本人所承认的，来自群众的非暴力抗争能够发挥多大的力量，部分地取决于这种抗争有多大的能力发出一旦诉求得不到满足则将遭遇暴力抵制的威胁。暴力和非暴力是黑人在抗争中所展示的两股彼此交织的力量，而试图理解美国历史和现实中的黑人反抗，则必须将它视为与美国自由运动的历史相互交融的一种政治行动类型，并置于其自身的逻辑之中。

　　2020 年夏天的抗议浪潮是对以往反抗方式的一种批判，因此既不同于 20 世纪 60 年代末和 70 年代初的反抗事件，也不同于 2020 年夏天之后从迈阿密一直延烧到洛杉矶等诸多城市的大规模纵火事件。20 世纪 60 年代末和 70 年代初的反抗事件往往肇始于警察前往黑人社区巡逻而示威者以投掷石块、玻璃瓶等物相回应，与之不同，2020 年夏天的抗议活动所针对的是一桩骇人听闻的警察暴行的事实，它最初是以和平方式开展的游行和守夜活动，只是当警察咄咄逼人地对非暴力的抗议者进行镇压时，一些示威活动才迅速地转变为暴力抗争。

就在乔治·弗洛伊德被杀 3 天之后，明尼阿波利斯市的抗议者占领了警察第三分局的大楼并在楼内纵火，许多城市的抗议者点燃了警车。尽管如此，2020 年夏天爆发的大多数暴力事件——更加具体地说是破坏行为——都不是以警察或是商铺为目标，而是将矛头指向象征着美国这个国家对人民实施压迫的典型标志物：全美各地都发生了抗议者污损或是毁坏纪念碑的事件，这些纪念碑所纪念的正是那些实施征服和种族灭绝、奴役数代非洲裔美国人或是捍卫奴隶体制的历史人物。在美国各地所发生的至少 38 次示威活动中均有纪念馆遭到严重损坏或完全毁坏，而这些纪念馆大多是在向南北战争时期南方邦联的军事领导人致敬。即便示威者没有把雕像拉下基座或是用喷漆玷污纪念碑，他们的抗议也还是迫使当局去除那些似乎在彰显着某种不公正的历史印记，并重新为以这些历史人物——他们的名字所代表的是这个国家更加黑暗的一段历史——命名的学校、图书馆等公共设施命名。[9]

尽管贯穿全美的黑人反抗事件——从 20 世纪 60 年代直至 2001 年的辛辛那提——的主要参与者是黑人抗议者，但是，2020 年一场最为持久的集体暴力事件却并非发生在黑人聚居区，而是来自主要是白人居民的城市和社区：这一转变在不久之前还是不可想象的。2020 年的大部分抢劫事件都发生在美国城市中的高档社区，抢劫的目标主要是诸如比弗利山庄（Beverly Hills），罗迪欧大道（Rodeo Drive）上的古琦（Gucci）、蒂芙尼（Tiffany & Co.）等奢侈品商店，而非在诸如 1965 年的洛杉矶反抗事件中所针对的洛杉矶南区中央大街（Central Avenue）上的白人夫妻零售店。抗议者与警察之间最激烈和最持久的对抗恰恰发生在波特兰（Portland）、西雅图等美国最"白"的城市，这表明全美范围内抗议者的人口结构正在发生变化，也就是说，近年来越来越多的美国白人走上街头与种族不公正进行斗争，而这些区域往往很少有（如果有的话）黑人居住。在爆发抗议活动的地区中，大约 95% 的县是以白人居民为多数，其中四分之三的县有比例高达 75% 的白人居民。在举行抗议活动期间，白人抗议者有时会为黑人抗议者提供保护，甚至用身体保护他们使其免受来自警察的潜在伤害，这些白人常常高呼"黑人权力"[10]。所有这些发展和变化均表明伴随着这个国家的日益多元化，伴随着历史和现实中的系统性种族主义事件不断被揭露，几乎完全由黑人引领、由黑人参与并且只是在形同种族隔离状态下的黑人社区爆发的反抗模式可能已经成为过去。

从 2020 年的种族正义示威活动中，我们还看到种族正义运动的倡导者、环境保护运动的活动人士、性少数者权利组织（LGBTQ-rights）以及工会似乎正携手建立一个新的联盟。在辛辛那提市爆发反抗以及随之爆发由社会正义组织所发起的正义游行的将近 20 年后，左翼活动团体开始发出呼吁要求重新调配投入警察部门和监狱系统的资金，并进行重新分配和重新投入以便提升心理健康服务、应对气候变迁、改善住房条件，以及为所有美国人提供教育和就业的机会。唐纳德·特朗普总统及其政府不断煽动和鼓励白人极端主义，但是，他们的仇恨言论和政策只会激励思想进步的美国白人建立新的联盟并付诸新的行动。

另一个正在发生的变化是，与 1964 年哈勒姆反抗事件中各级官员所展现的严厉镇压的态势不同，政府官员和警察中的一些人也参与了 2020 年的反种族主义示威活动。1968 年，加利福尼亚州斯托克顿市的黑人居民曾将两名警员困在一个黑人社区的体育馆中，而在 2020 年的斯托克顿以及美国的许多其他城市，部分警员也参与了"黑人的命也是命"的示威活动，他们同样以单膝下跪的方式向遭到警察杀害的乔治·弗洛伊德表示哀悼，并承认警察暴行在这个国家是一个事实。[11] 警察的参与在部分城市和缓了抗议者与警察之间的对峙和紧张，有助于避免双方的暴力升级，而在另外一些城市，警察参与示威活动被视为一种"公关噱头"，被视为在对导致警察暴行的体制性力量进行某种掩盖。即使同一个警察部门的内部也存在着这种对立：一些警员认为在面对反警察暴行的抗议活动时，警察应当予以声援，而另一些警员则认为应当以严厉的手段对付这些和平的抗议者。在纽约州布法罗市（Buffalo）的抗议活动中，一群参与示威的警员并肩单膝跪下以示抗议，而与此同时，一段视频显示一名维护秩序的警员正将一名参与示威的老年白人男子推倒在地致使其头骨破裂。[12]

针对上述抗议活动，商界和政界领袖提出了一系列值得关注的回应方案，他们主张采取相应的措施并以此努力"在种族平等方面取得进展"。2020 年 6 月 17 日，贵格燕麦公司（Quaker Oats）的发言人对其公司所采取的措施进行了解释，声称将对其旗下的糖浆薄煎饼混合粉上的杰米玛阿姨（Aunt Jemima）商标及其图案进行更改。一些重要的金融机构也发出承诺，表示将为种族平等提供支持；其中，仅美国银行（Bank of America）就表示将为有色人种社区提供 10 亿美元的捐助，以此为这些社区"提升经济机会"。"世界最大的零售商"沃尔玛以及诸如 CVS 等药店也不再将黑人款的美容商品放置在防盗柜台内。2005 年，新奥尔良市的大量黑人居民在卡特里娜飓风中遇难或流离失所，而时任美国总统的乔治·布什对于黑人的困境无动于衷，因此饱受批评；如今，这位前总统承认抗议者是"为了实现一个更好的目标而游行"，他甚至提出了一个问题："我们应当如何结束存在于我们社会中的系统性种族主义？"[13] 有关种族正义的全国对话有助于让这一议题不再局限于个人偏见和个体行动，而是将讨论的目标指向让这种不平等得以永恒的政治和经济制度。这是一场新的、由不同种族的参与者所构成的、受到广泛欢迎的运动，它看起来正在与过往的历史决裂，而正是在这段过往的历史中，黑人反抗——"骚乱"——曾一度被视为美国黑人的特有病症并引发白人的广泛恐惧。

然而，这段过往的历史毕竟是这个国家的历史，它或许并非其历史的全部，但也几乎可以肯定是其历史中最重要的一个部分。自克纳委员会开展调查以来，无数的工作组和委员会对集体政治暴力的制度性起因进行过反复界定，并在这种界定中特别强调根深蒂固的种族主义所产生的危害。商业企业对于社会正义的呼声并不感到陌生。在 1992 年的洛杉矶反抗事件结束之后，"欧洲之星"公司曾经承诺将帮助"瘸系"和"血系"的黑人帮派成员转型成为企业家，但是，当新闻的焦点移往别处时，这家公司也就不再有兴趣于此。仅仅承认美国存在着系统性种族主义，仅仅像弗吉尼亚州的费尔法克斯县（Fairfax County）那样将曾经冠名为罗伯特·李的高级中学更名为约翰·刘易斯[*]，仅仅为社会正义和反贫困组织提供捐款或在社交媒体上使用"黑人的命也是命"的话题标签，所有这些都无法取代美国黑人所长期呼吁的制度性结构转型。

就 2020 年颇具历史意义的种族正义示威活动而言，尽管它更加类似于 20 世纪 60 年代上半叶黑人民权运动中的游行示威，而与 60 年代后半叶的暴力抗议活动相距甚远，但是，当局所频繁采用的却是几近于 60 年代上半叶的回应方式。从 60 年代上半叶直至 80 年代的迈阿密、90 年代的洛杉矶以及 21 世纪头 10 年的辛辛那提，当局都是以发射橡胶子弹、喷洒胡椒刺激物、使用防暴警棍实施殴打、实行宵禁和进行逮捕，以及调遣国民警卫队进驻部分城市的方式回应民众的抗议。2020 年，宾夕法尼亚州哈里斯堡市的抗议者包围警车并以污言秽语大声咒骂车内的警员，而前来增援的全副防暴装备的警察则向现场的男人、女人和孩子发射催泪瓦斯，这个场景犹如 1969 年哈里斯堡市警方任意使用化学武器镇压民众的翻版。[14]

就在种族不平等引燃了全国性抗议示威活动之际，就在数百万民众走上街头要求建立一个区别于以往的不同类型的社会之时，特朗普政府作出的唯一回应是为升级和强化警察部队提供更有力的支持。在乔治·弗洛伊德被杀 4 天之后，全国各地的街道上大多遍布着和平的抗议者。特朗普总统在其 5 月 29 日的推文上写道："这群暴徒正在让人们对于乔治·弗洛伊德的悼念蒙羞。"在另一条推文中，这位总统（有意或无意地）逐字逐句地引用了迈阿密警察局长沃尔特·海德利在回应该市 1967 年的反抗事件时所说的话："抢劫开始之时，就是警察开枪之际。"当许多州的州长承认人

---

[*]　约翰·刘易斯（John Lewis）：参见本书导论。——译者注

们所行使的是宪法第一修正案所赋予的抗议权时，特朗普称这些州长"软弱"，并指示各州官员召集国民警卫队对示威活动进行"压制"。在应对明尼阿波利斯市的抗议活动时，国民警卫队——用这位总统的话说——"清除（抗议者）就如同切下一块黄油"[15]。

此外，一些知名的保守派人士也与特朗普一同倡导采用军事手段应对抗议活动。阿肯色州参议员汤姆·科顿（Tom Cotton）在 6 月 3 日的《纽约时报》发表了一篇专栏文章，他将 2020 年的示威者与 20 世纪 60 年代的"骚乱分子"进行了比较，并认为正是后者"导致美国的许多城市陷入无政府"的"暴力狂欢"之中。林登·约翰逊总统曾经在所谓民权运动的和平抗议者与暴力"流氓"之间作出区分，而科顿参议员则响应了这一区分并声称"发动骚乱对乔治·弗洛伊德没有任何帮助"，"制服暴徒"的唯一方式就是"拿出压倒性武力驱散、拘留并最终震慑违法分子"。[16]

在 20 世纪 60 年代末和 70 年代初的反抗事件中，当局常常将矛头指向所谓"外部煽动者"和"黑人革命者"。无独有偶，科顿参议员、特朗普总统以及其他官员也都将暴力归咎于"黑人的命也是命"以及被统称为"安提法"（Antifa）的一个由反法西斯主义人士所组成的松散团体。科顿参议员辩称"这些思想虚无的罪犯跑出来只是为了抢劫和寻求进行破坏行为的刺激感，与之相伴的是诸如'安提法'等左翼激进主义组织的骨干分子渗透到抗议活动中，他们试图利用弗洛伊德的死实现无政府主义的目的"。早在 20 世纪 60 年代，全美各地的地方警察部门都放映了一部旨在诋毁"黑人权力"的电影《正在进行的革命》，而在 2020 年的种族正义浪潮中，如今的政府官员与保守派媒体采用了与这部反共电影相似的风格发动了大规模的造谣运动，他们试图将参与"黑人的命也是命"的活动人士等同于暴力极端分子，同时试图将左翼组织"安提法"等同于恐怖组织。诸如此类的造谣和诋毁削弱了公众对于种族正义运动的支持。在弗洛伊德被杀事件之后的一个星期，抗议活动一度达到高潮，随后其势头急剧减弱。即使大多数美国人都在一定程度上对"黑人的命也是命"运动表示支持，但是，正如一项民意调查所显示的，有 42% 的受访者认为在反抗种族不公正的抗议活动中，大多数示威者是在"煽动暴力或是破坏财产"[17]。

特朗普政府及其政治盟友将抗议活动称为一场旨在以美国为敌的犯罪和暴力运动。他们不仅在言辞上对其讨伐，而且付诸行动。在 1968 年因为马丁·路德·金遇刺而引发的反抗浪潮中，当局曾经调遣联邦军队进驻美国的多个城市，而在 1992 年因为殴打罗德尼·金的警员无罪获释而引发的洛杉矶反抗事件中，当局同样调遣联邦军队进驻洛杉矶市。如今，特朗普政府故伎重演，主张联邦政府应该直接出面干预。6 月 1 日，为了方便特朗普总统前往白宫附近的圣约翰教堂（St. John's Church）拍照，美国公园警察和特勤局（Secret Service）的特工向在与白宫相邻的拉斐特广场上举行和平抗议活动的示威者发射了催泪瓦斯，并使用防暴警棍和其他武器对付示威者。到 6 月底，随着一些揭露反黑人种族主义的书籍登上畅销书排行榜的前列，抗议者推倒了哥伦布和杰斐逊·戴维斯（Jefferson Davis）的纪念碑，特朗普总统发布行政命令授权联邦特工通缉和追捕公共塑像或联邦财产的破坏者。基于这一行政命令，当局成立了"保护美国社区特别工作组"（Protecting American Communities Task Force）并将国土安全部的特工安插到俄勒冈州的波特兰市、华盛顿特区以及美国其他城市的抗议活动中。到 7 月，特朗普政府整合上述各种措施而发动了"勤勉勇气行动"（Operation Diligent Valor），联邦特工被调遣进驻主要街道并以进攻性方式对示威活动进行监控。对于诸如此类的举措，许多地方官员在心理上极为矛盾。[18]

不出所料，上述举措所起到的效果仅仅是进一步激怒了抗议者（这或许正中特朗普下怀，因为他相信骚乱的升级将有助于增加公众对其竞选连任的支持）。在开展"勤勉勇气行动"之前，波特兰市警察部门只是对该市所发生的大约 24% 的抗议活动进行了干预，其中很少用到暴力。然而，随着"勤勉勇气行动"以及联邦特工的到来，有报道的由国家所实施的暴力事件几乎翻了一番，在该市的所有抗议活动中占比 40%，而此前仅有 17%

的示威活动卷入暴力。在这一年余下的夏日时光，波特兰市有大约 42%，即接近一半的抗议活动升级为暴力事件。警察暴力引燃社区暴力的循环由此再度展开。到 2020 年秋天，联邦政府委派俄勒冈州警察局与美国法警（US Marshals）协同开展行动以帮助波特兰市镇压示威活动。至此，联邦政府表明了其最高权力层已经介入地方当局的镇压活动。[19]

特朗普政府将目标指向了新墨西哥州的阿尔伯克基市：早在 1970 年，美国的墨西哥裔青年曾在此发动反抗警务政策的暴力政治抗争。此次当局所针对的是肇始于阿尔伯克基市的"传奇行动"（Operation Legend），后者与旨在重申"法律与秩序"的"勤勉勇气行动"针锋相对。6 月中旬，在一群抗议者试图推倒西班牙征服者胡安·德·奥尼亚特（Juan de Oñate）的纪念碑时，当地民兵团体的一名极端主义成员开枪打伤了一名示威者。司法部长威廉·巴尔（William Barr）亲自坐镇，从联邦军队中调遣了 35 名士兵进驻阿尔伯克基市，同时调遣数十名联邦特工前往纽约、芝加哥、巴尔的摩、底特律、奥克兰以及密苏里州的堪萨斯城。巴尔的这一举动并不是为了保护当地居民免受白人至上主义者的暴力侵害，而仅仅是为了镇压抗议者。这位特朗普政府的司法部长曾在乔治·布什政府中担任司法部长，早在 1992 年时他就曾援引《暴动法》而迅速调遣联邦军队进驻洛杉矶。如今看来，1992 年的行动不过是 2020 年的这番阵仗的一次预演。除了从联邦调查局、缉毒局（EDA）、酒精、烟草、枪支和爆炸物局（Bureau of Alcohol, Tobacco, Firearms and Explosives）抽调特工进驻阿尔伯克基市之外，巴尔所领导的司法部还向这座城市拨款 970 万美元以便其增设 40 个新的警察职位，而当地的人权活动人士和政界官员呼吁的是重新调配投入执法部门的资金，使其为年轻人提供更好的教育。[20]

美国历史上曾经有过反对种族不公正的抗议活动，它们在反击白人至上主义势力的同时，事实上也帮助了白人至上主义势力的动员和推广。这一点在 2020 年也不例外。白人极端分子或是单独行动，或是与有组织的白人仇恨团体相结合，他们驾驶汽车有意冲撞成群结队的抗议者。在得克萨斯州的奥斯汀（Austin）、印第安纳州的科科莫（Kokomo）以及美国其他城市，那些实施"汽车冲撞"的人本身就来自军方或是执法部门。这项战术的首次运用是在特朗普任职总统后的第一个夏天，当时联合右翼党（Unite the Right）正在弗吉尼亚州的夏洛茨维尔（Charlottesville）举行集会。2017年8月，民兵团体和新纳粹分子在夏洛茨维尔的街道上游行，他们身佩纳粹标志、高呼种族主义口号、挥舞突击步枪，并打出了南北战争时期南方邦联的旗帜。有一群抗议者站出来反对这场集会，因此，参与集会的一名白人至上主义者便驾驶汽车冲撞抗议的人群，由此导致19人受伤以及一个名叫希瑟·海尔（Heather Heyer）的32岁白人女子死亡。[21]

就特朗普及其专制而分裂的政治而言，其兴起着实为白人至上主义者提供了新的动能。相较于他在2016年所喊出的竞选口号（"让美国再次伟大"）以及对于仇恨的公然鼓励（他在总统竞选辩论期间曾对一名白人仇恨团体的成员说，"退一步，等待时机"），林登·约翰逊都不免显得温良恭俭。在希瑟·海尔被杀事件发生后，特朗普总统在新闻发布会上表示夏洛茨维尔集会的"双方都有非常好的人"，这番言论与20世纪70年代的官员将向黑人施暴的开罗市的白帽党称为"好公民"异曲同工。[22] 20世纪70年代，白人站在自家的草坪上用手中的霰弹枪和德国牧羊犬恐吓和骚扰黑人居民，而后者只是路过附近或仅仅要求得到同等对待。2020年6月下旬，一段手机视频显示圣路易斯（St. Louis）的一对白人夫妇在其自家草坪上分别用一把手枪和一把突击步枪指向"黑人的命也是命"的抗议者，此事的发生时间是在共和党召开全国代表大会的两个月之后。

尽管特朗普政府没有像1969年宾夕法尼亚州的约克市警察那样向白人至上主义者发放子弹，但是，当局着实为20世纪六七十年代的白人极端分子的子孙们所开展的反黑人运动提供了其他形式的支持。到2020年夏天时，抗议活动已经明显减少，但是，由特朗普所推波助澜的白人至上主义团体与倡导"黑人的命也是命"以及反法西斯主义运动的示威者之间的冲突还是引发了大部分暴力事件。明尼阿波利斯市的一个被称为"雅利安牛仔"（Aryan Cowboys）的白人至上主义者团体——也是一个监狱和街头帮派——的一名成员打砸了若干商店窗户，这是该市所报告的财产破坏事件中最早的几起事件之一。许多人猜测这名男子旨在抗议警察杀戮平民，但是，警方的调查却显示此人只是想要"播下混乱和骚乱的种子"。波特兰市的白人至上主义者团体"爱国祈祷者"（Patriot Prayer）、"百分之三"（Three Percenters）以及"骄傲男孩"（Proud Boys）的成员举行示威活动向特朗普总统表示支持，他们驾驶卡车冲散与之针锋相对的抗议人群或是在抗议者的四周绕行，同时用胡椒喷雾器或是彩弹枪向抗议的人群射击。在一次抗议活动中，"安提法"的白人支持者迈克尔·雷诺埃尔（Michael Reinoehl）开枪射杀了"爱国祈祷者"的成员亚伦·丹尼尔森（Aaron Danielson），而各种迹象显示凶手雷诺埃尔在自己的汽车前遭到美国法警特遣队的就地处决，司法部长巴尔将法警的这一举动称为"重大成就"。在奥克兰，据称反政府民兵组织"布加卢男孩"（Boogaloo Boys）的成员、空军中士史蒂文·卡里略（Steven Carrillo）在一座联邦法院的门前开枪打死和打伤各一名警卫。卡里略显然将该市的五月抗议活动视为传播其极端主义观念并煽动种族战争的大好机会。[23]

地方执法部门依然遵循其在历史上所采用的模式对白人至上主义者的势力遍布于各个城市表示欢迎，他们甚至积极鼓励这些人以自己的方式执行他们所认为的法律。2020 年 9 月 29 日，国会众议院隶属于监督和改革委员会的公民权利和公民自由分委会（House Committee on Oversight and Reform's Subcommittee on Civil Rights and Civil Liberties）公开对外承认，白人至上主义者对于警察部门的渗透已经成为一个严重问题，分委会为此举行了听证会。而在此的大约一个月之前，也就是威斯康星州的警察在 29 岁的黑人居民雅各布·布莱克（Jacob Blake）的 3 个年幼儿子在场的情况下，近距离向其背部开了 7 枪致使其当场死亡从而引燃抗议警察暴行的示威活动期间，一个新成立的自称"基诺沙卫队"（Kenosha Guard）的公民团体在社交媒体上发表言论，鼓励公民自我武装以帮助人们"保护生命和财产"。这一主张与 20 世纪 60 年代末和 70 年代初美国公民委员会所提出的口号异曲同工。许多人旅行前往基诺沙市以示支持，其中包括一名 17 岁的高中生凯尔·里滕豪斯（Kyle Rittenhouse），他在不久之后自称是出于自卫而用一把 AR-15 步枪向 3 名示威者开枪射击，致使其中 2 名受害者死亡。视频捕捉到里滕豪斯在开枪杀人后径直从全副武装的警察和警车前走过，他高举双手，脖子上挂着武器，直至回到大约 21 英里之外位于伊利诺伊州安提阿（Antioch）的家中才被逮捕。[24] 从 20 世纪 60 年代末的开罗市和约克市到 2020 年的基诺沙，警察部门中的一些人甚至整个警察部门都一次又一次地证明了自己正在为白人仇恨势力提供或含蓄或明确的支持，同时证明了自己正在对争取种族正义的抗议者实施迫害。

本书旨在阐明以下观点，即人们所长期认为的城市黑人"骚乱"事实上是黑人不断发起的反抗，是黑人为回应一个不公正和压制性的社会而采取的政治行动。正是基于这一新的定义，我们有必要重新审视民权时代的黑人运动何以失败：其运动所发出的承诺从未得到兑现，并因此导致黑人社区的持续贫困以及黑人入狱率的急剧飙升。在由乔治·弗洛伊德被杀事件所引发的"黑人的命也是命"运动中，"削减警察经费"的口号出现在运动所提出诉求的最前列。人们由此提出了一个紧迫的问题，即哪些事项才是政府支出中的优先事项。如果黑人运动的目标是继承和实现黑人争取种族正义斗争的遗志，那么，其所采取的首要步骤就是超越既有改革。

无论是 20 世纪 60 年代末和 70 年代初由秉持自由主义立场的调查委员会所提出的警察与社区关系改善方案，还是此后数十年中因为联邦政府的介入而实施的警员敏感议题培训和问责制，还是如今为警员配备随身摄像头以确保其违法和违规行为受到监控，既有改革在过去未能阻止警察杀害平民，在未来也无力阻止类似事件的发生。"当你看到一个警察用膝盖压住黑人的脖子直至他停止呼吸时，你需要明白这就是美国警务工作的一个合乎逻辑的结果，"削减警察经费运动的组织者玛丽亚梅·卡巴（Mariame

Kaba）写道，"当一名警察在残酷地对待黑人时，他所做的正是他所认为的本职工作。"[25] 美国的警务逻辑就是在低收入有色人种社区寻找潜在的罪犯，就是在中产阶级和富裕的白人地区保护中产阶级和富裕白人的财产，这一警务逻辑不仅让警察被越来越多地用于对付黑人和拉丁美洲裔人口，而且加大了发生警察暴力的可能性。

如果试图结束当前的警务逻辑，试图创造出一种更加人性化的实现公共安全的警务方法，我们就必须说服数百万的美国民众，让他们相信转变警务政策的正当性及其在实践中的效用。当执法部门的官员对看似改变权力平衡的任何举措都予以抵制时，上述说服工作显得尤其必要。我们不妨想想，当初当黑人社区的居民要求由其自行组织社区巡逻（也就是真正意义上的"社区警务"）并呼吁设立旨在追究施暴警察法律责任的公民审查委员会时，警察部门的官员以及警察工会都将这些提议视为妨碍警员维护公共安全和公共秩序。[26]

然而，自第二次世界大战结束以来，美国警察的暴力史和黑人的反抗史都表明以外部手段强化低收入社区的治安和巡逻并不足以增强公共安全，相反，这种外部机制导致了一种动态局面，即低收入社区的居民与警察将彼此视为敌人并因此令双方都更加缺乏安全。[27] 当局将强化警务和实施大规模监禁视为应对种族不平等和经济不平等的政策举措，而其所唯一发挥的功能只是增加了犯罪。采取进攻性警务措施并没有在其所实施的社区阻止枪支暴力和犯罪的横行。当警察在社区巡逻时，年轻的黑人或是一如既往，或是更有可能面临受伤甚至死亡的风险，而这种风险可能来自其他黑人，也有可能来自看似旨在保护其安全的警察。布伦娜·泰勒的被杀就是上述政策逻辑的一个结果，而如此逻辑导致如此结果已经持续了 50 余年。9 岁男孩贾纳里·里克斯（Janari Ricks）的遇害是这一逻辑的又一个后果：他在 2020 年 7 月下旬死于芝加哥卡布里尼格林（Cabrini Green）社区停车场的枪击事件，而早在 20 世纪 70 年代，就有政策制定者担心"城市游击战"将在芝加哥诸如此类的社区爆发。这个国家制定政策的目的不在于满足黑人社区的需求，而只是为了控制这些社区，他们为此建立了世界上最庞大的监狱系统以便将生活在边缘的美国人收容其中。公共安全对于促进社区活力至关重要，但是，安全无法也不应该由身穿制服、手中持枪的社区外的陌生人——警察——来实现。

身处不同政治谱系中的许多美国人都对削减警察经费的主张不予认同，就此而言，削减执法部门预算的斗争将是一个困难重重和旷日持久的历程。不过，对这个国家在解决贫困和不平等问题时所采用的方式进行变革，其变革之路不止一条。以美国极不公平的税收制度为例，它显然在为经济和种族的不平等提供支撑。税收是所需投资的可能来源，而美国税收的大饼实在太小。在过去的 50 年里，与此起彼伏的反抗、不断扩张的大规模监狱系统以及不断增长的警察权力和势力相伴随的，是这个国家最富有的一群人的纳税基准急剧下降，而中产阶级和工人阶级尽管工资停滞不前、债务持续增加，其纳税基准却在不断增加。收入水平由下至上的 50% 的美国人缴纳了比亿万富翁更高的税。这个国家以赠款、税收减免和救助等方式向大公司提供数千亿美元的资助，其金额远远超出投入公共援助计划和食品券的花费。美国为超级富豪提供税收减免，同时仅仅象征性地向富豪在离岸银行账户中的财富征收一笔小小的费用。[28]

累退税制（regressive tax system）的捍卫者认为如果针对富人的征税过高，他们就会寻找漏洞以避免支付所需支付的税额。这无疑是一个事实，即美国政府对于白领犯罪听之任之，而对涉嫌私售香烟的埃里克·加纳以及使用假币的乔治·弗洛伊德等人则立即予以逮捕。随着一些州决定在税收中划拨更大份额以将年轻人送进监狱而非为其提供教育机会，这个国家的税收体制及其对于白领犯罪的执法不力，不免与其口口声声所宣扬的价值观和法治自相矛盾。

即便面对最好的研究报告以及纳税人必须承担的更加高昂的代价，各级政策制定者还是继续对投资社区以提升社会整体安全的替代措施加以抵制。例如，尽管数据显示在儿童时期被纳入早期教育计划的青少年不太可能因为违法犯罪而遭到逮捕，但是，"向贫困宣战"时期所遗留的一项为全国最贫困的 3 岁至 5 岁儿童提供学龄前教育的社会服务项目"领先一步"（Head Start），却在所能提供的资金援助方面持续萎缩。此外，研究不断表明为贫困社区的年轻人扩大就业机会将有助于降低逮捕率和暴力发生率。尽管联邦政府在 2020 年为低收入青年就业计划提供了大约 27 亿美元的资金，但相比之下，却以翻倍的力度为执法部门提供赠款和援助，金额达到 61 亿美元，至于州和地方政府，它们用于警察的金额超过 1 150 亿美元。[29]

就预防犯罪而言，最有效的方法是顺应社区的需求，将对于公共安全的控制置于居民，特别是国家权能陷于失败的地区居民。除了为学龄前教育和创造就业提供新的投资之外，提供心理健康治疗和大学奖学金也将有助于促使社会更加安全，建构更加强大的民主。以修复而非报复为原则建构司法系统同样有助于此。警察被理所当然地视为应当对发生在低收入的有色人种社区的暴力和其他危机作出反应，但是，社区的需求可以而且应该由人民来满足。[30] 从 1968 年克纳委员会的结构性改革蓝图到 1992 年洛杉矶中南部"瘸系"和"血系"所提出的提案，我们有太多未被重视的改革路径，如今有必要重拾这些零零星星的方案并从中寻找灵感。

2020 年 6 月初，抗议者乔丹·迈克尔（Jordan Michael）站在美国国会大厦附近的和平纪念碑（Peace Monument）旁说："这个国家正陷于一种反复的趋势之中。""一开始是人们站出来诉求权利，是以和平的方式表达抗议，随后抗议演变为暴力，然后便是当局作出回应。"抢劫和纵火迫使当局采取行动，"接下来为了安抚我们，他们让我们得到一点好处，这些好处不过是一些面包屑。我们要求面包，却得到面包屑。他们就像是在说'看吧，我们给你们食物了吧'。但是，不，这不是食物"。迈克尔继续说道，与民权时代以及此后黑人反抗事件频发的"坩埚岁月"一样，如今黑人所持续开展的政治行动及其持续的曝光度迫使立法者"真正地开始倾听"。[31] 如今，已有一些议员开始倾听黑人的声音，21 世纪的各种挑战也将真正地带来变革。正如迈克尔的评论所暗示的，人们将在美国继续看到反抗的烈火，而点燃烈焰的或许是新一代、更加具有多样性的抗议者。美利坚的烈焰将持续燃烧，直到这个国家最终废除不平等的制度，直到这个国家的警察不再被授权处置远远超出其处置范围的制度后果。

注　释

1. Molly Parker, "March in Cairo— 'Birthplace of Civil Rights in the Heartland' — Calls for an End to Racism," *Southern Illinoisan*, June 20, 2020, https://thesouthern.com/news/local/march-in-cairo-birthplace-of-civil-rights-in-the-heartlandcalls-for-end-to-racism/article_a9b178e2-f9cd-562a-958b-786dfcf757b6.html.

2. Larry Buchanan et al., "Black Lives Matter May Be the Largest Movement in US History," *New York Times*, July 3, 2020, https://www.nytimes.com/interactive/2020/07/03/us/george-floyd-protests-crowd-size.html; "Demonstrations & Political Violence in America: New Data for Summer 2020," (Armed Conflict Location & Event Data Project (ACLED), September 2020), https://acleddata.com/2020/09/03/demonstrations-political-violence-in-america-new-data-forsummer-2020/.

3. "Downtown Protest Turns Tense, Large Police Presence," written by Karli VanCleave, aired June 14, 2020, on WPTA21 Fort Wayne, https://wpta21.com/2020/06/14/downtown-protest-turns-tense/; "Protesters Call to Defund the Police," written by Gabbi Guerrero, aired June 11, 2020, on NBC 25 News, https://week.com/2020/06/11/protesters-call-to-defund-police/.

4. 人们通常认为主流的民权活动家并未对种族主义提出结构性批判。这种观点有失公平。事实上，马丁·路德·金和贝亚德·鲁斯汀（Bayard Rustin）等人均提出了深刻的、结构性的政治哲学，并将之建构在与主张黑人权力政治的活动人士和知识分子所共同发起的对于种族主义的结构性批判中。

5. 从 2014 年 7 月 17 日埃里克·加纳遭到纽约市警察杀害直至 2020 年 10 月 20 日，至少有 250 名黑人和拉丁美洲男子或女子死于美国警察之手。现将他们的名字以被害时间为序排列如下：Tyree Woodson, John Crawford III, Michael Brown Jr., Ezell Ford, Dante Parker, Michelle Cusseaux, Kajieme Powell, Latandra Ellington, Laquan McDonald, Aura Rosser, Tanisha N. Anderson, Akai Kareem Gurley, Tamir Rice, Rumain Brisbon, Jerame C. Reid, Artago Damon Howard, Yuvette Henderson, Jeremy Lett, Natasha McKenna, Lavall Hall, Janisha Fonville, Thomas Allen, Charley Leundeu Keunang, Tony Terrell Robinson Jr., Naeschylus Vinzant, Anthony Hill, Bobby Gross, Brandon Jones, Meagan Hockaday, Mya Shawatza Hall, Phillip Gregory White, Eric Courtney Harris, Walter Lamar Scott, Frank Shephard, Freddie Carlos Gray Jr., William L. Chapman II, David Felix, Alexia Christian, Brendon K. Glenn, Richard Davis, Kris Jackson, Spencer McCain, Victor Emanuel Larosa, Jonathan Sanders, Salvado Ellswood, Sandra Bland, Albert Joseph Davis, Darrius Stewart, Samuel Vincent DuBose, Christian Taylor, Redel Jones, Asshams Pharoah Manley, Felix Kumi, India Kager, Jeremy McDole, Keith Harrison McLeod, Junior Prosper, Corey Lamar Jones, Marquesha McMillan, Anthony Ashford, Bennie Lee Tignor, Jamar

O'Neal Clark, Nathaniel Harris Pickett, Mario Woods, Miguel Espinal, Michael Noel, Kevin Matthews, Quintonio LeGrier, Bettie Jones, Keith Childress, Antronie Scott, David Joseph, Sahlah Ridgeway, Dyzhawn L. Perkins, Calin Roquemore, Kisha Michael, Marquintan Sandlin, Christopher J. Davis, Gregory Gunn, Akiel Denkins, Peter Gaines, India M. Beaty, Kevin Hicks, Laronda Sweatt, David Felix, Deresha Armstrong, Jessica Williams, Michael Eugene Wilson Jr., Vernell Bing Jr., Antwun Shumpert, Deravis Caine Rogers, Delrawn Small, Alton Sterling, Philando Castile, Joseph Curtis Mann, Dalvin Hollins, Paul O'Neal, Donnell Thompson Jr., Korryn Gaines, Jamarion Rashad Robinson, Sylville Smith, Levonia Riggins, Terrence Sterling, Tyre King, Terence Crutcher, Keith Lamont Scott, Alfred Olango, Christopher Sowell, Deborah Danner, Andrew Depeiza, Earl Eubanks Jr., JR Williams, Darrion M. Barnhill, Nana Adomako, Chad Robertson, Jocques Scott Clemmons, Raynard Burton, Morgon London Rankins, Alteria Woods (and the child she was carrying), Jordan Edwards, Jonie Block, DeRicco Devante Holden, Marc Brandon Davis, David Thomas Jones, Charleena Chavon Lyles (and the child she was carrying), Aaron Bailey, Dejuan Guillory, Brian Easley, India N. Nelson, Isaiah Tucker, Patrick Harmon, Charles David Robinson, Anthony Antonio Ford, Sandy Guardiola, Dewboy Lister, Calvin Toney, Lawrence Hawkins, Keita O'Neil, Jean Pedro Pierre, Dennis Plowden Jr., John Bailon, Charles Smith Jr., Geraldine Townsend, Arther McAfee Jr., Corey Mobley, Crystalline Barnes, Anthony Jacob Weber, Ronell Foster, Darion Baker, Mario Dantoni Bass, Decynthia S. Clements, Shermichael Ezeff, Cameron Hall, Stephon Clark, Danny Ray Thomas, Saheed Vassell, Juan Markee Jones, James Bauduy, Shukri Ali Said, Marcus-David L. Peters, Maurice Granton Jr., Lashanda Anderson, Robert Lawrence White, Antwon Rose Jr., Anthony Marcell Green, Rashaun Washington, Cynthia Fields, James Leatherwood, Botham Shem Jean, Dereshia Blackwell, Anton Milbert LaRue Black, DeAndre Ballard, Lajuana Phillips, Chinedu Valentine Okobi, Charles D. Roundtree Jr., Jacob Servais, Jesse J. Quinton, Jemel Roberson, Emantic Fitzgerald Bradford Jr., Jonathan Hart, Tameka Lashay Simpson, April Webster, Angel Viola Decarlo, Danny Washington, D'ettrick Griffin, Jimmy Atchison, Gregory Griffin, Willie McCoy, Latasha Nicole Walton, Sterling Lapree Higgins, Kevin Bruce Mason, Javier Ambler, Marzues Scott, Marcus McVae, Isaiah Lewis, Ronald Greene, Pamela Shantay Turner, Dominique Clayton, Miles Hall, Kevin Pudlik, Ryan Twyman, JaQuavion Slaton, Brandon Webber, Eric Jack Logan, Josef Delone Richardson, De'Von Bailey, Channara Tom Pheap, Elijah McClain, Melvin Watkins, Atatiana Koquice Jefferson, Christopher Whitfield, Eric Reason, Ariane McCree, Michael Lorenzo Dean, John Elliot Neville, Jamee Christopher Deonte Johnson, Kwame Jones, William Howard Green, Jaquyn O'neill Light, Darius Tarver, Manuel Elijah Ellis, Barry Gedeus, Donnie Sanders, Breonna Taylor, Mycael Johnson, Daniel T. Prude, Steven Demarco Taylor, Michael Brent Charles Ramos, Shaun Lee Fuhr, Dreasjon Reed, Finan H. Berhe, Yassin Mohamed, Maurice S. Gordon, George Perry Floyd Jr., Tony McDade, David McAtee, Carlos Carson, Rayshard Brooks, Julian Edward Roosevelt Lewis, Trayford Pellerin, Damian Lamar Daniels, Dijon Durand Kizzee, Deon Kay, Jonathan Price, and Marcellis Stinnette。相关资料载于 http://mappingpoliceviolence.org。

6. Sam Blake, "Why the George Floyd Protests Feel Different—Lots and Lots of Mobile Video," *dot*.LA June 12, 2020, https://dot.la/george-floyd-video-2646171522.html.

7. 在 21 世纪头十年的中期，"黑人的命也是命"发展成为一场全国性运动并成为战斗的口号，相关讨论参见 Keeanga-Yamahtta Taylor, *From #BlackLivesMatter to Black Liberation* (Chicago: Haymarket Books, 2016)。

8. Joint Economic Committee, the United States Congress, "The Economic State of Black America in 2020," https://www.jec.senate.gov/public/_cache/files/ccf4dbe2-810a-44f8-b3e7-14f7e5143ba6/economic-state-of-black-america-2020.pdf.

9. Francis Wilkinson, "As Monuments to Racism Fall, Trump's Culture War Falters," *Bloomberg*, June 7, 2020, https://www.bloomberg.com/opinion/articles/2020-06-07/falling-monuments-to-racism-are-defeats-for-trump-s-culture-war; "Report: 59 Confederate Symbols Removed Since George Floyd's Death," written by Camila Domonoske, aired August 12, 2020, on NPR, https://www.npr.org/2020/08/12/901771780/report-59-confederate-symbols-removed-sincegeorge-floyds-death.

10. Buchanan et al.; Thomas Fuller, "How One of America's Whitest Cities Became the Center of B.L.M. Protests," *New York Times* July 24, 2020, https://www.nytimes.com/2020/07/24/us/portland-oregon-protests-white-race.html.

11. Joe Goldeen, " 'Racism Is the Common Enemy' —Message of Stockton's Peaceful Protests," Stockton *Record*, June 2, 2020, https://www.recordnet.com/story/news/local/2020/06/02/lsquoracism-is-commonenemyrsquo-mdash-message-of-stocktonrsquos-peaceful-protests/112822442/; "LAPD Officers Take a Knee to Show Solidarity with Protesters," written by Veronica Miracle, aired June 1, 2020, on ABC7 Los Angeles, https://abc7.com/take-a-knee-cops-lapdofficers-commander-cory-palka/6225950/; Maryclaire Dale, "Rethinking Police: How Camden, NJ, Reimagined Its Force," Associated Press, June 15, 2020, https://www.cbs8.com/article/news/nation-world/rethinking-police-how-camden-njreimagined-its-force/103-6e0979c4-727f-4540-87f5-4cfaaf4d80ca.

12. "Some Protesters Take Issue with Police Kneeling, Calling It 'PR Stunt,' " written by Stacy Chen, aired June 6, 2020, on *ABC News*, https://abcnews.go.com/US/protestersissue-police-kneeling-calling-pr-stunt/story?id=71067237; "Protester Knocked Down by Buffalo Police Leaves the Hospital Nearly One Month Later," written by Rachel Treisman, 30 June 2020, NPR, https://www.npr.org/sections/live-updates-protests-for-racialjustice/2020/06/30/885780550/protester-knocked-down-by-buffalo-police-leaves-the-hospitalnearly-one-month-la.

13. Daniel Kreps, "Quaker Oats to End Aunt Jemima Brand to 'Make Progress Toward Racial Equality,' " *Rolling Stone*, June 17, 2020, https://www.rollingstone.com/culture/culture-news/quaker-oats-ends-aunt-jemima-brand1016380/; Ben Kesslen, "Aunt Jemima Brand to Change Name, Remove Image That Quaker Says Is 'Based on a Racial Stereotype,' " aired June 17, 2020, on NBC *News*, https://www.nbcnews.com/news/us-news/aunt-jemima-brand-will-change-name-removeimage-quaker-says-n1231260; Richard Feloni and Yusuf George, "These Are the Corporate Responses to the George Floyd Protests That Stand Out," *Just Capital*, June 30, 2020, https://justcapital.com/news/notable-corporate-responses-to-the-george-floydprotests/; "Statement by President George W. Bush," June 2, 2020, George W. Bush Presidential Center, https://www.bushcenter.org/about-thecenter/newsroom/press-releases/2020/06/statement-by-president-george-w-bush.html.

14. Chris Mautner, "Harrisburg Protest over George Floyd's Death Leads to Violent Clash with Police: Recap," *Penn Live Patriot-News*, May 30, 2020, https://www.pennlive.com/news/2020/05/harrisburg-protest-over-george-floyds-death-leadsto-violent-clash-with-police-video.html.

15. Ed Kilgore, "Trump Mulls Declaring an Insurrection and Sending Military into Cities," *New York Magazine*, June 1, 2020, https://nymag.com/intelligencer/2020/06/trumpmulls-sending-military-into-u-s-cities.html; Katelyn Burns, "Trump Called Governors 'Weak' and Said They Need to 'Dominate' George Floyd Protesters," *Vox*, June 1, 2020, https://www.vox.com/policy-and-politics/2020/6/1/21277062/trump-governors-dominategeorge-floyd-protesters.

16. Tom Cotton, "Send in the Troops," *New York Times*, June 3, 2020, https://www.nytimes.com/2020/06/03/opinion/tom-cotton-protests-military.html.

17. Cotton, "ADL Debunk: Disinformation and the BLM Protests," Anti-Defamation League, 2020, https://www.adl.org/resources/reports/adl-debunk-disinformation-and-theblm-protests; James S. Robbins, "Rioting Is Beginning to Turn People Off to BLM and Protests While Biden Has No Solution," *USA Today*, August 31, 2020, https://www.usatoday.com/story/opinion/2020/08/31/riots-violence-erupting-turning-manyaway-blm-and-protests-column/5675343002/; "Do You Support Or Oppose the Black Lives Matter Movement?" *Civiqs Survey*, August 30, 2020, August 30, 2020, https://civiqs.com/results/black_lives_matter?uncertainty=true&annotations=true&zoomIn=true&net=true&race=White; Alex Ward, "US Park Police Denies Using Tear Gas on Protesters. Evidence Suggests Otherwise," *Vox*, June 2, 2020, https://www.vox.com/2020/6/2/21278559/tear-gas-white-house-protestpark-police; Thomas Gibbons-Neff et al., "Aggressive Tactics by National Guard, Ordered to Appease Trump, Wounded the Military, Too," *New York Times*, June 10, 2020, https://www.nytimes.com/2020/06/10/us/politics/national-guard-protests.html.

18. 美国公园警察以及其他执法机构宣称并未在 6 月 1 日使用催泪瓦斯对付拉斐特广场上的抗议者，但是，现场视频以及遗留在广场上的催泪瓦斯罐证明实际情况并非如此。Nathan Baca, "New Video Shows Federal Police Holding Tear Gas Launchers, Rolling Stinger Grenades at Protesters," WUSA9, June 9, 2020, https://www.wusa9.com/article/news/local/protests/tear-gas-protesters-lafayettesquare-park-police-new-video-evidence/65-c39fb767-b114-41d6-bcbb-530b3823d8e7; Alex Ward, "US Park Police Said Using 'Tear Gas' in a Statement Was a 'Mistake.' It Just Used the Term Again," *Vox*, June 5, 2020, https://www.vox.com/2020/6/5/21281604/lafayette-square-white-house-tear-gas-protest; Tom Jackman and Carol D. Leonnig, "National Guard Officer Says Police Suddenly Moved on Lafayette Square Protesters, Used 'Excessive Force' Before Trump Visit," *Washington Post*, July 27, 2020, https://www.washingtonpost.com/nation/2020/07/27/nationalguard-commander-says-police-suddenly-moved-lafayette-square-protesters-used-excessiveforce-clear-path-trump/; Marissa J. Lang et al., "Operation Diligent Valor: Trump Showcased Federal Power in Portland, Making a Culture War Campaign Pitch," *Washington Post*, July 24, 2020, https://www.washingtonpost.com/national/portland-protests-operationdiligent-valor/2020/07/24/95f21ede-cce9-11ea-89ce-ac7d5e4a5a38_story.html.

19. Jim Ryan, "Tear Gas Deployed as Federal Officers Disperse Protesters

Overnight in Downtown Portland," *Oregon Live/Oregonian*, July 16, 2020, https://www. oregonlive.com/portland/2020/07/tear-gas-deployed-as-federal-officers-disperseprotesters-overnight-in-downtown-portland.html?utm_medium=social&utm_source=twitter&utm_ campaign=oregonian_sf; N'dea YanceyBragg et al., " 'Secret Police Force:' Feds Reportedly Pull Portland Protesters into Unmarked Vehicles, Stirring Outrage," *USA Today*, August 4, 2020, https://www.usatoday.com/story/news/nation/2020/07/17/reports-federal-officers-detainportland-protesters-unmarked-vans/5457471002/; "Demonstrations & Political Violence in America: New Data for Summer 2020" ; Lindsay Nadrich, "Deputized Troopers May Snarl MultCo's Protest Prosecution Plans," KOIN 6 Portland, September 1, 2020, https://www.koin.com/news/protests/oregon-state-police-troopers-federally-deputized-amidrenewed-portland-protest-response/.

20. Matt Zapotosky et al., "Suspects Arrested after Man Shot at Albuquerque Protest," *Washington Post*, June 16, 2020, https://www.washingtonpost.com/nationalsecurity/suspect-arrested-after-man-shot-at-albuquerque-protest/2020/06/16/4ca3c8ec-afeb11ea-8758-bfd1d045525a_story.html; Jens Gould, "Trump Announces Deployment of Federal Agents to Albuquerque," *Santa Fe New Mexican*, July 22, 2020, https://www.santafenewmexican.com/news/local_news/trump-announces-deployment-offederal-agents-to-albuquerque/article_e80a12d6-cc34-11ea-9ab0-5b1cd8827f75.html.

21. Joe Heim, "Recounting a Day of Rage, Hate, Violence and Death," *Washington Post*, August 14, 2017, https://www.washingtonpost.com/graphics/2017/local/charlottesvilletimeline/. "Six More Defendants Settle Lawsuits After 'Unite the Right' Rally," *Georgetown Law News*, May 16, 2018, https://www.law.georgetown.edu/news/six-moredefendants-settle-lawsuit-brought-after-unite-the-right-rally/.

22. "Remarks by President Trump on Infrastructure," Office of the White House Press Secretary, August 15, 2017, https://www.whitehouse.gov/briefings-statements/remarkspresident-trump-infrastructure/.

23. Carlie Porterfield, "Who is 'Umbrella Man'? Mystery Vandal at Minneapolis Riot Spurs Conspiracy Theories," *Forbes*, May 30, 2020, https://www.forbes.com/sites/carlieporterfield/2020/05/30/who-is-umbrella-man-mysteryvandal-at-minneapolis-riot-spurs-conspiracies/?sh=2f22502c236e; "Affidavit: Hell's Angels Member Believed to Be 'Umbrella Man' Spotted Inciting Violence During George Floyd Protests," written by Josh Skluzacek, KSTP 5 *ABC News*, https://kstp.com/news/affidavit-hells-angels-member-believed-to-be-umbrella-man-spottedinciting-violence-during-floyd-protests-/5809447/; Neil MacFarquhar, "Minneapolis Police Link 'Umbrella Man' to White Supremacy Group," *New York Times*, July 28, 2020, https://www.nytimes.com/2020/07/28/us/umbrella-man-identified-minneapolis.html; Haven Orecchio-Egresitz, "The Right-Wing Group Patriot Prayer, Associated with a Man Killed in the Portland Protests, Has a History of Provoking Left-Wing Groups," *Insider*, August 31, 2020, https://www.insider.com/what-is-patriot-prayer-joey-gibsonright-wing-group-2020-8; Evan Hill et al., " 'Straight to Gunshots': How a US Task Force Killed an Antifa Activist," *New York Times*, October 15, 2020, https://www.nytimes.com/2020/10/13/us/michael-reinoehl-antifa-portland-shooting.html; "Statement by Attorney General William P. Barr on the Tracking Down of Fugitive Michael Forest

Reinoehl" (Washington, DC: US Department of Justice, Office of Public Affairs), Friday, September 4, 2020, https://www.justice.gov/opa/pr/statement-attorneygeneral-william-p-barr-tracking-down-fugitive-michael-forest-reinoehl; "Boogaloo Suspect Steven Carrillo Pleads Not Guilty to Fatal Ambush of Sheriff Sergeant in Santa Cruz Mountains" aired, October 3, 2020, on KPIX 5 *CBS News*, https://sanfrancisco.cbslocal.com/2020/08/28/alleged-boogaloo-suspect-steven-carrillopleads-not-guilty-to-fatal-santa-cruz-mt-ambush/; Nate Gartrell, "'I Don't Like This, I Am Not Cool with This': Defense Releases New Details in Boogaloo-Linked Killing of Federal Officer in Oakland," *Mercury News*, October 2, 2020, https://www.mercurynews.com/2020/10/03/i-dont-like-this-i-am-not-cool-with-this-defensereleases-new-details-in-boogaloo-linked-killing-of-federal-officer-in-oakland/; Lois Beckett, "White Supremacists or Anti-Police Libertarians? What We Know about the 'Boogaloo,'" July 8, 2020, https://www.theguardian.com/world/2020/jul/08/boogaloo-boysmovement-who-are-they-what-do-they-believe. 除了扰乱示威和煽动暴力之外，白人至上主义者还试图以绞索和散布种族主义信息对抗议者实施恐吓。密歇根州萨吉诺（Saginaw）的一对黑人夫妇发现他们的车窗外挂着一根绞索，所附的纸条上写着："这件配饰搭配你的'黑人的命也是命'T 恤！祝抗议愉快！" Kaytie Boomer, "Saginaw Police Investigate Possible Racially Motivated Crime after Noose Found inside Vehicle," *Michigan Live*, July 13, 2020, https://www.mlive.com/galleries/XQBSFT37FFCWBAD6YVWIEX4OTA/.

24. "House Hearing on White Supremacy Infiltrating Police Departments," CSPAN September 29, 2020, https://www.c-span.org/video/?476341-1/house-hearing-white-supremacyinfiltrating-police-departments; "Much of Kenosha's Deadly Protest Shooting Was Captured in Social Media Videos. Here's What They Show," *Milwaukee Journal Sentinel*, August 26, 2020, https://www.jsonline.com/story/news/2020/08/26/kenosha-shootingdetails-videos-show-scenes-wisconsin-protest/3442031001/.

25. Mariame Kaba, "Yes, We Mean Literally Abolish the Police," *New York Times*, June 12, 2020, https://www.nytimes.com/2020/06/12/opinion/sunday/floyd-abolish-defundpolice.html.

26. 使用致命性武器以及过度使用武力的警员很少受到惩罚，而城市财政则承受着针对警察杀人事件所提起的诉讼费用。近年来，这些费用相加已达到数亿美元。参见 Robin D. G. Kelley, "Insecure: Policing Under Capitalism," *Spectre* 1, no.2 (Fall 2020), https://spectrejournal.com/insecure-policing-under-racial-capitalism/。

27. 这是特蕾西·梅雷斯（Tracey Meares）和汤姆·泰勒（Tom Tyler）有关程序正义的论述中的核心观点，参见 Meares, "Norms, Legitimacy, and Law Enforcement," *Oregon Law Review* 79 (2000); Meares and Dan M. Kahan, "The Coming Criminal Procedure," *Annual Review of Criminal Procedure* 86 (1998): 1153—1184; Jason Sunshine and Tyler, "The Role of Procedural Justice and Legitimacy in Shaping Public Support for Policing," *Law & Society Review* 37, no. 3 (2003): 513—548; Tyler, "Psychological Perspectives on Legitimacy and Legitimation," *Annual Review of Psychology* 57 (2006): 375—400。

28. 有关富人如何逃税的论述，参见 Emmanuel Saez and Gabriel Zucman, *The Triumph of Injustice: How the Rich Dodge Taxes and How to Make Them Pay* (New York: W. W. Norton & Company, 2019); Emmanuel Saez and Gabriel Zucman, "How to Tax Our Way

Back to Justice," *New York Times*, October 11, 2019, https://www.nytimes.com/2019/10/11/opinion/sunday/wealth-income-tax-rate.html。

29. Robin D. G. Kelley, "What Abolition Looks Like, From the Panthers to the People," *LEVEL*, October 26, 2020, https://level.medium.com/what-abolition-looks-likefrom-the-panthers-to-the-people-6c2e537eac71; Arthur J. Reynolds et al., "Long-Term Effects of an Early Childhood Intervention on Educational Achievement and Juvenile Arrest," *Journal of the American Medical Association* 285, no.18, (2001): 2339–2346; Sara B. Heller et al., "Summer Jobs Reduce Violence Among Disadvantaged Youth," *Science* 346, no. 6214 (December 12, 2014): 1219—1223; Congressional Research Service, "Federal Youth Employment and Job Training Programs," *In Focus*, August 31, 2020, https://crsreports.congress.gov/product/pdf/IF/IF11640; US Department of Justice, "FY 2020 Budget Request," https://www.justice.gov/jmd/page/file/1142621/download#:~:text=FY%20 2020%20Overview, -The%20Justice%20Department&text=The%20FY%202020%20 Budget%20continues,in%20programs%20to%20assist%20them; Department of Homeland Security, "DHS Announces Grant Allocations for Fiscal Year 2020 Preparedness Grants," Official Website of the Department of Homeland Security June 30, 2020, https://www.dhs. gov/news/2020/06/30/dhs-announces-grant-allocations-fiscal-year-2020-preparedness-grants; Urban Institute, "Criminal Justice Expenditures: Police, Corrections, and Courts," https:// www.urban.org/policy-centers/cross-center-initiatives/state-andlocal-finance-initiative/state-and-local-backgrounders/criminal-justice-police-correctionscourts-expenditures.

30. 例如，可以教授居民如何使用心肺复苏术以及如何处理枪伤和刀伤，也可以为居民提供培训，使之能够为遭受性侵犯的受害者提供护理，为吸毒成瘾者提供咨询。奥克兰市已经采取了诸如此类的措施，一个被称为"奥克兰权力计划"（the Oakland Power Projects）的项目旨在"以相应的方法和资源弥补警察的过失以及满足居民在其他方面的需求"。参见 Critical Resistance, "The Oakland Power Projects," https:// static1.squarespace.com/static/59ead8f9692ebee25b72f17f/t/5b6ab32e70a6ad2f21cf765c/ 1533719344188/TheOakPowerProj_rept_target1_v3WEB.pdf。此外，有关警察执法的替代性方案的讨论，参见 Kaba, "Yes, We Mean Literally Abolish the Police;" Kelley, "What Abolition Looks Like;" Derecka Purnell, "How I Became a Police Abolitionist;" Derecka Purnell, "How I Became a Police Abolitionist," *Atlantic*, July 6, 2020, https://www. theatlantic.com/ideas/archive/2020/07/how-i-becamepolice-abolitionist/613540/; Keeanga-Yamahtta Taylor, "We Should Still Defund the Police," *New Yorker*, August 14, 2020, https:// www.newyorker.com/news/ourcolumnists/defund-the-police?irclickid=SCsWobyysxyOW xYwUx0Mo38SUkE3yiyxyXvEVw0&irgwc=1&source=affiliate_impactpmx_12f6tote_ desktop_adgoal%20GmbH&utm_source=impactaffiliate&utm_medium=123201&utm_ campaign=impact&utm_content=Online%20Tracking %20Link&utm_brand=tny; "Ruth Wilson Gilmore Makes the Case for Abolition," *Intercept*, June 10, 2020, https://theintercept. com/2020/06/10/ruth-wilson-gilmore-makesthe-case-for-abolition/。所有诸如此类的建议和举措都产生于 2020 年的夏季和秋季。

31. "Here's What Protestors Have Been Saying for the Past Two Weeks," *DCist*, June 12, 2020, https://dcist.com/story/20/06/12/heres-what-protesters-have-been-saying-for-thepast-two-weeks/.

致　谢

如果没有克里斯蒂安·达文波特（Christian Davenport）教授的前期研究和慷慨相助，我将不可能完成这部著作。2016 年夏天，我在底特律参加希瑟·安·汤普森（Heather Ann Thompson）和乔恩·威尔斯（Jon Wells）的家庭烧烤聚会时与克里斯蒂安相遇，此时他刚刚入职密歇根大学政治学系。我们一同讨论了 20 世纪 70 年代的黑人反抗（反叛）事件：

"rebellions"是我在写作自己的第一部著作时突然浮现于脑海的一个词。当时，克里斯蒂安正在对 70 年代的反抗事件进行定量研究，他从伦贝格暴力研究中心获得了大量档案资料。我曾在阅读尼克松时期的白宫档案（Nixon White House Files）时读到伦贝格中心的研究报告，于是欣然接受克里斯蒂安的邀请，决定一访伦贝格暴力研究中心。此后不久，我便来到克里斯蒂安位于密歇根大学政治学中心的办公室，开始遨游于数以万计的剪报和资料宝库之中。在那一年夏天的余下时光以及此后的很长一段时间，克里斯蒂安不仅成为我的同事和研究合作者，而且也被我视为家庭中的一分子——甚至我们两人的母亲也成了至交好友。我谨在此向克里斯蒂安表示感谢，同时感谢他协助我制作了本书的美国城市黑人反抗事件年表。

本书的研究与写作是汇聚了爱的集体劳动，这个集体源于克里斯蒂安，并逐渐延伸为一个乐于奉献的群体，他们为我奉献了他们的思想和时间。其中，我要特别感谢利夫赖特出版公司（Liveright）的杰出编辑丹·格斯尔（Dan Gerstle），在我多年枯坐档案之中并思量如何处理相关资料之后，他鼓励我持续探索，因此为本书的出版播下了种子。感谢他的奉献与智慧，使我得以从一开始就厘清本书的脉络。此外，我也由衷地感谢史蒂夫·福曼

（Steve Forman）和贾斯汀·卡希尔（Justin Cahill）近十年来对我的研究的支持，感谢黑莉·布莱肯（Haley Bracken）帮助我维系一切工作正常运转，同时感谢科迪莉亚·卡尔弗特（Cordelia Calvert）协助将本书带到这个世界。我非常幸运地有极具天赋的丽贝卡·斯特朗（Rebecca Strong）担任本书的文案编辑，而我的经纪人亚当·伊格林（Adam Eaglin）也始终如一地给我鼓励和建议，并帮助我展望本书所应呈现的风貌。埃玛·帕特森（Emma Patterson）及埃莉丝·切尼文学联合公司（Elyse Cheney Literary Associates）的团队帮助我让本书的出版成为现实。在此谨向威廉·柯林斯出版公司（William Collins）的编辑肖艾布·罗卡迪亚（Shoaib Rokadiya）致谢，在紧迫的截稿时间压力下，感谢他不断地为本书的修改提供宝贵的反馈意见。

我永远感谢罗宾·凯利（Robin D. G. Kelley）和布兰登·特里（Brandon Terry），感谢他们帮助我不断地深化本书的脉络和分析。我与他们共同拥有本书的种种优点，而任何不足均完全由我承担。我在2017年春和2018年秋参加普林斯顿大学美国政治史研讨会（American Political History Seminar）、耶鲁大学法学院法学理论研讨会（Legal Theory Workshop）和芝加哥大学美国历史研讨会（US History Workshop）时曾经提交了本书部分章节的草稿，因此收获了许多宝贵的意见和建议。我无比感谢我在耶鲁大学法学院的同事，感谢他们以严谨和审慎的态度检视我的论点，同时也感谢基安加-亚玛赫塔·泰勒（Keeanga-Yamahtta Taylor）和德坦·詹金斯（Destin Jenkins），感谢他们在普林斯顿和芝加哥的研讨会上担任我的演讲的评论人。我将特别感谢其研究为我奠定重要基础的学者，尤其是感谢布鲁斯·波特（Bruce Porter）和马尔温·杜恩（Marvin Dunn）有关迈阿密反抗事件的研究，感谢克里·皮姆洛特（Kerry Pimblott）有关开罗市反抗事件的研究，感谢彼得·利维（Peter Levy）有关约克反抗事件的研究，感谢马克斯·费尔克-坎特（Max Felker-Kantor）有关洛杉矶反抗事件的研究，以及感谢斯图尔特·施拉德尔（Stuart Schrader）有关警察军事化及其使用催泪瓦斯的研究和论证。他们的研究与著述对于本书的成长不可或缺。

福特基金会、卡内基基金会以及耶鲁大学法学院的奥斯卡·吕布豪森基金（Oscar M. Ruebhausen General Fund）为本书的研究和写作提供了资助。哈里斯堡的记者乔·麦克卢尔（Joe McClure）为本书提供了诸多重要资料，乔向我分享他对于这座城市历史的丰富认知，并帮助我从《哈里斯堡爱国者新闻》（*Harrisburg Patriot-News*）的陈年档案中查阅相关报道。若非他的帮助，获取这些资料绝无可能。罗伯特·萨瑟兰（Robert Sutherland）让我对开罗市有了崭新的了解，感谢他对我的信任而为我提供了一些私人档案文件。与此同时，我也感谢蒂姆·利恩盖（Tim Kornegay）向我分享了他对于洛杉矶所持的重要视角。在完成本书的手稿之后，我才华横溢的研究助理本杰明·谢弗（Benjamin Schafer）帮助我找出论述中逻辑不够连贯之处，我对此感激之至。

本书写作过程中最精彩的组成部分之一是与达内尔·斯蒂芬·萨默斯*的相识。达内尔将我引入了为自由而斗争的新境界，并促使我更加深入地投身于争取正义的斗争。他体贴入微地为我奉献了他在 2020 年夏季和秋季的许多时光，即便在持续地遭受美国政府的迫害时依然如此。本书在论述中并未涉及达内尔案的许多细节，当局试图因达内尔在 1968 年 8 月——也就是在密歇根州英克斯特反抗事件中——枪击该州探员罗伯特·冈瑟为其定罪，但并未成功。当局在 1969 年对达内尔提出了谋杀指控，一旦被定罪，他有可能面临最高为终身监禁的刑期，而对他的判决并不适用一事不二罚（without prejudice），也就是说，当局可以再度对其提出指控。他于 1983 年再次受审。2020 年夏末，执法人员决定对其案件重启调查。密歇根州警方在 10 月获得了搜查令，并因此有权从达内尔的口腔中采集 DNA，同时没收了他的手机。达内尔说警察持续地对他及其家人，以及对与其有着密切联系的同志进行骚扰和恐吓。当局对达内尔的持续迫害提醒我们：

* 达内尔·斯蒂芬·萨默斯：参见本书第四章的相关论述。——译者注

反抗的余震与国家对于黑人的镇压仍然与我们如影随形。

在最后一次修改手稿——其间经历了防疫而实施的数度封锁——以及搬到一个新的城市和开始一份新的工作之后，我在纽黑文＊的杰出同事和朋友帮助我重新振作起来，其中特别需要感谢的是贾森·斯坦利（Jason Stanley）和恩杰里·坦德（Njeri Thande）。如果没有他们给予善意，或是没有利娅·米拉霍尔（Leah Mirakhor）、纳维德·哈菲兹（Navid Hafez）、特蕾西·米亚雷斯（Tracey Meares）、本·贾斯蒂斯（Ben Justice）、莫妮卡·贝尔（Monica Bell）、亚辛·埃尔迪克（Yaseen Eldik）等友人——保持社交距离——的陪伴，我将难以适应新工作的过渡并完成这部著作。此外，我也要感谢埃米莉·贝兹伦（Emily Bazelon）、保罗·萨宾（Paul Sabin）、克里斯特尔·费姆斯特（Crystal Feimster）、贝弗利·盖奇（Beverly Gage）、道格·内杰姆（Doug NeJaime）、马尔奇·肖尔（Marci Shore）、蒂莫西·斯奈德（Timothy Snyder）、蒂图斯·卡法尔和朱莉安娜·卡法尔（Titus and Julianne Kaphar）、迪克萨·拉米雷斯·德奥利奥（Dixa Ramírez D'Oleo）以及雷恩·埃利斯·内腊（Ren Ellis Neyra）近年来所给予的爱和支持。他们与萨拉·罗宾斯（Sarah Robbins）一同用爱滋养我，让我在最需要欢笑时能够放声大笑。我亲爱的朋友和净友瓦妮莎·迪亚兹（Vanessa Díaz）始终帮助我勉力维持着一切的正常运转。感谢我所有的亲密导师、同事、朋友和家人。我爱你们，此爱一如既往。在此我需要特别感谢我的母亲，如果没有她，我将一事无成。

感谢奥代萨·珀尔（Odessa Pearl），你是我的灵感和骄傲的最主要源泉。感谢布兰登（Brandon），你督促我做到了我认为无法胜任之事，帮助我趋于成为一个更好的历史学家、一个更好的母亲、一个更好的人，你鼓励我在我们生活中最混乱和令人不适的一年中保持希望，并在日常生活中给我们的家带来温暖和欢乐。我将一切都献给你、献给我的家人、献给我们黑人。

＊　纽黑文（New Haven）：作者所任教的耶鲁大学法学院所在地。——译者注

美国城市黑人反抗事件年表

以下年表列举了发生在 1964 年至 1967 年的黑人反抗事件，其资料来源包括：参议院政府行动委员会（Senate Committee on Government Operations）所编撰的《骚乱、犯罪与内乱》第一部分"调查小组委员会的听证"（Riots, Criminal, and Civil Disorders Part I: Hearings before the Subcommittee on Investigations, 90th Cong., 1st sess. November 1, 2, 3, 6, 1967），以及克里斯蒂安·达文波特教授在其主持的密歇根大学政治学中心激进信息研究项目（Radical Information Project）中所搜集的 1968 年至 1972 年发生激进政治事件的城市名单。克里斯蒂安所搜集的资料源于伦贝格暴力研究中心的数据，但伦贝格中心自 1972 年之后便不再对黑人反抗事件进行追踪研究。此外，至今没有任何研究对 1973 年至 1979 年的激进政治事件进行系统性解释。毋庸置疑，至 1972 年时，黑人反抗的浪潮已开始衰退，其发生频率仅仅略高于 1967 年的水平。

1964: 4 REBELLIONS
HARLEM, NEW YORK, NY, *July 16–July 22*
ROCHESTER, NY, *July 24–July 26*
DIXMOOR, IL, *August 15–August 17*
PHILADELPHIA, PA, *August 28–August 30*

1965: 4 REBELLIONS
SELMA, AL, *March 5–July 5*
BOGALUSA, LA, *May 20–July 17*
WATTS, LOS ANGELES, CA, *August 11–August 18*
CHICAGO, IL, *August 12–August 15*

1966: 17 REBELLIONS
LOS ANGELES, CA, *March 15–March 17*
BAKERSFIELD, CA, *May 22*
POMPANO BEACH, FL, *June 25–June 26*
OMAHA, NE, *July 3–July 5*
GRENADA, MS, *July 10–July 30*
CLEVELAND, OH, *July 18–July 24*
PERTH AMBOY, NJ, *August 2–August 5*
LANSING, MI, *August 8–August 11*
DETROIT, MI, *August 9–August 11*
MUSKEGON, MI, *August 13*
BENTON HARBOR, MI, *August 26–August 28*
DAYTON, OH, *September 1*
CICERO, IL, *September 4*
ATLANTA, GA, *September 6–September 7*
ATLANTA, GA, *September 10–September 14*
SAN FRANCISCO, CA, *September 28–October 2*
OAKLAND, CA, *October 19–October 21*

1967: 75 REBELLIONS
OMAHA, NE, *April 1*
NASHVILLE, TN, *April 8–April 10*
LOUISVILLE, KY, *April 11–April 24*
MASSILLON, OH, *April 15–April 21*
JACKSON, MS, *May 12–May 14*
SAN FRANCISCO, CA, *May 14–May 15*
HOUSTON, TX, *May 16–May 17*
BOSTON, MA, *June 2–June 4*
TAMPA, FL, *June 11–June 13*
CINCINNATI, OH, *June 12–June 18*
MONTGOMERY, AL, *June 12–June 26*
DAYTON, OH, *June 14–June 15*
BUFFALO, NY, *June 27–July 1*

CINCINNATI, OH, *July 3–July 4*
WATERLOO, IA, *July 8–July 9*
KANSAS CITY, MO, *July 9*
NEWARK, NJ, *July 12–July 16*
NEW YORK, NY, *July 14–July 20*
FRESNO, CA, *July 15–July 17*
PLAINFIELD, NJ, *July 16–July 20*
CAIRO, IL, *July 17–July 21*
GREENSBORO, NC, *July 17–July 20*
ERIE, PA, *July 18–July 20*
MINNEAPOLIS, MN, *July 19–July 20*
ENGLEWOOD, NJ, *July 21–July 25*
HATTIESBURG, MS, *July 22*
BIRMINGHAM, AL, *July 23*
NEW BRITAIN, CT, *July 23–July 24*
PHOENIX, AZ, *July 23–July 24*
ROCHESTER, NY, *July 23–July 24*
TUCSON, AZ, *July 23–July 24*
KALAMAZOO, MI, *July 23–July 26*
LIMA, OH, *July 23–July 26*
TOLEDO, OH, *July 23–July 28*
DETROIT, MI, *July 23–July 31*
NEW YORK, NY, *July 23–August 3*
PONTIAC, MI, *July 24–July 25*
CAMBRIDGE, MD, *July 24–July 26*
MOUNT CLEMENS, MI, *July 25*
MOUNT VERNON, NY, *July 25*
SAGINAW, MI, *July 25–July 26*
SOUTH BEND, IN, *July 25–July 27*
FLINT, MI, *July 25–July 30*
SACRAMENTO, CA, *July 25–August 1*
LONG BEACH, CA, *July 26–July 27*
CHICAGO, IL, *July 26–July 28*
GRAND RAPIDS, MI, *July 26–July 28*
SAN FRANCISCO, CA, *July 26–July 31*
PEEKSKILL, NY, *July 27*
ALBANY, NY, *July 27–July 28*
CINCINNATI, OH, *July 27–July 28*
PASSAIC, NJ, *July 27–July 29*
WATERBURY, CT, *July 27–July 29*
WICHITA, KS, *July 27–August 7*
POUGHKEEPSIE, NY, *July 28–July 29*
ROCKFORD, IL, *July 28–July 30*
WILMINGTON, DE, *July 28–July 30*
ELGIN, IL, *July 29*
HAMILTON, OH, *July 29*

NEW YORK, NY, *July 29–July 31*
RIVIERA BEACH, FL, *July 30*
PORTLAND, OR, *July 30–July 31*
MILWAUKEE, WI, *July 30–August 8*
WEST PALM BEACH, FL, *July 31–August 2*
ERIE, PA, *July 31–August 3*
SAN BERNARDINO, CA, *July 31–August 4*
WASHINGTON, DC, *August 1*
PROVIDENCE, RI, *August 1–August 2*
PEORIA, IL, *August 2–August 3*
ELGIN, IL, *August 4*
HOUSTON, TX, *August 15–August 17*
SYRACUSE, NY, *August 16–August 20*
NEW HAVEN, CT, *August 19–August 23*
HATTIESBURG, MS, *August 25*
NEW YORK, NY, *September 4–September 8*

1968: 504 REBELLIONS

RICHMOND, VA, *January 13*
WILLINGBORO, NJ, *January 13*
NEW YORK, NY, *January 16*
EAST ST. LOUIS, IL, *January 19*
NEW YORK, NY, *February 1*
WILMINGTON, DE, *February 3–February 4*
CHICAGO, IL, *February 5*
NEW HAVEN, CT, *February 5–February 6*
ORANGEBURG, SC, *February 5–February 8*
MILWAUKEE, WI, *February 6*
WASHINGTON, DC, *February 8*
SOCIAL CIRCLE, GA, *February 14–February 16*
MILWAUKEE, WI, *February 15*
MOUNT VERNON, NY, *February 16*
NEWARK, NJ, *February 19*
CHATTANOOGA, TN, *February 20*
WASHINGTON, DC, *February 20*
LORMAN, MS, *February 20–February 21*
CHICAGO, IL, *February 21*
MEMPHIS, TN, *February 23*
MILWAUKEE, WI, *February 26*
CHICAGO, IL, *February 26–February 27*
TRENTON, NJ, *February 28*
SAN FRANCISCO, CA, *March 1–March 2*
CARTERET, NJ, *March 2*
OMAHA, NE, *March 4–March 7*
SAN FRANCISCO, CA, *March 6*
EL DORADO, AR, *March 6–March 7*

MAYWOOD, IL, *March 7*

NORRISTOWN, PA, *March 9*

LOS ANGELES, CA, *March 12*

MAYWOOD, IL, *March 12*

TAMPA, FL, *March 18–March 19*

WASHINGTON, DC, *March 21*

CHICAGO, IL, *March 22*

HARTSDALE ,NY, *March 25*

LINDEN, NJ, *March 26*

DOVER, DE, *March 27*

MEMPHIS, TN, *March 28–March 29*

FRANKFORT, KY, *April 3–April 8*

*MARTIN LUTHER KING ASSASSINATED,
    April 4

DENVER, CO, *April 4*

ITHACA, NY, *April 4*

ITTA BENA, MS, *April 4*

JACKSON, MS, *April 4*

LITTLE ROCK, AR, *April 4*

MONTICELLO, NY, *April 4*

NEWARK, NJ, *April 4*

RALEIGH, NC, *April 4*

ST. LOUIS, MO, *April 4*

TAMPA, FL, *April 4*

TYLER, TX, *April 4*

WILMINGTON, DE, *April 4*

CHARLESTON, SC, *April 4–April 5*

PINE BLUFF, AR, *April 4–April 5*

SAN FRANCISCO, CA, *April 4–April 5*

TALLAHASSEE, FL, *April 4–April 5*

WINTER HAVEN, FL, *April 4–April 5*

NEW BEDFORD, MA, *April 4–April 6*

HARTFORD, CT, *April 4–April 7*

NASHVILLE, TN, *April 4–April 8*

GREENBURGH, NY, *April 4–April 9*

NEW YORK, NY, *April 4–April 10*

WASHINGTON, DC, *April 4–April 10*

BERKELEY, CA, *April 5*

BOSTON, MA, *April 5*

BUFFALO, NY, *April 5*

DENVER, CO, *April 5*

GAINESVILLE, FL, *April 5*

GREENVILLE, MS, *April 5*

HELENA-WEST HELENA, AR, *April 5*

HOUSTON, TX, *April 5*

JEFFERSON CITY, MO, *April 5*

MISSOULA, MT, *April 5*

NEW HAVEN, CT, *April 5*

PALO ALTO, CA, *April 5*

PITTSBURGH, PA, *April 5*

SAVANNAH, GA, *April 5*

SOUTH BEND, IN, *April 5*

SPOKANE, WA, *April 5*

ST. LOUIS, MO, *April 5*

TUCSON, AZ, *April 5*

TUSCALOOSA, AL, *April 5*

WICHITA, KS, *April 5*

WILMINGTON, DE, *April 5*

DETROIT, MI, *April 5–April 6*

FLINT, MI, *April 5–April 6*

OAKLAND, CA, *April 5–April 6*

ST. LOUIS, MO, *April 5–April 6*

CHICAGO, IL, *April 5–April 7*

JOLIET, IL, *April 5–April 9*

PITTSBURGH, PA, *April 5–April 9*

LEXINGTON, KY, *April 5–April 10*

ATLANTA, GA, *April 6*

CLINTON, MD, *April 6*

DUNBAR, WV, *April 6*

FREDERICK, MD, *April 6*

FORT VALLEY, GA, *April 6*

PEORIA, IL, *April 6*

CHICAGO HEIGHTS, IL, *April 6–April 7*

GUM SPRING, VA, *April 6–April 7*

ROCKVILLE, MD, *April 6–April 7*

TAKOMA PARK, MD, *April 6–April 7*

BALTIMORE, MD, *April 6–April 9*

POMONA, CA, *April 6–April 10*

RICHMOND, VA, *April 6–April 11*

BATTLE CREEK, MI, *April 7*

CAMBRIDGE, MD, *April 7*

DES MOINES, IA, *April 7*

HOT SPRINGS, AR, *April 7*

MALVERN, AR, *April 7*

ROCKFORD, IN, *April 7*

TUSKEGEE, AL, *April 7*

WHEELING, WV, *April 7*

ALBION, MI, *April 7–April 8*

COLUMBIA, SC, *April 7–April 8*

FORT PIERCE, FL, *April 7–April 8*

POMPANO BEACH, FL, *April 7–April 8*

NEW ORLEANS, LA, *April 7–April 10*

CINCINNATI, OH, *April 8*

DUNBAR, WV, *April 8*

GARY, IN, *April 8*

GENEVA, IL, *April 8*

GIFFORD, FL, *April 8*

HAMILTON, NY, *April 8*

PENSACOLA, FL, *April 8*

PORTSMOUTH, VA, *April 8*

RAHWAY, NJ, *April 8*

BUFFALO, NY, *April 8–April 9*

JACKSONVILLE, FL, *April 8–April 9*

NILES, MI, *April 8–April 9*

SACRAMENTO, CA, *April 8–April 9*

ATLANTA, GA, *April 9*

BRIDGEPORT, CT, *April 9*

CHATTANOOGA, TN, *April 9*

HEMPSTEAD, NY, *April 9*

HOMESTEAD, FL, *April 9*

JACKSON, MI, *April 9*

LANSING, MI, *April 9*

NEW CASSEL, NY, *April 9*

PETERSBURG, VA, *April 9*

SACRAMENTO, CA, *April 9*

SHARON, PA, *April 9*

ST. LOUIS, MO, *April 9*

WATERLOO, IA, *April 9*

DALLAS, TX, *April 9–April 10*

KANSAS CITY, MO, *April 9–April 10*

NEWARK, NJ, *April 9–April 10*

NEWBURGH, NY, *April 9–April 10*

TRENTON, NJ, *April 9–April 11*

BRIDGETON, NJ, *April 9–April 12*

DOVER, DE, *April 10*

GREENBURGH, NY, *April 10*

MANHASSET, NY, *April 10*

STAMFORD, CT, *April 10*

BALTIMORE, MD, *April 11*

MERIDIAN, MS, *April 11*

CHATTANOOGA, TN, *April 11–April 12*

MANHASSET, NY, *April 11–April 12*

DES MOINES, IA, *April 12–April 13*

BALTIMORE, MD, *April 13*

PASSAIC, NJ, *April 13–April 14*

CEDAR RAPIDS, IA, *April 14*

MANHASSET, NY, *April 14*

NEW YORK, NY, *April 14*

CLARKSDALE, MS, *April 15*

CLEVELAND, MS, *April 15*

GREENWOOD, MS, *April 15*

HICKSVILLE, NY, *April 15*

MACON, GA, *April 15*

MOUNT VERNON, NY, *April 15*

TRENTON, NJ, *April 15*

WASHINGTON, DC, *April 17–April 22*

CARTERET, NJ, *April 18*

BOSTON, MA, *April 19*

WILMINGTON, DE, *April 20*

BALTIMORE, MD, *April 21*

SEASIDE, CA, *April 21*

SAN ANTONIO, TX, *April 22*

STOCKTON, CA, *April 22*

EAST ST. LOUIS, IL, *April 23*

OAKLAND, CA, *April 23*

NEW YORK, NY, *April 23–April 30*

BROOKVILLE, NY, *April 25*

BOSTON, MA, *April 26*

EAST ST. LOUIS, IL, *April 26*

OMAHA, NE, *April 27–April 29*

WILMINGTON, DE, *April 29*

KANSAS CITY, MO, *April 30*

WASHINGTON, DC, *April 30*

GAFFNEY, SC, *May 3*

MADISON, WI, *May 3*

WASHINGTON, DC, *May 5*

CAMDEN, NJ, *May 5–May 6*

NEW YORK, NY, *May 6*

NEWBURGH, NY, *May 6–May 9*

CARBONDALE, IL, *May 8*

CHICAGO, IL, *May 8*

PATERSON, NJ, *May 8*

JERSEY CITY, NJ, *May 8–May 9*

STAMFORD, CT, *May 8–May 9*

CHICAGO, IL, *May 9*

COLUMBIA, SC, *May 9*

PATERSON, NJ, *May 10*

JERSEY CITY, NJ, *May 11*

DETROIT, MI, *May 13*

LANSING, MI, *May 14*

MIAMI, FL, *May 14*

NEW HAVEN, CT, *May 14*

NEW BEDFORD, MA, *May 15*

DOVER, DE, *May 16*

NEW BEDFORD, MA, *May 16*

MEMPHIS, TN, *May 17*

WASHINGTON, DC, *May 17*

DOVER, DE, *May 17–May 20*

SALISBURY, MD, *May 18–May 20*

NEW BEDFORD, MA, *May 19–May 20*

PATERSON, NJ, *May 20*

TAMPA, FL, *May 20*

NEW YORK, NY, *May 21–May 24*

ST. PETERSBURG, FL, *May 22*

WILKINSBURG, PA, *May 23–May 24*

BATTLE CREEK, MI, *May 25*

WASHINGTON, DC, *May 25*

WILKINSBURG, PA, *May 27*

LOUISVILLE, KY, *May 27–May 31*

ANN ARBOR, MI, *May 29*

WASHINGTON, DC, *May 29*

JEFFERSON CITY, MO, *May 30–May 31*

ANN ARBOR, MI, *May 31*

NATCHEZ, MS, *June 1–June 2*

MILWAUKEE, WI, *June 3–June 4*

NEW YORK, NY, *June 4–June 5*

FLINT, MI, *June 5*

MOBILE, AL, *June 6*

PITTSBURGH, PA, *June 6*

FRANKLIN, TN, *June 8*

CAMDEN, NJ, *June 13*

PITTSBURGH, PA, *June 16*

WASHINGTON, DC, *June 16*

WASHINGTON, DC, *June 18–June 21*

*LYNDON JOHNSON SIGNS OMNIBUS
    CRIME CONTROL AND SAFE STREETS
    ACT OF 1968, *June 19*

BALTIMORE, MD, *June 19*

SOUTH BEND, IN, *June 19*

DENVER, CO, *June 22*

ZONETON, KY, *June 23*

RICHMOND, CA, *June 25–June 26*

SEATTLE, WA, *July 1*

PATERSON, NJ, *July 1–July 5*

MINNEAPOLIS, MN, *July 3–July 5*

WASHINGTON, DC, *July 4*

ALEXANDRIA, VA, *July 4–July 5*

MEMPHIS, TN, *July 5*

OMAHA, NE, *July 5–July 8*

WILMINGTON, DE, *July 6*

NEWBURG, KY, *July 7*

KANSAS CITY, MO, *July 10*

NEW YORK, NY, *July 10*

TOPEKA, KS, *July 10–July 11*

YORK, PA, *July 11–July 16*

JEFFERSONVILLE, IN, *July 12*

NEW BEDFORD, MA, *July 13*

BOWLING GREEN, KY, *July 14*

JACKSON, MI, *July 14–July 17*

STOCKTON, CA, *July 17*

PASCO, WA, *July 20*

NEW YORK, NY, *July 20–July 21*

BENTON HARBOR, MI, *July 20–July 23*

NEWARK, NJ, *July 23*

CLEVELAND, OH, *July 23–July 26*

ST. LOUIS, MO, *July 24*

CHICAGO, IL, *July 25–July 26*

WHITEWATER, WI, *July 25–July 26*

MAYWOOD, IL, *July 25–July 27*

SEATTLE, WA, *July 26*

GRAND RAPIDS, MI, *July 26–July 29*

ERIE, PA, *July 27*

MIDLAND, TX, *July 27*

SOMERVILLE, NJ, *July 27*

CLEVELAND, OH, *July 28*

CROWN POINT, IN, *July 28*

GARY, IN, *July 28–July 29*

MOBILE, AL, *July 29*

MUNCIE, IN, *July 29*

KALAMAZOO, MI, *July 29–July 30*

SEATTLE, WA, *July 29–July 31*

DADE CITY, FL, *July 30*

JACKSON, MI, *July 30*

PEORIA, IL, *July 30*

GAINESVILLE, FL, *July 31–August 1*

WEIRTON, WV, *July 31–August 1*

DETROIT, MI, *August 1*

SEASIDE, CA, *August 1*

NEW YORK, NY, *August 1–August 2*

MADISON, WI, *August 3*

YORK, PA, *August 3*

GRAND RAPIDS, MI, *August 4*

TAMPA, FL, *August 4*

MOBILE, AL, *August 4–August 5*

RACINE, WI, *August 4–August 5*

INKSTER, MI, *August 4–August 8*

JACKSON, MI, *August 5*

YORK, PA, *August 5*

LOS ANGELES, CA, *August 5–August 6*

HARVEY-DIXMOOR, IL, *August 5–August 7*

RAHWAY, NJ, *August 6*

CHARLESTON, WV, *August 6–August 7*

RIVERSIDE, CA, *August 6–August 8*

YORK, PA, *August 7*

FORT WAYNE, IN, *August 7–August 9*

MIAMI, FL, *August 7–August 11*

LITTLE ROCK, AR, *August 7–August 12*

SAGINAW, MI, *August 8*

LOS ANGELES, CA, *August 9*

PITTSBURGH, PA, *August 9*

HARTFORD, CT, *August 9–August 10*

NORTH LITTLE ROCK, AR, *August 9–August 11*

HANFORD, CA, *August 11*

PRICHARD, AL, *August 11*

CHICAGO HEIGHTS, IL, *August 11–August 12*

LOS ANGELES, CA, *August 11–August 12*

KANSAS CITY, MO, *August 13–August 14*

LOUISVILLE, KY, *August 14*

ST. PETERSBURG, FL, *August 14*

CENTER MORICHES, NY, *August 15*

KANSAS CITY, MO, *August 15*

PITTSBURGH, PA, *August 15*

WATERLOO, IA, *August 15*

NEWBURG, KY, *August 16*

CINCINNATI, OH, *August 16–August 17*

NEWARK, DE, *August 16–August 17*

OWENSBORO, KY, *August 16–August 21*

PROVIDENCE, RI, *August 17–August 18*

ST. PETERSBURG, FL, *August 17–August 20*

WALTHAM, MA, *August 18*

NEW YORK, NY, *August 19*

PITTSBURGH, PA, *August 20*

PROVIDENCE, RI, *August 20*

SALISBURY, MD, *August 20*

GAINESVILLE, FL, *August 21*

NEW YORK, NY, *August 21*

WICHITA, KS, *August 21–August 23*

BLUE ISLAND, IL, *August 22*

EDGEWATER, NJ, *August 22*

PITTSBURGH, PA, *August 22–August 23*

EVANSVILLE, IN, *August 22–August 24*

BLUE ISLAND, IL, *August 23*

MUSKEGON, MI, *August 24*

YPSILANTI, MI, *August 24*

CHARLESTON, WV, *August 24–August 25*

MEMPHIS, TN, *August 24–August 25*

NEWARK, NJ, *August 25*

NEWARK, NJ, *August 26*

CHICAGO, IL, *August 26–August 29*

NEW YORK, NY, *August 27*

SAINT PAUL, MN, *August 30–September 1*

WILMINGTON, DE, *August 31*

BOSTON, MA, *August 31–September 7*

BEREA, KY, *September 1*

NEWPORT NEWS, VA, *September 1–September 2*

CHARLOTTESVILLE, VA, *September 2–September 8*

LEXINGTON, KY, *September 4*

ST. LOUIS, MO, *September 4–September 5*

MOBILE, AL, *September 6*

NEW YORK, NY, *September 6*

ZION, IL, *September 6*

BALTIMORE, MD, *September 8*

PADUCAH, KY, *September 8*

ROANOKE, VA, *September 8–September 9*

URBANA, IL, *September 9–September 10*

SUMMIT, IL, *September 10*

WASHINGTON, DC, *September 11*

DENVER, CO, *September 11–September 13*

NEW YORK, NY, *September 11–September 13*

MIAMI, FL, *September 12*

PROVIDENCE, RI, *September 12*

SUMMIT, IL, *September 12*

HOMESTEAD, FL, *September 12–September 13*

CHICAGO, IL, *September 13*

GRAND RAPIDS, MI, *September 13*

OAKLAND, CA, *September 13*

ST. LOUIS, MO, *September 13*

WATERLOO, IA, *September 13*

DECATUR, IL, *September 14*

TOLEDO, OH, *September 14–September 15*

WEIRTON, WV, *September 14–September 15*

TEANECK, NJ, *September 14–September 16*

OAKLAND, CA, *September 15*

RAYNE, LA, *September 15*

ST. LOUIS, MO, *September 15*

WILMINGTON, DE, *September 15*

SAGINAW, MI, *September 15–September 16*

VALLEJO, CA, *September 17*

MAYWOOD, IL, *September 18*

SPRINGFIELD, MA, *September 18*

ST. JOSEPH, MI, *September 18*

ELMIRA, NY, *September 19*

MINNEAPOLIS, MN, *September 19*

ST. LOUIS, MO, *September 19*

WHEELING, WV, *September 19*

BLADENSBURG, MD, *September 20*

ORLANDO, FL, *September 20*

TITUSVILLE, FL, *September 20*

YORK, PA, *September 20–September 24*

PRICHARD, AL, *September 21*

BLADENSBURG, MD, *September 23–September 24*

LOUISVILLE, KY, *September 23–September 24*

BOSTON, MA, *September 23–September 27*

MONTCLAIR, NJ, *September 23–October 7*

JERSEY CITY, NJ, *September 24*

WEST PALM BEACH, FL, *September 24*

KALAMAZOO, MI, *September 25–September 26*

TRENTON, NJ, *September 26*

CHICAGO, IL, *September 27*

FLINT, MI, *September 27*

ESSEX, MD, *September 28*

NEW YORK, NY, *September 28*

KANKAKEE, IL, *September 29–September 30*

SARASOTA, FL, *September 29–October 2*

CHICAGO, IL, *September 30*

NEW YORK, NY, *October 1*

ZION, IL, *October 2*

SACRAMENTO, CA, *October 2–October 3*

NEW YORK, NY, *October 4*

HAYWARD, CA, *October 7*

SUMMIT, IL, *October 8*

PITTSBURGH, PA, *October 8–October 9*

WASHINGTON, DC, *October 8–October 9*

ATHERTON, CA, *October 9*

NEW YORK, NY, *October 9*

SAN FRANCISCO, CA, *October 11*

ST. LOUIS, MO, *October 11*

ANNAPOLIS, MD, *October 12*

CHICAGO, IL, *October 12–October 13*

NEW YORK, NY, *October 13*

WASHINGTON, DC, *October 13–October 16*

BOSTON, MA, *October 16*

MOUNT VERNON, IA, *October 17*

JACKSON, TN, *October 18*

NEW YORK, NY, *October 18*

SAN FRANCISCO, CA, *October 18*

TRENTON, NJ, *October 18*

LOUISVILLE, KY, *October 21*

HAZARD, KY, *October 22*

NEWARK, NJ, *October 22*

BLUE ISLAND, IL, *October 23*

BOSTON, MA, *October 23*

SAN FRANCISCO, CA, *October 25*

MIAMI, FL, *October 27*

WILMINGTON, DE, *October 29*

HOPKINSVILLE, KY, *October 30*

WASHINGTON, DC, *October 30*

DETROIT, MI, *November 2*

WASHINGTON, DC, *November 2*

CHICAGO, IL, *November 4*

NORTHRIDGE, CA, *November 4*

SAN FERNANDO, CA, *November 4*

WASHINGTON, DC, *November 4*

NEW YORK, NY, *November 6*

SAN FRANCISCO, CA, *November 6–November 8*

BLUEFIELD, WV, *November 7–November 9*

ROXBURY, MA, *November 12*

BLUEFIELD, WV, *November 15*

MARION, IN, *November 15*

OAKLAND, CA, *November 15*

ST. LOUIS, MO, *November 16*

MEMPHIS, TN, *November 18*

SAN FRANCISCO, CA, *November 19*

MERIDEN, CT, *November 20*

MADISON, WI, *November 21*

OSHKOSH, WI, *November 21*

BLUEFIELD, WV, *November 21–November 22*

SAN FRANCISCO, CA, *November 21–November 22*

CHICAGO, IL, *November 22*

SAN JOSÉ, CA, *November 26*

JERSEY CITY, NJ, *November 29*

NEW YORK, NY, *November 29*

NEWARK, NJ, *December 1*

NEW YORK, NY, *December 2–December 4*

SAN FRANCISCO, CA, *December 2–December 5*

BOSTON, MA, *December 3*

NORTHRIDGE, CA, *December 4*

ROXBURY, MA, *December 5*

MADISON, WI, *December 6*

NEW YORK, NY, *December 6*

MORGANTOWN, WV, *December 7*

NORTHRIDGE, CA, *December 8*

SAN FRANCISCO, CA, *December 9*

CHICAGO, IL, *December 10*

LOS ANGELES, CA, *December 10*

WILLIAMSBURG, VA, *December 10–December 12*

SAN FRANCISCO, CA, *December 11–December 13*

ST. LOUIS, MO, *December 12*

DEARBORN HEIGHTS, MI, *December 12–December 13*

LOS ANGELES, CA, *December 12–December 13*

MIAMI, FL, *December 12–December 13*

SAN MATEO, CA, *December 12–December 13*

CHICAGO, IL, *December 13*

NEW HAVEN, CT, *December 13*

CHICAGO, IL, *December 16*

DEARBORN HEIGHTS, MI, *December 16*

GRAND RAPIDS, MI, *December 16–December 17*

SUMTER, SC, *December 16–December 17*

ATHERTON, CA, *December 18*

SYLVESTER, GA, *December 19*

LOS ANGELES, CA, *December 20*

1969: 613 REBELLIONS

ST. LOUIS, MO, *January 4*

NEW YORK, NY, *January 6*

SAN FRANCISCO, CA, *January 6–January 9*

SYLVESTER, GA, *January 7*

LOS ANGELES, CA, *January 8–January 9*

DENVER, CO, *January 9*

SWARTHMORE, PA, *January 9–January 10*

GREENVILLE, NC, *January 13*

NEW YORK, NY, *January 13*

MINNEAPOLIS, MN, *January 14–January 15*

CHICAGO, IL, *January 15*

NEW YORK, NY, *January 15*

SAN FRANCISCO, CA, *January 15*

SYLVESTER, GA, *January 15*

DENVER, CO, *January 16*

WILBERFORCE, OH, *January 16*

LOS ANGELES, CA, *January 17*

NEW YORK, NY, *January 17*

NEW ORLEANS, LA, *January 20*

SAN FRANCISCO, CA, *January 22–January 24*

HAMDEN, CT, *January 27*

SAN FRANCISCO, CA, *January 27*

MIAMI, FL, *January 30*

DAYTON, OH, *January 31*

BERKELEY, CA, *February 3–February 5*

PROVIDENCE, RI, *February 4*

MIAMI, FL, *February 5*

NEW YORK, NY, *February 5*

GREENSBORO, NC, *February 6–February 7*

COLUMBUS, GA, *February 8*

SYLVESTER, GA, *February 8*

EDWARDSVILLE, IL, *February 10*

BERKELEY, CA, *February 13*

COLUMBIA, SC, *February 13*

DURHAM, NC, *February 13*

NEW YORK, NY, *February 13*

PITTSBURGH, PA, *February 13*

SAN FRANCISCO, CA, *February 13*

SPRINGFIELD, IL, *February 14*

MERIDIAN, MS, *February 15*

NEW YORK, NY, *February 17*

SPRINGFIELD, IL, *February 17*

NEW YORK, NY, *February 18*

CHICAGO, IL, *February 20*

NEW HAVEN, CT, *February 20*

PALO ALTO, CA, *February 20*

SAN FRANCISCO, CA, *February 20*

WORCESTER, MA, *February 20*

FAYETTEVILLE, NC, *February 21*

MIDDLETOWN, CT, *February 21*

ST. LOUIS, MO, *February 21*

ATLANTA, GA, *February 25*

LITTLE ROCK, AR, *February 25*

POMONA, CA, *February 25*

SAN FRANCISCO, CA, *February 25–February 26*

LOS ANGELES, CA, *February 26*

INDIANAPOLIS, IN, *February 27*

NEW YORK, NY, *February 27*

WILMINGTON, NC, *February 27*

SAN FRANCISCO, CA, *March 3*

BOULDER, CO, *March 3*

CHICAGO, IL, *March 3*

CHAPEL HILL, NC, *March 4*

EVANSTON, IL, *March 4*

LOS ANGELES, CA, *March 7*

NEW ORLEANS, LA, *March 7*

LOS ANGELES, CA, *March 10–March 13*

DURHAM, NC, *March 11–March 12*

ATLANTA, GA, *March 12*

HAGERSTOWN, MD, *March 14*

LAWRENCE, KS, *March 14*

PEORIA, IL, *March 15*

CHICAGO HEIGHTS, IL, *March 17*

ROCKFORD, IL, *March 17*

LOS ANGELES, CA, *March 19*

CHICAGO, IL, *March 19–March 21*

DENVER, CO, *March 20*

FORREST CITY, AR, *March 20*

READING, PA, *March 20*

ROCKFORD, IL, *March 20*

DENVER, CO, *March 21*

DeKALB, IL, *March 23*

SUMMIT, IL, *March 25*

ZION, IL, *March 26*

SAN GABRIEL VALLEY, CA, *March 26–March 28*

CHICAGO, IL, *March 27–March 28*

MONTGOMERY, AL, *March 29–March 30*

CAIRO, IL, *March 31*

NEWBURGH, NY, *March 31*

GREENVILLE, NC, *April 1*

CHICAGO, IL, *April 3*

COLUMBUS, PA, *April 3*

MEMPHIS, TN, *April 4*

ANNISTON, AL, *April 5*

WAYCROSS, GA, *April 7*

VIDALIA, GA, *April 8*

NEW ORLEANS, LA, *April 9*

PROVIDENCE, RI, *April 9*

WAYCROSS, GA, *April 9–April 11*

GAINESVILLE, FL, *April 11*

NEW YORK, NY, *April 11*

SAN DIEGO, CA, *April 11*

DES MOINES, IA, *April 14*

RALEIGH, NC, *April 14*

SAN DIEGO, CA, *April 14*

BOSTON, MA, *April 15–April 16*

NEW YORK, NY, *April 16*

MIAMI, FL, *April 16–April 17*

SAN MATEO, CA, *April 16–April 17*

HOMESTEAD, FL, *April 17*

ITHACA, NY, *April 18*

PROVIDENCE, RI, *April 18*

ATLANTA, GA, *April 18–April 19*

SYRACUSE, NY, *April 19*

BALTIMORE, MD, *April 20*

MENLO PARK, CA, *April 20*

OCALA, FL, *April 21*

ST. PETERSBURG, FL, *April 21–April 24*

NEW YORK, NY, *April 22*

YONKERS, NY, *April 22*

CHICAGO, IL, *April 23*

NEWBURGH, NY, *April 23*

NEW YORK, NY, *April 24*

CHICAGO, IL, *April 25*

ROOSEVELT, NY, *April 25*

CHARLESTON, SC, *April 25–April 27*

NORTH LITTLE ROCK, AR, *April 27*

CAIRO, IL, *April 27–April 28*

WINSTON-SALEM, NC, *April 27–April 28*

DENMARK, SC, *April 28*

MEMPHIS, TN, *April 28*

SAN FRANCISCO, CA, *April 28*

BELMONT, NC, *April 29*

PASADENA, CA, *April 30*

FORREST CITY, AR, *May 1*

LOUISVILLE, KY, *May 1*

SAN FRANCISCO, CA, *May 1*

NEW YORK, NY, *May 1–May 2*

NORTH LITTLE ROCK, AR, *May 2*

ZEBULON, GA, *May 2*

CLEVELAND, OH, *May 3*

CHICAGO, IL, *May 5*

ENGLEWOOD, IL, *May 5*

RALEIGH, NC, *May 5–May 7*

LORAIN, OH, *May 6*

NEW BRITAIN, CT, *May 6*

WEST HAVEN, CT, *May 6*

NEW YORK, NY, *May 6–May 8*

BLOOMINGTON, IN, *May 8–May 9*

BATON ROUGE, LA, *May 12–May 13*

CHICAGO, IL, *May 12–May 16*

PROVIDENCE, RI, *May 13*

SPRINGFIELD, MA, *May 13–May 14*

ATLANTA, GA, *May 14*

BURLINGTON, NC, *May 14*

CHATTANOOGA, TN, *May 14*

NEW YORK, NY, *May 14*

CHICAGO, IL, *May 14–May 15*

CLEVELAND, OH, *May 15–May 17*

STEUBENVILLE, OH, *May 16*

BURLINGTON, NC, *May 16–May 18*

WAYCROSS, GA, *May 17–May 18*

GREENSBORO, NC, *May 19*

NEWARK, NJ, *May 19*

CHICAGO, IL, *May 19–May 20*

EUGENE, OR, *May 19–May 20*

LOUISVILLE, KY, *May 20*

PORTLAND, OR, *May 20*

CINCINNATI, OH, *May 20–May 21*

CHICAGO, IL, *May 21*

NEW YORK, NY, *May 21*

PROVIDENCE, RI, *May 21*

NASHVILLE, TN, *May 21–May 22*

GREENSBORO, NC, *May 21–May 23*

NEWBURG, KY, *May 22–May 23*

PITTSBURGH, PA, *May 22–May 23*

NEW ORLEANS, LA, *May 23*

PORTLAND, OR, *May 23*

CHATTANOOGA, TN, *May 24–May 25*

REDDING, CA, *May 26*

WILKINSBURG, PA, *May 26*

CHAMPAIGN, IL, *May 26–May 28*

SAN FERNANDO, CA, *May 28–May 29*

AKRON, OH, *May 29*

BOSTON, MA, *May 29*

LONG BEACH, CA, *May 29*

PALOS HILLS, IL, *May 30*

BLACKSBURG, SC, *May 31*

KANKAKEE, IL, *June 2*

HARTFORD, CT, *June 4*

KANKAKEE, IL, *June 4*

PITTSBURGH, PA, *June 5*

CLEVELAND, OH, *June 5–June 6*

HARTFORD, CT, *June 5–June 6*

INDIANAPOLIS, IN, *June 5–June 6*

ALLIANCE, OH, *June 6–June 7*

BALTIMORE, MD, *June 7*

LOUISVILLE, KY, *June 8*

CLEVELAND, OH, *June 9*

AKRON, OH, *June 12*

CAIRO, IL, *June 12–June 13*

ROXBORO, NC, *June 13*

UTICA, NY, *June 13–June 16*

CHICAGO, IL, *June 15*

SACRAMENTO, CA, *June 15*

CAIRO, IL, *June 15–June 17*

FORREST CITY, AR, *June 17*

MANAYUNK, PA, *June 17*

MADISON, IL, *June 18*

McKEESPORT, PA, *June 19*

PARKESBURG, PA, *June 20*

CHARLESTON, SC, *June 21*

PARKESBURG, PA, *June 22*

VENICE, IL, *June 24*

OMAHA, NE, *June 24–June 26*

CHICAGO, IL, *June 25*

CAIRO, IL, *June 26*

LANCASTER, PA, *June 26*

KOKOMO, IN, *June 26–June 27*

MIDDLETOWN, CT, *June 26–June 30*

BALTIMORE, MD, *June 27*

DORCHESTER, MA, *June 27*

MARION, IN, *June 27*

WATERBURY, CT, *June 28–July 1*

SANTA ANA, CA, *June 29*

FORT WAYNE, IN, *June 30–July 1*

MIDDLETOWN, CT, *June 30–July 1*

MIDDLETOWN, OH, *June 30–July 1*

WICHITA, KS, *June 30–July 1*

MEMPHIS, TN, *July 1*

MIDDLETOWN, NC, *July 4*

MIDDLETOWN, OH, *July 4–July 5*

PHILADELPHIA, PA, *July 5*

TAMPA, FL, *July 5–July 6*

SAN MATEO, CA, *July 6–July 7*

ANDERSON, IN, *July 8*

EVANSVILLE, IN, *July 10–July 12*

TOPEKA, KS, *July 11–July 12*

SAN DIEGO, CA, *July 13–July 15*

MEMPHIS, TN, *July 14*

SACRAMENTO, CA, *July 14*

FORREST CITY, AR, *July 15*

YOUNGSTOWN, OH, *July 15–July 17*

FAYETTEVILLE, NC, *July 16–July 17*

YORK, PA, *July 17–July 22*

JACKSONVILLE, NC, *July 20*

STUART, FL, *July 20–July 23*

FAYETTEVILLE, NC, *July 21*

COLUMBUS, OH, *July 21–July 22*

CHICAGO, IL, *July 22–July 23*

BAKERSFIELD, CA, *July 23*

HARTFORD, CT, *July 23*

LOS ANGELES, CA, *July 24*

BATON ROUGE, LA, *July 26*

PRICHARD, AL, *July 26*

FRESNO, CA, *July 27*

SANFORD, NC, *July 27*

COLORADO SPRINGS, CO, *July 28*

CHICAGO, IL, *July 28–July 29*

MILLINGTON, TN, *July 30*

CHICAGO, IL, *July 31*

BATON ROUGE, LA, *July 31–August 1*

CARVER RANCHES, FL, *August 1*

LANCASTER, PA, *August 2*

CHARLOTTE, NC, *August 3*

JACKSON, KY, *August 3–August 6*

LOUISVILLE, KY, *August 5*

DECATUR, IL, *August 7–August 8*

NEW ORLEANS, LA, *August 8*

KANEOHE, HI, *August 9–August 10*

GASTONIA, NC, *August 10*

BATON ROUGE, LA, *August 11*

FORREST CITY, AR, *August 11*

OXFORD, PA, *August 11*

LITTLE ROCK, AR, *August 11–August 12*

CHICAGO, IL, *August 12*

FREEHOLD TOWNSHIP, NJ, *August 13*

SACRAMENTO, CA, *August 13*

FORREST CITY, AR, *August 14*

ANNAPOLIS, MD, *August 15*

CHARLESTON, SC, *August 15*

COLUMBIA, PA, *August 15*

LINDEN, NJ, *August 15*

CHARLOTTE, NC, *August 16*

DAYTON, OH, *August 16*

BENTON, AR, *August 17*

NIAGARA FALLS, NY, *August 17–August 20*

FLORENCE, SC, *August 18–August 20*

OKLAHOMA CITY, OK, *August 20–August 21*

PLAQUEMINE, LA, *August 25*

PITTSBURGH, PA, *August 25–August 27*

FORREST CITY, AR, *August 26*

SANFORD, NC, *August 26*

HOT SPRINGS, AR, *August 26–August 30*

CAIRO, IL, *August 27*

CHICAGO, IL, *August 27*

NEW IBERIA, LA, *August 27*

LEXINGTON, KY, *August 30*

NEW YORK, NY, *August 30*

FORT LAUDERDALE, FL, *August 31–September 2*

PARKESBURG, PA, *September 1*

HARTFORD, CT, *September 1–September 5*

COATESVILLE, PA, *September 1–September 7*

CHARLOTTE, NC, *September 2*

DAYTON, OH, *September 2*

LA GRANGE, KY, *September 2*

MIAMI, FL, *September 2*

POMPANO BEACH, FL, *September 2–*
September 3

BOSTON, MA, *September 3*

PARKESBURG, PA, *September 3*

DANIA, FL, *September 3–September 4*

DENHAM SPRINGS, LA, *September 4*

NEWTOWN, FL, *September 4*

CARBONDALE, IL, *September 6*

SPRINGFIELD, OH, *September 6–September 7*

DENHAM SPRINGS, LA, *September 7*

FORT LAUDERDALE, FL, *September 7*

CHICAGO, IL, *September 8*

SHREVEPORT, LA, *September 8–September 9*

PORTLAND, OR, *September 8–September 11*

NEW YORK, NY, *September 8–September 12*

CAIRO, IL, *September 9*

COLLEGE PARK, GA, *September 9*

GAINESVILLE, FL, *September 9–September 11*

LIDO BEACH, NY, *September 10*

CAIRO, IL, *September 11*

PORTLAND, OR, *September 11*

VERO BEACH, FL, *September 11*

BATON ROUGE, LA, *September 12*

OAKLAND, PA, *September 12*

KANKAKEE, IL, *September 12–September 14*

KOKOMO, IN, *September 12–September 14*

CAIRO, IL, *September 13*

VICTORVILLE, CA, *September 13*

UTICA, NY, *September 14*

ABERDEEN, MD, *September 15*

DAYTON, OH, *September 15*

HAYWARD, CA, *September 15*

KANSAS CITY, MO, *September 15*
WINSTON-SALEM, NC, *September 15*
BOSTON, MA, *September 15–September 18*
HOLLYWOOD, FL, *September 15–September 18*
CAIRO, IL, *September 16*
JACKSONVILLE, FL, *September 16*
PITTSBURGH, PA, *September 16*
KANKAKEE, IL, *September 16–September 17*
UNION, SC, *September 16–September 17*
BOSTON, MA, *September 17*
CHATTANOOGA, TN, *September 17*
HARRISBURG, PA, *September 17*
PEORIA, IL, *September 17*
WILMINGTON, DE, *September 17*
URBANA, IL, *September 17–September 18*
ALLEGHENY, PA, *September 18*
BLADENSBURG, MD, *September 18*
CHICAGO, IL, *September 18*
FORREST CITY, AR, *September 18*
NEPTUNE BEACH, FL, *September 18*
PITTSBURGH, PA, *September 18*
BOWIE, MD, *September 18*
SAN FRANCISCO, CA, *September 18–September 19*
WILMINGTON, DE, *September 19*
HOMESTEAD, FL, *September 20*
MULLINS, SC, *September 20–September 21*
RIVERSIDE, CA, *September 20–September 21*
EVANSVILLE, IN, *September 21*
DETROIT, MI, *September 21–September 23*
EUNICE, LA, *September 22*
CHAPEL HILL, NC, *September 22–September 23*
WILMINGTON, DE, *September 22–September 23*
CHICAGO, IL, *September 22–September 26*
RIVERSIDE, CA, *September 23*
SEATTLE, WA, *September 23*
PITTSBURGH, PA, *September 23–September 24*
NEW CASTLE, DE, *September 23–September 25*
SALISBURY, NC, *September 24*
WILMINGTON, DE, *September 24*
CARVER RANCHES, FL, *September 25*
CEDAR RAPIDS, IA, *September 25*
GREENVILLE, SC, *September 25*
ELKHART, IN, *September 25–September 26*
HOLLYWOOD, FL, *September 25–September 26*

PEMBROKE PARK, FL, *September 25–September 26*
GARY, IN, *September 26*
INDIANAPOLIS, IN, *September 26*
LITTLE ROCK, AR, *September 26*
NEW CASTLE, PA, *September 26*
TOPEKA, KS, *September 26–September 27*
CAROL CITY, FL, *September 27*
LAWRENCE, NY, *September 27*
PROVIDENCE, RI, *September 27*
HAMMOND, IN, *September 29*
MIAMI, FL, *September 29*
ASHEVILLE, NC, *September 29–September 30*
ZEBULON, GA, *September 29–September 30*
NEW YORK, NY, *September 30*
RIVERSIDE, CA, *September 30*
SAN DIEGO, CA, *September 30*
DAYTON, OH, *September 30–October 1*
PEORIA, IL, *September 30–October 2*
DENVER, CO, *October 1*
NEWBERRY, SC, *October 1*
BOSTON, MA, *October 1–October 2*
FREEPORT, NY, *October 2*
SAN BERNARDINO, CA, *October 2*
SAN BERNARDINO COUNTY, CA, *October 2*
SANFORD, NC, *October 2*
TEXARKANA, AR, *October 2*
WICHITA, KS, *October 2*
CHICAGO, IL, *October 2–October 3*
SAN FERNANDO, CA, *October 2–October 3*
CAMBRIDGE, MA, *October 3*
COATESVILLE, PA, *October 3*
GOSHEN, IN, *October 3*
SAN DIEGO, CA, *October 3*
SOUTH BEND, IN, *October 3*
CHICAGO HEIGHTS, IL, *October 3–October 4*
LOS ANGELES, CA, *October 3–October 4*
TREASURE ISLAND, CA, *October 3–October 5*
ALEXANDRIA, VA, *October 4*
CHICAGO, IL, *October 4–October 5*
EDWARDSVILLE, IL, *October 5*
LAS VEGAS, NV, *October 5–October 8*
PEORIA, IL, *October 6*
PHILADELPHIA, PA, *October 6*
PITTSBURG, KS, *October 6*
CHICAGO, IL, *October 6–October 7*

SANFORD, NC, *October 6–October 7*

ROCKY MOUNT, NC, *October 6–October 8*

LAS VEGAS, NV, *October 6–October 9*

ALTON, IL, *October 7*

CHICAGO, IL, *October 7*

LAS VEGAS, NV, *October 7*

ST. LOUIS, MO, *October 7*

GALESBURG, IL, *October 7–October 8*

ECORSE, MI, *October 8*

SPRINGFIELD, MA, *October 8*

ERIE, PA, *October 9*

FORT PIERCE, FL, *October 9*

LYMAN, MS, *October 9*

MEMPHIS, TN, *October 9*

SAN FRANCISCO, CA, *October 9*

SANFORD, NC, *October 9*

STORRS, CT, *October 9*

SOUTH BEND, IN, *October 9–October 10*

CHATTANOOGA, TN, *October 10*

CHICAGO, IL, *October 10*

FORT LAUDERDALE, FL, *October 10*

FORT PIERCE, FL, *October 10*

LAS VEGAS, NV, *October 10*

LOS ANGELES, CA, *October 10*

NORTH MANCHESTER, IN, *October 10*

MUNCIE, IN, *October 10*

PROVIDENCE, RI, *October 10*

SAN BERNARDINO, CA, *October 10*

BOSTON, MA, *October 10–October 11*

PORTLAND, OR, *October 11*

ROCHESTER, PA, *October 11*

SANTA ROSA, CA, *October 11–October 12*

FORT DIX, NJ, *October 12*

FORT KNOX, KY, *October 12*

PACOIMA, CA, *October 12*

SANFORD, NC, *October 12–October 13*

HOLLYWOOD, FL, *October 13*

NEW HAVEN, CT, *October 13*

ROCHESTER, PA, *October 13*

ST. LOUIS, MO, *October 13*

PITTSBURGH, PA, *October 13–October 14*

CHICAGO, IL, *October 13–October 15*

ALEXANDRIA, VA, *October 14*

MEMPHIS, TN, *October 14*

CHICAGO, IL, *October 14–October 15*

FORT PIERCE, FL, *October 14–October 15*

SAN BERNARDINO, CA, *October 14–October 15*

LAWRENCE, NY, *October 15*

NEWBERRY, SC, *October 15*

SAN FRANCISCO, CA, *October 15*

WASHINGTON, DC, *October 15*

WILMINGTON, DE, *October 15*

PITTSBURGH, PA, *October 15–October 16*

SPRINGFIELD, MA, *October 15–October 16*

COATESVILLE, PA, *October 16*

MUNCIE, IN, *October 16*

ARLINGTON, TX, *October 17*

GOLDSBORO, NC, *October 17*

ST. LOUIS, MO, *October 17*

ALEXANDRIA, VA, *October 17–October 20*

DALLAS, TX, *October 18*

TEXARKANA, AR, *October 18*

NEW BRITAIN, CT, *October 20*

OZONE PARK, NY, *October 20*

WASHINGTON, DC, *October 20*

WINSTON-SALEM, NC, *October 20*

CLEVELAND, OH, *October 21*

WINSTON-SALEM, NC, *October 21*

OZONE PARK, NY, *October 22*

PROVIDENCE, RI, *October 22*

SUFFOLK, VA, *October 22*

SUFFOLK, NY, *October 23*

BLUE ISLAND, IL, *October 23–October 24*

NEW YORK, NY, *October 23–October 24*

GREENVILLE, NC, *October 24*

OZONE PARK, NY, *October 24*

CAROL CITY, FL, *October 26*

BELLPORT, NY, *October 27*

GREENVILLE, NC, *October 27*

CLEVELAND, OH, *October 28*

HAMMOND, IN, *October 28*

NEW YORK, NY, *October 29*

CHICAGO, IL, *October 29–October 31*

ABINGTON, PA, *October 30*

CHICAGO, IL, *October 30*

MARKHAM, IL, *October 30*

MIDLOTHIAN, IL, *October 30*

PHILADELPHIA, PA, *October 30*

ANNISTON, AL, *October 30–October 31*

PEORIA, IL, *October 30–October 31*

MARKHAM, IL, *October 31*

NEW YORK, NY, *October 31*
JACKSONVILLE, FL, *October 31–November 1*
CHARLESTON, WV, *November 3*
CHICAGO, IL, *November 3*
DUBUQUE, IA, *November 3*
TALLADEGA, AL, *November 3–November 6*
SPRINGFIELD, MA, *November 4–November 5*
CHICAGO, IL, *November 5*
LARGO, MD, *November 5*
MEDFORD, MA, *November 5*
NEW YORK, NY, *November 5*
PENDLETON, IN, *November 5*
TULSA, OK, *November 5*
NEW IBERIA, LA, *November 5–November 7*
MEMPHIS, TN, *November 6*
NEW YORK, NY, *November 6*
ST. LOUIS, MO, *November 6*
TULSA, OK, *November 6–November 7*
NEW IBERIA, LA, *November 7*
SPRINGFIELD, MA, *November 7*
GREENVILLE, NC, *November 8*
SAN BERNARDINO, CA, *November 9–November 15*
ERIE, PA, *November 10*
MEMPHIS, TN, *November 10–November 11*
CHAPEL HILL, NC, *November 11*
ALBANY, NY, *November 12*
CAMBRIDGE, MA, *November 12*
NEW YORK, NY, *November 12*
CHICAGO, IL, *November 13*
MEMPHIS, TN, *November 13*
MIAMI, FL, *November 13*
ST. LOUIS, MO, *November 13–November 14*
FREEPORT, IL, *November 14*
HYATTSVILLE, MD, *November 15*
SOMERVILLE, TN, *November 15*
CHICAGO, IL, *November 17*
SAN BERNARDINO, CA, *November 18*
SPRINGFIELD, MA, *November 18–November 19*
MILWAUKEE, WI, *November 18–November 21*
CAMBRIDGE, MA, *November 19*
LOS ANGELES, CA, *November 19*
DETROIT, MI, *November 20*
MEMPHIS, TN, *November 20*
STILLWATER, OK, *November 20*
CHATTANOOGA, TN, *November 21*

HARVEY, IL, *November 21*
LAS VEGAS, NV, *November 24*
MILWAUKEE, WI, *November 25*
NEW YORK, NY, *November 25*
SANDERSVILLE, GA, *November 26*
SEATTLE, WA, *November 26*
PHILADELPHIA, PA, *November 27*
JACKSON, MI, *November 28–December 1*
WILDWOOD, FL, *November 30*
CHAPEL HILL, NC, *December 1*
PHILADELPHIA, PA, *December 1–December 2*
GOLDSBORO, NC, *December 2–December 3*
MOBILE, AL, *December 3*
SANDERSVILLE, GA, *December 3*
CHICAGO, IL, *December 4*
JACKSON, MI, *December 4*
SPRINGFIELD, MA, *December 4–December 5*
CAMBRIDGE, MA, *December 5*
CHICAGO, IL, *December 5*
CAIRO, IL, *December 6*
SOUTH BEND, IN, *December 6*
DOUGLAS, GA, *December 7*
NEW YORK, NY, *December 7*
FORT VALLEY, GA, *December 8–December 9*
NEW YORK, NY, *December 9*
AKRON, OH, *December 10*
FORT VALLEY, GA, *December 10*
CAMBRIDGE, MA, *December 11*
LOS ANGELES, CA, *December 11*
BLUE ISLAND, IL, *December 12*
CHICAGO, IL, *December 12*
CLEVELAND, OH, *December 12*
JACKSONVILLE, AR, *December 12*
SHREVEPORT, LA, *December 12*
SPRINGFIELD, MA, *December 12*
CHAMPAIGN, IL, *December 13*
WAKE FOREST, NC, *December 13*
SHREVEPORT, LA, *December 14*
MAYWOOD, IL, *December 15*
PLATTSBURGH, NY, *December 15*
CHICAGO, IL, *December 15–December 16*
WHITEWATER, WI, *December 15–December 16*
McKEESPORT, PA, *December 16*
MADISON, MO, *December 17*
MARQUETTE, MI, *December 18*
PHILADELPHIA, PA, *December 18*

ROXBOROUGH, PA, *December 18*
SHELBY, NC, *December 23*
SANDERSVILLE, GA, *December 27*
NEW YORK, NY, *December 28*

1970: 632 REBELLIONS

SELMA, AL, *January 3–January 5*
MONTGOMERY, AL, *January 4–January 5*
NEWARK, NJ, *January 8*
TUCSON, AZ, *January 8*
EWING TOWNSHIP, NJ, *January 9*
RICHTON, MS, *January 10*
ALBANY, NY, *January 12*
GLENN DALE, MD, *January 12*
NEW HAVEN, CT, *January 12*
SUITLAND, MD, *January 12*
PITTSBURGH, PA, *January 15*
SAN DIEGO, CA, *January 15*
PINE BLUFF, AR, *January 15–January 16*
BELLPORT, NY, *January 16*
CHICAGO, IL, *January 16*
ROSELLE, NJ, *January 16*
THIBODAUX, LA, *January 16*
PITTSBURGH, PA, *January 17*
GREENWICH, CT, *January 19*
THIBODAUX, LA, *January 19*
BOSTON, MA, *January 19–January 20*
GAINESVILLE, FL, *January 20*
PHOENIX, AZ, *January 20*
SPRINGFIELD, MA, *January 22*
LOUISVILLE, KY, *January 26*
NEW YORK, NY, *January 26*
WEST POINT, MS, *January 26*
SANTA ANA, CA, *January 27–January 29*
TULSA, OK, *January 27–January 29*
GAINESVILLE, FL, *January 29*
ROYAL OAK, MI, *January 30*
LACKAWANNA, NY, *January 31*
SEATTLE, WA, *January 31*
YORK, PA, *January 31*
CAIRO, IL, *January 31–February 1*
LEWISBURG, PA, *February 1*
LACKAWANNA, NY, *February 2*
PLAINFIELD, NJ, *February 2–February 3*
BRADENTON, FL, *February 3–February 5*
GREENWOOD, MS, *February 4*

FORT COLLINS, CO, *February 5*
CHICAGO, IL, *February 6*
NORFOLK, VA, *February 6*
WASHINGTON, DC, *February 6*
CLEVELAND, OH, *February 6–February 7*
COLUMBUS, OH, *February 7*
JACKSONVILLE, MS, *February 7*
WHITEWATER, WI, *February 7*
NEW ORLEANS, LA, *February 7–February 13*
NEW BRITAIN, CT, *February 9*
PANAMA CITY, FL, *February 9*
BERKELEY, MO, *February 9–February 10*
ALGIERS, LA, *February 9–February 13*
MABEN, MS, *February 10*
WASHINGTON, DC, *February 10*
CAMP PENDLETON, CA, *February 11*
LIMA, OH, *February 11*
ORLANDO, FL, *February 11*
PANAMA CITY, FL, *February 11*
ANNAPOLIS, MD, *February 12*
BALTIMORE, MD, *February 12*
ST. LOUIS, MO, *February 12*
BERKELEY, MO, *February 12*
WASHINGTON, DC, *February 12*
ST. LOUIS, MO, *February 12–February 14*
CLEVELAND, OH, *February 13*
JACKSONVILLE, FL, *February 13*
LAS VEGAS, NV, *February 13*
LEONARDTOWN, MD, *February 13*
MIDDLETOWN, OH, *February 13*
ALLENTOWN, NJ, *February 15*
DES MOINES, IA, *February 16*
LAS VEGAS, NV, *February 16*
RAHWAY, NJ, *February 16*
BALTIMORE, MD, *February 16–February 17*
ANNAPOLIS, MD, *February 17*
WASHINGTON, DC, *February 17–February 18*
AMHERST, MA, *February 18*
BRISTOL, PA, *February 18*
LINDEN, NJ, *February 18*
MEMPHIS, TN, *February 18*
COVINGTON, KY, *February 19*
PITTSBURGH, PA, *February 19*
CAMP PENDLETON, CA, *February 20*
LINDEN, NJ, *February 20*
UNIVERSITY CITY, MO, *February 20*

CARTERET, NJ, *February 21*

DETROIT, MI, *February 21*

NEW YORK, NY, *February 21*

ST. LOUIS, MO, *February 21*

HIGH SPRINGS, FL, *February 22*

ITHACA, NY, *February 22*

ALACHUA, FL, *February 23*

CHATTANOOGA, TN, *February 23*

GRAND RAPIDS, MI, *February 24*

INGLEWOOD, CA, *February 24*

ST. LOUIS, MO, *February 24*

CARTERET, NJ, *February 24–February 25*

NORTH COLLEGE HILL, OH, *February 25*

OXFORD, MS, *February 25*

DETROIT, MI, *February 26*

HYATTSVILLE, MD, *February 26*

NORTH COLLEGE HILL, OH, *February 26*

RIVER ROUGE, MI, *February 26*

ST. LOUIS, MO, *February 26*

ALBUQUERQUE, NM, *February 27*

ALLENTOWN, NJ, *February 27*

AMHERST, MA, *February 27*

HARLEYVILLE, SC, *February 27*

SOUTH HADLEY, MA, *February 27*

AKRON, OH, *February 28*

ALLENTOWN, NJ, *March 2*

CLEVELAND, OH, *March 2*

EWING, NJ, *March 2*

LAMAR, SC, *March 2*

NEW YORK, NY, *March 2–March 3*

ST. LOUIS, MO, *March 4*

COLUMBUS, OH, *March 4–March 5*

BUFFALO, NY, *March 5*

GAINESVILLE, FL, *March 5*

HEMPSTEAD, NY, *March 5*

LAS VEGAS, NV, *March 5*

SEATTLE, WA, *March 5*

CHARLESTON, WV, *March 6*

NEW YORK, NY, *March 6*

PITTSBURGH, PA, *March 6*

CINCINNATI, OH, *March 7*

DETROIT, MI, *March 8–March 9*

BEL AIR, MD, *March 9*

CAMBRIDGE, MD, *March 9*

PLAQUEMINE, LA, *March 9*

CHICAGO, IL, *March 9–March 10*

KANSAS CITY, MO, *March 9–March 11*

ATLANTA, GA, *March 10*

CHICAGO, IL, *March 10*

PERTH AMBOY, NJ, *March 10*

ROCHESTER, NY, *March 10–March 11*

SPRINGFIELD, MA, *March 10–March 12*

CAMBRIDGE, MD, *March 11*

DETROIT, MI, *March 11*

EL DORADO, AR, *March 11*

GAINESVILLE, FL, *March 11*

PITTSBURGH, PA, *March 11*

SEATTLE, WA, *March 11*

BUFFALO, NY, *March 12*

NEW YORK, NY, *March 12–March 13*

CAMDEN, NJ, *March 13*

COLUMBUS, OH, *March 13*

JACKSONVILLE, FL, *March 13*

SAN FRANCISCO, CA, *March 13*

STAMFORD, CT, *March 13*

CARTHAGE, MS, *March 14*

HARTFORD, CT, *March 14*

INDIANAPOLIS, IN, *March 14*

CINCINNATI, OH, *March 16*

ST. LOUIS, MO, *March 16*

CLEVELAND, OH, *March 17*

PITTSBURGH, PA, *March 17*

VENICE, CA, *March 18*

BOSTON, MA, *March 18–March 21*

AUSTIN, TX, *March 19*

HARTFORD, CT, *March 19*

INDIANAPOLIS, IN, *March 19–March 20*

KANSAS CITY, MO, *March 19–March 20*

OKLAHOMA CITY, OK, *March 20*

OMAHA, NE, *March 20*

PHOENIX, AZ, *March 20*

HYATTSVILLE, MD, *March 21*

NEW YORK, NY, *March 22*

ANN ARBOR, MI, *March 23*

MIAMI, FL, *March 23*

ST. LOUIS, MO, *March 23*

CAMDEN, NJ, *March 24*

KANSAS CITY, MO, *March 24*

PITTSBURGH, PA, *March 24*

MIDDLETOWN, CT, *March 24–March 25*

MARLBORO, NJ, *March 25*

ANN ARBOR, MI, *March 25–March 26*

BEAVER, PA, *March 26*

GAINESVILLE, FL, *March 26*

CLEVELAND, OH, *March 26–March 27*

NEW YORK, NY, *March 28*

WEST HAVEN, CT, *March 29*

BEAVER, PA, *March 31*

SAN FRANCISCO, CA, *March 31*

ITHACA, NY, *April 1*

GAINESVILLE, FL, *April 2*

ATLANTA, GA, *April 3*

CLEARWATER, FL, *April 3*

YORK, PA, *April 3*

GAINESVILLE, FL, *April 3–April 4*

HAMILTON, OH, *April 3–April 4*

NEWTON, GA, *April 3–April 6*

NEW YORK, NY, *April 4*

SAN PEDRO, CA, *April 5*

CAMBRIDGE, MA, *April 6*

CLEVELAND, OH, *April 6*

OCALA, FL, *April 6*

SPRINGFIELD, MA, *April 6*

ELIZABETH, NJ, *April 6–April 7*

PHOENIX, AZ, *April 6–April 9*

ATLANTA, GA, *April 7*

HAMMOND, IN, *April 7*

ITHACA, NY, *April 7*

OCALA, FL, *April 7*

ABINGTON, PA, *April 8*

AMES, IA, *April 8*

DETROIT, MI, *April 8*

KANSAS CITY, MO, *April 8*

NEW YORK, NY, *April 8*

PHILADELPHIA, PA, *April 8*

PITTSBURGH, PA, *April 8*

SPRINGFIELD, MA, *April 8*

FRANKLIN, NJ, *April 9*

MIAMI, FL, *April 9*

WASHINGTON, DC, *April 9*

CAMBRIDGE, MA, *April 9–April 10*

KANSAS CITY, MO, *April 10*

LINDEN, NJ, *April 10*

WHITE PLAINS, NY, *April 10*

BEACON, NY, *April 10–April 13*

DES MOINES, IA, *April 10–April 16*

LAWRENCE, KS, *April 11*

NEW ORLEANS, LA, *April 11*

OMAHA, NE, *April 11*

ATHENS, GA, *April 13*

CORAL GABLES, FL, *April 13*

DETROIT, MI, *April 13*

LAWRENCE, KS, *April 13*

LOS ANGELES, CA, *April 13*

NEW YORK, NY, *April 13*

CHATTANOOGA, TN, *April 13–April 15*

SUFFOLK, VA, *April 13–April 16*

ATLANTIC CITY, NJ, *April 14*

BOSTON, MA, *April 14*

HOUSTON, TX, *April 14*

KANSAS CITY, MO, *April 14*

ST. LOUIS, MO, *April 14*

ATLANTA, GA, *April 14–April 15*

CULPEPER, VA, *April 15*

FRANKLIN, NJ, *April 15*

JACKSONVILLE, FL, *April 15*

LAWRENCE, KS, *April 15*

MIAMI, FL, *April 15*

NEW YORK, NY, *April 15*

DETROIT, MI, *April 15–April 16*

PROVIDENCE, RI, *April 15–April 16*

SANDUSKY, OH, *April 15–April 16*

HARRISBURG, PA, *April 16*

HARTFORD, CT, *April 16*

KANSAS CITY, MO, *April 16*

SANTA BARBARA, CA, *April 16*

BEDFORD, VA, *April 17*

HARRISBURG, PA, *April 17*

ATLANTIC CITY, NJ, *April 17–April 18*

EVANSTON, IL, *April 17–April 19*

ST. LOUIS, MO, *April 18*

SEATTLE, WA, *April 19*

STORRS, CT, *April 19*

BIRMINGHAM, AL, *April 20*

COVINGTON, LA, *April 20*

EVANSTON, IL, *April 20*

KANSAS CITY ,MO, *April 20*

LAKELAND, FL, *April 20*

ATLANTIC CITY, NJ, *April 20–April 21*

LAWRENCE, KS, *April 20*

LITTLE ROCK, AR, *April 21*

NEW YORK, NY, *April 21*

RICHMOND, VA, *April 21*

STATE COLLEGE, PA, *April 21*

CHATTANOOGA, TN, *April 22*

NEW YORK, NY, *April 22*

LAWRENCE, KS, *April 22–April 23*

CHICAGO, IL, *April 23*

EUGENE, OR, *April 23*

TERRE HAUTE, IN, *April 23*

HARVEY, IL, *April 24*

NEW YORK, NY, *April 24*

PALO ALTO, CA, *April 24*

PENNS GROVE, NJ, *April 24*

PEORIA, IL, *April 24*

PHILADELPHIA ,PA, *April 24*

UNION CITY, NJ, *April 24*

BATON ROUGE, LA, *April 26*

HARVEY, IL, *April 27*

NEW YORK, NY, *April 27*

DETROIT, MI, *April 27–April 29*

BERKELEY, CA, *April 28*

CHATTANOOGA, TN, *April 28*

PHILADELPHIA, PA, *April 28*

CHAMPAIGN, IL, *April 29*

HARVEY, IL, *April 29*

COLUMBUS, OH, *April 29–April 30*

BOGALUSA, LA, *April 30*

FERNDALE, MI, *April 30*

MARKHAM, IL, *April 30*

URBANA, IL, *April 30*

CHAMPAIGN, IL, *April 30–May 1*

ROYAL OAK, MI, *May 1*

GREAT LAKES, IL, *May 2*

CHICAGO, IL, *May 4*

KALAMAZOO, MI, *May 4*

NEW YORK, NY, *May 4*

ST. LOUIS, MO, *May 4*

COLUMBUS, OH, *May 4–May 6*

BEAVER FALLS, PA, *May 5*

BROCKPORT, NY, *May 5*

MIAMI, FL, *May 5*

SACRAMENTO, CA, *May 5*

CHAMPAIGN, IL, *May 6*

ITHACA, NY, *May 6*

FORT DODGE, IA, *May 6–May 7*

CLEVELAND, OH, *May 7*

VIVIAN, LA, *May 7*

MIAMI, FL, *May 7–May 8*

HOMESTEAD, FL, *May 7–May 11*

DETROIT, MI, *May 8*

ST. LOUIS, MO, *May 9*

GRAND RAPIDS, MI, *May 9–May 11*

DAYTONA BEACH, FL, *May 11*

ST. LOUIS, MO, *May 11*

TALLAHASSEE, FL, *May 11*

AUGUSTA, GA, *May 11–May 12*

PITTSBURGH, PA, *May 11–May 16*

ONEONTA, NY, *May 12*

EL PASO, TX, *May 12–May 13*

ATHENS, GA, *May 12–May 14*

BALTIMORE, MD, *May 13*

CHICAGO, IL, *May 13*

ONEONTA, NY, *May 13*

SYRACUSE, NY, *May 13*

BLOOMINGTON, IL, *May 13–May 14*

LONG BEACH, CA, *May 13–May 14*

NEW YORK, NY, *May 13–May 14*

ST. LOUIS, MO, *May 14*

JACKSON, MS, *May 14–May 15*

MIDDLETOWN, CT, *May 14–May 15*

BALTIMORE, MD, *May 15*

CARBONDALE, IL, *May 15*

NEW YORK, NY, *May 15*

LAKE PROVIDENCE, LA, *May 16–May 17*

MOBILE, AL, *May 17*

MIAMI, FL, *May 18*

NASHVILLE, TN, *May 18*

NEW YORK, NY, *May 18*

LAS VEGAS, NV, *May 19–May 20*

LINCOLN, NE, *May 19–May 20*

JACKSON, MS, *May 20*

OKLAHOMA CITY, OK, *May 20*

MIAMI, FL, *May 20–May 21*

ROCHESTER, NY, *May 20–May 21*

NORFOLK, VA, *May 20–May 22*

BATTLE CREEK, MI, *May 21*

COLUMBUS, OH, *May 21*

LAS VEGAS, NV, *May 21*

NEW HAVEN, CT, *May 21*

NEW ORLEANS, LA, *May 21*

ROCHESTER, NY, *May 21*

SEATTLE, WA, *May 21*

KALAMAZOO, MI, *May 21–May 22*

ALIQUIPPA, PA, *May 21–May 23*

DETROIT, MI, *May 22*

MONROE, MI, *May 22*

MIAMI, FL, *May 23*

JACKSON, GA, *May 24–May 25*

LANCASTER, PA, *May 24–May 27*

PITTSBURGH, PA, *May 25–May 27*

TEMPE, AZ, *May 25*

VISITACION VALLEY, CA, *May 25–May 28*

COCOA, FL, *May 26–May 27*

TEMPE, AZ, *May 26–May 27*

PHOENIX, AZ, *May 27–May 28*

SPRINGFIELD, MA, *May 28–May 29*

WILKINSBURG, PA, *May 29*

ALEXANDRIA, VA, *May 29–May 30*

CHESTERTON, IN, *May 30*

KANSAS CITY, MO, *May 31*

ALEXANDRIA, VA, *May 31–June 2*

SMITHFIELD, NC, *June 1*

COLUMBUS, OH, *June 4–June 5*

ENGLEWOOD, NJ, *June 5*

BALTIMORE, MD, *June 6*

STARKVILLE, MS, *June 6*

ST. LOUIS, MO, *June 7*

VISALIA, CA, *June 7*

CHICAGO, IL, *June 8*

SEATTLE, WA, *June 9*

FORREST CITY, AR, *June 10*

LANCASTER, PA, *June 10*

ROXBURY, MA, *June 10*

ALIQUIPPA, PA, *June 11*

SAN DIEGO, CA, *June 12–June 14*

WILMINGTON, NC, *June 15*

MIAMI, FL, *June 15–June 18*

CHICAGO, IL, *June 16*

EMERYVILLE, CA, *June 17*

DES MOINES, IA, *June 18*

PITTSBURGH, PA, *June 21*

CHICAGO, IL, *June 22*

CAIRO, IL, *June 24*

BALTIMORE, MD, *June 27*

OMAHA, NE, *July 2*

AKRON, OH, *July 4*

PHILADELPHIA, PA, *July 4*

PALO ALTO, CA, *July 4–July 5*

CHAMPAIGN, IL, *July 5*

PONTIAC, IL, *July 5*

ASBURY PARK, NJ, *July 5–July 9*

SOMERVILLE, NJ, *July 6*

BOSTON, MA, *July 6–July 7*

CHARLESTON, WV, *July 8*

NEW BEDFORD, MA, *July 8–July 13*

MICHIGAN CITY, IN, *July 11–July 12*

HIGHLAND PARK, MI, *July 11–July 13*

MALVERN, AR, *July 12*

ROSTRAVER, PA, *July 13*

PROVIDENCE, RI, *July 15–July 16*

CHATTANOOGA, TN, *July 16*

LAWRENCE, KS, *July 16–July 17*

CHICAGO, IL, *July 17*

KALAMAZOO, MI, *July 17*

AUGUSTA, GA, *July 18*

DETROIT, MI, *July 19*

HAGERSTOWN, MD, *July 19–July 20*

LAWRENCE, KS, *July 20*

NEW YORK, NY, *July 20*

CLEVELAND, OH, *July 21*

FORT WAYNE, IN, *July 22*

LAWRENCE, KS, *July 22*

NEW BRUNSWICK, NJ, *July 22–July 24*

PITTSBURGH, PA, *July 23*

PEORIA, IL, *July 23–July 26*

WEST CHESTER, PA, *July 24–July 28*

NEW YORK, NY, *July 25–July 26*

PITTSBURGH, PA, *July 26*

HOUSTON, TX, *July 26–July 27*

NEW BEDFORD, MA, *July 26–July 30*

JERSEY CITY, NJ, *July 28*

WACO, TX, *July 28*

CROWLEY, LA, *July 29*

OMAHA, NE, *July 29*

WORCESTER, MA, *July 29–July 31*

NEW YORK, NY, *July 30*

OAKLAND, CA, *July 30*

PHOENIX, AZ, *July 30*

STATESVILLE, NC, *July 30*

CHICAGO, IL, *August 1*

ATLANTA, GA, *August 2*

PENSACOLA, FL, *August 2*

LIMA, OH, *August 5–August 6*

PHILADELPHIA, PA, *August 7–August 9*

JERSEY CITY, NJ, *August 8–August 11*

NEW YORK, NY, *August 10–August 12*

AKRON, OH, *August 10–August 14*

CAIRO, IL, *August 12–August 13*

HAGERSTOWN, MD, *August 13*

CHICAGO, IL, *August 13–August 14*

POMPANO BEACH, FL, *August 14–August 16*

FORT LAUDERDALE, FL, *August 15–August 19*

CENTRAL ISLIP, NY, *August 18*

CAMP PENDLETON, CA, *August 25*

CHICAGO, IL, *August 25*

SAN QUENTIN, CA, *August 25–August 26*

NEW HAVEN, CT, *August 27*

ROCKY MOUNT, NC, *August 27*

SAN DIEGO, CA, *August 27*

DOWAGIAC, MI, *August 29*

WASHINGTON, FL, *August 29*

PLYMOUTH TOWNSHIP, PA, *August 30*

TUCSON, AZ, *August 30*

NEW YORK, NY, *August 31*

NORRISTOWN, PA, *September 1–September 2*

SAN FRANCISCO, CA, *September 2*

CHARLOTTE, NC, *September 3*

CHERRY HILL, NJ, *September 3*

DETROIT, MI, *September 7*

EARLE, AR, *September 10*

MOBILE, AL, *September 10–September 11*

BOWLING GREEN, KY, *September 11*

NASHVILLE, TN, *September 11*

PITTSBURGH, PA, *September 11*

BOGALUSA, LA, *September 14*

BOWLING GREEN, KY, *September 14*

MEMPHIS, TN, *September 14*

NEW ORLEANS, LA, *September 14–September 15*

PITTSBURGH, PA, *September 14–September 15*

NEW YORK, NY, *September 14–September 18*

JAMAICA PLAIN, MA, *September 15*

DANVILLE, VA, *September 16*

CHICAGO, IL, *September 16–September 17*

RICHMOND, VA, *September 17*

CAMDEN, AR, *September 18*

GRIFFIN, GA, *September 18*

MARION, IN, *September 18*

TOLEDO, OH, *September 18–September 19*

YANCEYVILLE, NC, *September 18–September 19*

PORTSMOUTH, VA, *September 19*

EAST ST. LOUIS, MO, *September 21*

LAS VEGAS, NV, *September 21*

NEW YORK, NY, *September 21*

PARKIN, AR, *September 21*

PEORIA, IL, *September 21*

WASHINGTON, DC, *September 21–September 22*

RALEIGH, NC, *September 22*

EVANSVILLE, IN, *September 22–September 25*

BOGALUSA, LA, *September 23*

BOURG, LA, *September 23*

LAFOURCHE, LA, *September 23*

ST. LOUIS, MO, *September 23–September 24*

DORCHESTER, MA, *September 24*

HOUSTON, TX, *September 24*

MEMPHIS, TN, *September 24*

PORTSMOUTH, VA, *September 24*

WICHITA, KS, *September 24*

DENVER, CO, *September 24–September 25*

HOUSTON, TX, *September 25*

MATAWAN, NJ, *September 25–September 28*

NEW YORK, NY, *September 27–September 27*

ASBURY PARK, NJ, *September 29*

FLINT, MI, *September 29*

ANN ARBOR, MI, *September 30*

ERIE, PA, *October 1*

PITTSBURGH, PA, *October 1*

TROUTMAN, NC, *October 1–October 2*

NEW YORK, NY, *October 1–October 4*

ANNAPOLIS, MD, *October 2*

BALTIMORE, MD, *October 2*

KALAMAZOO, MI, *October 2*

NEW YORK, NY, *October 2–October 4*

UNION, NJ, *October 3*

NEWARK, NJ, *October 5*

UNION, NJ, *October 5*

PONTIAC, MI, *October 5–October 7*

SOUTH BEND, IN, *October 6–October 7*

ALBION, MI, *October 7*

SAN RAFAEL, CA, *October 8*

SAVANNAH, GA, *October 8*

UNION, NJ, *October 8*

HUNTSVILLE, AL, *October 9–October 12*

MORRISTOWN, TN, *October 10*

PORTSMOUTH, VA, *October 10*

CAIRO, IL, *October 10–October 16*

ST. LOUIS, MO, *October 11*

MALVERNE, NY, *October 12*

ROCHESTER, NY, *October 12*

BATTLE CREEK, MI, *October 12–December 13*

BALTIMORE, MD, *October 13*

HAZARD, KY, *October 14*

COLUMBIA, SC, *October 15*

HUNTSVILLE, AL, *October 15*

ROCKLEDGE, FL, *October 15*

WELLSTON, MO, *October 15*

NEW YORK, NY, *October 15–October 16*

CHICAGO, IL, *October 17*

DENVER, CO, *October 19*

CHICAGO, IL, *October 19–October 23*

TALLADEGA, AL, *October 20*

CAIRO, IL, *October 21*

DALLAS, TX, *October 21*

SOUTHERN PINES, NC, *October 21–October 24*

BIRMINGHAM, AL, *October 22*

SAN FRANCISCO, CA, *October 22*

NORFOLK, VA, *October 22–October 23*

MONROVIA, CA, *October 23*

CAIRO, IL, *October 23–October 24*

KENT, OH, *October 24*

CAIRO, IL, *October 24–October 25*

DETROIT, MI, *October 24–October 25*

PROVIDENCE, RI, *October 25*

BATTLE CREEK, MI, *October 26*

CHICAGO, IL, *October 26*

MONROVIA, CA, *October 26*

MOBILE, AL, *October 27*

DENVER, CO, *October 28*

NEW YORK, NY, *October 28*

CHATTANOOGA, TN, *October 29*

PROVIDENCE, RI, *October 29*

TRENTON, NJ, *October 29*

MONTGOMERY, AL, *October 29–October 30*

FORT WAYNE, IN, *November 2*

ROBBINS, IL, *November 4*

BRIDGEPORT, CT, *November 5*

GREENVILLE, SC, *November 6*

LANSING, MI, *November 6*

ROBBINS, IL, *November 6*

HENDERSON, NC, *November 6–November 8*

DAYTONA BEACH, FL, *November 7–November 8*

KALAMAZOO, MI, *November 9*

MADISON, IL, *November 9*

PITTSBURGH, PA, *November 9*

PARIS, TX, *November 10*

ST. PAUL, MN, *November 10*

LAS VEGAS, NV, *November 11*

SALINAS, CA, *November 11*

BIRMINGHAM, AL, *November 12*

CARBONDALE, IL, *November 12*

CHESTER, SC, *November 12*

EAST ST. LOUIS, IL, *November 12*

BATON ROUGE, LA, *November 13*

WASHINGTON, DC, *November 13*

MEMPHIS, TN, *November 14*

CHICAGO, IL, *November 15*

GREENVILLE, SC, *November 16*

WARRENTON, NC, *November 16*

GREENVILLE, SC, *November 18–November 19*

NEW ORLEANS, LA, *November 19*

CHICAGO, IL, *November 20*

PARIS, TX, *November 20*

GRADY, AR, *November 20–November 22*

CHAPEL HILL, NC, *November 21*

CHICAGO, IL, *November 23*

FLINT, MI, *November 24*

SILER CITY, NC, *November 24*

WINSTON-SALEM, NC, *November 24*

ST. LOUIS, MO, *November 24–November 25*

NEW ORLEANS, LA, *November 26*

ROANOKE, VA, *November 26*

PROVIDENCE, RI, *November 27*

WINSTON-SALEM, NC, *November 27*

SAGINAW, MI, *November 30*

CHICAGO, IL, *November 30–December 4*

UNION, NC, *December 2*

ELDORADO, AR, *December 3*

AIKEN, SC, *December 4*

MOUNT OLIVE, NC, *December 4*

CAIRO, IL, *December 5*

LINDEN, NJ, *December 6*

CHESTER, WV, *December 9*

CHAMBERSBURG, NJ, *December 12*

TEXARKANA, AR, *December 15–December 16*

DENTON, TX, *December 18*

SILVER SPRING, MD, *December 21–December 23*

1971: 319 REBELLIONS

VICKSBURG, MS, *January 2–January 3*

SUMTER, SC, *January 5*

MOUNT CLEMENS, MI, *January 5–January 6*

SUMTER, SC, *January 7*

MIAMI, FL, *January 8*

MIAMI, FL, *January 11*

NEW ORLEANS, LA, *January 11*

CHICAGO, IL, *January 14*

BENTON HARBOR, MI, *January 15*

CHARLESTON, SC, *January 15*

MIAMI, FL, *January 15*

WILMINGTON, NC, *January 15*

CLARKSVILLE, TN, *January 15–January 18*

MEMPHIS, TN, *January 18*

NEW BERN, NC, *January 18*

BRINKLEY, AR, *January 19*

PITTSBURGH, PA, *January 20–January 22*

MURRYSVILLE, PA, *January 22*

NEW ORLEANS, LA, *January 22*

CARSON CITY, NV, *January 23*

ANCHORAGE, AK, *January 23–January 24*

COLUMBIA, SC, *January 25*

HUNTSVILLE, AL, *January 26*

OKLAHOMA CITY, OK, *January 27*

BALTIMORE, MD, *January 31*

PRICHARD, AL, *February 2*

HOUSTON, TX, *February 4–February 5*

OKLAHOMA CITY, OK, *February 4–February 5*

WILMINGTON, NC, *February 4–February 8*

LYNCHBURG, VA, *February 8*

BOSTON, MA, *February 9*

JACKSON, MI, *February 9*

CHESTER, SC, *February 10*

CHICAGO, IL, *February 10*

GREENVILLE, NC, *February 10*

HOUSTON, TX, *February 10*

BALTIMORE, MD, *February 11*

BERKELEY, MO, *February 11*

FORT PIERCE, FL, *February 11*

MOBILE, AL, *February 11*

NEW ORLEANS, LA, *February 11*

PINE BLUFF, AR, *February 11*

ANN ARBOR, MI, *February 11–February 12*

CAMBRIDGE, MA, *February 12*

HOUSTON, TX, *February 12*

PRICHARD, AL, *February 12*

RIDGELAND, SC, *February 13*

SPRINGFIELD, MA, *February 14*

ANN ARBOR, MI, *February 15*

CAIRO, IL, *February 15*

CAMBRIDGE, MA, *February 15*

CAMILLA, GA, *February 15*

CHARLESTON, SC, *February 15*

COCONUT GROVE, FL, *February 15*

NEW ORLEANS, LA, *February 15*

ATLANTA, GA, *February 15*

WILMINGTON, NC, *February 15–February 18*

HOUSTON, TX, *February 16–February 17*

MILWAUKEE, WI, *February 16–February 17*

BALTIMORE, MD, *February 17*

JACKSON, MS, *February 17*

MANATEE, FL, *February 17*

TEXARKANA, TX, *February 17*

CHARLESTON, SC, *February 18*

CHARLOTTE, NC, *February 19*

FERNDALE, MI, *February 19*

FORT PIERCE, FL, *February 19*

NEW YORK, NY, *February 19*

BALTIMORE, MD, *February 20*

COCONUT GROVE, FL, *February 20–February 21*

FORT PIERCE, FL, *February 21*

CHARLOTTE, NC, *February 22*

NEW YORK, NY, *February 22*

NORTH VERSAILLES, PA, *February 22*

ROANOKE, VA, *February 22*

STATEN ISLAND, NY, *February 22*

CAMILLA, GA, *February 23*

CHICAGO, IL, *February 23*

LENOIR, NC, *February 23–February 24*

CHARLOTTE, NC, *February 24*

NEW YORK, NY, *February 24–February 25*

GURDON, AR, *February 25*

RIVIERA BEACH, FL, *February 25*

SELMER, TN, *February 26*

ALIQUIPPA, PA, *February 27*

BALTIMORE, MD, *February 28*

MIAMI, FL, *March 1*

PITTSBURGH, PA, *March 1*

TUSCALOOSA, AL, *March 1*

PRINCESS ANNE, MD, *March 2*

KNOXVILLE, TN, *March 3*

MIAMI, FL, *March 3*

NEW ORLEANS, LA, *March 3*

PITTSBURGH, PA, *March 3*

WHITE PLAINS, NY, *March 3*
FREEPORT, NY, *March 4*
MIAMI, FL, *March 4–March 5*
ARKADELPHIA, AR, *March 8*
COLUMBUS, OH, *March 8*
FREEPORT, NY, *March 8*
ST. LOUIS, MO, *March 8*
FREEPORT, NY, *March 9–March 10*
GREENVILLE, SC, *March 10*
RICHMOND, IN, *March 10*
BOSTON, MA, *March 11*
CHICAGO, IL, *March 11*
BROCKTON, MA, *March 12*
HUMBOLDT, TN, *March 13–March 14*
COLUMBUS, OH, *March 15*
HUMBOLDT, TN, *March 15*
TARRYTOWN, NY, *March 16*
WILMINGTON, NC, *March 16–March 17*
EAST ST. LOUIS, IL, *March 17*
DETROIT, MI, *March 18*
BOSTON, MA, *March 18–March 19*
WEST POINT, GA, *March 19–March 21*
OPA-LOCKA, FL, *March 22–March 24*
HOUSTON, TX, *March 24*
JESSUP, MD, *March 29*
BELZONI, MS, *March 30–April 1*
BALTIMORE, MD, *March 31–April 1*
CHARLOTTE, NC, *March 31–April 1*
COLUMBUS, OH, *April 2*
BROCKTON, MA, *April 2–April 3*
BEDFORD, VA, *April 5*
BROCKTON, MA, *April 5*
SAN FRANCISCO, CA, *April 6*
JACKSONVILLE, FL, *April 9*
JACKSON, MS, *April 13*
MILLEDGEVILLE, GA, *April 13–April 14*
DUQUESNE, PA, *April 15*
GAINESVILLE, FL, *April 15*
NEW ORLEANS, LA, *April 15*
MOSS POINT, MS, *April 15–April 16*
ST. PETERSBURG, FL, *April 16*
MONTICELLO, AR, *April 19*
ROCHESTER, NY, *April 19*
ST. PETERSBURG, FL, *April 19*
DONORA, PA, *April 20–April 21*
MELBOURNE, FL, *April 20–April 22*

SAN FERNANDO, CA, *April 22*
HUNTSVILLE, AL, *April 22–May 1*
NEW ORLEANS, LA, *April 23*
CHICAGO, IL, *April 24*
DUQUESNE, PA, *April 24*
NEW ORLEANS, LA, *April 26–April 27*
DUQUESNE, PA, *April 27*
NEWARK, NJ, *April 27*
NEW YORK, NY, *April 27–April 28*
EL DORADO, AR, *April 28–April 29*
EASTON, PA, *April 30*
NEW YORK, NY, *April 30*
SAPULPA, OK, *April 30*
WASHINGTON, DC, *May 3*
NEW YORK, NY, *May 4*
HAMPTON, VA, *May 4–May 5*
PITTSBURGH, PA, *May 4–May 7*
NEW YORK, NY, *May 5–May 7*
JACKSON, MS, *May 7*
MERIDIAN, MS, *May 7*
OPA-LOCKA, FL, *May 7*
SEATTLE, WA, *May 9*
BALTIMORE, MD, *May 12*
DORCHESTER, SC, *May 12*
CHARLOTTE, NC, *May 14*
NEW YORK, NY, *May 17*
MOSS POINT, MS, *May 18*
BEAVER FALLS, PA, *May 21*
TULLYTOWN, PA, *May 21–May 22*
CHATTANOOGA, TN, *May 21–May 25*
CHICAGO, IL, *May 24–May 26*
COLUMBUS, OH, *May 25*
FAIRFIELD, CA, *May 25*
CHARLOTTE, NC, *May 27*
DREW, MS, *May 27*
PRICHARD, AL, *May 28*
BUFFALO, NY, *May 29*
CAIRO, IL, *May 29*
MOSS POINT, MS, *May 31*
CHARLOTTE, NC, *June 2*
ST. JOSEPH, MO, *June 4*
BALTIMORE, MD, *June 5*
PITTSBURGH, PA, *June 7*
ROCHESTER, NY, *June 7*
BUFFALO, NY, *June 8*
BALTIMORE, MD, *June 9*

EAST PALO ALTO, CA, *June 9*

NEW YORK, NY, *June 9*

BUFFALO, NY, *June 10*

JACKSONVILLE, FL, *June 10–June 19*

NEW YORK, NY, *June 11*

NEWBURGH, NY, *June 11*

NEW YORK, NY, *June 13*

WICHITA FALLS, TX, *June 13*

ALBUQUERQUE, NM, *June 13–June 14*

NEWBURGH, NY, *June 14*

COLUMBUS, GA, *June 16–June 19*

ROCHESTER, NY, *June 17*

COLUMBUS, GA, *June 21*

BUFFALO, NY, *June 22*

MACON, GA, *June 24*

ONLY, TN, *June 24*

MACON, GA, *June 29–July 1*

ROCKVILLE, MD, *July 1*

LOUISVILLE, GA, *July 2*

TARPON SPRINGS, FL, *July 2*

MACON, GA, *July 2–July 3*

TITUSVILLE, FL, *July 4–July 5*

CHATTANOOGA,TN, *July 15*

COLLINSVILLE, IL, *July 16*

ROCHESTER, NY, *July 21–July 22*

AKRON, OH, *July 22–July 23*

MIAMI, FL, *July 25*

NEW ORLEANS, LA, *July 26*

SYRACUSE, NY, *July 30–August 4*

AYDEN, NC, *August 6*

CAMDEN, AL, *August 6*

RIVERSIDE, CA, *August 8*

CHICAGO, IL, *August 9*

SOUTH MIAMI, FL, *August 13*

CHICAGO, IL, *August 14–August 15*

CHICAGO, IL, *August 17–August 18*

JACKSON, MS, *August 18*

ATLANTA, GA, *August 24*

SAN FRANCISCO, CA, *August 26*

PEORIA, IL, *August 28*

ROME, GA, *August 29*

SEATTLE, WA, *September 3*

CHICAGO, IL, *September 4–September 5*

JACKSONVILLE, FL, *September 5–September 7*

NEW YORK, NY, *September 6–September 7*

BALTIMORE, MD, *September 7–September 9*

ALEXANDRIA, VA, *September 8*

PONTIAC, MI, *September 8*

FORT LAUDERDALE, FL, *September 9*

JONESBORO, GA, *September 9*

ATTICA, NY, *September 9–September 13*

NEW ORLEANS, LA, *September 10*

LUBBOCK, TX, *September 10–September 11*

BUTLER, AL, *September 11*

JACKSONVILLE, FL, *September 11*

PASCO, WA, *September 13*

FORT WAYNE, IN, *September 13–September 14*

ROME, GA, *September 14–September 15*

AIKEN, SC, *September 15*

NEWPORT, VA, *September 15*

SEATTLE, WA, *September 15*

ROME, GA, *September 16*

MADISON, AR, *September 17*

OXFORD, PA, *September 18*

NEW YORK, NY, *September 18–September 19*

DALLAS, TX, *September 21*

HAMDEN, CT, *September 22*

PITTSBURGH, PA, *September 23*

ST. PETERSBURG, FL, *September 23*

INGLEWOOD, CA, *September 24*

SPRINGFIELD, MA, *September 24*

PHILADELPHIA, PA, *September 26*

BUFFALO, NY, *September 27*

IRVINGTON, NJ, *September 27*

PISCATAWAY, NJ, *September 27*

TAMPA, FL, *September 27*

INGLEWOOD, CA, *September 28*

GLASSBORO, NJ, *September 28–September 29*

SPRINGFIELD, MA, *September 28–September 29*

MIDDLETOWN, OH, *September 29*

NEW YORK, NY, *September 29*

JACKSONVILLE, FL, *September 29–October 2*

FLORISSANT VALLEY, MO, *September 30*

ROCHESTER, NY, *September 30*

SEATTLE, WA, *September 30*

CAHOKIA, IL, *October 1*

PROVIDENCE, RI, *October 1*

WILMINGTON, NC, *October 1–October 5*

PONTIAC, IL, *October 2*

PROVIDENCE, RI, *October 4*

NORFOLK, VA, *October 5*

NEWARK, NJ, *October 6*

PROVIDENCE, RI, *October 6*
STOCKTON, CA, *October 6*
GENEVA, NY, *October 7*
PERTH AMBOY, NJ, *October 9*
DAYTON, OH, *October 11*
ST. PETERSBURG, FL, *October 12–October 13*
FORT WAYNE, IN, *October 13*
PERTH AMBOY, NJ, *October 13*
NEW BRUNSWICK, NJ, *October 13–October 15*
ABBEVILLE, LA, *October 15*
CHELSEA, MI, *October 17*
FORT WORTH, TX, *October 18*
NEWARK, NJ, *October 18*
SEATTLE, WA, *October 18–October 19*
MEMPHIS, TN, *October 19–October 24*
HILTON, NY, *October 22*
HYDE PARK, NY, *October 22*
ROCHESTER, NY, *October 22*
JOLIET, IL, *October 22–October 23*
ANNISTON, AL, *October 26*
OKLAHOMA CITY, OK, *October 26*
CHARLOTTE, NC, *October 27*
LITTLE ROCK, AR, *October 28*
CHARLOTTE, NC, *October 29*
NEW YORK, NY, *October 29*
UTICA, NY, *November 1*
CHARLOTTE, NC, *November 2*
BALTIMORE, MD, *November 6*
NORFOLK, VA, *November 8–November 9*
PITTSBURGH, PA, *November 11*
WAUKEGAN, IL, *November 12*
FORT McCLELLAN, AL, *November 15*
PITTSBURGH, PA, *November 15*
MILWAUKEE, WI, *November 16*
MONROVIA, CA, *November 18*
RAHWAY, NJ, *November 24–November 25*
ST. LOUIS, MO, *December 2–December 3*
WESTBURY, NY, *December 6*
NEW ORLEANS, LA, *December 8*
PRICHARD, AL, *December 10*
ABBEVILLE, LA, *December 16*

1972: 71 REBELLIONS

BATON ROUGE, LA, *January 10*
NEW YORK, NY, *January 12*
MARIANNA, AR, *January 13*

STOCKTON, CA, *January 18–January 19*
DALLAS, TX, *January 20–January 21*
MARIANNA, AR, *January 23*
GALESVILLE, MD, *January 24*
AUSTIN, TX, *January 27*
HILLSBOROUGH, NC, *February 1*
MARIANNA, AR, *February 7*
KINGS PARK, NY, *February 9*
DONELSON, TN, *February 10*
FARMINGDALE, NY, *February 10*
TRENTON, NJ, *February 12*
LOS ANGELES, CA, *February 13*
CHARLESTON, NC, *February 15*
PINE BLUFF, AR, *February 15*
PORTSMOUTH, VA, *February 16*
STATESVILLE, NC, *February 17*
TRENTON, NC, *February 17*
PORTSMOUTH, VA, *February 19*
LOMPOC, CA, *February 20*
BOSTON, MA, *February 23*
WILMINGTON, NC, *February 25*
EAST ELMHURST, NY, *February 27*
WICHITA, KS, *March 6–March 8*
KEY WEST, FL, *March 7*
BATON ROUGE, LA, *March 10*
HARVEY, IL, *March 10*
HARVEY, IL, *March 15*
GARY, IN, *March 22*
DAYTON, OH, *March 22–March 23*
NEW YORK, NY, *April 1*
STARKE, FL, *April 4*
BALTIMORE, MD, *April 5*
DALLAS, PA, *April 6*
HYATTSVILLE, MD, *April 11*
COBLESKILL, NY, *April 12*
OKLAHOMA CITY, OK, *April 13*
AUSTIN, TX, *April 19*
CHICAGO, IL, *April 19*
NEW BRUNSWICK, NJ, *April 19*
MAXTON, NC, *April 20*
LONG BEACH, CA, *April 23*
NEW BRUNSWICK, NJ, *April 25*
KINGSTREE, SC, *May 4*
NEWARK, NJ, *May 8*
BORDENTOWN, NJ, *May 14*
PORT ST. JOE, FL, *May 16*

ALEXANDRIA, VA, *May 19*

NEW YORK, NY, *May 23*

COLUMBIA, SC, *May 29*

TEHACHAPI, CA, *July 14*

BALTIMORE, MD, *July 17*

HYATTSVILLE, MD, *July 18*

LA GRANGE, KY, *August 6*

DALLAS, TX, *August 23*

OKLAHOMA CITY, OK, *August 30–*
   August 31

CHELSEA, MA, *September 6*

FALLS CHURCH, VA, *September 8*

FALLS CHURCH, VA, *September 10*

DEL RIO, TX, *September 15*

NEW ORLEANS, LA, *September 18*

OKLAHOMA CITY, OK, *September 21*

HARVEY, IL, *September 22*

ATLANTA, GA, *September 23*

PEORIA, IL, *October 5*

OKLAHOMA CITY, OK, *October 11*

CHICAGO, IL, *October 16–October 17*

NEW YORK, NY, *October 31*

OKLAHOMA CITY, OK, *November 30*

1980: 1 REBELLION

MIAMI, FL, *May 17–May 20*

1982: 1 REBELLION

MIAMI, FL, *December 28–December 31*

1989: 1 REBELLION

MIAMI, FL, *January 16–January 21*

1992: 1 REBELLION

LOS ANGELES, CA, *April 29–May 4*

2001: 1 REBELLION

CINCINNATI, OH, *April 9–April 13*

图书在版编目(CIP)数据

美利坚在燃烧：20世纪60年代以来的警察暴力与黑
人反抗/(美)伊丽莎白·欣顿(Elizabeth Hinton)著；
胡位钧译. 一上海：上海人民出版社，2024
书名原文：America on Fire：The Untold History
of Police Violence and Black Rebellion Since the
1960s
ISBN 978 - 7 - 208 - 18742 - 9

Ⅰ. ①美… Ⅱ. ①伊… ②胡… Ⅲ. ①种族主义-研
究-美国-现代 Ⅳ. ①D771.262

中国国家版本馆 CIP 数据核字(2024)第 035942 号

责任编辑 项仁波
封扉设计 人马艺术设计·储平

美利坚在燃烧：20世纪60年代以来的警察暴力与黑人反抗
[美]伊丽莎白·欣顿 著
胡位钧 译

出 版 上海人民出版社
      (201101 上海市闵行区号景路 159 弄 C 座)
发 行 上海人民出版社发行中心
印 刷 上海盛通时代印刷有限公司
开 本 720×1000 1/16
印 张 22.5
插 页 2
字 数 304,000
版 次 2024 年 5 月第 1 版
印 次 2024 年 5 月第 1 次印刷
ISBN 978 - 7 - 208 - 18742 - 9/D · 4263
定 价 98.00 元